BUCHNERS KOLLEG GESCHICHTE

AUSGABE B

VON DEN ANFÄNGEN DER DEMOKRATIE BIS ZUM ZEITALTER DER BÜRGERLICHEN REVOLUTIONEN

Von Elisabeth Fuchshuber-Weiß,
Klaus Dieter Hein-Mooren,
Heinrich Hirschfelder,
Alfons Neudecker,
Reiner Schell und
Emil Wanek

C.C. Buchners Verlag · Bamberg

Buchners Kolleg Geschichte – Ausgabe B

Von den Anfängen der Demokratie bis zum Zeitalter der bürgerlichen Revolutionen.
Bearbeitet von Elisabeth Fuchshuber-Weiß, Klaus Dieter Hein-Mooren, Heinrich Hirschfelder, Alfons Neudecker, Reiner Schell und Emil Wanek

Bildnachweis:
Archiv für Kunst und Geschichte, Berlin (1); Bibliothèque Nationale, Paris (2); Bildarchiv Preußischer Kulturbesitz, Berlin (1); Boas Heinz, Rothenburg o. d. T. (1); Bodleian Library, Oxford (1); Giraudon, Paris (1); Hilbich, Markus, Berlin (1); Hirmer Verlag, München (1); Museé du Louvre, Paris (1); Österreichische Nationalbibliothek, Wien (1); Rheinisches Bildarchiv, Köln (1); SCALA Istituto Fotografico Editoriale S.p.A., Antella/Firenze (1); Schlossmuseum der Stadt Gotha, Gotha (1); Stadtgeschichtliche Museen, Nürnberg (1); Stadtverwaltung, Bad Muskau (1); Ullstein Bilderdienst, Berlin (1); Verlagsarchiv, Bamberg (69); ZEFA Zentrale Farbbild Agentur GmbH, Düsseldorf (1)
Die Vorlage für den Umschlag stellte freundlicherweise der Verlag Hirmer, München, zur Verfügung.

2. Auflage 2 5 4 3 2008 06 04
Die letzte Zahl bedeutet das Jahr dieses Druckes. Alle Drucke dieser Auflage sind, weil untereinander unverändert, nebeneinander benutzbar.

Dieses Werk folgt der reformierten Rechtschreibung und Zeichensetzung. Ausnahmen bilden Texte, bei denen künstlerische, philologische oder lizenzrechtliche Gründe einer Änderung entgegenstehen.

www.ccbuchner.de

Karten: Hans von Brandt, Bamberg, Sabine Schmitt, München
Satz und Druck: creo Druck & Medienservice GmbH, Bamberg
Bindearbeiten: Stürtz AG, Würzburg

ISBN 3 7661 **4646** 7

Inhaltsverzeichnis

Die attische Polis zur Zeit des Perikles

„Nicht ohne Grund darf man annehmen, dass die Stadt Athen ungefähr in der Mitte Griechenlands, ja auch der ganzen Welt liegt. Je weiter man sich nämlich von ihr entfernt, desto lästiger wird die Kälte oder Hitze, die einen umfängt, und wer immer von einem Ende Griechenlands zum anderen gelangen will, der muss an Athen wie an einem Mittelpunkt eines Kreises vorbeisegeln", berichtet der griechische Schriftsteller Xenophon, der etwa von 430 bis 355 vor Christus lebte.

Politische Ordnung im Zeichen der Isonomie[1])

um 700	Politische Einigung der Gemeinden auf der Halbinsel Attika beendet
594	Sozial- und Verfassungsreform des Solon: Beteiligung der Bürger am politischen Leben gestaffelt nach Einkommensklassen
507	Verfassungsreform des Kleisthenes schafft eine Vorform der Demokratie
um 500–429	Perikles; Stratege 443–429
490	Schlacht bei Marathon: Sieg der Griechen über die Perser
480	Seeschlacht bei Salamis befreit Griechenland erneut von den Persern
478	Die Gründung des Attischen Seebunds verhilft Athen zur Vormachtstellung in Griechenland
462/461	Vollendung der Demokratie in Athen unter Perikles
449	Kalliasfriede beendet Krieg zwischen dem Attischen Seebund und dem persischen Königreich
431–404	Peloponnesischer Krieg: Niederlage Athens gegen Sparta

Athen und Attika – ein erster Überblick

Die Stadt *Athen* liegt auf der Halbinsel *Attika* in einer Ebene, die zum Meer hin offen und von Höhenzügen umgeben ist. In dieser Ebene ragt der Felsen der *Akropolis*[2]) auf, der seit alters Götter- und Herrschersitz gewesen sein dürfte. Mit circa 2600 Quadratkilometern war Attika etwa so groß wie Luxemburg heute. Der Boden des Hochlandes war steinig und hart, die Ebenen waren teilweise sumpfig. In den fruchtbarsten Gebieten wurden die wichtigsten natürlichen Exportartikel Attikas erzeugt: Wein und Öl.
Bald nach dem Jahre 1000 begann die politische Einigung der selbständigen Gemeinden, die um 700 abgeschlossen war. Erst dieser Zusammenschluss machte Athen zu dem Staatswesen, das mit dem Begriff *Polis* bezeichnet wird. Polis bedeutete ursprünglich nur Burg, später die Siedlung um eine Burg, und schließlich den *Stadt-* oder *Gemeindestaat* (⇨ M 1).

Die gesellschaftliche Gliederung in der Polis Athen

Zur Zeit des athenischen Führers *Perikles* (um 500–429) lebten nach heutigen Schätzungen in Attika etwa 200 000 bis 300 000 Menschen, davon mehr als 100 000 in Athen. Die Gesellschaft gliederte sich in drei Gruppen: die alteingesessenen, vollberechtigten Bürger (Polítai) mit ihren Familien, die zugezogenen Fremden griechischer oder nicht griechischer Herkunft (Métoikoi) und die Sklaven.

---

1) ísos (griech.): gleich; nómos (griech.): Herkunft, Ordnung, Gesetz; hier im Sinne von Gleichordnung, Gleichberechtigung

2) Burgberg

Vollberechtigte Bürger (Polítai)	etwa 30 000– 50 000
Familienmitglieder der Bürger (Frauen, Kinder)	etwa 70 000–100 000
Metoiken (mit Frauen und Kindern)	etwa 25 000– 35 000
Sklaven	etwa 80 000–120 000
Gesamtbevölkerung	etwa 200 000–300 000

Die *Vollbürger*: In der Polis besaßen zwar alle Bürger das Recht, bei der Gestaltung des politischen Lebens mitzuwirken, dies bedeutete jedoch nicht die Einebnung vorhandener sozialer Unterschiede. Seit Jahrhunderten bildeten reiche Adelsfamilien mit großem Grundbesitz die Führungsschicht in Attika. Der *Adel* blieb eine besondere Standesgruppe. Er war sich seiner Tradition bewusst, pflegte einen besonderen Lebensstil und gab die politische Führung nicht aus der Hand. Zusammen mit vermögenden Bürgern übernahm der Adel wichtige öffentliche Aufgaben in der Polis (⇨ M 2).
Den Kern der vollberechtigten Bürger stellte die *Mittelschicht* der selbständigen Handwerker und Kaufleute dar, die zumeist in der Stadt selbst wohnten. Freilich gab es in dieser Gruppe große Einkommens- und Vermögensunterschiede: Während die Großkaufleute mit dem Handel über See im ganzen Mittelmeerraum und am Schwarzen Meer zu Reichtum, das heißt auch zu Ansehen und Einfluss, gelangen konnten, gab es unter den Einzelhändlern und Gastwirten in der Stadt viele, die nur mit Mühe ihre Familien ernähren konnten.
Geschickte Handwerker vervielfältigten die Stückzahlen ihrer Produkte, indem sie durch fabrikmäßige Organisation ihrer Betriebe eine größere Zahl von Lohnarbeitern und Sklaven für sich arbeiten ließen. Solche Fertigungsbetriebe beschäftigten mitunter mehr als 100 Arbeiter. Ihre Inhaber konnten sich freimachen für die politische Tätigkeit und nahmen auch im eigenen Interesse politische Aufgaben wahr. Die meisten Handwerker aber führten kleine Familienbetriebe, die gerade noch den Lebensunterhalt der Familie sicherten. Die Werkstatt war zugleich auch Verkaufsladen.
Ungefähr 80 % der attischen Bürger gehörten der *Unterschicht* an und lebten als Tagelöhner ohne Besitz von ihrer Hände Arbeit. Eine soziale Absicherung gab es nicht. Die Gelegenheitsarbeiter konnten sich etwa zur Erntezeit als Landarbeiter verdingen oder als Lastträger im Hafen, als Hilfsarbeiter beim Bau, als Ruderer auf den Schiffen. Staatliche Bauprogramme und der Ausbau der Flotte waren für diese Schicht von existenzieller Bedeutung.
In einer ähnlichen sozialen Lage befanden sich die Kleinbauern, deren Landbesitz im Schnitt etwa zehn Hektar umfasste. Da die Familien kaum vom Ertrag des Bodens leben konnten, ergänzten sie ihr Einkommen durch einen kleinen Nebenerwerb in Handwerks- oder Lohnarbeit. Ihre Lage blieb trotzdem immer kümmerlich, wie auch die der Hirten und Fischer.
Die *Metoiken:* Die aufstrebende Stadt Athen mit ihrer glänzenden Ausstrahlung lockte aus Griechenland und dem gesamten Mittelmeerraum viele Fremde an, die vor allem Handel und Gewerbe betrieben. In Athen hatten sie

kein Bürgerrecht, konnten sich aber dem Rechtsschutz eines Bürgers unterstellen. Sie waren steuerpflichtig und mussten wie die Bürger Kriegsdienst leisten. Politische Mitwirkung war ihnen verwehrt; am gesellschaftlichen Leben aber, an den Kulten und Festen, konnten sie teilnehmen. Wenn sie – was nicht selten der Fall war – auch zu Reichtum kamen, genossen sie ihren Vermögensverhältnissen entsprechend hohes Ansehen. In der Wirtschaft Athens spielten sie eine beträchtliche Rolle, durften aber kein Eigentum an Grund und Boden erwerben.

Die *Sklaven*: Sklaven galten als Sache und hatten keinerlei persönliche Rechte. In diesen Status geriet man meistens durch Kriegseinwirkungen. Die militärischen Sieger durften über das Leben der Besiegten nach Belieben verfügen. Ganze Städte konnten so in die Sklaverei geraten.

Große Sklavenmärkte gab es auf den Inseln Delos, Chios und Samos. In Athen selbst wurden monatlich zum Neumond auf dem Marktplatz Sklaven versteigert. Der Preis für einen Sklaven richtete sich nach seinem Alter, dem Gesundheitszustand und nach seinen Fähigkeiten und konnte sehr schwanken. Im Durchschnitt lag er wohl zwischen 100 und 200 Drachmen[1]).

Die größte Zahl der Sklaven dürfte in den *Gewerbebetrieben* beschäftigt worden sein. Auch der *Staat* hielt sich für die verschiedenen Dienste Sklaven: als Diener in der Volksversammlung, im Rat, bei den Gerichten, als Helfer in der Verwaltung. Diese Sklaven führten das Leben von kleinen Beamten: Sie bekamen ein Gehalt, durften sich zu Vereinigungen zusammenschließen und wohnten frei in der Stadt. Als Polizisten zur Aufrechterhaltung der Ordnung in der Stadt eingesetzt, waren 1000 Sklaven auf dem Areopag kaserniert.

Die begüterten Athener hielten sich Sklaven für die *häuslichen Dienste* – zumeist Frauen, die das Haus sauber zu halten hatten oder Wasser holen, Getreide mahlen, spinnen und weben mussten. Wohlhabende Athener sollen etwa 50 Sklaven gehabt haben, Angehörige der Mittelschicht fünf bis zehn.

Unter unmenschlichen Bedingungen dürften im Allgemeinen nur die Sklaven in den Bergwerken und Mühlen gelebt haben. Dorthin konnten Sklaven auch zur Strafe geschickt werden, wenn sie unbotmäßig waren.

Trotz des Fehlens von Rechten setzte sich in Gewohnheit und Gesetzgebung Milde gegenüber den Sklaven durch: Ein Sklave, der einem grausamen Herrn entlaufen war, konnte in einem Heiligtum Zuflucht suchen *(Asyl!)*. Der Herr musste ihn dann weiterverkaufen. In den Privathäusern wurden die Sklaven in die Familie aufgenommen, sie nahmen an den Kulthandlungen und den Gebeten der Familie teil und hatten das Recht, in der Grabstätte der Familie beigesetzt zu werden.

Freigelassene Sklaven blieben der Familie ihres Herrn weiter zugehörig, weil die religiöse Bindung nicht auflösbar war. Nur in ganz besonderen Ausnahmefällen konnte ein Sklave nach seiner Freilassung attischer Bürger werden (⇨ M 3).

---

[1]) Zur Zeit des Perikles war eine Drachme das Existenzminimum einer Familie für drei Tage.

Frauen in einer Männerwelt

Wenn von den Athener Bürgern die Rede ist, so sind damit stets nur Männer gemeint, denn die Frauen hatten keine politischen Rechte. Ihre Stellung war in dieser Hinsicht nicht wesentlich anders als die der Frauen in Europa bis in die neueste Zeit. Auch im Privatleben wurden sie rechtlich zunächst von ihrem Vater, nach der Eheschließung von ihrem Gatten vertreten. Sogar den Verlöbnisvertrag schloss der Vater für seine Tochter ab, nachdem er selbst den künftigen Ehemann ausgesucht hatte.
Der Aufgabenbereich der Frauen war vor allem die Sorge für den Hausstand. Auf diese Aufgaben wurden sie schon als Mädchen vorbereitet, indem sie bei der Mutter die häuslichen Arbeiten lernten, wie Kochen, Spinnen, Weben. Töchter aus vermögenden Familien wurden daneben im Lesen und Schreiben, im Rechnen und im Musizieren und Tanzen unterrichtet.
Die Frauen waren persönlich frei und konnten sich auch frei in der Öffentlichkeit bewegen. Besonders bei religiösen Festen nahmen sie an den Opfern und Prozessionen teil. Sowohl die Darstellungen der Kunst als auch der Literatur weisen aus, dass die Frauen eine bedeutende Rolle im gesellschaftlichen Leben gespielt haben.

Die Wirtschaft im Haus und die Versorgung der Familie waren weitgehend den Frauen anvertraut. Der Gang zum Brunnen gab Gelegenheit, einmal dem häuslichen Rahmen zu entrinnen.

Einteilung der Athener Bürger nach Besitz und Herkunft

Grundlage des politischen Lebens zur Zeit des Perikles waren die Verfassungen, die auf *Solon* (594) und *Kleisthenes* (507) zurückgingen. Sie garantierten den attischen Bürgern die Beteiligung am politischen Leben und reglementierten die Art und Weise, in der Regierungsgeschäfte geführt wurden.
Es wird berichtet, Solon habe die attischen Bürger in vier nach dem Besitz gestaffelte Klassen unterteilt und danach ihre politischen Mitwirkungsrechte geregelt: die *Fünfhundertscheffler*[1]), die *Ritter* (300 Scheffel), die *Hopliten* oder *Zeugiten*[2]) (200 Scheffel) und die *Theten* (Kleinbauern, Tagelöhner). Die Theten hatten nur das aktive Wahlrecht, die anderen drei Klassen auch das passive.
Zusätzlich zu der Einteilung der Bürger nach ihrem Vermögen hatte Kleisthenes dafür gesorgt, dass die politischen Organe des Staates gleichmäßig von Männern aus allen Gebieten Attikas gebildet wurden. Dazu hatte er die Polis in drei große Gebietsgruppen eingeteilt: das *Stadtgebiet*, die *Küstenstriche* und das *Binnenland*. Jeder dieser Teile wurde in zehn Einheiten *(Trittyen)* unterteilt, die eine etwa gleich große Zahl von Bürgern umfassen sollten. Die Trittyen selbst setzten sich aus den Gemeinden *(Demen)* zusammen. Diese Demen, in denen auch die Bürgerlisten geführt wurden, waren die eigentlichen „Heimatgemeinden" der attischen Bürger.
Durch Los wurde je eine Trittys der drei großen Teile zu einer *Phyle*[3]) zusammengeschlossen. Diese zehn Phylen bildeten die Grundeinheiten des politi-

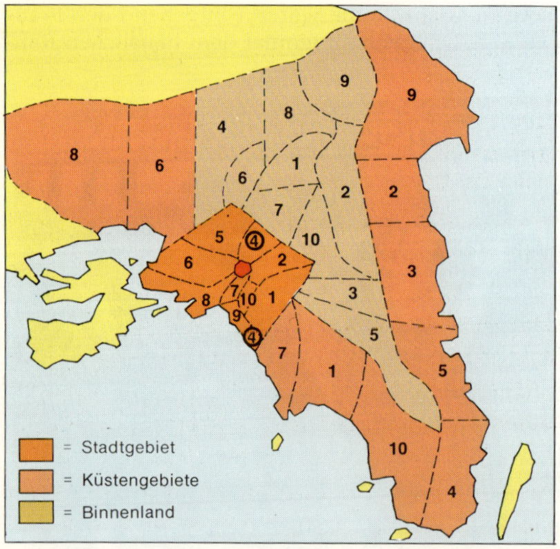

Einteilung Attikas in Phylen und Trittyen.

[1]) Dieser Klasse gehörte an, wer jährlich mindestens 500 Scheffel (1 Scheffel entspricht etwa 45 kg) erntete oder ein vergleichbares Einkommen anderweitig erzielte.

[2]) Freie Bauern oder selbständige Handwerker, die ihre militärische Ausrüstung selbst bestreiten konnten.

[3]) Neben der Polis gehörte jeder Grieche zugleich seinem Stamm (Phyle) an. Jede Phyle pflegte ihre eigenen Kulte; an ihrer Spitze standen ursprünglich die Adelsgeschlechter, bis sie durch die Reform des Kleisthenes künstlich zusammengefügt wurden.

schen Lebens. Außerdem stellte jede Phyle eine militärische Einheit unter einem Heerführer *(Strategen)*. Selbst im Theater durfte jede Phyle ein Zehntel der Plätze beanspruchen. Ihren Namen bezogen die Phylen von einem Heros, der ihnen zugeteilt wurde und der von ihnen besonders verehrt werden sollte.

Die Institutionen der Athenischen Verfassung

In Athen teilten sich vier Organe die Macht:
Die *Volksversammlung* (Ekklesía) entschied grundsätzlich alle Fragen des öffentlichen Lebens: Gesetzgebung, Krieg und Frieden, Wahl und Überwachung der Beamten, Einnahmen und Ausgaben des Staates, Vergabe von Bauaufträgen, Versorgung der Bevölkerung, öffentliche Kulte und Feste.
Zur Teilnahme berechtigt waren alle volljährigen Bürger. Volljährig wurde man mit 18 Jahren; doch konnte man sein Rede- und Stimmrecht in der Volksversammlung erst nach Ableisten einer zweijährigen Militärzeit ausüben. Die Abstimmung erfolgte – von bestimmten Fällen abgesehen – durch Heben der Hand. Wenn die Mehrheit nicht klar feststellbar war, wurde mit Stimmsteinen abgestimmt. Geringe Teilnahme hinderte die Beschlussfähigkeit nicht.
In den *Rat der Fünfhundert* (Boulé) konnten alle über 30 Jahre alten Bürger bestellt werden. Aus jeder Phyle wurden 50 Mitglieder gelost, die jeweils für ein Zehntel des Jahres als *Prytanen*[1]) die Regierung bildeten. Unter den Prytanen wechselte der Vorsitz täglich. Jeder Bürger durfte nur zweimal in seinem Leben für ein Jahr Ratsmitglied werden.
Der Rat hatte die Aufsicht über die Beamten und war die oberste Behörde, die sich besonders um die Finanzen und das Verhältnis zu den auswärtigen Staaten kümmerte. Alle Anträge an die Volksversammlung mussten im Rat der Fünfhundert vorberaten und in eine beschlussfähige Fassung gebracht werden. Der Rat legte auch die Tagesordnung fest. Sein Vorsitzender leitete die Volksversammlung.
Ausführende Organe der Beschlüsse der Volksversammlung waren die *Beamten*. Auch sie wurden nur für ein Jahr mit ihrem Amt betraut – meist durch das Los. Lediglich die höchsten politischen Beamten *(Archonten)* und die zehn Strategen wurden von der Volksversammlung gewählt, für letztere war als einzige (mehrfache) Wiederwahl zulässig. Archont durften zunächst allerdings ausschließlich Mitglieder aus der Klasse der Fünfhundertscheffler werden. Sie konnten nach ihrer einjährigen Amtszeit in den *Areopag* (Adelsrat) aufgenommen werden, dem sie dann auf Lebenszeit angehörten. Da die Verfassung seit Solon politische Rechte nicht mehr an die Herkunft, sondern an die Einkommensverhältnisse knüpfte, konnten durchaus auch reiche Nichtadelige in den Areopag gelangen.

---

[1]) prýtanis (griech.): Amtsträger

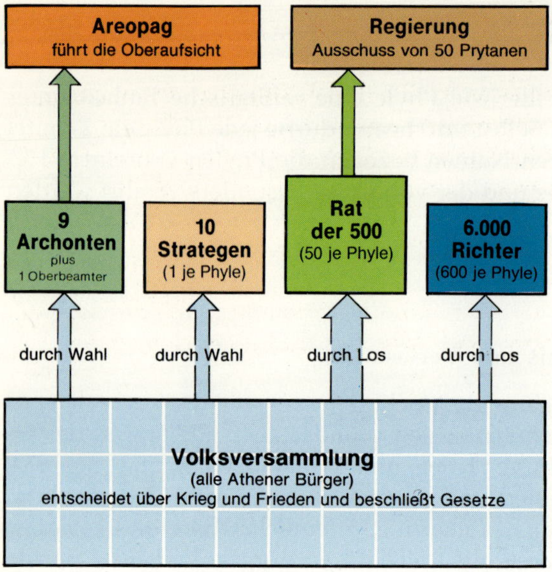

Die attische Isonomie zu Beginn des 5. Jahrhunderts.

Den *Geschworenengerichten* (Heliaía) kam wegen der hohen Zahl von Prozessen und wegen ihrer Zuständigkeit für die jährliche Entlastung der Beamten große Bedeutung zu. Alljährlich wurden aus den über 30 Jahre alten Bewerbern je Phyle 600 Geschworene ausgelost, insgesamt also 6000. Sie bildeten verschiedene Gerichtshöfe, mit Richterausschüssen von 501, 1001, 1501 oder gar 2001 Männern, die jeweils für unterschiedliche Verfahren zuständig waren.

Wenn die Anklage verlesen war und der Verteidiger gesprochen hatte, wurde das Wort an den Kläger und den Angeklagten gegeben. Dann stimmten die Richter ohne weitere Beratung geheim ab. Sie befanden nur über schuldig oder unschuldig. Das Strafmaß war entweder gesetzlich festgelegt, oder die Richter mussten sich in einer eigenen Abstimmung für den Strafantrag des Klägers oder des Beklagten entscheiden.

Die politische Ordnung war eine Vorform der *Demokratie,* die man *Isonomie* nannte. Die Führung der politischen Geschäfte lag in erster Linie in den

Bronzeplättchen mit dem Namen der Kandidaten benutzte man bei der Auslosung der politischen Ämter. Die runden Naben waren Urteilszeichen des Volksgerichts. Sie wurden in Amphoren gelegt. Eine geschlossene Nabe bedeutete Freispruch, ein durchbohrtes Zeichen hieß „schuldig".

Händen des Adelsrats. Ihm oblag es auch, alle Beschlüsse vorzuformulieren, bevor sie in die Volksversammlung eingebracht wurden.
Wichtig war jedoch, dass die Phylenreform des Kleisthenes die Vormachtstellung der großen Adelsgeschlechter in Frage gestellt hatte, indem die gewachsenen Abhängigkeiten innerhalb der Stämme gelöst wurden. Damit war der Weg eröffnet zu einer Demokratie, in der die Stimmenmehrheit aller gleichberechtigten Bürger die Entscheidung traf. Das Gleichheitsprinzip wurde so weit zugespitzt, dass die Ratsmitglieder und die meisten Beamten durch das Los bestimmt wurden, freilich nach einer Vorauswahl in den Gemeinden.

Ein demokratischer Sicherungsmechanismus: das Scherbengericht (Ostrakismós)

Neben den Möglichkeiten, die Beamten in der Volksversammlung anzuklagen oder durch den Rat der Fünfhundert kontrollieren zu lassen, gab es einen weiteren Mechanismus zur Sicherung der Verfassung gegen eine Alleinherrschaft. Durch Kleisthenes oder wahrscheinlicher einige Zeit nach seiner Reform wurde eine demokratisch legitimierte Form der Verbannung eingeführt: das *Scherbengericht.* Anfang des Jahres stimmten die Bürger darüber ab, ob in diesem Jahr ein Bürger verbannt werden sollte, damit er der Herrschaft des Volkes nicht gefährlich werde. Sprach sich die Mehrheit dafür aus, so trat zwei Monate später eine außerordentliche Volksversammlung zusammen, um festzustellen, wer (auf zehn Jahre) des Landes verwiesen werden sollte. Allerdings scheint es, dass auf diese Weise nur selten Politiker verbannt wurden.

Perserkriege und Hegemonie Athens im Attischen Seebund: äußere Einflüsse auf die Entwicklung der Isonomie

Die Perser hatten bis zum Ende des 6. Jahrhunderts in Vorderasien und im Zweistromland ein mächtiges Weltreich errichtet. 546 v. Chr. hatten sie das Königreich Lydien erobert und gleichzeitig die griechischen Städte Kleinasiens ihrem Reich eingegliedert. Nachdem sie 494 einen langjährigen Aufstand der ionischen Kolonialstädte in Kleinasien niedergeworfen hatten, versuchten sie, auch Griechenland zu erobern. In der Schlacht bei Marathon (490) schlug jedoch das athenische Hoplitenheer die persischen Truppen. Als König *Xerxes* (um 519–465) 480 erneut angriff, wurde die persische Flotte bei Salamis vernichtet und das Landheer im Jahr darauf bei Plataiai geschlagen.
Die Griechen eroberten die verloren gegangenen Kolonisationsgebiete auf den Inseln und in Kleinasien zurück. Athen, in seinem Selbstbewusstsein durch die Kriegserfolge gestärkt, schloss mit den ionischen Inseln und Städten Bündnisse mit dem Ziel der vollständigen Befreiung von der Herrschaft der Perser (478). Die Mitglieder dieses *Attischen Seebunds* verpflichteten sich entsprechend ihrer Finanzkraft zur Ausrüstung von Kriegsschiffen oder zu einem Tribut an die gemeinsame Bundeskasse auf der Insel Delos.

Unter athenischer Führung kämpfte die ionische Flotte meist siegreich. Im Jahre 449 wurde schließlich zwischen dem Attischen Seebund und dem Perserkönig der *Kalliasfriede* geschlossen: „Alle ionischen Städte in Kleinasien sollen nach eigenen Gesetzen leben, die persischen Satrapen[1]) sollen nicht weiter als drei Tagesreisen an das Meer herankommen, kein persisches Kriegsschiff soll das Ägäische Meer befahren" (Diodor).
Eigentlich war durch den Friedensschluss der Zweck des Bündnisses erfüllt. Doch lange zuvor schon hatte der Kampfbund gegen die Perser eine zusätzliche Funktion erhalten: Von Anfang an hatte Athen die militärische Führung *(Hegemonie)* im Bund innegehabt. Je mehr nun die Bundesgenossen darauf verzichteten, eigene militärische Lasten zu tragen, und sich auf finanzielle Leistungen beschränkten, umso mehr gerieten sie in Abhängigkeit von der Hegemonialmacht. Diese baute ihre Flotte mit dem Geld der Verbündeten aus, bemannte sie und setzte sie zu verschiedenen Feldzügen ein.
Im Jahre 454 waren 50 Schiffe der attischen Flotte in einer Seeschlacht von den Persern vernichtet worden. Als man daraufhin einen neuen Angriff auf Griechenland befürchtete, wurde die Kasse des Bundes vom schutzlosen Delos nach Athen verlegt. An Stelle des gemeinsamen Bundesrates aller Mitglieder auf Delos entschied seither allein die attische Volksversammlung über Bundesgesetze und regierte praktisch über die Verbündeten. Seine Vormachtstellung sicherte Athen – wenn es nötig schien – auch mit Gewalt ab.

Von der Isonomie zur Demokratie

Für die Volksmenge bedeuteten die Rüstungsanstrengungen während der Perserkriege Arbeit und Einkommen. Neben dem Dienst als Matrosen und Schwerbewaffnete gab es eine Fülle von Arbeiten und Verwaltungstätigkeiten, in denen ein großer Teil der athenischen Bürger ein geregeltes Einkommen fand. Mehr als 20 000 Männer sollen auf diese Weise ihren Unterhalt bezogen haben. Gleichzeitig war das Selbstbewusstsein der Bürger aus den unteren Schichten in dem Maße gewachsen, in dem ihr Einsatz auf den Schiffen und Schlachtfeldern unentbehrlich geworden war.
Trotz des gestiegenen Reichtums in Athen kam es in den Sechzigerjahren des 5. Jahrhunderts zu einer großen politischen Umwälzung. Einige führende Politiker hatten vergeblich versucht, den Adelsrat von einer anderen Außenpolitik gegenüber *Sparta*, der zweiten griechischen Großmacht, zu überzeugen. Als sie keinen Erfolg hatten, setzte der Volksführer (Demagogós) *Themistokles* (um 525 – kurz nach 460) mit Hilfe einer Verfassungsänderung durch, dass die Archonten aus 500 vorgewählten Kandidaten der beiden oberen Vermögensklassen gelost wurden. Das neue Auswahlverfahren und die Einbeziehung der Ritter schwächte die adelige Regierungsspitze. Schließlich wurde auch der Areopag 462/461 entmachtet: Auf Betreiben der Politiker *Ephialtes* und Perikles wurden ihm alle Aufsichtsfunktionen genommen; ihm blieb lediglich die Blutgerichtsbarkeit für Straftaten, auf die die Todesstrafe

[1]) Statthalter

stand. Die Kontrolle der Exekutive war damit endgültig an die Masse der Athener Bürger übergegangen. Der Adel hatte seine institutionelle Vormachtstellung eingebüßt. „Damit begann wirklich die Demokratie in Athen" (Christian Meier) (⇨ M 4).

Demokratischer Anspruch und politische Wirklichkeit

Die vollberechtigten attischen Bürger waren seit Kleisthenes und Perikles der Souverän ihres Staates, auch wenn sie sich weiterhin von der geschickten Führung adeliger Politiker leiten ließen. Attischer Bürger zu sein, wurde zum Vorrecht. Im Jahre 451 wurde auf Betreiben des Perikles gesetzlich festgelegt, dass das Bürgerrecht nur noch derjenige besitzen könne, dessen Vater und Mutter attische Bürger waren.
Die Athener waren sich bewusst, zu welcher Macht sie durch ihre Leistung gelangt waren; sie waren überzeugt, dass die Staatsform, die sie geschaffen hatten, eine besondere Herrschaftsform darstellte, die allen anderen überlegen war. Die tatsächliche politische und militärische Macht, die schließlich das ganze Ägäische Meer zum Herrschaftsgebiet des attischen Demos machte, stärkte sie in dieser Überzeugung (⇨ M 5, M 6).
Die politische Führung blieb – auch in der Zeit des Perikles und der „vollendeten" Demokratie – in der Hand des Adels. Aber die Masse der einfachen

Das politische Zentrum Athens war ursprünglich der Marktplatz (Agorá), auf der alle Volksversammlungen stattfanden. Als die Zahl der politisch Berechtigten zu groß geworden war, trafen sich die Athener Bürger beispielsweise im Dionysos-Theater zu Füßen der Akropolis. [1] Versammlungssaal der Prytanen; [2] Versammlungssaal des Rats der Fünfhundert; [3] Gerichtsgebäude (Stoá); [4] Hephaistostempel.

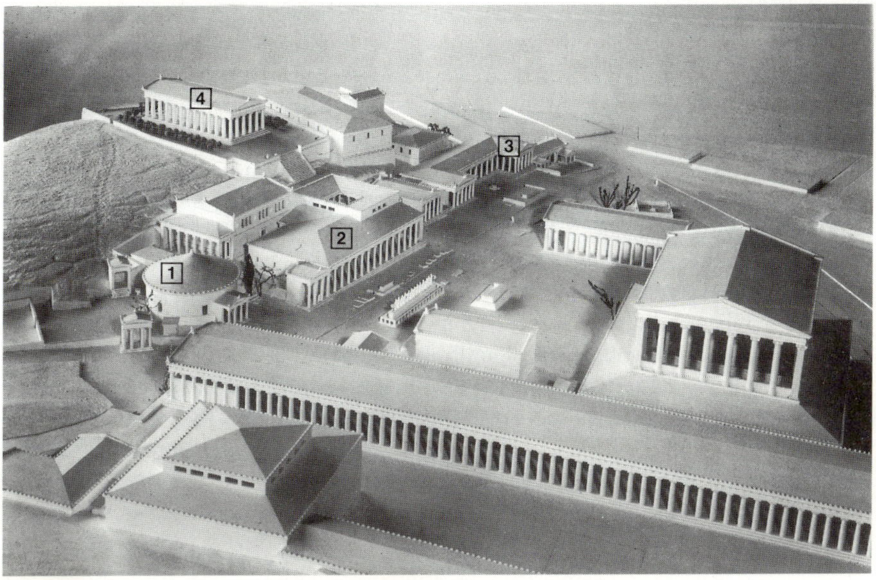

Bürger, die unter der Führung des Adels den großen Kampf gegen die Perser bestanden hatten, war sich ihrer Bedeutung bewusst geworden. Ohne sie oder gar gegen sie war nichts mehr durchsetzbar. Der Einfluss, den einzelne Adelige erringen konnten, war abhängig geworden von der Zahl der Bürger, die sie hinter sich bringen konnten. Dies war auch der Grund, warum die adeligen Volksführer die Rechte der Stimmbürger gegenüber der Verfassung des Kleisthenes noch erweiterten.

Die wirtschaftlichen Verhältnisse der Handwerker und Bauern begrenzten dennoch in vielen Fällen deren Möglichkeiten, das politische Leben mitzugestalten. Die große Masse der Bürger war gar nicht in der Lage, fortwährend an allen politischen Entscheidungen mitzuwirken. Die jährlich mindestens 40 ordentlichen Volksversammlungen begannen schon am frühen Morgen und dauerten manchmal den ganzen Tag. Dazu konnten noch aus besonderem Anlass Volksversammlungen einberufen werden, so dass nahezu wöchentlich alle Bürger zu Versammlungen geladen wurden. Doch nur ein Bruchteil nahm daran teil. Daraus erklärt sich, dass bei wichtigen Entscheidungen, wie bei der Verleihung des Bürgerrechts und beim Ostrakismós, mindestens 6000 (der insgesamt circa 30 000 – 50 000) Bürger anwesend sein mussten. Dies scheint eine Zahl zu sein, die bei gewöhnlichen Volksversammlungen nicht immer erreicht wurde. Zur Teilnahme an den Volksversamm-

Demokratie: Demokratie heißt *Volksherrschaft* (Demos: das Volk; krateín: herrschen). Indem die athenische Polis die Mitwirkung aller Bürger an den politischen Entscheidungen zur Grundlage des Staatslebens machte, unterschied sie sich grundsätzlich von anderen im Altertum bekannten Regierungssystemen: der Herrschaft Einzelner (*Monarchie* oder *Tyrannis*); der Herrschaft weniger (z. B. *Aristokratie*). Allerdings waren in Athen oder in Rom politische Rechte nur den männlichen Vollbürgern, und diesen nur in abgestufter Form, vorbehalten. Damit kontrollierten Minderheiten die staatlichen Entscheidungsprozesse.

Im Mittelalter lehnte die Kirche die Demokratie als Leugnung der gottgesetzten Verschiedenheit von Menschen ab. Erst in der Neuzeit bereiteten zwei gegenläufige Entwicklungen die moderne Demokratie vor: Der Absolutismus strebte eine Vereinheitlichung der Pflichten aller Untertanen an; die Philosophie der Aufklärung begründete gleiche Rechte der Bürger. Im 19./20. Jahrhundert entstanden auf dieser Basis in Nordamerika und Europa Demokratien modernen Zuschnitts, an denen tatsächlich alle Bürger teilhaben können.

Als Idealbild scheint Demokratie heute international weitgehend unumstritten. Die mit ihr verbundenen Vorstellungen sind jedoch zum Teil höchst unterschiedlich. Es bleibt deshalb eine ständige Aufgabe, sich überall dort für Demokratie einzusetzen, wo ihre Verwirklichung aus historischen, gesellschaftlichen oder religiösen Gründen gefährdet erscheint.

Der aus aristokratischen Kreisen stammende Perikles war sehr vermögend. Seine daraus herrührende Unabhängigkeit förderte seinen Ruf bei den Massen. Nach einem Bericht des Plutarch habe Perikles einen „Zwiebelkopf" gehabt, den er zu verbergen trachtete. „Deshalb stellten Künstler ihn fast immer mit dem Helm dar" (römische Kopie einer griechischen Statue).

lungen mussten vielfach die Bürger wiederholt aufgefordert und gedrängt werden. Dies war besonders dann nötig, wenn Entscheidungen anstanden, für die eine Mindestzahl von Stimmen erforderlich war.
Im Sinne von politischer Gleichberechtigung war es deshalb nur konsequent, dass für die Ausübung der Ämter *Diäten*[1]) gezahlt wurden. Zumindest für den Rat der Fünfhundert und für die Gerichte gab es seit Perikles solche Zahlungen. Für die Teilnahme an der Volksversammlung dürften die Zahlungen erst später eingeführt worden sein. Dennoch stellten Adel und Mittelstand dank ihres Besitzes, ihrer Bildung und ihrer politischen Motivation weiterhin den größten Anteil der Ratsmitglieder. Daran änderte die Zahlung von Diäten nur wenig. Sie dürften bei etwa einer Drachme pro Ratstag gelegen und damit mehr als das Existenzminimum abgedeckt haben.
Dennoch war die Volksversammlung, in der die wichtigsten Entscheidungen fielen, in gewisser Weise jeweils zufällig zusammengesetzt. Die Kontinuität der Politik hing demzufolge weitgehend davon ab, wie die Wortführer die Meinung der Teilnehmer zu beeinflussen verstanden.
Perikles konnte durch private Übernahme öffentlicher Aufgaben (Liturgien), seine militärischen Erfolge und die von ihm groß angelegte Bautätigkeit in Athen (siehe Seite 39 ff.) den Demos von Athen für sich gewinnen. Jahr für Jahr wurde er von 443 v. Chr. an in das Amt des Strategen gewählt, außerhalb des üblichen Verfahrens ohne Bindung an seine Phyle.

---

[1]) Aufwandsentschädigungen, Tagegelder

Glanzvoll nach innen und außen stand der Staat unter seiner Führung da. Gleichwohl gab es Unzufriedene, die sich durch die überragende Persönlichkeit des Perikles von der Ausübung der Macht ausgeschlossen sahen. Bei der Beliebtheit des Politikers konnten seine Gegner nicht offen gegen ihn antreten. So klagte man Leute aus seiner Umgebung an: den Bildhauer *Phidias,* weil er bei der Fertigung der Statue der Athene Gold und Silber unterschlagen habe; *Anaxagoras* (um 500–428), ein aufgeklärter Philosoph, wurde wegen Gottlosigkeit angeklagt, ebenso die zweite Frau des Perikles, *Aspasia* aus Milet.

Niedergang Athens nach Perikles

Zum Beginn des *Peloponnesischen Krieges* (431–404 v. Chr.) zwischen den griechischen Vormächten Athen und *Sparta* konnte Perikles noch seine Strategie durchsetzen, die darauf gerichtet war, die Macht Athens zu erhalten, nicht sie auszuweiten. Doch als er im Jahre 429 an der Pest starb, hatte Athen seine überragende Integrationsfigur verloren. In der Notsituation des andauernden Krieges übertrug das führerlos gewordene Volk die Macht wechselnd an Demagogen (◊ M 7). Wie im innenpolitischen Bereich das Volk unter der Einwirkung seiner neuen Führer bald in die eine, bald in die andere Richtung taumelte, so war es auch im Verhalten gegenüber seinen Bundesgenossen und den besiegten Feinden unsicher und maßlos.
Im Jahre 404 endete der Krieg mit der Unterwerfung Athens. Auch als die Demokratie im 4. Jahrhundert vorübergehend wiederhergestellt wurde, gelang es nicht mehr, sie mit dem gleichen Leben zu erfüllen, das sie in der Zeit des Perikles gekennzeichnet hatte. Viele wandten sich vom Staat ab, folgten ihren individualistischen Bedürfnissen. Der Staat wurde zum Versorgungsunternehmen, das dem Einzelnen die Sorge ums Dasein zu erleichtern hatte. Für jede Form öffentlicher Betätigung wurden Zahlungen geleistet: für die Teilnahme an der Volksversammlung ebenso wie für den Besuch des Theaters. Es entwickelte sich eine Art Sozialfonds, der den wesentlichen Teil der Staatseinnahmen auffraß und solche Bedeutung erlangte, dass sein Verwalter die gesamten Staatseinnahmen kontrollierte. Die leidenschaftlichen Aufrufe des *Demosthenes*[1]) zu mehr Staatsgesinnung und Einsatzbereitschaft beweisen den Rückzug des Einzelnen auf seine Privatsphäre. Es entstanden Philosophenschulen, die das Glück des Menschen in der Zurückgezogenheit *(Epikur,* 341–270) und Selbstzufriedenheit *(Kyniker)* suchten.
Trotz des Niedergangs bleibt der attischen Polis das Verdienst, ihrer Form von Demokratie in anderen griechischen Stadtstaaten zum Durchbruch verholfen zu haben. Vor allem in den Städten des Attischen Seebunds unterstützten die Athener die Einführung demokratischer Ordnungen. Wenn die demokratisch verfassten Gemeinwesen in Hellas auch im Laufe des 4. Jahrhunderts wieder untergingen, so überlebten sie doch als Idealvorstellungen für spätere Gesellschaftsordnungen (◊ M 8).

[1]) griechischer Redner (384–322)

Die Polis

M 1

In Griechenland und dem gesamten griechischen Siedlungsgebiet war es nach 800 zur Bildung von Hunderten von Poleis gekommen. Der Altertumsforscher Ernst Meyer vergleicht die griechische Polis mit einem modernen Staatswesen.

Zum Verständnis des klassischen griechischen Staates ist die Erkenntnis entscheidend, dass dieser Staat im Unterschied zu unseren heutigen Staatsvorstellungen ein Personalverband ist und nur ein Personalverband. Der moderne Staatsbegriff geht vom Territorium aus, der moderne Staat ist die politische Organisation eines bestimmten Territoriums, und seine Macht und Rechtsbefugnis gilt auf diesem Territorium ausschließlich und allgemein. [. . .] Der klassische griechische Staat, die „Polis", ist also die Gesamtheit seiner Bürger, nämlich aller derjenigen, immer nur männlichen Angehörigen des Volkes, die die politischen Rechte besitzen, „am Staat Anteil haben". Das sind niemals alle Angehörigen dieses Volkes oder gar die ständigen Bewohner eines Staatsgebietes, sondern immer nur ein mehr oder weniger großer Teil von ihnen.

Die griechische Polis ist also der Personalverband ihrer Bürger. Sehr bezeichnend dafür ist, dass es keine automatische Erwerbung des Bürgerrechts, also der Zugehörigkeit zu diesem Verband gibt. Auch der legitime Sohn des Bürgers erwirbt dieses Bürgerrecht nicht einfach durch die Geburt oder die Anmeldung durch den Vater, sondern muss durch formellen Beschluss der Bürgerschaft in diese aufgenommen werden [. . .].

Diese Idee der bürgerlichen Gemeinschaft hat zur weiteren Folge, dass alle Bürger am Staatsleben teilnehmen oder teilnehmen sollten, also die Selbstregierung und darüber hinaus sogar die Selbstverwaltung. Die Übertragung der Wahrnehmung der politischen Rechte an gewählte Vertreter, also ein Parlament, ist innerhalb der griechischen Polis mit ihrer Idee unvereinbar und gibt es nicht, sowenig wie es ein Berufsbeamtentum gibt.

Ernst Meyer, Einführung in die antike Staatskunde, Darmstadt 1980, S. 68 ff.

1. *Arbeiten Sie die Unterschiede zwischen antiker Polis und einem modernen Staatswesen heraus.*
2. *Untersuchen Sie, inwieweit die heutige Gleichsetzung von Polis = Stadtstaat das Wesen der Polis vollständig wiedergibt.*

Die öffentlichen Pflichten der Reichen

M 2

Im 5. und 4. Jahrhundert v. Chr. hatten die vermögenden Bürger regelmäßig freiwillig öffentliche Aufgaben für das Volk (Liturgien) zu übernehmen. Der Schriftsteller Xenophon stellt diese Verpflichtungen in seinem Werk „Ökonomikus oder über die Haushaltungskunst" vor.

Erstens sehe ich, dass du gezwungen bist, viele und große Opfer zu bringen, oder es würden, glaube ich, weder Götter noch Menschen mit dir zufrieden sein; sodann ziemt es sich für dich, viele Gastfreunde zu beherbergen, und zwar auf das Prächtigste; ferner musst du dich bequemen, Bürgern Gastmähler und Lustbarkeiten auszurichten oder entblößt von Bundesgenossen zu sein. Außerdem aber weiß ich, dass dir auch der Staat schon jetzt große Leistungen auflegt, Pferdelieferungen[1]), Chorausstattungen[2]), Gymnasiarchien[3]) und Vormundschaften; wenn es aber gar zum Kriege kommen sollte, dann weiß ich, werden sie dir auch die Lasten einer Schiffsausrüstung[4]) und so viele Steuern aufbürden, dass du sie nicht leicht tragen wirst. Wofern du aber in den Ruf kommen solltest, irgendetwas hiervon in ungenügender Weise zu leisten, werden dich die Athener sicherlich nicht um ein Haarbreit weniger strafen, als wenn sie einen bei einem Diebstahl ihres Eigentums ertappt hätten.

Rolf Rilinger (Hrsg.), Leben im antiken Griechenland. Ein Lesebuch, München 1990, S. 383

1. *Xenophon stellt zwar die Belastungen des Vermögens vor, sagt aber nichts über die daraus erwachsenden Möglichkeiten der „Spender". Nennen Sie einige.*
2. *Wie wird die Finanzierung der beschriebenen Leistungen in einem modernen Staatswesen geregelt?*

M 3 Über die Notwendigkeit der Sklaverei

Der für das europäische Denken bis in die Neuzeit maßgebliche Philosoph Aristoteles (384–322) stellte zur Sklavenfrage Überlegungen an, die sicherlich typisch für ihre Zeit sind.

Von den Werkzeugen sind nun die einen unbelebt, die anderen belebt, wie etwa für den Steuermann das Steuerruder ein unbelebtes Werkzeug ist, der Untersteuermann aber ein belebtes; denn der Handlanger ist bei den Künsten zur Art des Werkzeuges zu rechnen. Auf diese Weise ist auch das Besitztum ein Werkzeug im Hinblick auf das Leben, und der Besitz bedeutet nur eine Menge von Werkzeugen, und der Sklave ist eben ein belebtes Besitztum; wie ja jeder Handlanger ein Werkzeug für andere Werkzeuge darstellt.
Wenn nämlich ein jedes Werkzeug in der Lage wäre, entweder auf einen Befehl hin oder indem es einen Befehl im Voraus bemerkt, sein Werk zu vollführen, [...] wenn auf diese Weise die Weberschiffchen selbst webten und die Plektra die Kitharen[5]) schlügen, dann benötigten wohl weder die Baumeister Handlanger noch die Herren Sklaven.
Wer nämlich von Natur aus nicht sich selbst gehört, sondern als Mensch eben einem anderen, der ist von Natur aus ein Sklave. Doch einem anderen gehört der Mensch, der als Sklave ein Besitztum ist, aber ein Besitztum ist ein hervorbringendes und für sich bestehendes Werkzeug.

Franz F. Schwarz (Hrsg.), Aristoteles, Politik, Stuttgart 1989, S. 81 f.

1. *Welche Einstellung zur Sklaverei spricht aus dem Text?*
2. *Informieren Sie sich anhand von Geschichtsbüchern oder Nachschlagewerken über die Geschichte der Sklaverei. Gibt es heute noch Länder, in denen die Sklaverei erlaubt ist?*

---

[1]) Bereitstellung von Pferden für den Dienst in der Reiterei
[2]) Finanzierung der Theaterausstattungen und -aufführungen
[3]) Finanzierung von Sportveranstaltungen
[4]) Das Kommando über ein Schiff konnte nur übernehmen, wer für die Ausrüstung und den Unterhalt der Mannschaft sorgte.
[5]) Das Plektron war ein Stäbchen, mit dem das Saiteninstrument Kithara geschlagen wurde.

Eine körperlich besonders schwere Tätigkeit war die Arbeit im Bergwerk. Deshalb setzte man neben freien Lohnarbeitern häufig Sklaven ein (Tafel aus Korinth, 6. Jahrhundert vor Christus).

Die „athenische Revolution“

M 4

Der einzige zusammenhängende Bericht über die Ereignisse, die Mitte der Sechzigerjahre in Athen zu einer Verfassungsänderung führten, stammt von dem Philosophen Aristoteles.

Für etwa 17 Jahre nach den Perserkriegen war die Verfassung unter dem Vorsitz der Areopagiten in Kraft, wenn auch allmählich verfallend. Als aber das Volk erstarkte, wurde Ephialtes, Sohn des Sophonides, Vorsitzender der Volkspartei – er war offensichtlich unbestechlich und verfassungstreu – und führte Angriffe gegen den Rat. (2) Zunächst beseitigte er viele Areopagiten, indem er gegen sie Prozesse wegen ihrer Amtsführung anstrengte. Dann [. . .] unterband er alle hinzugekommenen Funktionen, die den Rat zur staatlichen Aufsichtsbehörde machten, und schlug sie teils den Fünfhundert, teils dem Volk und teils den Richtern zu. [. . .]
26. Der Rat der Areopagiten wurde also auf diese Weise seiner Aufsichtsfunktion beraubt. Das Ergebnis war, dass die Verfassung weiter verfiel, weil die Volksführer leichtsinnig handelten. [. . .] Auch sonst verwaltete man alles nicht mehr genauso wie früher mit Blick auf die Gesetze, an der Wahl der neun Archonten änderten sie[1]) aber nichts; jedoch beschlossen sie fünf Jahre nach dem Tode des Ephialtes[2]), die für die neun Archonten auszulosenden Kandidaten auch aus der Jochbauernklasse[3]) vorzuwählen, und als Erster von

---

[1]) Gemeint sind die Volksführer.
[2]) 457/56 v. Chr.
[3]) Gemeint sind die Hopliten oder Zeugiten aus der dritten Vermögensklasse.

diesen regierte Mnesitheides; vorher gehörten alle zu den Rittern oder Großgrundbesitzern, und die Jochbauern hatten nur die allgemeinen Ämter, wenn nicht irgendwelche gesetzlichen Vorschriften umgangen wurden. (3) Vier Jahre danach [. . .] wurden wieder die 30 so genannten Gemeinderichter eingesetzt; (4), und zwei Jahre danach beschloss man [. . .] wegen der Menge der Bürger auf Antrag des Perikles, es solle nicht das Bürgerrecht genießen, wer nicht von beiden Elternteilen her zur Stadt gehöre.
27. Darauf gelangte Perikles an die Spitze der Volkspartei; er hatte sich zunächst einen Namen gemacht, als er noch als junger Mann die Abrechnung Kimons nach seinem Strategenamt tadelte. Die Folge war eine weitere Demokratisierung der Verfassung; denn er beseitigte noch einige Funktionen der Areopagiten und lenkte das Staatsinteresse besonders auf die Seemacht, was zur Folge hatte, dass das Volk erstarkte und das ganze Staatswesen noch mehr an sich zog. [. . .] Perikles ließ auch als Erster die Gerichte besolden, da er mit dem reichen Kimon um die Volksgunst zu streiten hatte. Denn Kimon führte, da er über ein königliches Vermögen verfügte, Liturgien voller Glanz durch, sorgte auch für den Unterhalt vieler Gemeindemitglieder.

Aristoteles, Der Staat der Athener, Stuttgart 1970, S. 32 ff.

1. *Welche Informationen erhalten wir über die Verfassungsänderungen in Athen? Welche Fragen lässt der Text unbeantwortet?*
2. *Aristoteles berichtet von keinen gewaltsamen Ereignissen. Kann man dennoch von einer „Revolution" sprechen? Diskutieren Sie über den Begriff „Revolution".*

M 5 Perikles über den athenischen Staat

Am Ende des ersten Jahres des Peloponnesischen Krieges hielt Perikles zu Ehren der Gefallenen eine große Rede, die der Geschichtsschreiber Thukydides (455-396) in seiner „Geschichte des Peloponnesischen Kriegs" nachgestaltet hat. In weiten Teilen geriet die Rede zum Lobpreis des athenischen Staates.

Wir leben in einer Staatsform, die die Einrichtungen anderer nicht nachahmt; eher sind wir für etliche ein Vorbild, als dass wir andere uns zum Muster nähmen. Mit Namen wird sie, weil wir uns nicht auf eine Minderheit, sondern auf die Mehrheit im Volke stützen, Volksherrschaft [Demokratie] genannt. Und es genießen auch alle für ihre eigenen Angelegenheiten vor den Gesetzen gleiches Recht; in der öffentlichen Bewertung jedoch fragt man allein nach dem Ansehen, das sich jemand auf irgendeinem Felde erworben hat, und nicht die Zugehörigkeit zu einem bestimmten Volksteil, sondern allein die persönliche Tüchtigkeit verleiht im öffentlichen Leben einen Vorzug; auch wird bei Armut keiner, der doch dem Volke Gutes zu leisten vermöchte, um der Geringheit seines Standes willen ausgeschlossen. Ein freier Geist herrscht in unserem Staatsleben und wirkt auch im täglichen Leben und Treiben aller gegenseitigen Beargwöhnung entgegen. So nehmen wir es unserem Mitmenschen auch nicht übel, wenn er sich einiges zu seinem Vergnügen leistet, und legen uns keine engherzigen Beschränkungen auf, die zwar keine Schande, aber doch ein unerquicklicher Anblick sind. Und wie wir im persönlichen Umgang unbeschwert miteinander verkehren, so meiden wir im öffentlichen Leben schon aus Pflichtgefühl Verstöße gegen Recht und

Sitte, der jeweiligen Führung gehorsam wie auch den Gesetzen und unter ihnen zumal denjenigen, die zum Schutz der Verfolgten gegeben sind, sowie den ungeschriebenen, deren Bruch in aller Augen Schande bringt. Auch für mancherlei Erholung des Geistes von allen Anstrengungen ist bei uns gesorgt, teils durch die Pflege von Kampfspielen und Festen während des ganzen Jahres, teils durch schöne, jedem offen stehende Anlagen, deren täglicher Genuss den Missmut bannt. Zudem kommt bei der Größe unserer Stadt aus allen Teilen der Erde alles herein, und ebenso wie unsere heimischen Güter können wir die Erzeugnisse der ganzen Welt im eigenen Hause genießen.

Auch in der Pflege des Kriegswesens unterscheiden wir uns von unseren Feinden, und zwar in Folgendem: Jedermann hat freien Zutritt zu unserer Stadt, und wir denken nicht daran, es einem durch Ausweisungen[1]) zu verwehren, sich bei uns über Dinge zu unterrichten oder sie sich anzuschauen, die, nicht geheim gehalten, vielleicht manchem unserer Feinde nützlich werden könnten. Statt auf die üblichen Vorkehrungen und Schliche verlassen wir uns lieber auf die in uns selber ruhende Entschlossenheit zur Tat. Und mögen in der Erziehung des Kindes die da drüben schon durch anstrengende Übungen von zarter Jugend an mannhaften Geist zu erwerben suchen: Wir führen ein Leben ohne Zwang und stellen im Ernstfall doch nicht schlechter unseren Mann. [. . .]

Wir lieben das Schöne in Schlichtheit, lieben Wissen und Bildung, aber frei von Weichlichkeit. Reichtum ist bei uns zum Gebrauch in der rechten Weise, aber nicht zum Geprahl mit Worten da. Armut einzugestehen bringt keinem Schande, sondern nicht tätig aus ihr fortzustreben ist schlimmere Schande. In derselben Männer Hand ruht die Sorge für ihre häuslichen wie auch die öffentlichen Angelegenheiten, und selbst wer völlig seiner Arbeit lebt, dem fehlt es doch nicht an Blick für die politischen Dinge. Bei uns allein nämlich heißt einer, der dem [politischen Leben] gänzlich fern steht, nicht „ungeschäftig", sondern „unnütz", und selber hat unser Volk in den Fragen der Staatsführung mindestens ein Urteil, wo nicht gar fruchtbare eigene Gedanken. Denn wir sehen nicht in einer bedächtigen Vorbesprechung eine Gefahr für die Tat, sondern vielmehr darin, sich nicht vorher in Beratungen zu belehren, ehe man das, was Not tut, mit der Tat in Angriff nimmt. [. . .]

Mit einem Wort sage ich: Unsere Stadt ist im Ganzen die hohe Schule Griechenlands; im Einzelnen aber will mir scheinen, dass jeder bei uns sich gleichzeitig auf den verschiedensten Gebieten anmutig und mit vollendeter Sicherheit als ganze, auf sich selbst gestellte Persönlichkeit erweist. Dass dies aber nicht nur ein gelegentliches Wortgepränge, sondern der Dinge wahres Abbild sei, dafür gibt die Macht der Stadt, die wir aus diesem Geiste uns errungen haben, selber den Beweis.

Walter Arend, Geschichte in Quellen. Altertum, München, 3. Auflage 1978, S. 221 ff.

1. *Welche Charaktereigenschaften sind nach Perikles für die Athener besonders kennzeichnend?*
2. *Worauf gründet sich nach Perikles die Stärke des attischen Staates? Inwieweit zielt die Darstellung auf ein Idealbild?*
3. *Wurde die attische Demokratie dem Idealbild gerecht?*

---

[1]) Es gehörte zu den Gepflogenheiten der Spartaner, von Zeit zu Zeit alle Fremden, die sich im Lande niedergelassen hatten, wieder auszuweisen.

M 6 Aristokratische Kritik an der Demokratie

Durch die Verfassungsreformen des Perikles war der Einfluss des Adels endgültig gebrochen. Die Kritik am Staat ging in bestimmten Zirkeln des Adels weiter. An gleich gesinnte Standesgenossen scheint ein Aristokrat eine Streitschrift gegen die Demokratie gerichtet zu haben. Sie dürfte zwischen 430 und 424 v. Chr. verfasst worden sein und gilt heute als „der erste staatspolitische und soziologische Essay der Weltliteratur" (Reinhardt). Die Schrift wurde lange Zeit fälschlicherweise Xenophon zugeschrieben.

Was die Staatsform der Athener anlangt, kann ich es freilich nicht billigen, dass sie gerade für diese Art der Staatsform sich entschieden haben: Denn hiermit haben sie sich zugleich dafür entschieden, dass es die Gemeinen besser haben als die Edlen [. . .].

Zunächst muss ich es aussprechen, dass mit Recht daselbst die Armen und das Volk berechtigt sind, den Vorzug vor den Vornehmen und den Reichen zu haben, und zwar deshalb, weil nur das Volk es ist, das die Schiffe treibt und dadurch der Stadt ihre Machtstellung verschafft [. . .]. Unter diesen Umständen erscheint es nur gerecht, dass allen bei der jetzt üblichen Losung sowohl wie der Wahl die Ämter offen stehen und dass es jedem von den Bürgern, wer da will, freisteht, öffentlich zu reden. Alle Ämter ferner, die der Gesamtheit des Volkes Segen bringen, wenn sie in guten Händen sind, und Gefahr, wenn in schlechten, die verlangt sich das Volk nicht im Mindesten offen zu halten (weder die Stellen der Marschälle noch die der Reiterobersten glauben sie sich durch den Grundsatz der Losung offen halten zu sollen); denn sehr wohl versteht es das Volk, dass es größeren Nutzen davon hat, dass es nicht selber diese Ämter verwaltet, sondern die Vermöglichsten sie verwalten lässt. Alle Ämter aber, die dazu da sind, Sold zu tragen und Nutzen ins Haus zu bringen, um die bewirbt sich das Volk. [. . .]

Es gilt aber auch wirklich für jedes Land, dass das bessere Element Gegner der Volksherrschaft ist; denn bei den Besseren ist Zuchtlosigkeit und Ungerechtigkeit am geringsten, gewissenhafter Eifer für das Gute und Edle am größten, beim Volke aber Mangel an Bildung und Selbstzucht am größten und Gemeinheit; denn sowohl die Armut verleitet sie viel eher zur Schlechtigkeit als auch der Mangel an Erziehung und Bildung [. . .].

Bei den eigentlichen Knechten[1]) hingegen und den Schutzbürgern[2]) herrscht in Athen größte Zuchtlosigkeit, und man darf daselbst den Knecht weder hauen, noch wird er dir bescheiden ausweichen. [. . .]

Was aber das Volk vereinbart hat, da steht es ihm frei, einem die Schuld zuzuschieben, dem Antragsteller und dem Versammlungsleiter, den Übrigen aber, zu erklären, er sei nicht dabei gewesen und es sage ihm nicht zu, ausgenommen höchstens, sie hätten erfahren, es sei in einer Vollversammlung des Volkes vereinbart worden; und wenn es ihm nicht belieben sollte, dass dies Gültigkeit habe, so hat es tausend Vorwände bereit, nicht zu tun, was sie nicht wollen. Und überhaupt, wenn etwas Böses emporwächst aus dem, was das Volk beschlossen hat, so gibt das Volk dem die Schuld, dass wenige Leute ihm zuwidergehandelt und dadurch es zum Schlechten gewandt hätten; wenn aber etwas Vorteilhaftes, so schieben sie die Schuld daran sich selbst zu. [. . .]

---

[1]) Sklaven

[2]) Metoiken

Ferner sehe ich einige auch darin die Athener tadeln, dass es bisweilen daselbst dem Rat und dem Volke nicht gelingt, einem, der ein volles Jahr versitzt, Bescheid zu erteilen; und das kommt in Athen vor wegen nichts andern, als wegen der Menge der Geschäfte sind sie nicht imstande, alle mit einem Bescheid zu entlassen. Denn wie sollten sie es auch imstande sein, da sie erstens Feste zu feiern haben so viel, wie keine der Griechenstädte (während deren Dauer aber ist es minder tunlich, selbst von den Staatsangelegenheiten etwas zu erledigen), dann über Privatklagen und Staatsprozesse und Rechenschaftsberichte zu entscheiden so viel, wie nicht einmal alle Menschen zusammengenommen entscheiden, der Rat aber zu beraten viel über den Krieg, viel über Eingang von Geldern, viel über Gesetzgebung, viel über die jeweiligen Gemeindeangelegenheiten, viel auch mit den Bundesgenossen, und die Bundessteuer in Empfang zu nehmen und für Schiffswerften Sorge zu tragen und für Heiligtümer. Ist es da etwa verwunderlich, wenn sie, wo so viele Geschäfte drängen, nicht imstande sind, allen Leuten Bescheid zu erteilen? Es sagen aber einige: Wenn einer mit Geld in der Hand sich an Rat oder Volk wendet, wird er seinen Bescheid erhalten. Ich aber kann diesen darin beistimmen, dass um klingenden Bescheid viel in Athen erledigt wird und noch mehr erledigt würde, wenn noch mehr Leute Geld geben wollten; das jedoch weiß ich sicher, dass die Staatsverwaltung nicht allen der Bittsteller Erledigung zu bringen ausreicht, auch nicht wenn ihnen einer noch so viel Gold- und Silbergeld geben wollte.

Ernst Kalinka, Die Pseudo-Xenophontische Athenaion Politeia, Leipzig und Berlin 1913, S. 65 ff.

1. *Tragen Sie die einzelnen Punkte der Kritik stichwortartig zusammen.*
2. *Versuchen Sie diese Punkte in Begriffen aus unserem politischen Leben zu fassen.*
3. *Prüfen Sie, welche Punkte nur spezifisch für die Verhältnisse Athens zutreffen und welche Punkte allgemein gültigen Charakter haben.*

Demagogen bestimmen die Politik

M 7

Aristoteles beschreibt die Demokratie in der Zeit nach Perikles.

Nach Perikles' Tod führte die Vornehmen Nikias, [. . .] das Volk aber Kleon, der Sohn des Kleainetos, der das Volk am meisten durch seine leidenschaftlichen Ausbrüche verdorben zu haben scheint; als Erster schrie und schimpfte er auf der Rednertribüne, hielt, vulgär gegürtet, Volksreden, während die anderen mit Anstand sprachen. Nach diesen führte dann die einen Theramenes, der Sohn des Hagnon, das Volk aber Kleophon, der Leierverfertiger, der auch als erster die Zahlung der beiden Obolen an Theaterbesucher veranlasste. Eine Zeit lang fand die Verteilung so statt, dann hob Kallikrates aus Paiania diese Regelung auf und versprach als Erster, zu den beiden Obolen noch einen hinzuzufügen. Beide wurden später zum Tode verurteilt. Das Volk pflegt nämlich, auch wenn es sich zunächst täuschen lässt, später die zu hassen, die es zu einer unschönen Handlungsweise verführen.

Von Kleophon an übernahmen die Volksführung ununterbrochen nur noch die, die sich am unverschämtesten aufführten und dem Volk am meisten nach dem Munde reden wollten, dabei aber nur auf den augenblicklichen Effekt achteten.

Aristoteles, a.a.O., S. 35 f.

1. *Zeigen Sie auf, dass Aristoteles den politischen Stil für den Bestand der Demokratie für wesentlich hält.*
2. *Wie schätzt Aristoteles das politische Urteilsvermögen des Volkes ein?*

M 8 Antike und moderne Demokratie

Der Althistoriker Jochen Bleicken beschließt sein 1986 erstmals veröffentlichtes Werk über „Die athenische Demokratie" mit einer Betrachtung über die antike und die moderne Demokratie (linke Spalte). Eine auf dem heutigen Stand der Forschung fußende Interpretation gibt der renommierte britische Althistoriker Sir Moses I. Finley (1912–1986) in einem Essay (rechte Spalte).

Athen ist eine unmittelbare Demokratie; das Volk übt seine Gewalt direkt, ohne die Zwischenschaltung von Repräsentativorganen aus. [. . .] Das Mittel, durch das die Idee verwirklicht werden sollte, war die Vermassung von Behörden und Gerichten: ca. 700 Beamte, 500 Ratsherren und in der Regel mehrere tausend Richter erledigten Tag für Tag die öffentlichen Geschäfte. Zum anderen sollten diese Geschäfte nicht nur alle betreiben können, die von ihrer wirtschaftlichen Lage her dazu imstande waren, sondern es wurden, soweit möglich, die von den Einkommensverhältnissen gesetzten Barrieren für die Teilnahme am politischen Leben beiseite geräumt.

[. . .] Die politische Tätigkeit wurde als ein Wert angesehen. Sie wurde nicht erzwungen; kein Athener musste sich etwa für das Richteramt melden. Aber den politisch tätigen Bürger hielt man für einen „besseren" Bürger als den untätigen. [. . .] Die athenische Demokratie ist [. . .] gerade durch die Schwäche der Regierung (idealtypisch: durch ihr Nichtvorhandensein) und durch die Entscheidung aller Gegenstände durch alle definiert; beides, insbesondere die Negation einer starken Regierungsgewalt, sind sogar Elemente, die zu der Demokratie hingeführt und sie begründet haben. [. . .]

Einmal hält man die antike Erfahrung deshalb heute für unerheblich, weil die moderne Regierungsaktivität beträchtlich an Komplexität zugenommen habe; der Trugschluss liegt freilich darin, dass Probleme, die etwa aus internationalen Finanzvereinbarungen oder aus dem Gebrauch oder dem Fehlen von Weltraumsatelliten entstehen, nicht politische, sondern technische Probleme sind [. . .]. Sodann macht man die Sklaverei als Argument geltend: Der attische δημος [demos] war eine Minderheitselite, von der ein großer Bevölkerungsanteil, eben die Sklaven, völlig ausgeschlossen war. Durchaus richtig, und die Gegenwart von zahlreichen Sklaven wird das soziopolitische Verhalten ebenso beeinflusst haben wie die Ideologie. [. . .] Andererseits ist eine Darstellung und Erklärung der Sozialstruktur Athens weit davon entfernt, sich in der zweigliedrigen Scheidung von Freien und Sklaven zu erschöpfen. [. . .]

Die politische Ordnung Athens war eine direkte, nicht eine repräsentative Demokratie, und zwar in einem doppelten Sinne: Die Teilnahme an der „souveränen" Volksversammlung stand jedem Bürger offen, und sieht man einmal ab von einigen wenigen Schreibern, meist Sklaven im Besitz des Staates, die die unentbehr-

In einer gegenüber der modernen Zeit eigentümlichen Weise haben die Athener auch über die Gleichheit und das Ver-hältnis von Freiheit und Gleichheit gedacht. Gleichheit ist in Athen politische Gleichheit; über soziale Gleichheit haben nur die Philosophen spekuliert, und dies auch eher beiläufig und in einem Sinne, der den Realitätsbezug ausschloss. Die Freiheit ist für die Athener in dem Gleichheitsbegriff enthalten bzw. eine Konsequenz desselben; sie bedeutet die Abwesenheit von Herrschaft und assoziiert folglich Vorstellungen wie „Ausübung der politischen Funktionen durch alle", „Kontrolle und Schwächung der Regierung" und „Rederecht für alle". „Demokratie" als die Herrschaft aller politisch Berechtigten ist darum mit Freiheit identisch. Bei aller Bedeutung bleibt indessen der athenische Freiheitsbegriff verhältnismäßig farblos; nicht er, sondern „Gleichheit" konstituiert die Demokratie. „Freiheit" hat gegenüber „Gleichheit" keine eigene, auf sich beschränkte Funktion. Kaum etwas anderes kennzeichnet klarer den Abstand zur Moderne. [. . .]

Die Garantie der Demokratie ruht auf der institutionellen Einbindung aller in ihr ablaufenden Prozesse, in Athen wie in der modernen Zeit. Allerdings unterscheiden sich die antike und die moderne Form prinzipiell voneinander. Während in der Neuzeit das Schwergewicht des institutionellen Rahmens auf die Beschränkung des souveränen Willens gelegt und also in Gewaltenteilung, qualifizierten Mehrheiten und absoluten Abrogationsverboten[1]) die größte Sicherheit gesehen wird, überwiegt in Athen die direkte Kontrolle (Dokimasie[2]), Rechenschaft, Anklage und die persönliche Haftung des Bürgers für alle seine Initiativen im politischen Raum, einschließlich seiner Anträge vor Volk und Rat und sei- lichen Urkunden, die Abschriften von Verträgen und Gesetzen aufbewahrten, Protokolle und Listen der säumigen Steuerzahler führten und ähnliche Aufgaben wahrnahmen, sieht man einmal von diesen Staatssklaven ab, gab es weder eine Bürokratie noch einen wirklich so zu nennenden Staatsdienst. So war die Regierung im ganz buchstäblichen Sinn eine „Regierung durch das Volk". Die Volksversammlung, der die letzte Entscheidung über Krieg und Frieden, über Vertragsschlüsse, Finanzfragen, Gesetzgebung, öffentliche Baumaßnahmen, kurz, über die ganze Skala von Regierungstätigkeiten oblag, war eine unter freiem Himmel stattfindende Massenveranstaltung von vielen tausend Bürgern [. . .]. Im Laufe eines Jahres trat sie häufig zusammen, wenigstens vierzigmal, und erreichte gewöhnlich in der anstehenden Angelegenheit innerhalb eines von Debatten gefüllten Tages eine Entscheidung. Im Prinzip besaß jeder das Recht, an den Auseinandersetzungen teilzunehmen, indem er sich das Wort erteilen ließ. [. . .]

Die Quellen lassen erkennen, dass in Wirklichkeit nur wenige von ihrem Rederecht in der Volksversammlung, die politische Narren nicht duldete, tatsächlich Gebrauch machten. In ihrem gesamten Verhalten zollte sie der politischen und technischen Kompetenz von Experten Anerkennung, und den Rahmen einer zur Wahl stehenden Alternativpolitik zu formulieren war zu allen Zeiten die Sache einiger weniger. [. . .]

Um es mit herkömmlicheren Verfassungsbegriffen zu sagen: Die Bürger besaßen nicht nur das Recht, sich in ein Amt wählen zu lassen und andere in ein Amt zu wählen, sondern sie konnten auch in allen Angelegenheiten der öffentlichen Ordnung entscheiden und in den verschiedenen Gerichtshöfen über

[1]) Aufhebungsverbote

[2]) staatlich angeordnete Prüfung von Personen und Gegenständen

ner Anzeigen gegen wirkliche oder vermeintliche Gesetzesbrecher. Der Unterschied beweist, dass die Athener den Volkswillen höher schätzten als die Sicherheit des Einzelnen bzw. einer Minderheit gegenüber dem Terror oder der Laune der Mehrheit. Die andere Auffassung beruht aber nicht auf einem „Verdienst" der Athener, sondern ist in der gegenüber der Moderne völlig verschiedenen Ausgangsbasis begründet: Die unmittelbare Demokratie mit ihrem absoluten Gleichheitsanspruch im politischen Raum kann den Gedanken der Gewaltenteilung nicht verwirklichen, sondern muss im Gegenteil dahin neigen, etwaige Ansätze dazu zu beseitigen oder einzuschränken. Darüber hinaus hat man zu bedenken, dass, wie gezeigt wurde, die Sicherheit des Einzelnen in Athen nicht in demselben Maße wie heutzutage von dem Terror einer Mehrheit bedroht war: Die Stabilität der allgemeinen Lebensordnung, die nicht als verfügbar gedacht wurde, hat die dem Einzelnen bzw. der Minderheit von der Mehrheit drohenden Gefahren jedenfalls insoweit herabgesetzt, dass seine überkommene Lebenssituation nicht oder doch nicht auf Dauer in Frage gestellt wurde.

Jochen Bleicken, Die athenische Demokratie, Paderborn 1986, S. 387 ff.

alle wichtigen Fälle [. . .] zu Gericht sitzen.

Die Konzentration der Entscheidungsbefugnis in der Volksversammlung, die weit reichende Aufteilung und der periodische Wechsel der Funktionen in der Geschäftsführung und „Verwaltung", die Bestimmung von Magistraten und Richtern durch das Los, das Fehlen einer besoldeten Bürokratie, die aus der Bürgerschaft besetzten Geschworenengerichte, all dies diente dazu, die Bildung eines Parteiapparates und somit einer institutionalisierten politischen Elite zu verhindern.

Für mediokre[1]) Marionetten, die nach der Pfeife der „wirklichen" Führer hinter den Kulissen getanzt hätten, war hier kein Platz. Gewiss bildeten Männer wie Perikles eine politische Elite, jedoch besaß diese keine innere Automatik der ungefährdeten Selbstergänzung und dauerhaften Etablierung. Wer zu ihr gehören wollte, konnte dies durch öffentliches Auftreten, vornehmlich in der Volksversammlung, erreichen; der Zugang stand jedem offen, und wer sich auf dieser Bühne halten wollte, der musste eben dauernd auftreten.

Moses I. Finley, Antike und moderne Demokratie, Stuttgart 1980, S. 17 ff.

1. *Arbeiten Sie anhand beider Texte in einer Übersicht stichwortartig einige Gemeinsamkeiten und Unterschiede der antiken und modernen Demokratie heraus.*
2. *Diskutieren Sie, inwieweit das athenische Vorbild tatsächlich noch Modellcharakter für politische Entscheidungsprozesse in unserer Zeit haben kann.*

[1]) mittelmäßige

Gesellschaft und Kultur in der attischen Polis

um 800	Niederschrift von *Ilias* und *Odyssee*
seit 776	Olympische Spiele
469–399	Sokrates
447–406	Wiederaufbau der Akropolis
427–347	Platon
384–322	Aristoteles

Gemeinsame kulturelle Basis der Griechen

In Sprache, Kultur und Religion unterschieden sich die Bewohner Attikas nicht von den Angehörigen anderer Poleis in Griechenland. Überliefert wurde das Bewusstsein einer gemeinsamen Tradition vor allem von dem Dichter *Homer* (8. Jahrhundert v. Chr.). *Ilias* und *Odyssee* sind die beiden großen Epen, die Homer zugeschrieben werden, wahrscheinlich aber von mehreren unbekannten Dichtern stammen. Beide Verserzählungen gehen auf mündliche Überlieferungen zurück, die erst nach Übernahme der Schrift durch die Griechen ihre endgültige Gestalt fanden. In Ilias und Odyssee haben die Götter,

Der Heilige Bezirk von Delphi hatte die Ausmaße von etwa 190 x 135 Metern. Durch den Heiligen Bezirk führte die Heilige Straße an den Schatzhäusern der griechischen Städte vorbei zum zentralen Apollonheiligtum. Dort gab die Pythia, auf dem Dreifuß über einem Erdspalt sitzend, die Weissagungen des Gottes weiter. Oberhalb des Tempels war das Theater in den Fels gehauen, das etwa 5000 Zuschauern Platz bot.

die mit dem Göttervater *Zeus* auf dem Berg *Olymp* wohnen, Menschengestalt und menschliche Eigenschaften. Sie bleiben aber ewig jung, sind unsterblich und weit über das menschliche Maß hinaus weise, mächtig und schön. Durch Opfer und Gebete versuchten die Griechen, die Götter gnädig zu stimmen. Vor wichtigen Entscheidungen wandte man sich häufig an eines der *Orakel,* in denen Priester den Menschen die göttlichen Ratschlüsse – zumeist in rätselhaften Wendungen – vorhersagten. Am berühmtesten war das Orakel von *Delphi.*
Miteinander verbunden wussten sich alle Griechen auch durch regelmäßige Festspiele. Die größte Bedeutung gewannen die Spiele zu Ehren des Zeus in *Olympia.* Im sportlichen Wettkampf stritten Männer aus allen griechischen Gemeinden um den Siegeskranz aus Zweigen des heiligen Ölbaums.
Die Olympischen Spiele fanden alle vier Jahre statt. Nach dieser Zeitspanne legten die Griechen ihre Zeitrechnung fest. Um 400 v. Chr. wurde eine Liste der Sieger von Olympia zusammengestellt, nach der die ersten Spiele im Jahre 776 v. Chr. stattgefunden haben sollen. Letztmals fanden die Wettkämpfe 393 n. Chr. statt, bevor sie als heidnisch verboten wurden.

Die Beteiligung der Bürger am kulturellen Leben

Der Lauf des Jahres war für die Menschen Attikas vom Rhythmus religiöser Feste geprägt. Die Teilnahme an diesen Festen und den damit verbundenen Kulten und Opfern war selbstverständlich, auch für diejenigen, die der rationalen Aufklärung (siehe Seite 36 ff.) folgend, an die Existenz der zahllosen Gottheiten nicht glaubten. Eine Trennung zwischen dem Religiösen und Übernatürlichen auf der einen Seite und dem Alltäglichen und Diesseitigen auf der anderen Seite gab es im Bewusstsein der Griechen nicht. Die Priester waren Beamte der Stadt und vollzogen einen öffentlichen und politischen Auftrag. Beachtung der Kulte war Bürgerpflicht. In den aufgeklärten Zeiten des 5./4. Jahrhunderts wurden viele Prozesse wegen Gottlosigkeit geführt.
Am 16. Tag im ersten Monat des Jahres (im Juli) wurde das Gründungsfest der staatlichen Einheit Attikas gefeiert, der sagenhafte Zusammenschluss unter dem König *Theseus.* Der Monat endete mit dem Nationalfest zu Ehren der Stadtgottheit *Athene,* dessen herausragendes Ereignis der große Festzug war. Zum Abschluss dieses Festzuges schlachtete man auf dem Altar vor dem Parthenon so viele Rinder, wie zur Speisung der ganzen Bevölkerung nötig waren.
Feste mit erheblicher Ausgelassenheit und Ausschweifung wurden zu Ehren der *Demeter* und des *Dionysos* gefeiert. Gerade diesem Gott galten mehrere Feste, bei denen auch lyrische Gedichte und Schauspiele geboten wurden. Die Ausrichtung der beiden wichtigsten Dionysosfeste oblag zwei Archonten. Vermögende Bürger übernahmen die Kosten für Einübung und Aufführung der Theaterstücke. Am Fest selbst wurden dann drei Tage lang jeweils fünf Dramen aufgeführt. Die Zuschauer kamen aus allen Schichten.

Das Dionysostheater in Athen. Unmittelbar zu Füßen der Akropolis gelegen, nutzte das Theater das natürliche Gefälle des Geländes für die Sitzreihen des Zuschauerraums aus. Die im Theater stattfindenden Schauspiele darf man sich ursprünglich als eine gemeinsame magische Feier vorstellen.

Die etwa eine Woche andauernden Feiern waren Volksfeste, die aber doch den religiösen Charakter bewahrten. Die öffentliche Bedeutsamkeit wird auch dadurch unterstrichen, dass sich das Volk zwei Tage nach den Dionysien im Theater versammelte und den verantwortlichen Archonten Lob oder Tadel aussprach.

Das Theater

Die großen Feste der Stadt, in deren Mittelpunkt immer eine Gottheit stand, waren begleitet von Flötenspiel, von Gesang und dem Vortrag mythischer Stoffe in Form von Liedern *(Dithyramben).* Zu Ehren des Dionysos wurde in den Südhang des Akropolisfelsens ein Theater eingebaut, in dem alljährlich die großen Dramen aufgeführt wurden.
Die *Tragödien* behandelten meist Themen aus der Mythologie[1]), an denen das Wirken des Schicksals, die Macht der Götter und die Begrenztheit der Menschen vor Augen geführt wurden. Vor allem die *Hybris* (Selbstüberschätzung) der Menschen, die damit ihren eigenen tiefen Fall heraufbeschwören, und die tragische Situation des Menschen, der sich nicht selbst erlösen kann, wurden aufgezeigt.

---

[1]) Mythos: Dichtung, Sage, Erzählung aus der Vorgeschichte eines Landes, die meist Themen im Zusammenhang mit der Erschaffung der Welt oder Göttern überliefert.

Anfangs trat in den Tragödien nur ein Schauspieler zusammen mit dem Chor auf. *Aischylos* (526–456) setzte einen zweiten Schauspieler ein und schuf so erst den dramatischen Dialog. Die Bedeutung des Chorgesangs ging zurück. Seit *Sophokles* (um 496–406) traten auch drei Schauspieler gleichzeitig auf der Bühne auf. *Euripides* (um 480–406) versuchte in seinen Dramen, in die Tiefen der menschlichen Seele vorzudringen, und stellte sich kritisch zur Tradition. Die Werke dieser drei großen Dichter wurden von späteren Schriftstellern immer wieder aufgegriffen – unter anderem die Orestie, Antigone, Iphigenia. In modernen Inszenierungen werden ihre Dramen heute noch aufgeführt. Ihre Darstellung von Grundfragen des menschlichen Schicksals spricht nach wie vor viele Menschen unmittelbar an.
Es war nahe liegend, dass die athenischen Dramatiker mythologische Stoffe auch aktualisierten oder Ereignisse der Vergangenheit und Gegenwart aufgriffen. Fragen der Religion und Moral wurden dadurch auf der Bühne mitunter in ein Spannungsverhältnis mit Problemen der Politik gebracht. Die Tragödie mit ihrer gewaltigen Breitenwirkung in der Bürgerschaft schuf eine der Voraussetzungen für eine öffentlich ausgetragene Diskussion.
In gänzlich anderer Weise geißelten die *Komödien* mit scharfem Witz menschliches Verhalten und kritisierten oft mit beißendem Spott tagespolitische Ereignisse und Persönlichkeiten des öffentlichen Lebens. Sie übten damit auch Einfluss auf die Politik aus. *Aristophanes* (um 445–385), der bedeutendste Komödiendichter, hat Perikles ebenso angegriffen wie den Philosophen *Sokrates*. Auch seine Stücke werden heute noch aufgeführt. Aus ursprünglich rein kultischen Aufführungen hervorgegangen, wurde das Theater damit zunehmend zu einem Medium der politischen Auseinandersetzung (⇨ M 1, M 2).

Philosophie und Wissenschaft

Die Befreiung der Menschen aus festen traditionellen Bindungen hin zu einer demokratischen Ordnung fand ihre Entsprechung in Philosophie und Wissenschaft. Griechische Philosophen in den Handelszentren Kleinasiens begnügten sich bereits seit dem 7./6. Jahrhundert vor Christus nicht mehr mit den Antworten, die die Götter für die Erklärung des Lebens anboten. Ihre rationalistischen Deutungsversuche der Welt standen im Gegensatz zu den mythologischen Erklärungen, die immer noch wirksamer Glaubensinhalt der griechischen Religion waren. Viele kritische Frager setzten sich dem Vorwurf der Gottlosigkeit aus (⇨ M 3).
Die Lehrer des rationalistischen Denkens, die *Sophisten*, die in das Zentrum Athen kamen, weil der freie Geist der Stadt ihnen die Möglichkeit zur Entfaltung gab, wandten sich vor allem an die Jugend. Ihre Lehren überwanden das traditionelle Bild vom Menschen: Der einzelne Mensch sei das Maß aller Dinge (*Protagoras*, um 481–411) und nicht eine objektive Weltordnung. Von Natur aus gelte nur das Recht des Stärkeren (*Gorgias*, um 485–380). Die Sophisten boten der Jugend Unterricht gegen Entgelt an und lehrten sie vor

allem die Redekunst *(Rhetorik),* die allerdings oft nur zur Durchsetzung persönlicher Vorteile eingesetzt wurde.
Dem Philosophen Sokrates (469–399) ging es nicht um den Nutzen, sondern um das Streben nach Wahrheit und Gerechtigkeit. Der äußerlichen Selbstsicherheit stellte er die Einsicht gegenüber, dass er und seine Gesprächspartner nicht das rechte Wissen hätten. Der Mensch strebe nach dem Guten, es fehle ihm nur die Erkenntnis, was das Gute sei. Die Frage nach dem richtigen Tun wird damit zur Frage nach der rechten Erkenntnis. In Gesprächen (Dialektik) versuchte er seine Partner zu dieser Einsicht zu bringen. Die Art der öffentlichen Gesprächsführung hat viele zu peinlichen Zugeständnissen gezwungen und schuf ihm zahlreiche Feinde, schließlich wurde er zum Tode verurteilt, weil er nicht an die Götter glaube und einen schlechten Einfluss auf die Jugend ausübe.
Für das Verhältnis der griechischen Philosophie zum demokratischen Staat hat der Tod des Sokrates schwer wiegende Folgen gehabt. Die Philosophenschulen, die nach Sokrates entstanden sind, haben sich von der praktischen Politik abgewandt und das politische Geschäft in Athen anderen überlassen (◊ M 4). *Platon* (427–347) lehrte außerhalb Athens in einem Hain, der dem Gott Akademos (*Akademie*) geweiht war. Er sah in den „Ideen“, den ewigen Urbildern der sichtbaren Welt, das eigentliche Sein. Nur im Denken ist das Sein fassbar (*Idealismus*).
Platons Schüler *Aristoteles* (384–322) kann als der größte Gelehrte des 4. Jahrhunderts gelten. Er gründete eine Philosophenschule, in der viele Wissenschaftler systematisch die Welt zu erforschen versuchten. Er ließ die Verfassungen griechischer Staaten sammeln und beschrieb selbst in einer Schrift die Verfassungsentwicklung Athens. In seinem Werk über die Politik stellte er den Staatsformen der Monarchie, der *Aristokratie*[1]) und der Demokratie die entarteten Formen der Tyrannis[2]), der *Oligarchie*[3]) und der *Ochlokratie*[4]) gegenüber. Für Aristoteles ist der Mensch ein Wesen, das von Natur aus die Gemeinschaft braucht (Zóon politikón). Die Ordnung dieser Gemeinschaft wird gesichert durch den Ausgleich der politischen Kräfte und Institutionen. Anders als Platon entwirft Aristoteles nicht ein Idealbild, sondern geht von den realen Möglichkeiten aus.
Die Schriften des Aristoteles wurden im hohen Mittelalter wieder entdeckt (siehe Seite 137 f.). Die Auseinandersetzung mit ihnen führte dazu, dass seine wissenschaftlichen Methoden und Erkenntnisse die geistige Entwicklung entscheidend beeinflussten.
Die Suche nach der Wahrheit, die Sokrates bewegt hat, ist auch die treibende Kraft für die *Geschichtsschreibung* des 5. Jahrhunderts. Zu Recht als wissen-

[1]) Adelsherrschaft
[2]) Form der Alleinherrschaft, die meist unrechtmäßig errungen wurde. Wegen des häufigen Missbrauchs wird der Begriff in der Moderne ausschließlich abwertend für eine demokratisch nicht legitimierte Gewaltherrschaft verwendet.
[3]) Herrschaft weniger
[4]) zur Herrschaft der Massen entartete Demokratie

schaftliche Leistung im modernen Sinne gilt das Werk des *Thukydides* (etwa 455–396). In seiner Beschreibung des Peloponnesischen Kriegs, den er selbst miterlebt hat, trennt er erstmals zwischen äußeren Anlässen und tieferen Ursachen für historische Prozesse – eine bis heute gültige Unterscheidung. Thukydides geht von der Erkenntnis aus, dass der Mensch in seinem Wesen stets gleich bleiben werde. Deswegen könne er auch aus der Geschichte lernen.

Rationalität und das neu entdeckte Interesse am Menschen prägten auch die *Medizin. Hippokrates* (um 460–377) ging in seiner Diagnose analytisch vor. Er versuchte, die Einflüsse der Umwelt auf die Gesundheit der Menschen zu ergründen und bestimmte Typen von Menschen festzulegen.

Wohnverhältnisse und öffentliche Bauten in Athen

Die demokratische Ordnung fand nicht nur im Theater ihren Niederschlag, sondern auch in der Stadtarchitektur. Bereits nach dem Sieg über die Perser (479) beauftragten die Athener den damals berühmten Städtebauer und Philosophen *Hippodamos* von Milet mit einem „isonomischen" Plan für die Bebauung der Unterstadt von Athen, dem Piräus. Hippodamus entwarf streng ausgerichtete Häuserblocks, in denen 2000 typisierte Reihenhäuser untergebracht waren. Mit dieser einheitlichen, vom Gleichheitsgedanken geprägten Besiedlung begann „eine Revolution im Städtebau" (Hoepfner).

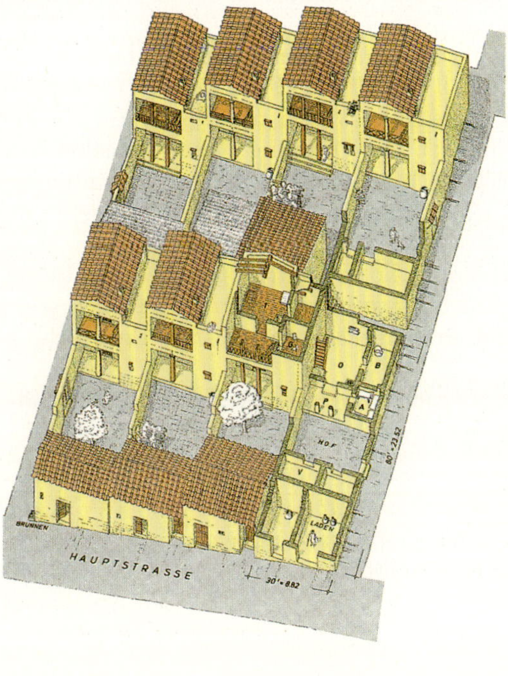

Archäologischen Funden verdanken wir eine Vorstellung darüber, unter welchen Bedingungen viele Griechen in den Städten im 5. Jahrhundert v. Chr. gewohnt haben. Die Rekonstruktionszeichnung stammt aus der Stadt Priene, gilt aber in ebensolcher Form auch für Athen.

P PROSTAS HALLE
O OIKOS WOHNRAUM
A ANDRON SYMPOSIENRAUM
B BAD?
T THALAMOS SCHLAFRAUM
G GYNÄKONITIS FRAUENRAUM
V VORRAT HANDWERK STALL

Das Innere der privaten Wohnhäuser dürfen wir uns nur klein und ärmlich vorstellen. Die Wände errichtete man entweder aus Holz oder aus Ziegeln oder Steinen, die man mit einem Mörtel aus Lehm verband. Wenn Fenster überhaupt vorhanden waren, bestanden sie aus einer offenen Luke, da man Glasscheiben noch nicht kannte.
Die wohlhabenden Athener wohnten am Rande des Stadtkerns in Häusern mit wesentlich mehr Räumen. Aufwendig oder gar luxuriös waren aber nicht einmal die Häuser der reichen Adelsfamilien eingerichtet.
Die Straßen der Stadt waren zumeist eng und gewunden. Sie waren nicht gepflastert und hatten zur Zeit des Perikles auch noch keine Kanalisation, so dass sie bei Regen aufweichten und mit Pfützen übersät waren. Auch das im Haushalt verbrauchte Wasser wurde einfach auf die Straße geschüttet. Nach Hygiene fragte niemand. In bestimmten Straßen hatten einzelne Gewerbe ihre Werkstätten und Verkaufsläden, z. B. die Töpfer, die Schreiner oder die Gerber. Sie befanden sich in der Nähe der Agorá, wohin die Männer täglich zum Einkaufen kamen.
Im krassen Gegensatz zu den armseligen Behausungen der Menschen scheinen uns die öffentlichen Bauten an der Agorá, die Tempel und vor allem die Bauwerke der Akropolis zu stehen.

Architektur als Machtdemonstration

Beim Angriff des Perserkönigs 480 waren die Stadt Athen und die Tempel auf der Akropolis zerstört worden. Neben dem raschen Wiederaufbau der zerstörten Wohnviertel und dem Bau der Stadtmauern, die durch die „Langen Mauern" bis zum Hafen Piräus ausgedehnt wurden, wandte man sich vor allem der Wiederherstellung der Heiligtümer zu.
Ungeniert zweigte Perikles Gelder aus der in Athen aufbewahrten Kasse des Attischen Seebunds ab, damit die Stadt sich mit den prachtvollsten Tempeln und öffentlichen Gebäuden schmücken konnte. Für die Akropolis wurde eine Gesamtplanung entworfen, mit der Perikles seinen Freund, den Bildhauer Phidias, beauftragte. Beschäftigt wurden nur die besten Handwerker.
Es war ein wichtiges religiöses Anliegen, den Göttern prachtvolle Wohnstätten zu bauen. Aber es ging den Athenern um mehr: Der Tempelberg wurde als beeindruckende Gesamtanlage komponiert. In vielem diente er als Mahnmal an die Perserkriege. Giebelfelder und Friese erinnerten mit reichem Figurenschmuck an die glorreichen Kämpfe der Vergangenheit – zumeist in eine mythologische Handlung gekleidet. Die herausragenden Künstler jener Epoche fügten Religion und die eigene ruhmvolle Geschichte zu einer Präsentation der Herrschaft Athens zusammen. Perikles soll gesagt haben, die Bauten zeigten den Mitgliedern des Attischen Bundes, „dass sie von keinem Unwürdigen beherrscht" würden (Thukydides). Der Demos hatte allen Anlass, auf die Pracht und Großartigkeit des eigenen Gemeinwesens stolz zu sein.

Modell der Akropolis. Von 447–438 entstand als erster und bedeutendster Tempel der Parthenon [3] zu Ehren der Stadtgottheit Athene [2]. Nach der Vollendung des Parthenon begann man mit dem Bau der Propyläen [1] (Eingangshallen). Der Niketempel [5] und das Erechtheion [4] wurden erst um 420 begonnen.

Klassik: Bereits in der römischen Literatur findet sich die Bezeichnung „scriptor classicus" für einen ausgezeichneten Schriftsteller. Im Renaissancezeitalter, am Übergang von Mittelalter zu Neuzeit, galt als „klassisch", im Sinne von vorbildlich, die gesamte Kunst des griechisch-römischen Altertums. Spätere Epochen sahen schließlich in den Griechen die eigentlichen Schöpfer der Klassik, bevor man den Zenit griechischen Kunstschaffens und damit die Klassik im engeren Sinn, auf das 5./4. Jahrhundert v. Chr. festschrieb.
In der europäischen Kulturgeschichte werden heute alle Epochen als klassisch bezeichnet, die sich in besonderem Maß an griechischen Idealen orientieren: ausgewogene Schönheit, Harmonie zwischen Körper und Geist. In der Literatur waren dies beispielsweise die französische Klassik im Zeitalter des Absolutismus oder die deutsche Klassik an der Wende vom 18. zum 19. Jahrhundert.
In einem weiteren Sinn bezeichnet man ganz grundsätzlich alle überragenden, zeitlos gültigen Kunstwerke als klassisch. So berufen sich die „klassische Musik" oder die „klassische Moderne" in der Malerei (erste Hälfte des 20. Jahrhunderts) keineswegs auf antike Vorbilder.
Zu unterscheiden von Klassik ist der Klassizismus. Darunter versteht man eine künstlerische Phase schulmäßiger Nachahmung. Der Begriff wird deshalb mitunter eher negativ empfunden.

Zur Zeit des Wiederaufbaus der Akropolis bildete sich in Plastik und Malerei der klassische Stil heraus. Der Hang zur Individualität, der alle Lebensbereiche erfasst hatte, ließ die ersten Porträtplastiken entstehen. Ausdruck und Form wurden dabei von einer idealen Sicht der Schönheit bestimmt, so dass uns das wirkliche Aussehen der nachgebildeten Personen doch weitgehend verborgen bleibt. Aber die griechische *Klassik* begründete eine Kunstepoche, die in der europäischen Kunst stilbildend fortgewirkt hat.

Sehnsucht nach Frieden

M 1

Griechische Dramen werden immer wieder von zeitgenössischen Schriftstellern neu für das Theater bearbeitet. Die Übersetzung des Stücks „Frieden" (Eirene), das der griechische Komödien dichter Aristophanes 421 v. Chr. schrieb, stammt aus der Feder von Peter Hacks, einem Schriftsteller aus der ehemaligen DDR. Man darf annehmen, dass Aristophanes mit seinem Drama in die politische Diskussion in Athen während des Peloponnesischen Kriegs eingriff. Wiedergegeben ist hier das Gebet des Trygaios an die Göttin des Friedens.

Zeig uns dein Bild, Göttin,
Das oft geträumte, das oft mit der letzten Kraft
Des stumpfen Gehirns vorgestellte, das so viele Jahre
In blutigen und schneenassen Betten ersehnte [. . .].
Lass es uns anschaun leibhaftig.
Mache den Völkern, den erhitzten, verständlich,
Dass Krieg kein Probstein sei ihrer bessern und schlechtern Weise zu leben,
Sondern ein Mittel, das alle Zwecke vernichtet,
Ein Wäscher, der nicht den Fleck, der den Rock wegwäscht,
Ein Arzt, der mit der Krankheit den Kranken beseitigt,
Ein Richter, der Toten nur Recht gibt.
Stell sie uns wieder vors Aug, die Fülle des Marktes;
Zwiebeln wie Köpfe, Knoblauch armdick, Frühgurken und
Des Granatapfels ledernen Beutel, gefüllt mit Rubinen.
Und dem besegelten Meer mach entsteigen die Waren.
Den Böotier lass kommen, mit Fettgänsen bepackt,
Wachteln und Schnepfen, und in Körben würm sich
Der silberkiemige Aal vom Kopaissee.
Wir dann drängen in Haufen uns
Um die Stände, schiebend und stoßend. Es schrein
Die Marktweiber, es überschrein sie
Die Stadtvielfraße. [. . .]
So aber, wenn's dir gefällt, Göttin, lass es geschehen.

Aristophanes, Der Frieden, in der Bearbeitung von Peter Hacks, Leipzig 1968, S. 86, 89

1. *In welchem zeitlichen Zusammenhang steht das Drama von Aristophanes?*
2. *Bedeutet Abrüstung Sicherung des Friedens?*
3. *Ist Frieden unter den Völkern die Voraussetzung für die Ausbreitung des Wohlstandes oder ist Verteilung des Wohlstandes Voraussetzung für den Frieden in der Welt?*
4. *Was macht das Gebet des Trygaios so aktuell?*

M 2 Warum gingen die Athener ins Theater?

Keith Branigan und Michael Vickers sind Museumsdirektoren in England. In ihrem Buch „Hellas" beschreiben sie nach dem heutigen Wissensstand Lebensumstände und Gedankenwelt im antiken Griechenland.

Die Ursprünge des Dramas liegen im Dunkeln. [. . .] Welcher Art die Ursprünge auch sein mögen – um 472 v. Chr., als das erste der sechs erhaltenen Spiele des Aischylos, *Die Perser,* aufgeführt wurde, war das Drama bereits fest eingeführt. Das Spiel bietet verhältnismäßig wenig Handlung, die jedoch durch die anschauliche Beschreibung der Schlacht von Salamis in langen Botenreden kompensiert wird.
Die Wahl der Seeschlacht von Salamis zum Thema des Spiels dürfte sich aus Versuchen erklären, den Beitrag zum Sieg der Griechen, den Themistokles[1]) geleistet hatte (dessen politischer Stern im Jahre 472 im Sinken war), der athenischen Öffentlichkeit ins Gedächtnis zu rufen.
Die historischen Implikationen[2]) des zweiten Spiels des Aischylos – *Sieben gegen Theben* – sind weniger offenbar, doch dem athenischen Publikum, das es 468 v. Chr. auf der Bühne sah, waren sie gewiss verständlich. In den ständigen Anspielungen auf die Befestigungen der Stadt des Spiels (die stets als „Stadt des Kadmos" bezeichnet wird, nie als Theben, um so eine mythologische Distanz zu der Stadt zu schaffen, die sich in den Jahren 480/479 v. Chr. auf die Seite der Perser geschlagen hatte) hätten sie einen Hinweis auf die jüngste Politik des Kimon[3]) erkannt, der die Akropolis befestigen wollte, da ihre „hölzernen Mauern" 480 ihre Unzulänglichkeit offenbart hatten. Lebhafte Bilder dürften den Zuschauern jene Tage in Erinnerung gebracht haben: „Vieles ja muss, wird die Stadt bezwungen, Weh weh, sie an Unheil dulden. Den führt fort man, schlägt jenen tot, Schleudert den Feuerbrand; der Rauch deckt und schwärzt die ganze Stadt."
Aristoteles zufolge erreichte die Tragödie durch Angst und Mitleid, die sie im Zuschauer auslöste, die *Katharsis.* Die genaue Bedeutung des Wortes ist noch immer umstritten. Die Gelehrten sind sich nicht einig, ob sie dazu diente, dass der Zuschauer durch Angst und Mitleid lernte, die destruktiven Emotionen des Helden zu vermeiden, oder ob [. . .] das Empfinden von Angst und Mitleid die eigenen emotionalen Spannungen des Zuschauers für den Augenblick löste. Das Thema der Angst herrscht vor in der ersten Hälfte der *Sieben gegen Theben* – Angst oder ihre Synonyme werden häufig angesprochen und sind von ebenso großer Bedeutung wie die Schilde der sieben argivischen Heroen, die sich zum Angriff auf die Stadt rüsten. (Es ist vielleicht nicht ohne Bedeutung, dass die Angreifer Argiver sind, denn Argos verhielt sich in den Perserkriegen neutral.) [. . .]
Nicht alle griechischen Tragödien sind derart feinsinnig, doch liegt ihnen allen außer der Handlung eine politische oder soziale „Botschaft" zugrunde.

---

[1]) Themistokles hatte in den Perserkriegen die Verteidigung mit „hölzernen Mauern", also mit Schiffen, durchgesetzt und damit 480 bei Salamis zwar einen entscheidenden Erfolg errungen – aber zuvor hatten die Perser das unbefestigte Athen bereits verwüstet.

[2]) implizieren: mit einbeziehen

[3]) Kimon (gest. 449), Führer der Adelspartei und Gegenspieler des Themistokles. Nach seinem gescheiterten Versuch, dem entmachteten Areopag die alten Rechte zurückzugeben, wurde er 461 für zehn Jahre in die Verbannung geschickt.

Die Deutung solcher „Botschaften" ist jedoch unter den Gelehrten weitgehend umstritten. Hegel z. B. sah Kreon und Antigone im Spiel des Sophokles aus dem Jahre 422 v. Chr. als die Symbole der Polis und der Familie und Religion; V. Ehrenberg dagegen vertritt die Ansicht, dass Kreon, dessen tyrannische und selbstgerechte Haltung in so krassem Widerspruch zur Sanftheit der Antigone steht, gewisse Aspekte des Charakters und der Führungsweise des Perikles widerspiegeln sollte. Solche Auslegungen werden jedoch immer dem subjektiven Urteil verhaftet bleiben; auch plädierte mancher Wissenschaftler gegen die geschichtliche Deutung vieler Werke des 5. Jahrhunderts und für eine universellere Auslegung.

Keith Branigan/Michael Vickers, Hellas. Kultur und Zivilisation, Bergisch Gladbach 1991, S. 188 ff.

1. *Vergleichen Sie die Bedeutung des Theaters für die öffentliche Diskussion in Athen und in einer modernen Massendemokratie. Welche zusätzlichen Institutionen greifen heute in den Prozess der Meinungsbildung ein?*
2. *In der Wissenschaft ist die „(tages-)politische Botschaft" der griechischen Tragödien umstritten. Sammeln Sie selbst Argumente. Gehen Sie dabei von den im Text beschriebenen Anspielungen der Dramatiker sowie den genannten wissenschaftlichen Interpretationen aus.*

M 3 Entstehung der Religion

Seine eigene Sicht der homerischen Götter hatte der athenische Philosoph Kritias (gestorben 403).

Es gab einmal eine Zeit, da war das Leben der Menschen jeder Ordnung bar, ähnlich dem der Raubtiere, und es herrschte die rohe Gewalt. Damals wurden die Guten nicht belohnt und die Bösen nicht bestraft. Und da scheinen mir die Menschen sich Gesetze als Zuchtmeister gegeben zu haben, auf dass das Recht in gleicher Weise über alle herrsche und den Frevel niederhalte. Wenn jemand ein Verbrechen beging, so wurde er nun gestraft. Als so die Gesetze hinderten, dass man offen Gewalttat verübte, und daher nur insgeheim gefrevelt wurde, da scheint mir zuerst ein schlauer und kluger Kopf die Furcht vor den Göttern für die Menschen erfunden zu haben, damit die Übeltäter sich fürchteten, auch wenn sie insgeheim etwas Böses täten oder sagten oder (auch nur) dächten. – Er führte daher den Gottesglauben ein: Es gibt einen Gott, der ewig lebt, voll Kraft, der mit dem Geiste sieht und hört und übermenschliche Einsicht hat; der hat eine göttliche Natur und achtet auf dies alles. Der hört alles, was unter den Menschen gesprochen wird und alles, was sie tun, kann er sehen. Und wenn du schweigend etwas Schlimmes sinnst, so bleibt es doch den Göttern nicht verborgen. Denn sie besitzen eine übermenschliche Erkenntnis. – Mit solchen Reden führte er die schlauste aller Lehren ein, indem er die Wahrheit mit trügerischem Worte verhüllte. Die Götter, sagte er, sie wohnen dort, wo es die Menschen am meisten erschrecken musste, von wo, wie er wusste, die Angst zu den Menschen herniederkommt wie auch der Segen für ihr armseliges Leben: aus der Höhe da droben, wo er die Blitze zucken sah und des Donners grauses Krachen hörte, da, wo des Himmels gestirntes Gewölbe ist, das herrliche Kunstwerk der Zeit, der klugen Künstlerin, von wo der strahlende Ball des Tagesgestirns

seinen Weg nimmt und feuchtes Nass zur Erde herniederströmt. Mit Ängsten solcher Art schreckte er die Menschen und wies so passend und wohlbedacht der Gottheit an geziemender Stätte ihren Wohnsitz an und tilgte den ungesetzlichen Sinn durch die Gesetze.
Und kurz darauf setzt er noch hinzu:
So hat jemand, glaube ich, zuerst die Menschen glauben gemacht, dass es ein Geschlecht von Göttern gibt.

Wilhelm Capelle, Die Vorsokratiker, Stuttgart 1968, S. 378 f.

1. *Kritias geht von einem negativen Menschenbild aus. Inwiefern beeinflusst dies seine Gottesvorstellungen? Was würde sich ändern, wenn er von einem positiven Menschenbild ausginge?*
2. *Wie verändert sich die Funktion der Religion, wenn der Mensch zum Schöpfer der Gottesvorstellungen gemacht wird?*
3. *Nennen Sie Gründe, weshalb das Menschenbild des Kritias auch für die Legitimation von Herrschaft von Bedeutung sein konnte.*

M 4 Mangelndes Interesse der Philosophen an der Politik

Platon machte mit der Demokratie ungute Erfahrungen und wandte sich von der politischen Tätigkeit ab. Die Politik spielt aber in seinen Werken eine erhebliche Rolle. In zwei Schriften, dem „Staat" (politeia) und den „Gesetzen" (nómoi), hat er seine Vorstellung von einer richtigen Staats- und Gesellschaftsordnung dargelegt. Platon unternahm sogar den Versuch, in Syrakus sein Staatsideal zu verwirklichen.

Jene [die Philosophen] also kennen erstens von Jugend an nicht einmal den Weg zum Marktplatz, wissen auch nicht, wo das Gericht ist oder das Rathaus oder sonst ein städtisches Versammlungslokal. Von den Gesetzen und den mündlichen oder schriftlichen Beschlüssen sehen sie nichts und hören sie nichts. [. . .] Und bei alledem weiß er nicht einmal, dass er es nicht weiß. Denn er hält sich nicht deshalb davon fern, um sich damit in ein gutes Licht zu setzen, sondern in Tat und Wahrheit wohnt allein nur sein Leib in der Stadt und ist dort zu Hause; der Geist aber, der das alles für unwesentlich und nichtig hält, missachtet das und schwebt überall umher und durchmisst, wie Pindar sagt, *die Tiefen der Erde* und ihre Flächen und schaut nach den Sternen *oben am Himmel* und erforscht in jeder Seite die ganze Natur des Seienden, eines jeden in seiner Ganzheit; zum nahe liegenden aber lässt er sich nicht herab.

Platon, Theaitetos 173c, in Spätdialoge, Zürich 1965, S. 58

1. *Suchen Sie Gründe für das mangelnde Interesse der Philosophen am staatlichen Leben.*
2. *Vergleichen Sie mit der so genannten Gefallenenrede des Perikles (M 5, S. 26 f.). Welche Veränderungen hat das „Idealbild" eines gebildeten Bürgers erfahren?*
3. *Wie würden Sie das Verhältnis zeitgenössischer Intellektueller zum heutigen Staat beurteilen? Bemühen Sie sich um Beispiele.*

Athens Schmuck und Zierde

M 5

Dem griechischen Schriftsteller Plutarch (etwa 45–125 n. Chr.) verdanken wir eine Reihe von Lebensbildern berühmter Griechen und Römer. In seinem biographischen Versuch über Perikles berichtet er auch über dessen Bautätigkeit.

Was aber Athen am meisten zum Schmuck und zur Zierde gereichte, was den andern Völkern die größte Bewunderung abnötigte und heute allein noch dafür Zeugnis ablegt, dass Griechenlands einstiges Glück, dass der Ruhm seiner früheren Größe nicht leeres Gerede sei, das waren seine prachtvollen Tempel und öffentlichen Bauten. Und doch stieß keine von Perikles' Staatshandlungen auf so viel Kritik wie seine Bautätigkeit, ihretwegen musste er in der Volksversammlung die schärfsten Vorwürfe seiner Gegner über sich ergehen lassen. „Schimpf und Schande", schrien sie, „ist über das Volk gekommen, da es die Bundesgelder, das Gemeingut aller Griechen, aus Delos nach Athen geholt hat."[1] [. . .]
Der Heeresdienst verschaffte nämlich den jungen kriegstauglichen Männern reiche Einkünfte aus dem Bundesschatz, allein Perikles wünschte, dass auch die vielen nicht kriegspflichtigen Bürger, die sich mit ihrer Hände Arbeit durchbringen mussten, von diesem Verdienst nicht ausgeschlossen seien. Da er ihnen aber auch nicht unverdient und ohne Arbeit in den Schoß fallen sollte, legte er dem Volk großartige Pläne für Unternehmungen und Bauten vor, welche viele Handwerker für lange Zeit beschäftigen konnten. Auf diese Weise wollte er den Bürgern, die zu Hause blieben, genauso wie den Schiffsmannschaften, den Besatzungen und den Truppen im Felde die Möglichkeit bieten, aus dem Bundesschatz Nutzen und Vorteil zu ziehen. [. . .]
So stiegen die Bauten empor in stolzer Größe, in unnachahmlicher Schönheit der Formen, und die Meister wetteiferten miteinander, durch die Feinheit der Ausführung über ihr Handwerk hinauszuwachsen. [. . .] Umso mehr müssen wir die Bauten des Perikles bewundern: In kurzer Zeit wurden sie geschaffen für ewige Zeit. Ihre Schönheit gab ihnen sogleich die Würde des Alters, ihre lebendige Kraft schenkt ihnen bis auf den heutigen Tag den Reiz der Neuheit und Frische. So liegt ein Hauch immerwährender Jugend über diesen Werken, die Zeit geht vorüber, ohne ihnen etwas anzuhaben, als atme in ihnen ein ewig blühendes Leben, eine nie alternde Seele.

Plutarch, Perikles – Fabius Maximus, Stuttgart 1965, S. 19 ff.

1. *Plutarch sieht einen Zusammenhang von Innen- und Außenpolitik. Sind seine Argumente für die Bundesmitglieder überzeugend?*
2. *Architektur kann Ausdruck bestimmter Herrschaftsformen sein. Nennen Sie moderne Beispiele.*
3. *Welchen Einfluss hatte die Bautätigkeit des Perikles auf das politische Leben in Athen?*

[1] 454 v. Chr. war der Bundesschatz des Attischen Seebundes von Delos auf die Akropolis gebracht worden, gleichzeitig wurde damit die Akropolis zum religiösen Mittelpunkt der Bundesmitglieder erklärt. Perikles wurde vorgeworfen, den Bundesschatz nicht für den militärischen Schutz der Mitglieder, sondern für die öffentlichen Bauten in Athen missbraucht zu haben.

Rom zur Zeit des Prinzipats

Republikanische Traditionen: die Grundlagen römischer Größe

um 1000 v. Chr.	Erste latinische Siedlungsspuren auf dem Palatin
um 500 v. Chr.	Herausbildung der römischen Republik
264–133 v. Chr.	Rom wird Weltmacht
49–44 v. Chr.	Herrschaft Caesars

Gründung Roms und Entstehung der Republik

Rom entstand an einer strategisch günstigen Stelle, die durch ihre Hügellage leicht zu verteidigen war und mit dem Fluss Tiber eine direkte Verbindung zum Meer besaß. Erste Spuren einer Ansiedlung fanden Archäologen für das 10. Jahrhundert v. Chr. auf dem Hügel *Palatin*. Könige aus dem Volk der *Etrusker* fassten in der ersten Hälfte des 6. Jahrhunderts den losen Siedlungsverband zu einer Stadt zusammen und gaben ihr mit der Anlage des *Forums* als Markt und Versammlungsplatz einen politischen, religiösen und kulturellen Mittelpunkt. Das von der römischen Tradition überlieferte Datum 753 v. Chr. mit dem Gründerkönig *Romulus* ist mit Sicherheit falsch.
Die herausragende Rolle bei der schrittweisen Entmachtung der etruskischen Könige spielten die mächtigen Adligen Roms, die *Patrizier*[1]). Die *res publica*[2]), die sich in der ersten Hälfte des 5. Jahrhunderts entwickelte, lässt sich allerdings nicht mit einer *Republik* im modernen Sinne vergleichen; sie ist zutreffender als Aristokratie oder Oligarchie zu bezeichnen.

Zur vorhergehenden Bildseite:
Eine Vorstellung darüber, wie das Forum Romanum, der Mittelpunkt der römischen Welt, um die Zeitenwende ausgesehen haben dürfte, verdanken wir der Archäologie. Der linke Tempel wurde von Octavian 29 v. Chr. dem göttlichen Caesar geweiht. Er steht an der Stelle, an der Caesar nach seiner Ermordung eingeäschert wurde. Rechts davon befindet sich der Kastortempel, der ursprünglich bereits im 5. vorchristlichen Jahrhundert erbaut wurde. Auf den Stufen des Tempels wurden die neu eingesetzten Magistrate vereidigt, und häufig sprachen von hier aus Kaiser und Senatoren. Im Hintergrund erhebt sich der Palatin mit den kaiserlichen Palästen.
Unter Archäologie versteht man die wissenschaftliche Erforschung von Hinterlassenschaften der Vergangenheit aus Denkmälern und Bodenfunden (Gebäuderesten, Kunstwerken, Münzen, Gebrauchsgegenständen). Die Archäologie versucht als eigenständige historische Disziplin vergangene Kulturen zu rekonstruieren. Sie ergänzt das schriftliche Quellenmaterial und arbeitet eng mit anderen Wissenschaften (unter anderen Vorgeschichte, Kunstgeschichte, Philologie) zusammen.

---

[1]) patres (lat.): die Väter
[2]) res publica (lat): wörtlich: die öffentliche Sache

Grundlagen des privaten und öffentlichen Lebens

Das Patriziat, das sich aus den Oberhäuptern der reichen Grund besitzenden Familien und ihren Söhnen zusammensetzte, war ein reiner Geburtsadel, der sich nach unten streng abschloss. Der Großteil der römischen Bürger wurde den *Plebejern*[1]) zugerechnet, die zwar persönlich frei waren, jedoch keine politischen Mitbestimmungsrechte besaßen. Die Plebs bestand aus unabhängigen, durchaus auch wohlhabenden Bauern, Handwerkern und Händlern.
Zwei wesentliche Grundelemente prägten die Gesellschaftsstruktur Roms bis in die Kaiserzeit: die Familie und das Klientelwesen. Die *Familie* als kleinste Einheit der römischen Gesellschaft war eine rechtlich eigenständige Institution, in die der Staat nicht eingriff. Der männliche Familienvorstand, der pater familias, besaß eine unumschränkte Machtstellung über alle Familienmitglieder. Alle patrizischen Familien, die sich auf einen gemeinsamen Stammvater berufen konnten, bildeten eine *gens*[2]).
Vorbild für das Leben in der Familie und die Erziehung der Kinder waren stets die Verhaltensregeln der nahezu göttlich verehrten Vorfahren, die *mores maiorum:* einfaches Leben, Pflichterfüllung, Tapferkeit, Gehorsam und Gerechtigkeit. Besonders betont wurde der Ahnenkult von den Patriziern. Das ständige und demonstrative Zurschaustellen der Leistungen der Vorfahren sowie der eigenen Erfolge (Ämter, Eroberungen, Zahl der Sklaven) legitimierte den Machtanspruch im Staat.
Wesentlich für das Verständnis der Gesellschaftsordnung Roms ist das *Klientelwesen*[3]), denn Ansehen und Einfluss der Geschlechter hingen, neben dem Grundbesitz, von der Zahl ihrer Klienten ab. Unter dem Klientelwesen, dessen Ursprung bis heute ungeklärt ist, versteht man ein unlösbares persönliches Treueverhältnis (fides) auf Gegenseitigkeit. Der Klient begab sich in ein Abhängigkeitsverhältnis zu einem gesellschaftlich höher stehenden und materiell besser gestellten Patron[4]), der für ihn die Verantwortung übernahm und ihm Schutz gewährte, vor allem vor Gericht. Der Patron seinerseits wurde von seinen Klienten in jeder Weise unterstützt, insbesondere bei seinem Auftreten in der Öffentlichkeit und bei Wahlen.
Im Verlauf der späten Republik und der Kaiserzeit unterstellten sich ganze Städte und sogar Könige der Klientel eines mächtigen römischen Politikers oder des Feldherren, der sie besiegt hatte. Auch nach dem Ende der Republik prägten reiche Familien und ihre Klientel das gesellschaftliche Leben Roms.

---

[1]) plebs (lat.): die Masse
[2]) gens (lat.): Geschlecht, Sippenverband
[3]) clientes (lat.): Schutzbefohlene
[4]) patronus (lat.): Schutzherr

Die traditionellen Führungsschichten

Der politische und soziale Gegensatz zwischen der dünnen Schicht des großgrundbesitzenden Adels und der großen Menge der Plebejer führte zu innenpolitischen Auseinandersetzungen, die sich mehr als zwei Jahrhunderte hinzogen. In deren Verlauf konnten die Plebejer die völlige politische und privatrechtliche Gleichstellung mit den Patriziern erreichen, ja sogar eine eigene Volksversammlung (concilium plebis) (siehe Seite 51) und eigene Beamte *(Volkstribunen)* durchsetzen. Letztere hatten ursprünglich die Aufgabe, von patrizischer Willkür bedrohten Standesgenossen zu Hilfe zu kommen und ihre Verhaftung oder Bestrafung zu verbieten *(Vetorecht).*
Trotz aller Erfolge gelang nur wenigen Plebejern aus reichen Familien der Sprung in leitende politische Funktionen. Diejenigen, die es schafften, bildeten zusammen mit den Patriziern eine neue politische Elite, die *Nobilität.* Die Autorität dieser Führungsschicht beruhte nicht mehr allein auf dem Vorrecht der Geburt, sondern auf der Machtstellung, die sie durch die Bekleidung der hohen Staatsämter innehatte *(Amtsadel).*
Der in bäuerlicher Tradition begründete bewusste Verzicht der regierenden Schicht auf Geldgeschäfte förderte die Entstehung eines weiteren Standes. Er setzte sich zusammen aus reichen und angesehenen, oft mit adeligen Familien verwandten römischen Bürgern, die keine politische Karriere anstrebten, sondern die wirtschaftliche Führungsschicht bildeten. Aufgrund ihres Vermögens wurden sie den Reiterzenturien zugeordnet (siehe Seite 51) und erhielten daher den Namen *Ritter.* Sie kümmerten sich um große staatliche Bauvorhaben, waren Heereslieferanten, Großkaufleute, Großunternehmer, Bankiers, Reeder oder auch Gutsbesitzer.

Grundlagen der Verfassung

Im Gegensatz zu den griechischen Stadtstaaten besaß% Rom nie eine geschriebene Verfassung. Die Kompetenzen der staatlichen Organe und das Handeln der Beamten *(Magistrate)* orientierten sich stets am Vorbild der ruhmreichen Vorfahren. Bis tief in die Kaiserzeit hinein blieben die Grundlagen der Verfassung ohne nennenswerte Veränderungen.
Das Fundament des Staates bildete die Beamtenschaft. Die Ämter waren unbesoldet, so dass sich nur wohlhabende Bürger zur Wahl stellen konnten. Als wichtigste Wahlrechtsprinzipien galten *Annuität* und *Kollegialität.* Annuität bedeutete die Begrenzung der Amtszeit auf ein Jahr. Der Grundsatz der Kollegialität sah für jedes Amt mindestens zwei gleichberechtigte Beamte vor. Dabei konnte der eine Beamte die Amtshandlung seines Kollegen unterbinden *(Interzessionsrecht)*[1]). Durch vorgeschriebene Intervalle zwischen der Ausübung von Ämtern, durch die Erschwerung der Wiederwahl und das Verbot von Ämterhäufung versuchte man, dem Machtmissbrauch einen zusätzlichen Riegel vorzuschieben.

---

1) intercedere (lat.): dazwischentreten, verhindern

Das römische Beamtentum

Die ranghöchsten römischen Beamten waren die *Konsuln*. Als Träger des *Imperiums*[1]) besaßen sie die höchste zivile und militärische Macht im Staat. Sie beriefen und leiteten die Volksversammlungen und die Senatssitzungen (siehe unten und Seite 52) und hatten für die Durchführung der Gesetze Sorge zu tragen. Wichtiger war anfänglich ihre Aufgabe als Heerführer im Kriegsfall. Erst als sich die Kriegsschauplätze vermehrten, die Kriege immer weiter von Rom entfernt stattfanden und immer länger dauerten, wurden eigene Feldherren ernannt.
Verließen die beiden Konsuln die Stadt, fiel die oberste Amtsgewalt an die *Prätoren*, die ansonsten die Rechtsprechung in Rom zu überwachen hatten. Auch sie besaßen die Vollmacht des Imperiums. Den *Ädilen* wurde die Aufsicht über die Staatstempel und die Sorge für die öffentliche Ordnung anvertraut. Außerdem hatten sie die in Rom so beliebten Spiele zu organisieren. Den untersten Rang in der Beamtenlaufbahn nahmen die *Quästoren* ein. Ihre Hauptaufgabe bestand in der Verwaltung der Staatskasse.
Die meisten Ämter konnten nur in einer bestimmten Reihenfolge *(cursus honorum)* und mit einem festgesetzten Mindestalter übernommen werden[2]). Obwohl das Volkstribunat als Instrument des plebejischen Widerstandes gegen patrizische Willkür geschaffen worden war, wurde das Amt in die bestehende Magistratur eingegliedert. Durch ihr Vetorecht konnten die Volkstribunen Amtshandlungen auch der höchsten Beamten unterbinden (⇨ M 1).
Ein ebenfalls aus dem normalen Rahmen der römischen Beamtenhierarchie herausfallendes Amt war die Zensur. Die Wahl der beiden *Zensoren*[3]) erfolgte alle fünf Jahre für 18 Monate. Innerhalb dieser Zeit mussten sie alle römischen Bürger nach ihrem Vermögensstand in eine *Zenturie* (Hundertschaft) einteilen. In Zeiten schwerster Gefahr für den Staat konnte ein Konsul auf Senatsbeschluss für sechs Monate einen *Diktator* ernennen. Ihm hatten sich alle Bürger bedingungslos unterzuordnen.

Die Volksversammlungen

Zur Volksversammlung waren alle erwachsenen Männer zugelassen, die das *Bürgerrecht* besaßen. Das begehrte römische Bürgerrecht erlaubte seinen Trägern die Art der römischen Namensgebung mit praenomen (Vornamen), nomen gentile (Familiennamen) und cognomen (Beinamen), das Tragen der Toga, den Heeresdienst als Ehrenrecht und vor allem das aktive und passive Wahlrecht.
Eine Besonderheit der römischen Volksversammlungen war, dass die Bürger nicht als Individuen, sondern als Gruppe abstimmten. Jede Gruppe hatte dabei eine Stimme, unabhängig von der Anzahl ihrer Mitglieder. Die römische Republik besaß mehrere Formen der Volksversammlung.

---

[1]) imperium (lat.): Handlungsvollmacht, umfassende Befehlsgewalt
[2]) Prätor konnte man beispielsweise mit 40, Konsul mit 43 Jahren werden.
[3]) censere (lat.): schätzen

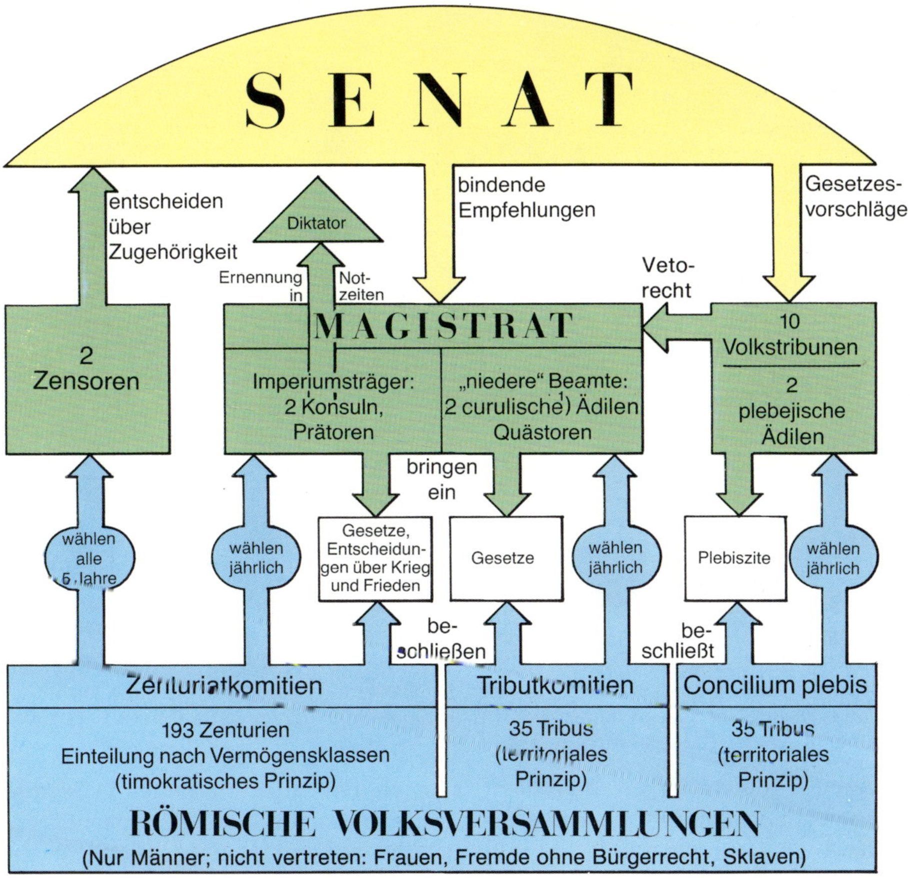

Verfassung der römischen Republik seit 250 v. Chr.

Die wichtigsten (Wahl-)Entscheidungen fielen in den aus der Heeresversammlung hervorgegangenen *Zenturiatkomitien*. Nachdem man die römischen Bürger entsprechend ihrem Besitz fünf Vermögensklassen zugeordnet hatte, wurden sie im Anschluss auf die 193 Zenturien, die Abstimmungskörper, aufgeteilt. Dabei erhielten die oberen Vermögensklassen eine ungleich größere Anzahl an Zenturien als die Proletarier[2]).
In den *Tributkomitien* waren die Bürger innerhalb der 35 Bezirke, in die das römische Staatsgebiet eingeteilt war, stimmberechtigt.
Die den Plebejern vorbehaltene *concilium plebis* war ebenfalls nach Tribus gegliedert. Seit 287 v. Chr. wurden die meisten Gesetze durch diese *Volksversammlung* verabschiedet, da sie am unkompliziertesten einzuberufen war.

---

[1]) Curulische Ädilen erhielten – im Gegensatz zu den plebejischen Ädilen – den gleichen Amtsstuhl (sella curulis) wie die Imperiumsträger.

[2]) proles (lat.): die Nachkommen; Proletarier waren also diejenigen, die als einzigen Besitz ihre Nachkommen hatten.

Wie man sich eine Sitzung des Senats vorstellen darf, zeigt ein Fresko (Wandgemälde), das der Italiener C. Maccari im 19. Jahrhundert im Palazzo Madama in Rom anbrachte. Dargestellt ist die Rede, mit der der amtierende Konsul Cicero den aus altem patrizischem Geschlecht stammenden Catilina anklagt. Zuvor hatte Cicero Verschwörungspläne des Catilina aufgedeckt.

Von sich aus durfte das Volk nicht aktiv werden. Allein der leitende Beamte war befugt, Anträge zu stellen oder Kandidaten zur Wahl zu präsentieren. Bei Abstimmungen oder Wahlen konnte das Volk nur zustimmen oder ablehnen. War der Magistrat mit dem Ergebnis der Abstimmung nicht zufrieden, musste er es nicht verkünden. Er hatte das Recht, den Abstimmungsvorgang beliebig oft wiederholen zu lassen.

Der Senat

Der *Senat*[1]) als „Versammlung der Alten" umfasste im Allgemeinen 300 Mitglieder. Im Laufe der Zeit erwarb jeder Beamte nach seinem Amtsjahr ein automatisches Anrecht auf einen Senatssitz.
Die Zuständigkeiten des Senats lagen vor allem in der Außenpolitik, beim Empfang ausländischer Gesandtschaften, bei der Einsetzung von Provinzstatthaltern und der Verlängerung ihrer Amtsgewalt, bei der Ernennung von Oberkommandierenden und der Gewährung eines Triumphs für den siegreichen Feldherrn.
Der *Senat* verkörperte in der römischen Republik das Element der Tradition und der Kontinuität, er war bis in das letzte Jahrhundert der Republik die eigentliche Regierung Roms (⇨ M 2).

[1]) senex (lat.): der Greis, der Alte

Untergang der Republik

Die jahrelange Abwesenheit von Haus und Hof während der permanenten Kriege zur Unterwerfung Italiens (470–270 v. Chr.) und des gesamten Mittelmeerraumes (264–133 v. Chr.) ruinierte viele Bauern. Verstärkt wurde der Niedergang des freien Bauerntums noch durch Billigeinfuhren ausländischen Getreides aus den eroberten Gebieten. Auch waren die kleinen und mittleren Bauern nicht in der Lage, die notwendige Umstellung auf Weinanbau und Viehzucht zu finanzieren. Dennoch blieb der römische Staat über Jahrhunderte bäuerlich geprägt, denn nach wie vor sah die Senatsaristokratie im Großgrundbesitz die Basis ihrer Macht. Daraus lässt sich der augenfällige Hang zur Traditionsverbundenheit erklären, der die Geschichte Roms durchzieht.
Allerdings erfuhren die traditionellen Denkweisen und Verhaltensnormen bei weiten Teilen der römischen Bevölkerung im Verlaufe erfolgreicher Kriege gravierende Veränderungen. Angesehene Mitglieder der Nobilität, die als Statthalter oder Feldherren im Osten gottähnliche Verehrung empfangen hatten, wollten sich oft nicht mehr in die Schranken der auf dem Grundsatz der Gleichheit aller Mitglieder beruhenden aristokratischen Gesellschaft einfügen. Das Streben nach Macht und Ansehen und die Überhöhung der eigenen Person wirkten sich destabilisierend auf das gesamte staatliche Gefüge aus.
Hinzu kam der Einfluss der hoch entwickelten Kultur des Ostens auf den bisher bäuerlich geprägten Stadtstaat. Die durch die Eroberungen reich gewordenen Römer begeisterten sich nicht nur für die griechische Philosophie, sondern mindestens ebenso für die verfeinerten Sitten und den Luxus der *hellenistischen*[1]) Städte.
Immer augenfälliger wurden seit Mitte des 2. Jahrhunderts v. Chr. die sozialen Probleme des zur Großmacht gewordenen einstigen Stadtstaates. In der Auseinandersetzung um einen Weg aus der Krise spaltete sich die Nobilität in zwei Gruppen, in *Optimaten* und *Popularen*[2]). Die Popularen bemühten sich um eine Lösung durch soziale Fürsorge, z. B. Getreidezuteilung an das Proletariat und vor allem Landzuweisung an besitzlose Bauern. Während sie versuchten, ihre Vorstellungen mit Hilfe der Volksversammlung und unter Umgehung des Senats als Plebiszite zu verwirklichen, wollten die Optimaten die alte Sozial- und Rechtsordnung erhalten.
Die Krise der Herrschaftsorganisation zeigte sich, als siegreiche Feldherren beider Parteien an der Spitze von treu ergebenen Truppen die innenpolitischen Probleme mit Waffengewalt lösen wollten. Jahrzehntelange Bürgerkriege brachen aus. An deren Ende stand die Alleinherrschaft des *Gaius Julius Caesar* (100–44 v. Chr.). Seine erfolgreichen Feldzüge und seine Beliebtheit beim Volk täuschten nicht darüber hinweg, dass die staatsrechtliche Struktur der Republik bloß noch formal erhalten war.

---

[1]) In der Epoche des Hellenismus durchdrang die griechische Kultur im Gefolge des Siegeszugs Alexanders des Großen (336–323 v. Chr.) und seiner Nachfolger alle Lebensbereiche im östlichen Mittelmeerraum. Im Gegensatz zur „klassischen" Zeit Griechenlands zeigte die hellenistische Zivilisation einen starken Hang zur Monumentalität.

[2]) optimus (lat.): der Beste; populus (lat.): das Volk

M 1 Die Bedeutung des Volkstribunats

In seinem klassischen Werk „Römischer Staat und Staatsgedanke" setzt sich der international bekannte Altertumsforscher Ernst Meyer mit der besonderen Stellung des Volkstribunats innerhalb der römischen Beamtenschaft auseinander.

Das Volkstribunat ist fraglos eines der seltsamsten Stücke, das es in irgendeiner Verfassung je gegeben hat: Es bedeutet ja nichts Geringeres als eine staatlich anerkannte Behörde zur Verhinderung von legitimen Staatsakten, die andere Beamte desselben Staates in seinem Namen vornehmen wollten; es bedeutet die organisierte Auflehnung und Selbsthilfe des Bürgers gegen die eigene Staatsgewalt, entsprungen aus einer revolutionären Erhebung des Volkes, die legalisierte Revolution in Permanenz, wie Mommsen[1]) es genannt hat. Aber zugleich erkennen wir in dieser seltsamen Erscheinung die ganze praktische Staatsklugheit Roms und seiner führenden Schicht. Das neue, dem Volk eingeräumte und in geregelte Bahnen gelenkte Widerstandsrecht richtete sich gegen die Vorrechte des herrschenden Adels und seiner Beamten. Trotzdem machte der Adel dem Volk dieses Zugeständnis und stellte damit die Rücksicht auf das Staatswohl über seine Standesinteressen. Zugleich vereinigte diese Maßnahme in echt römicher Weise Bewahrung des Alten und Fortschritt in einem. An den Staatsgrundsätzen wurde gar nichts geändert, die Beamten behielten genau die gleiche Stellung und Machtvollkommenheit, die sie vorher besaßen; nur wurde daneben ein Heilmittel geschaffen, das geeignet war, einem möglichen Missbrauch der Staatsgewalt Schranken zu setzen.

Ernst Meyer, Römischer Staat und Staatsgedanke, Zürich und Stuttgart, 4. durchgesehene und ergänzte Auflage 1975, S. 47

1. *Wie beurteilt der Autor das Verhalten der führenden politischen Schichten bei der Schaffung des Volkstribunats?*
2. *Warum kann man von einer „legalisierten Revolution in Permanenz" sprechen?*

M 2 Die Verfassung der römischen Republik

Der Göttinger Althistoriker Jochen Bleicken untersucht die römische Verfassung unter besonderer Berücksichtigung der Stellung des Senats.

Der junge Nobilis begann seine Karriere meist mit einem kleineren Amt, der Plebejer als Volkstribun, der Patrizier mit der Quästur oder der Ädilität. Allmählich bildete sich eine Ämterlaufbahn heraus, welche der junge Adlige langsam emporstieg und mit dem Konsulat beendete. Nach dem Amt trat er in den Senat ein. Das Gewicht des Einzelnen in dieser wichtigen Körperschaft des römischen Staates bemaß sich selbstverständlich nach dem Ansehen seiner Familie, aber ebenso nach der Stellung, die er selbst im Staat ausgefüllt hatte. Den stärksten Einfluss hatten die ehemaligen Konsuln und Zensoren, die „Konsulare" und „Zensorier", die die eigentliche Politik machten. In den niederen Rängen zählten allenfalls die „Prätorier", die ehemaligen Prätoren. Die anderen, die „Ädilicier", „Tribunicier" oder „Quästorier", rechneten zur politischen Klientel der Mächtigen und überließen die Diskussion im

[1]) Theodor Mommsen (1817–1903), Jurist und Altphilologe; für seine „Römische Geschichte" erhielt er 1902 den Nobelpreis für Literatur.

Senat den höheren Rängen; bei der Abstimmung traten sie nur als Gefolgsleute einzelner Konsulare in Aktion; es waren die pedarii (die mit den „Füßen" stimmen; bei der Abstimmung trat man zu dem, dessen Meinung man sich anschloss).

Der Nobilität gegenüber, welche die Beamten stellte und die Bänke des Senats füllte, stand das in der Volksversammlung organisierte römische Volk. Volksversammlung, Senat und Magistrate bildeten die drei Grundpfeiler der römischen Verfassung; auf dem richtigen Zusammenspiel dieser Institutionen ruhte das Wohl des Staates. Tatsächlich schienen in der Zeit der klassischen Republik, in der Rom von einem mittelitalischen Kleinstaat zur Weltmacht emporstieg, die einzelnen Elemente der Verfassung in idealer Weise zu funktionieren. In der römischen Verfassung sahen denn auch die griechischen Staatstheoretiker, die sich über die Größe Roms und den Niedergang des politischen Griechentums Gedanken machten, den Grund für den Erfolg der Römer. Sie waren überzeugt, dass die römische Verfassung die beste aller Möglichen sei, da sie allein aus den drei denkbaren Verfassungsformen, Monarchie, Aristokratie und Demokratie, gemischt und in dieser Mischung gegen den Verfall gefeit sei. [...]

Aber war die klassische Republik wirklich jene „gemischte Verfassung", und verdankte Rom seine Weltstellung ihr? Eine Antwort darauf kann nur ein kurzer Überblick über das Funktionieren der römischen Verfassung bringen.

Zentrale Bedeutung in der Verfassung der Republik hatte der Senat. Dem Buchstaben des Gesetzes nach war es zwar nur die Versammlung ehemaliger Amtsträger, die mit ihren Erfahrungen den jeweiligen Magistraten ihren Rat zur Verfügung stellen sollte. Tatsächlich war er jedoch sehr viel mehr. Der ständige Zufluss neuer Mitglieder, die ihr erstes Amt hinter sich hatten, und das unaufhörliche Aufsteigen älterer, in der Ämterkarriere weiter aufgerückter Senatoren in die oberen Ränge dieser Körperschaft sicherten dem Senat dauernden engsten Kontakt mit allen praktischen Geschäften und sammelten in ihm die politische Erfahrung von Generationen an. Bei dem jährlichen Wechsel aller Ämter verbürgte er allein die Kontinuität der Politik. Dieser Umstand gab ihm ein Gewicht, das in dem Maße wuchs, wie die Aufgaben der römischen Politik an Umfang zunahmen. Es kam hinzu, dass der Senat praktisch die römische Aristokratie darstellte, da nur der Aristokrat war, der selbst ein Amt versehen hatte oder wegen des Ansehens seiner Familie erwarten konnte, dass er einmal Beamter werden würde. [...]

Ein Senatsbeschluss *(senatus consultum,* der Rat des Senats) war deshalb sehr viel mehr als ein einfacher Ratschlag, den nicht nur der einsichtige oder zustimmende Beamte befolgte, sondern ganz ebenso der Beamte mit abweichenden Ansichten. Kein Beamter konnte es wagen, dem Senat zu widersprechen; wer es trotzdem tat, sah sich dem Widerstand seiner ganzen Klasse oder doch ihrer Mehrheit gegenüber und bekam schnell die Folgen seiner Insubordination[1]) zu spüren. Er verlor alle Unterstützung der Nobilität für seine weitere Karriere, meist war er politisch ein toter Mann. Und wenn trotz allem jemand eigene Wege gehen wollte, so hatte der Senat Mittel genug in der Hand, dies zu verhindern. Auf inoffiziellem Wege wurde der Kollege des Widerspenstigen instruiert und veranlasst, die dem Senat missliebige

[1]) mangelnde Unterordnung, Ungehorsam gegenüber Vorgesetzten

Aktion durch die kollegiale Interzession zu verbieten. Jede römische Magistratur war ja ein Kollegium, und man konnte durch den Kollegen auf jeden Beamten einen Zwang ausüben. Aber die Interzession reichte nicht überallhin; und es kam vor, dass beide Konsuln sich gegen den Senat verbündeten. Gerade auf solche Situationen hatte der Senat stets ein wachsames Auge, wobei er nach Abschluss des Ständekampfes noch eine zusätzliche, unschätzbare Unterstützung durch das Volkstribunat erfuhr. [. . .]
Die Heiligkeit, die ihr Amt umstrahlte, und die geradezu unumschränkte Gewalt, mit welcher die Tribune seit dem Abschluss des Ständekampfes von Rechts wegen ausgestattet waren, setzten sie in den Stand, jeden gegen die staatliche Ordnung gerichteten Willen zu brechen; sie konnten sogar gegen den Konsul Verbote aussprechen, was schon in den Ständekämpfen mit Gewalt geschehen war, jetzt aber ihnen mit gutem Recht und von Staats wegen zustand. Sie konnten jetzt von der plebejischen Volksversammlung Beschlüsse (Plebiszite) mit Gesetzeskraft erwirken [. . .]. Magistrate, die ihr Amt nicht den Direktiven des Senats entsprechend verwaltet hatten, wurden nach dem Amtswechsel von den Tribunen angeklagt, anderen wurde durch Verbote der Tribunen jegliche Aktion unmöglich gemacht. [. . .]
Mit Hilfe der Tribune war jetzt der Senat sogar in der Lage, die Gesetzesinitiative zu ergreifen; er forderte diese durch Beschluss auf, eine bestimmte, von ihm formulierte Entscheidung von der Volksversammlung als Gesetz zu erwirken. [. . .]
Nun war der Senat, der nicht von sich aus, sondern nur auf magistratisches Dekret hin zusammentreten konnte, nicht mehr in seiner Handlungsfreiheit zu blockieren: Wenn die zuständigen Beamten, die Konsuln oder der Stadtprätor, ihn nicht einberufen wollten, tat dies ein Volkstribun an ihrer Stelle. Und gegen einen möglichen Missbrauch der Macht durch einen einzelnen Volkstribunen war der Senat ebenfalls geschützt: Das Kollegium der Tribune, es waren deren zehn, garantierte ihm, dass sich (besonders unter den jungen plebejischen Adligen) immer ein Tribun fand, der gegen einen widerspenstigen Kollegen interzedierte. So trugen die Volkstribune dazu bei, dass der Senat bald für viele Bereiche des staatlichen Lebens die allein zuständige Behörde wurde. Er bestimmte ausschließlich die gesamte Außenpolitik, verteilte in jedem Jahr die Heere, wies den Beamten ihre Provinzen zu und rüstete sie mit Geld aus, und er griff über die Tribune auch in das innere Leben des Staates ein.

Jochen Bleicken in: Golo Mann und Alfred Heuß (Hrsg.), Propyläen Weltgeschichte Band IV, Berlin–Frankfurt–Wien 1963, S. 76 ff.

1. *Stellen Sie die Gründe für die herausragende Rolle des Senats in der römischen Verfassungswirklichkeit zusammen.*
2. *Kollegialität und Annuität waren grundlegende Rechtsprinzipien für die römische Beamtenschaft. Gewichten Sie Vor- und Nachteile dieser Prinzipien.*
3. *Antike Autoren bezeichnen die römische Verfassung als „Mischverfassung", in der auch demokratische Elemente vertreten sind. Welche Bestandteile der Verfassung erscheinen Ihnen demokratisch, welche widersprechen demokratischer Auffassung?*
4. *Inwiefern war das Volkstribunat nach Abschluss der Ständekämpfe für den Senat ein wichtiges Organ zur Unterstützung seiner Politik?*

Herrschaftsausübung und Gesellschaft im Prinzipat

27. v. Chr.	Octavian begründet den Prinzipat und erhält den Titel Augustus
9. n. Chr.	Die verlorene Schlacht im Teutoburger Wald leitet eine auf Sicherung der Grenzen bedachte Außenpolitik ein
14. n. Chr.	Tod des Augustus
193	Ende des Prinzipats

Die verfassungsrechtlichen Grundlagen des Prinzipats

Nach der Ermordung Caesars am 15. 3. 44 v. Chr. fühlten sich der amtierende Konsul *Marcus Antonius* (ca. 80–30 v. Chr.) und der von Caesar adoptierte *Gaius Octavianus* (63 v. Chr.–14. n. Chr.) als legitime Nachfolger. In einem fast 14-jährigen blutigen Bürgerkrieg schaltete Octavian alle seine Gegner aus und übernahm die alleinige Macht im römischen Reich.
Die Menschen in Italien und in den Provinzen sehnten sich nach Frieden und einer stabilen politischen Ordnung. Die Wiederherstellung der alten res publica mit ihrer für ein Weltreich untauglichen organisatorischen Struktur hätte dafür keine Gewähr geboten. Auf der anderen Seite kam eine rein monarchische Lösung nach Vorbildern aus dem östlichen Mittelmeerraum auch nicht in Frage: Die sagenhafte Vertreibung der Könige aus der Gründerzeit und das Schicksal Caesars blieben warnende Beispiele. Octavian, der sich als Wahrer römischer Tugenden und Werte sah, versuchte die alte Verfassung mit zeitgemäßen Elementen zu verbinden. Er erkannte, dass die immer noch mächtige Nobilität eine Abschaffung der traditionellen Institutionen nicht tolerieren würde, wohl aber ihre Anpassung an die Erfordernisse der Zeit. Die ihm im Laufe der Jahre angetragenen Ehrenbezeugungen und Ämter machten Octavian zum „ersten" Mann im Staat *(princeps)*. Er vermied es dabei ganz bewusst, die Grundlagen seiner Herrschaft auf ein Amt zu stützen, mit dem monarchische Gewalt zum Ausdruck gekommen wäre.

Zur vorhergehenden Bildseite:
Die 2,04 m hohe Statue des Augustus, die 1863 in der Villa seiner Frau Livia in Primaporta gefunden wurde, verherrlicht die Rückgabe von Feldzeichen, die den Römern 53 v. Chr. nach einer vernichtenden Niederlage von den Parthern abgenommen worden waren.
In der Mitte des Brustpanzers übergibt ein Parther dem römischen Feldherrn einen Legionsadler. Darüber spannt der Himmelsgott Caelus den Himmel wie ein Gewölbe, unter dem der Sonnengott in seinem Vierspänner als Vorbote glücklicher Zeiten vorbeizieht. Am unteren Rand schüttet Italia, die Mutter Erde, ihr Füllhorn als Zeichen des Wohlstandes aus. Die Umrahmung der Feldzeichenrückgabe durch Italia und Caelus unterstellt diesen Vorgang einer göttlichen Ordnung, in der Augustus als Beherrscher der Welt, aber auch als Friedensfürst und Mehrer des Wohlstandes regiert. Auffällig ist, dass der Prinzeps barfuß dargestellt wird, was sonst nur bei Göttern der Fall war. Die Kunst steht hier im Dienste der Ideologie, sie dient der Legitimation der Alleinherrschaft.

Als Octavian in der Senatssitzung vom 13. 1. 27 v. Chr. seine im Bürgerkrieg usurpierten[1]) außerordentlichen Kommandogewalten niederlegte und vorgab, sich ins Privatleben zurückziehen zu wollen, baten ihn die Senatoren aus Angst vor einem erneuten Aufflammen der Auseinandersetzungen, weiterhin die Herrschaft auszuüben. Sie übertrugen ihm dazu das zwar zeitlich begrenzte, aber immer wieder verlängerte imperium proconsulare[2]), das ihm den Oberbefehl über die in den Grenzprovinzen stationierten Legionen gewährte. Damit lag die militärische Gewalt beim Prinzeps. So konnte er verhindern, dass mächtige Feldherren wieder zu einer Gefahr für den Staat wurden, wie es in der späten Republik häufig geschehen war.

Nach der Niederlegung des Konsulats, das Octavian seit 31 v. Chr. ohne Unterbrechung innegehabt hatte, erhielt er 23 v. Chr. die Befugnisse eines Volkstribunen zugesprochen. Damit war er in der Lage, sämtliche Aktionen des Senats und der Magistrate zu unterbinden, selbst jedoch jederzeit die politische Initiative zu ergreifen. Die Bedeutung dieses aus republikanischer Tradition als sakrosankt[3]) geltenden Amtes lässt sich daran ermessen, dass nach ihm künftig die Regierungsjahre der Kaiser gezählt wurden.

Als sich herausstellte, dass die Kompetenzen des Volkstribunats für die Führung der Staatsgeschäfte nicht ausreichten, übertrug man Octavian 19 v. Chr. die Vollmachten eines Konsuls (imperium consulare) auf Lebenszeit (⇨ M 1).

Octavian tastete die bestehende Magistratur nicht an, um den Bürgern die Kontinuität der Republik zu suggerieren. Er machte damit auch deutlich, dass er seine persönliche Macht nicht auf Befugnisse stützte, die außerhalb der Verfassung lagen. Zumindest theoretisch beschränkte sich der Prinzeps auf die Kompetenzen der vorhandenen Ämter. Allerdings setzte er wesentliche Prinzipien der republikanischen Verfassung außer Kraft: die Annuität, die Iteration[4]) und das Verbot der Kumulation[5]) von Ämtern. Die meisten Menschen, die die Republik nur als endlose Folge von Bürgerkriegen erlebt hatten, störten sich daran nicht.

Die eigentlichen Grundlagen der Herrschaft Octavians lagen jedoch weniger in der direkten Ausübung der ihm zugestandenen Befugnisse und Sonderrechte als vielmehr in der allgemeinen Anerkennung seiner Leistungen für den Staat, in seinem Charisma und damit letztlich in seinem hohen persönlichen Ansehen (auctoritas), das ihn weit über alle Zeitgenossen hinaushob. Erst die auf seine auctoritas gegründete Zustimmung der Bürger ermöglichte Octavian die Durchsetzung der neuen politischen Ordnung (⇨ M 2, M 3).

---

[1]) usurpieren: widerrechtlich die (Staats-)Gewalt an sich reißen

[2]) In der Republik erhielt ein Konsul oder Prätor nach seiner Amtszeit in Rom den Statthalterposten in einer Provinz als Promagistrat.

[3]) sacrosanctus (lat.): unverletzlich

[4]) Einschränkung der Wiederbekleidung desselben Amtes

[5]) Anhäufung

Regierungssystem zwischen Tradition und Fortschritt

Im Gegensatz zur republikanischen Zeit stand der cursus honorum jetzt auch Angehörigen des Ritterstandes offen. Von entscheidender Bedeutung war jedoch, dass der Prinzeps vor Wahlen alle Bewerber selbst überprüfte. Meist schlug er der Volksversammlung nur so viele Kandidaten vor, wie Ämter zu vergeben waren, so dass freie Wahlen nicht mehr stattfanden.

Neben die republikanischen Beamten setzte Octavian eine eigene *kaiserliche Verwaltung,* die ihre Kompetenzen rasch ausweitete. Die Spitze des nur dem Kaiser unterstellten Verwaltungsapparates bildeten die *Präfekten* (Vorsteher), die sowohl aus dem Senatoren- als auch aus dem Ritterstand ausgewählt wurden. Ihre herausragenden Aufgabenbereiche waren die Leitung der Wasserversorgung Roms, die monatliche Getreidezuteilung an ärmere Bürger (allein in Rom rund 300 000 Gratisempfänger), die Befehlsgewalt über die aus 7000 Freigelassenen bestehende Feuerwehr, die Kommandantur der *Prätorianergarde*[1]), die im Laufe der Zeit immer mehr Einfluss auf die Kaiser gewann, der Stadtpräfekt als Vertreter des Kaisers in Rom und der praefectus Aegypti, der die Octavian privat zugesprochene Provinz verwaltete und eine vizekönigähnliche Stellung einnahm.

Die Mehrzahl der kaiserlichen Beamten waren *Prokuratoren.* In Rom bestand ihre Hauptaufgabe in der Verwaltung des monarchischen *Fiskus*[2]), dessen Einnahmen aus Steuern, Zöllen und Erträgen der kaiserlichen Bergwerke und Landgüter stammten.

Die Volksversammlung verlor in der Kaiserzeit nach und nach alle bedeutenden politischen Rechte. Insbesondere die wichtige Gesetzgebungsbefugnis wurde ihr allmählich entzogen und seit dem beginnenden 2. Jahrhundert grundsätzlich durch Verordnungen des Kaisers ersetzt.

Der Senat blieb nach außen weiterhin politischer Mittelpunkt des Reiches. Er beriet alle wesentlichen Probleme, doch die eigentliche Entscheidungsgewalt besaß er nicht mehr. Durch die Trennung von *senatorischen* und *kaiserlichen* Provinzen verlor er weiteren Einfluss. Alle noch nicht völlig befriedeten und an gefährdeten Grenzen liegenden Provinzen, in denen Legionen stationiert waren, übernahm der Kaiser. Die Verwaltung übergab er einem ihm verantwortlichen *Legaten,* der dem Senatorenstand entstammte.

Der Senat beauftragte nach republikanischem Brauch einen ehemaligen Oberbeamten (als Prokonsul oder Proprätor) mit der Verwaltung seiner Provinzen. Alle Statthalter wurden gut besoldet, um die Gefahr der Bestechlichkeit und die Ausbeutung der Provinzen zu unterbinden.

---

[1]) ursprünglich die Leibgarde des Kaisers auf Reisen; in der späteren Kaiserzeit ständig in Rom stationiert und circa 10 000 Mann stark

[2]) fiscus (lat.): der Korb; kaiserliche Kasse

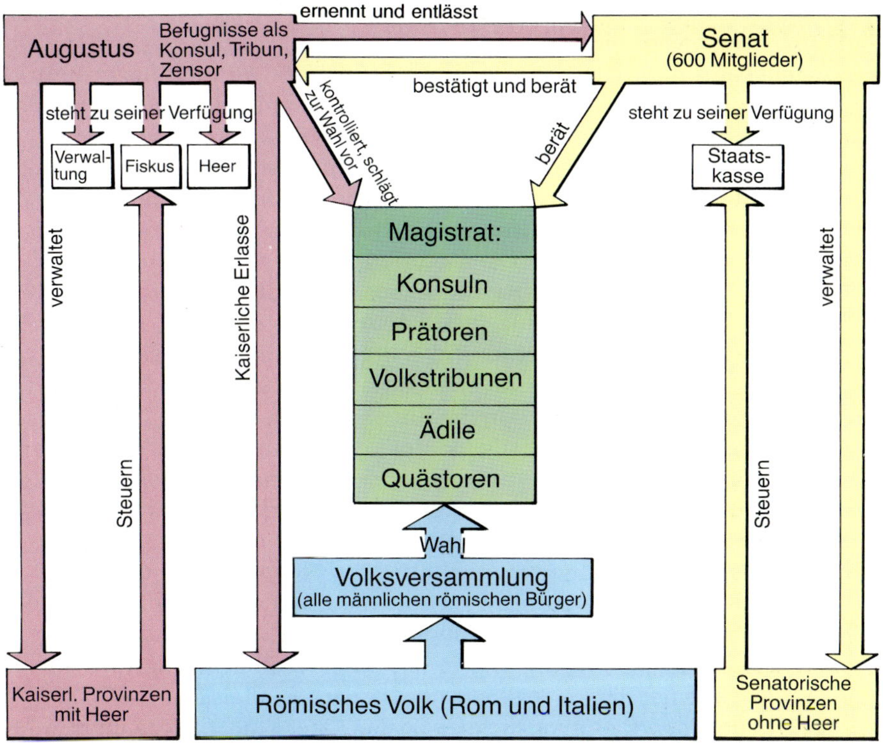

Die Verfassung des Prinzipats.

Wandel der Eliten

In der ständischen Ordnung der Kaiserzeit vollzogen sich im Vergleich zur Republik äußerlich kaum gravierende Veränderungen. Die angesehenste Gruppe blieb der *Senatsadel.* Er bildete einen geschlossenen Stand, dem man durch Geburt angehörte. Allein der Kaiser war berechtigt, Neuaufnahmen vorzunehmen. Notwendig dafür war ein Mindestvermögen von einer Million Sesterzen[1]).

Die Zugehörigkeit zum Senatorenstand war zugleich auch die Voraussetzung für einen Sitz im Senat. Schlug ein junger Mann aus einer senatorischen Familie die Beamtenlaufbahn ein, so konnte er nach der Quästur in den Senat aufgenommen werden. Ein automatisches Anrecht auf die Mitgliedschaft im Senat nach Ableistung eines Amtes gab es allerdings nicht mehr.

Octavian wusste, dass er bei der Verwaltung des Reiches auf die militärische und politische Erfahrung der alten Nobilität nicht verzichten konnte. Um

---

[1]) Mit 20 000 Sesterzen im Jahr konnte eine bescheidene Mittelschichtexistenz bestritten werden. Dies entsprach in etwa der Besoldung eines Soldaten.

Monarchie – Republik:
Staaten kann man sowohl nach ihrer *Staatsform* als auch nach ihrer *Regierungsform* unterscheiden. Die Staatsform wird rein formal durch das jeweilige Staatsoberhaupt festgelegt. In der Monarchie ist dies regelmäßig ein König oder Kaiser, in der Republik steht meist ein Präsident an der Spitze des Staates. Das entscheidende Kriterium bei der Regierungsform ist die tatsächliche Verteilung der Macht und die Art ihrer Anwendung gegenüber den Bürgern.
Folgende Regierungsformen unterscheiden wir bei Monarchien (griech.: Herrschaft eines Einzelnen):
- ständische Monarchie: Bindung des Monarchen an die Mitwirkung der drei Stände Adel, Geistlichkeit und Bürgertum (z. B. das mittelalterliche Königtum)
- absolute Monarchie: uneingeschränkte Ausübung der Herrschaft (z. B. Frankreich unter Ludwig XIV.)
- konstitutionelle Monarchie: Bindung des Monarchen an eine Verfassung (z. B. Deutsches Reich von 1871–1918)
- parlamentarische Monarchie: Bindung des Monarchen an das Parlament; der Monarch darf nicht mehr aus eigener Machtvollkommenheit in die anderen Gewalten eingreifen (z. B. Großbritannien).

Auch bei Republiken kennt man unterschiedliche Regierungsformen:
- Aristokratie (griech.: Herrschaft der Besten): Die tatsächliche Macht wird von einer (häufig adeligen) sozialen Oberschicht ausgeübt (Beispiele: die antiken griechischen Stadtstaaten und die römische Republik; in Mittelalter und Neuzeit die italienischen Stadtrepubliken und die deutschen Reichsstädte)
- parlamentarische Republik: Das politische Schwergewicht liegt beim Parlament, vor allem durch Bestellung, Kontrolle und Abberufung der Regierung (z. B. Bundesrepublik Deutschland)
- präsidiale Republik: Die Regierung ist vom Parlament weitgehend unabhängig (z. B. USA)
- Diktatur: „Entartung" der Republik; die Gewaltenteilung ist aufgehoben, alle Macht konzentriert sich in einer Person oder Partei (z. B. Deutschland in der Zeit des Nationalsozialismus, die Volksdemokratien in der Sowjetunion und in Ostmitteleuropa bis 1989).

ihrem Drang nach Ehre und Macht entgegenzukommen, zog der Prinzeps sie für bedeutende militärische und zivile Kommandos und Aufgaben heran. Dadurch sah die Aristokratie ihren Anteil an der Herrschaft über das Imperium gesichert, obwohl sie nicht mehr selbst die eigentlichen politischen Entscheidungen traf. Sie akzeptierte, dass ihr Einfluss auf die Regierung, wie er in der Republik bestanden hatte, in dieser Form nicht wiederherstellbar

war. Durch die Unterordnung unter den Willen des Monarchen verzichtete die entpolitisierte alte Elite auf die maßgebliche Mitgestaltung der komplexen Probleme des riesigen Reiches, deren Bewältigung sie sich nicht mehr gewachsen fühlte.
Zur Wahrung ihres gesellschaftlichen Prestiges erbrachten die Senatsfamilien nach wie vor weit reichende finanzielle Leistungen für den Staat, zum Beispiel durch den Bau von Tempeln, Bädern, Bibliotheken, die Ausrichtung von Spielen oder die Unterstützung wohltätiger Zwecke. Alles in allem hatte die alte Führungsschicht Betätigungsfelder gefunden, die hohes Ansehen garantierten und sie mit der neuen Regierungsform aussöhnten.
Gegenüber den etwa 600 Senatoren und ihren Familienangehörigen schätzt man die Zahl der *Ritter* in der Zeit des Prinzipats mit circa 20 000 wesentlich höher ein. Die Aufnahme in diesen nicht erblichen Stand, über die ebenfalls allein der Kaiser entschied, setzte ein Mindestvermögen von 400 000 Sesterzen sowie frei geborene Eltern und Großeltern voraus. Der Dienst im Heer als Offizier und der danach folgende Eintritt in hohe Ämter der kaiserlichen Verwaltung gehörten zur Karriere eines Großteils der Ritter. Das Vorbild für ihren Lebensstil fanden sie im Denken und Handeln des Adels. Als höchste Auszeichnung galt demnach die Beförderung in den Senatorenstand durch den Kaiser.
Die Führungsschicht in den Städten Italiens und der Provinzen bildete der *Dekurionenstand,* der sich aus Rittern oder einheimischen Adelsgeschlechtern rekrutierte. Das vorgeschriebene Mindestvermögen war von Stadt zu Stadt unterschiedlich und betrug stellenweise nur 20 000 Sesterzen, so dass die Dekurionen – von wenigen Ausnahmen abgesehen – nicht zur Oberschicht des Reiches zählten.
Bei der Bedeutung des Senatorenstandes für die Verwaltung des Reiches war es für die Kaiser notwendig, ihn durch Neuernennungen am Leben zu halten. Dadurch veränderte sich nicht nur die innere Struktur dieses Standes, sondern auch die Zusammensetzung des ursprünglich aus römisch-italischem Adel bestehenden Senats. In immer größerem Umfang wurden Angehörige der führenden Schichten aus den Provinzen in dieses Gremium aufgenommen.
Innerhalb des Senatorenstandes genossen die Patrizier besondere Wertschätzung. Ihren durch die Bürgerkriege stark zusammengeschmolzenen Kreis füllte Augustus durch zahlreiche Neuernennungen auf. Während die Patrizier als Stand auf diese Weise überlebten, starb unter Kaiser *Hadrian* (117–138) der letzte Vertreter aus einer altpatrizischen Familie.
Sogar das Kaiserhaus blieb von diesem Wandel nicht verschont. Während noch die unmittelbaren Nachfolger des Augustus zum römischen Uradel zählten, bestieg bereits Ende des ersten Jahrhunderts mit *Trajan* (98–117) der erste aus einer Provinz stammende Kaiser den Thron.

Bauern, Bürger, Sklaven: die Basis der ständischen Ordnung

Unterhalb der Führungselite gab es keine einheitliche Schicht mehr. Das *Bauerntum* und besonders das *Bürgertum* zeigten in sich erhebliche soziale Unterschiede. Das Ansehen des Einzelnen hing von seinem Besitz und von den für die Gemeinschaft erbrachten militärischen, politischen und gesellschaftlichen Leistungen ab.
Auf der untersten sozialen Sprosse standen die *Sklaven,* deren Los sich im Vergleich zur Republik kaum geändert hatte, obwohl das Sklavenrecht im Laufe der Kaiserzeit gemildert wurde. Im Bereich der kaiserlichen Hofhaltung gab es für Sklaven sogar die Möglichkeit, in hohe Positionen aufzusteigen. Die Zahl der Sklaven nahm im Verlauf der Kaiserzeit stark ab. Dies lag zum einen an der zurückgehenden Zahl der Eroberungskriege, zum anderen aber auch an recht häufigen Freilassungen von Sklaven im privaten Bereich. Allerdings war erst der in Freiheit geborene Sohn des Freigelassenen dem römischen Bürger rechtlich gleichgestellt.

Selbstdarstellung des Prinzeps

Am 16. 1. 27 v. Chr. verlieh der Senat dem Prinzeps den Ehrennamen *Augustus* (der „Erhabene"). Von Anfang an hatte Octavian Namensänderungen als Mittel und Legitimation für seine politischen Aktivitäten verwandt. Bereits um 40 v. Chr. ersetzte er seinen Vornamen Gaius durch Imperator und seinen Gentilnamen Julius durch den von seinem Adoptivvater benutzten Beinamen Caesar. Sein vollständiger Name lautete nun: Imperator Caesar Divi filius Augustus. „Imperator" (Feldherr) betonte seine Nähe zum Heer, „Caesar" seine enge Beziehung zu Familie und Klientel des in den Kreis der Götter aufgenommenen Caesar[1]) (Divi filius) und „Augustus" seine herausgehobene Stellung im Staat.
Einen erheblichen Anteil am Erfolg des Augustus hatte die breit angelegte ideologische Beeinflussung der Bürger. Sie hob die Taten des Prinzeps für den Staat hervor, begründete seinen Machtanspruch und war ein stabilisie-

Deutlicher als in Athen führte der Wohnungsbau in Rom die sozialen Unterschiede vor Augen. Die Mehrzahl der römischen Bevölkerung lebte in großen Mietshäusern, die außen mit unverputztem Ziegelstein verkleidet waren. Im Erdgeschoss waren meist Ladengeschäfte untergebracht, die besseren Wohnungen lagen auf der von der Straße abgewandten Seite. Wasserleitungen standen in aller Regel nicht zur Verfügung (Modell eines typischen Mietshauses).
Ganz anders lebte die reiche Oberschicht in ihren Stadtvillen (villa urbana). Um einen Garten im Hausinnern (Atrium) wurde meist ein überdachter Säulengang angelegt. Von diesem sogenannten Peristyl aus betrat man die umgebenden Wohnräume und Bäder. (Das untere Foto zeigt das Haus der Vettier in Pompeji.)

[1]) Nach der Niederlage der Caesarmörder in der Schlacht bei Philippi (42 v. Chr.) war Caesar vom Senat zum Gott erklärt worden.

Die Vorderseite von Münzen zierte ein Porträt des Herrschers mit Namen, Titeln und Ämtern. Auf der Rückseite wies der jeweilige Kaiser auf seine Leistungen für Staat und Gesellschaft hin. In einer Zeit ohne Medien im modernen Sinn war dies das einzige Mittel, die Regierungstätigkeit auch in den entlegensten Provinzen zu verbreiten. Links sind Vorder- und Rückseite einer Münze aus dem Jahre 28 v. Chr. zu sehen. Die Inschrift PAX (Friede) verkündet, dass Augustus der Republik wieder den Frieden gegeben hat. Die Ährenbündel auf der rechten Münze stehen als Symbol für die kostenlose Getreidezuteilung und dokumentieren von amtlicher Seite die unter Augustus verbesserte Versorgungslage.

rendes Element für das neue politische System. Augustus nahm sich dabei republikanische Traditionen zum Vorbild.
Zu den wirkungsvollsten Propagandamitteln des Prinzeps zählten *Statuen* und *Münzen.* Die Statuen symbolisierten die persönliche Anwesenheit des Kaisers an allen Orten des Reichs *(Imperium)* und gaben durch ihre Gestaltung der Reichsideologie sichtbaren Ausdruck. Münzen nutzten Augustus und seine Nachfolger, um ihre persönlichen Vorstellungen und ihre Leistungen für den Staat den Bürgern permanent vor Augen zu führen.
Eine stabile Stütze der Kaiser blieb das Klientelwesen, das nach republikanischem Vorbild dem Ansehen und dem Ausbau der Macht diente. Wichtigster Faktor dabei war das Heer. Um seiner Loyalität sicher sein zu können, musste sich der kaiserliche Patron um die Versorgung der Soldaten während der Dienstzeit und vor allem danach (Veteranen) kümmern. Die Zivilbevölkerung Roms und Italiens hatte Octavian ein Jahr vor dem entscheidenden Aufeinandertreffen gegen Antonius (31 v. Chr. in der Seeschlacht bei Aktium an der Westküste Griechenlands) den Gefolgschaftseid geleistet und sich damit in eine von der Verfassung nicht vorgesehene, aber freiwillige Abhängigkeit zu dem Mann begeben, der Frieden und soziale Leistungen versprach.

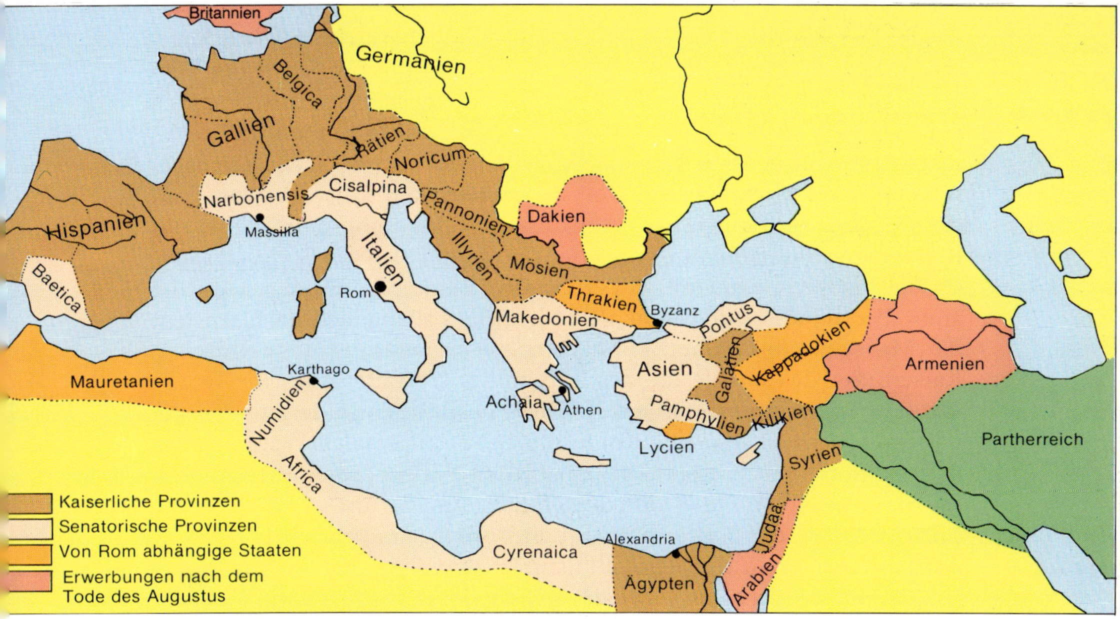

Das römische Imperium zur Zeit des Augustus.

Dieses Versprechen hielt Augustus, als er im Jahre 29 v. Chr. nach mehr als 100 Jahren Bürgerkrieg zum Zeichen des Friedens die Tore des Janus-Tempels[1]) schließen ließ. Die für das gesamte Imperium geltende *Pax Romana*[2]) garantierte allen Bürgern ein für die damalige Zeit hohes Maß an persönlicher Freiheit und Rechtssicherheit. Propagandistisch geschickt verstand es Augustus, inneren Frieden und Wohlstand als sein persönliches Verdienst *(Pax Augusta)* hinzustellen. Als Symbol des Friedens ließ er 9 v. Chr. auf dem Marsfeld einen Altar (ara pacis) errichten. Die Pax Augusta brachte Wirtschaft und Handel zum Erblühen. Davon profitierten auch die Unterschichten, die relativ leicht Arbeit und Verdienst finden konnten.
Auch in der Außenpolitik ging Augustus nach einer expansiven Phase, die ihren Höhepunkt in der endgültigen Unterwerfung Spaniens und der Eroberung des Voralpenlandes fand, auf Friedenskurs. Ausschlaggebend dafür war nicht zuletzt die schwere Niederlage der Römer gegen die rechtsrheinischen Stämme der *Germanen*[3]) im Teutoburger Wald (9 n. Chr.). Die Sicherung der bestehenden Grenzen an Rhein und Donau genoss von da an oberste Priorität.

[1]) Janus war der Gott der Stadttore. Sein Tempel auf dem Forum Romanum wurde nur zu Kriegszeiten geöffnet.
[2]) pax (lat.): der Friede; im Sinne von „römischer Friedensordnung"
[3]) ursprünglich in Skandinavien und Norddeutschland ansässige Völkergruppe

Reich: Der Begriff *Reich* (Regnum, Imperium) bezeichnet einen Herrschaftsbereich, meist über mehrere Völker und mit hegemonialer Tendenz. Seit der späten Republik, insbesondere seit Augustus, sprach man vom römischen Weltreich als dem „Imperium Romanum".
Römisches, auf der Pax Romana basierendes und christliches Reichsbewusstsein verschmolzen zur Zeit der spätantiken Kaiser. Es entstand die Idee von der Einheit aller christlichen Völker unter dem Schutz des Kaisers. Der Frankenkönig Karl der Große sah sich als Fortsetzer dieser Reichsidee von einem „Imperium Christianum". In seiner Krönung zum abendländisch-römischen Kaiser (800) vollzog sich nach Ansicht der Menschen des frühen Mittelalters die Erneuerung des römischen Kaisertums, das im Westen des Imperiums 476 untergegangen war.
Mit der Aneignung römischer Traditionen und Vorbilder stellten die mittelalterlichen Kaiser die Kontinuität zum imperialen Weltreichsgedanken Roms her. Gegen den päpstlichen Führungsanspruch setzten die Staufer seit 1157 die Idee des „Imperium Sacrum", womit sie die sakrale Würde des Kaisertums in den Vordergrund rückten.
Ab 1254 tauchte in der Reichstitulatur „Sacrum Romanum Imperium" auf, das unter Kaiser Karl IV. (1346–1378) in der deutschen Form als Heiliges Römisches Reich erscheint. 1474 wurde zum ersten Mal die Bezeichnung „Heiliges Römisches Reich Deutscher Nation" verwendet.
Das „Heilige Römische Reich Deutscher Nation" blieb bis 1806 ein wichtiger Faktor der Ordnung in Mitteleuropa. Seine Integrationskraft wirkte über den Zusammenbruch hinaus. Vor allem am politisch-romantischen Begriff der mittelalterlichen „Reichsherrlichkeit" entzündeten sich die Ideen der Freiheitskämpfer des frühen 19. Jahrhunderts. Die nationalstaatlich orientierte Reichsideologie steigerte sich Ende des 19. Jahrhunderts in eine imperiale Weltreichsvorstellung. Im Nationalsozialismus wurden die Elemente des „Heiligen Römischen Reichs Deutscher Nation" noch einmal in den Vordergrund gerückt, die Reichsidee als Propagandainstrument für expansive und imperialistische Politik missbraucht.

Das „goldene Zeitalter" des Augustus

Auf der Grundlage der Pax Romana konnten sich herausragende kulturelle Leistungen entwickeln, die einerseits im Zeichen der Rückbesinnung auf altrömische Traditionen standen, andererseits aber auch Herrschaftsideen des Prinzipats ideologisch untermauern sollten.
Besonders intensiv förderte Augustus die Baukunst. 30/29 v. Chr. ließ er sich ein beeindruckendes *Mausoleum* (Grabdenkmal) bauen. Die Restaurierung von 82 Tempeln, der Neubau von Theatern, Triumphbögen, öffentlichen

Römische Kultur breitete sich in der im Inneren friedvollen Zeit des Prinzipats ungestört im gesamten Imperium aus. Das besterhaltene Theater aus dieser Zeit kann man heute in Orange (Südfrankreich) besichtigen. Als einziges Theater konnte es seine Kaiserstatue auf der Frontseite über fast zwei Jahrtausende bewahren. Die Statue des Augustus ist über 3 m hoch.

Badeanstalten *(Thermen),* Markthallen, Parks, Straßen, Brücken und Wasserleitungen dienten der glanzvollen Selbstdarstellung des Kaisers. Mit dem Bau des Augustusforums neben dem Forum Romanum errichtete der Prinzeps ein neues Machtzentrum. Der Historiker *Sueton* (75–150 n. Chr.) sagte, Augustus habe eine Stadt von Marmor hinterlassen, während er eine von Backsteinen vorgefunden habe.

Geschichtsschreibung und Dichtung erlebten eine bisher nicht gekannte Blütezeit. Augustus und sein reicher Freund *Maezenas* (gestorben 8 v. Chr.) bedachten großzügig Künstler, die die politischen Vorstellungen des Prinzeps unterstützten. Dabei beschäftigte die Schriftsteller weniger die von Augustus selbst so instinktsicher behandelte Frage der Machtbalance zwischen Republik und Prinzipat. Ihre Themen waren die moralische Beeinflussung der Leser im Sinne des mos maiorum, die Weltherrschaft des Imperiums und die Vergöttlichung des Herrschers. Nach den Wirren des Bürgerkriegs, die das ganze Reich erfasst hatten, erschien Augustus den Zeitgenossen als der lang ersehnte Heilsbringer, der Frieden und Glück in die Menschheit trug. *Tacitus* (55–117 n. Chr.), der die sterbende Republik nicht mehr aus eigener Anschauung miterlebt hatte, konnte bereits wieder den Verlust von Freiheit zu Gunsten von Ruhe und Ordnung beklagen.

In der römischen *Geschichtsschreibung* unterscheidet man zwischen der *Annalistik,* das heißt der Gliederung der Ereignisse nach den Amtsjahren der Beamten, und der *biographischen Darstellung.* Die einzelne Persönlichkeit gerät dabei immer mehr in den Mittelpunkt des Interesses. Ursprünglich tritt nur das römische Volk in seiner Gesamtheit als Handlungsträger des historischen Prozesses auf. Die spätere Annalistik wird dominiert von den vornehmen

Patrizierfamilien. Der sakralen und allgegenwärtigen Stellung der Monarchen entsprechend, bevorzugten die Historiker der Kaiserzeit schließlich die biographische Geschichtsschreibung. Herausragende Persönlichkeiten wurden – oft anhand von Anekdoten – in ihrer Individualität gezeichnet (Suetons Kaiserviten). Der Maßstab, an dem die Herrscher sich dabei messen lassen mussten und wollten, blieben unverändert die mores maiorum der Altvorderen.

Die römische *Dichtkunst* erreichte in der augusteischen Epoche ihren Höhepunkt in der Beherrschung der Sprache und der Fähigkeit, sie exzellent zur Wirkung zu bringen. Viele Dichter stellten sich in den Dienst des Augustus (⇨ M 4). *Vergil* (70–19 v. Chr.), der als größter Dichter Roms gilt, beeinflusste die Literatur des Mittelalters und der Neuzeit. Mit der *Aeneis,* die die Ursprünge Roms mit dem Schicksal des aus Troja geflohenen *Aeneas* verknüpft, begründete er eine nationalrömische Literatur, die sich von der bisher nachgeahmten griechischen löste.

Nach Ansicht des Althistorikers Karl Christ verkörpern die Dichter der augusteischen Epoche „jenen Kern der lateinischen und der humanistischen Tradition, der für die europäische Literatur und das europäische Geistesleben bis in die Neuzeit grundlegend geblieben ist. Weder der Rigorismus der Klöster noch das Pathos der Humanisten oder der Schulalltag der Gymnasien vermochten diese geistigen Potenzen zu verdecken, ohne die das lateinische Mittelalter Europas ebenso undenkbar ist wie die Humanismen in aller Welt."

Religion im Dienste des Prinzipats

Als Augustus 12 v. Chr. mit dem Amt des *Pontifex maximus* auch religiöses Oberhaupt geworden war, strebte er eine Wiederbelebung der Ahnenreligion an, um das römische Volk zum Glauben und zu den mores maiorum zurückzuführen. Wer der Religion der Vorfahren Respekt erwies, wurde vom Prinzeps in seiner Karriere gefördert. Um die Stabilisierung der sozialen Oberschicht Roms zu erreichen, erließ Augustus strenge Gesetze zum Schutz der Familie, zur Eindämmung des ausschweifenden Lebenswandels und zur Reinhaltung des Volkes von Blutsvermischung (⇨ M 5). Die Maßnahmen blieben allerdings ohne durchschlagenden Erfolg.

Der vom Senat im Jahre 2 v. Chr. verliehene Ehrentitel „pater patriae" (Vater des Vaterlandes) stärkte die moralische und sakrale Autorität des Prinzeps und war ein weiterer Schritt bei der Ausgestaltung der Kaiserherrschaft. Obwohl seine Ehrentitel Augustus in die Nähe der Götter rückten, widersetzte er sich in Rom und Italien einer kultischen Verehrung seiner Person. Das Schicksal seines Adoptivvaters Caesar blieb ihm stets eine Warnung. Stark war bei den Römern die Auffassung verwurzelt, dass die Distanz zwischen Göttern und Menschen zu Lebzeiten nicht überbrückt werden konnte. Erst nach seinem Tode durfte der Monarch zum Gott erklärt werden, worin sich Anklänge an den Ahnenkult der Republik zeigten.

Ganz anders sah die Situation in den Provinzen aus, vor allem im Osten des Reiches, wo der hellenistische Herrscherkult schon lange üblich war. Dort galt Augustus als „leibhaftig erschienener Gott", zu dessen Ehren Tempel erbaut wurden. Gerade in den Ostprovinzen spielte dieser Kaiserkult für den Zusammenhalt des Imperiums eine wichtige Rolle.

Republik oder Monarchie?

Zeitgenossen wie moderne Altertumsforscher hat immer wieder die Frage beschäftigt, ob die neue Staatsordnung die Wiederherstellung der republikanischen Verfassung oder die Konstituierung der Monarchie gewesen sei. Augustus selbst verteidigte in seinem Tatenbericht den Ausbau der Macht durch die Auflistung seiner Verdienste für Staat und Gesellschaft. Seinem Selbstverständnis nach stand er in der Fortsetzung der alten Republik und nicht am Beginn einer neuen Ordnung. Bei den Geschichtsschreibern der römischen Kaiserzeit hing die Antwort von der persönlichen Einstellung zum Prinzeps ab.
Die heutige Forschung ist überwiegend der Auffassung, dass der Prinzipat eine Monarchie mit republikanischer Fassade war. Die Institutionen der Republik lebten zwar weiter, der Senat als Garant der römischen Tradition und die Volksversammlung mit der Wahl der Magistrate behielten nach außen ihre Rechte, doch die tatsächliche Macht lag beim Prinzeps. Mit der Einkleidung der Alleinherrschaft in republikanische Amtsvollmachten besänftigte Augustus das Misstrauen der Senatsaristokratie, ohne deren Mitarbeit er das Reich nicht hätte regieren können (⇨ M 6).

Der Prinzipat: Übergang zu einer neuen Staatsordnung

Als Augustus starb, hinterließ er mit der von ihm geschaffenen Prinzipatsherrschaft eine verfassungsrechtliche Konstruktion, die den Menschen Frieden und Wohlstand gebracht hatte und mehr als zwei Jahrhunderte überdauerte. Die Wiederherstellung der Republik war nach fast 50-jährigem, monarchisch geprägtem Regiment kein Thema mehr. Als ungelöstes Problem blieb jedoch die Frage der Nachfolge des Herrschers erhalten, da das Kaisertum verfassungsrechtlich nicht legitimiert war, sondern als republikanische Ausnahmeerscheinung betrachtet wurde. Eine Abstimmung in Volksversammlung und Senat, die rein theoretisch weiterhin zuständig blieben, war undenkbar, da die Gefahr wieder aufflammender blutiger Auseinandersetzungen bestanden hätte. Augustus selbst verlieh deshalb schon zu Lebzeiten die für die Herrschaft bedeutsamen Vollmachten an den vorgesehenen Thronfolger, seinen Stief- und Schwiegersohn *Tiberius* (14–37), der dadurch zum Mitregenten wurde und beim Tod des Kaisers ohne Schwierigkeiten die Regierung übernehmen konnte. Diese Art der *Designation* bannte vorläufig die Gefahr der Auseinandersetzungen um die Nachfolge. In der Mehrzahl der Fälle wurde der eigene Sohn als Thronerbe bestimmt *(Erbmonarchie)*.
Gegen Ende des ersten Jahrhunderts wurde das dynastische Prinzip durch die so genannten *Adoptivkaiser* (96–180) unterbrochen. Die Adoptivkaiser regelten die Nachfolge, indem sie denjenigen adoptierten, den sie für den Ge-

Die größte erhaltene Kamee ([Halb-]Edelstein mit erhaben gearbeitetem Bild) der Antike (31 × 26,5 cm) ist ein Beispiel für die politisch motivierte Kunst am Kaiserhof. Sie entstand etwa um das Jahr 50, und ihre Deutung ist im Einzelnen bis heute noch nicht geklärt. Wahrscheinlich ist im Mittelpunkt Tiberius dargestellt, der umrahmt ist von seinem Adoptivsohn Germanicus (mit Helm) und dessen Mutter Livia. Hinter Livia blickt der damals regierende Claudius nach oben zu dem vergöttlichten Augustus mit Strahlenkrone. Links neben Germanicus steht sein Enkel Nero, dessen Recht auf die Nachfolge des Claudius mit dem Ansehen und der Macht seines Großvaters in der Darstellung legitimiert werden sollte.

eignetsten hielten, unabhängig vom verwandtschaftlichen Verhältnis zum Kaiserhaus. Der Grundsatz des Prinzipats (Erster unter Gleichen) wurde dadurch am eindrucksvollsten verwirklicht. Viele Historiker bezeichnen deshalb die Ära von herausragenden Herrschergestalten im 2. Jahrhundert als glücklichste Epoche der römischen Kaiserzeit. Von hier aus nahm die Vorbildwirkung römischen Herrschaftsdenkens ihren Ausgang (◊ M 7).

Ausbau und Sicherung der Macht durch Octavian

M 1

Cassius Dio (um 155–235) aus Nicäa in Kleinasien stammte aus der gebildeten griechischen Oberschicht. Er übernahm hohe Ämter in der kaiserlichen Verwaltung und war Senator. Sein in annalistischer Form geschriebenes Geschichtswerk ist heute eine der wichtigsten historischen Quellen aus der frühen Kaiserzeit.

In Wirklichkeit kam es dahin, dass Caesar (Octavianus) selbst in allem über alles als Alleinherrscher bestimmte, da er ja auch über die Finanzen gebot [. . .] und dazu war er Herr über das Heer. [. . .] Zwar verlangte es ihn sehr danach, „Romulus" genannt zu werden; als er aber merken musste, er gerate dadurch in Verdacht, nach der Königsherrschaft zu streben, bestand er nicht mehr darauf, sondern ließ sich „Augustus" nennen, als einer, der mehr ist, als es für Menschen üblich ist [. . .]. Auf diese Weise ging nun die ganze Gewalt von Volk und Senat in die Hände von Augustus über, und mit ihm begann auch eine wirkliche Monarchie . . . Denn das wäre die angemessenste Bezeichnung. Freilich verabscheuten die Römer diese Bezeichnung „Monarch" so sehr, dass sie ihre Herrscher weder als Diktatoren noch als Könige noch mit ähnlichen Titeln bezeichneten. Da jedoch die letzte Entscheidung in der Politik ihnen zukommt, kann man unmöglich abstreiten, dass sie wie Könige herrschen. Zwar werden die Ämter, die . . . auf den Gesetzen begründet sind, – abgesehen von dem des Censors – auch heute noch besetzt, aber alles wird ohne Unterschied so vollzogen und verwaltet, wie es der jeweilige Herrscher will. Um aber den Schein aufrechtzuerhalten, das alles besäßen sie auf Grund von Gesetzen, nicht auf Grund ihrer persönlichen Macht, haben sie alle Ämter (einschließlich der alten Titel), die in der Zeit der Republik nach dem Willen des Volkes großen Einfluss hatten – allein die Diktatur ausgenommen – an sich gezogen. Konsuln werden sie sehr häufig, . . . die Bezeichnung „Imperator" führen sie ihr Leben hindurch, nicht nur die, die einen Sieg davongetragen haben, sondern auch alle anderen Herrscher, um ihre unbeschränkte Macht dadurch zum Ausdruck zu bringen, anstelle des Titels König oder Diktator: Denn diese Titel legen sie sich nicht zu, da sie einmal im Staate verpönt wurden, die daraus herrührende Gewalt aber sichern sie durch den Titel „Imperator". Daraus leiten sie für sich das Recht ab, Aushebungen zu veranstalten, Steuern einzuziehen, Krieg zu beginnen, Frieden zu schließen und über Fremde wie Bürger ohne Unterschied zu jeder Zeit und an allen Orten die Herrschaft auszuüben . . . ebenso wie alle anderen Rechte, die den Konsuln und den übrigen mit unumschränkter Gewalt ausgestatteten Beamten jemals zustanden.

Als Censoren haben sie die Aufsicht über unsere Lebensführung und unsere Sitten, führen die Schätzungen durch, nehmen die einen in den Ritterstand und den Senat auf und streichen andere aus den Listen, wie es ihnen gut scheint. Dadurch, dass sie in alle Priesterkollegien aufgenommen sind und dazu das Recht haben, die meisten Priesterstellen an andere zu vergeben, auch immer selbst Oberpriester [pontifex maximus] sind . . ., besitzen sie in allen profanen[1]) wie heiligen Fragen die höchste Autorität. Der Besitz der tribunizischen Gewalt [tribunicia potestas] aber . . . gibt ihnen die Möglichkeit, alle Maßnahmen eines anderen [Beamten], wenn sie ihnen missfallen, für ungültig zu erklären, und verleiht ihrer Person die Unverletzlichkeit. [. . .]

[1]) weltlichen

Und so haben sie sich aufgrund dieser aus der Zeit der Republik stammenden Bezeichnungen die gesamte Staatsgewalt zugelegt, so dass sie auch die Macht eines Königs besitzen, ohne doch den verpönten Titel zu führen [...].

Walter Arend, Geschichte in Quellen. Altertum, München, 3. Auflage 1978, S. 565 ff.

1. *Arbeiten Sie aus Quelle und Darstellung heraus, wie es Octavian gelingt, seine Macht auszubauen.*
2. *Cassius Dio sieht in der Alleinherrschaft des Octavian große Gefahren für die Republik. Welche republikanische Institution hätte Ihrer Ansicht nach in der Lage sein können, ein Korrektiv zur kaiserlichen Machtpolitik darzustellen? Begründen Sie Ihre Meinung.*
3. *Die moderne Geschichtsschreibung steht Berichten antiker Historiker nicht unkritisch gegenüber:*
   a) Worin liegen Gründe dafür?
   b) Welche dieser Gründe sind bei der Bewertung des Textes von Cassius Dio zu berücksichtigen?

M 2 „An auctoritas habe ich alle übertroffen ..."

In dem etwa eineinhalb Jahre vor seinem Tod von ihm selbst verfassten Tatenbericht (res gestae), der 1555 als in Stein gehauene Monumentalinschrift im heutigen Ankara (Monumentum Ancyranum) gefunden wurde, stellt Augustus seine Leistungen für Staat und Bevölkerung heraus. Der Leistungsbericht des Herrschers war offensichtlich in Kopien im ganzen Imperium verteilt worden.

Im Alter von 19 Jahren [44 v. Chr.] brachte ich aus eigenem Entschluss und mit eigenen Mitteln ein Heer auf, mit dessen Hilfe ich den Staat [...] in die Freiheit zurückgeführt habe. Aus diesem Grunde nahm mich der Senat [...] in seine Reihen auf, indem er mir für die Abstimmung den Rang eines gewesenen Konsuls gab, und gab mir die militärische Befehlsgewalt [imperium]. [...]

Kriege habe ich zu Wasser und zu Lande, gegen Bürger und auswärtige Gegner, auf dem ganzen Erdkreise oftmals geführt, und als Sieger habe ich alle Bürger, die um Gnade baten, verschont. [...]

An römischen Bürgern haben unter meinem Fahneneide ungefähr 500 000 gestanden. Von ihnen habe ich ein gut Teil, mehr als 300 000, am Ende ihrer Dienstzeit in Siedlungsstädten [colonia] angesiedelt oder in ihre Gemeinden [municipium] entlassen und ihnen allen Äcker angewiesen oder Geld als Belohnung für den Kriegsdienst gegeben ...

Die Diktatur, die mir abwesend und anwesend sowohl vom Volk als auch vom Senat [...] angetragen wurde, habe ich nicht angenommen. Nicht von mir gewiesen habe ich bei einer sehr großen Getreideknappheit die Regelung der Getreideversorgung, die ich so durchführte, dass ich innerhalb weniger Tage die gesamte Bürgerschaft aus Furcht und gegenwärtiger Gefahr durch meinen Aufwand und meine Fürsorge befreite. Auch das Konsulat, das mir damals als jährliches und dauerndes angetragen wurde, habe ich nicht angenommen. Als [...] Senat und Volk Roms übereinkamen, dass ich allein zum Walter [curator] der Gesetze und Sitten mit höchster Machtvollkommenheit [potestas] gewählt werde, habe ich kein Amt, das wider den Brauch der Vorfahren übertragen werden sollte, angenommen. Was damals der Senat

Tellus, die Göttin der Fruchtbarkeit, sitzt als personifiziertes Italien in der Bildmitte. Sie ist umgeben von den Gestalt gewordenen Winden des Wassers und der Erde. Die friedlich spielenden Kinder, die Früchte in ihrem Schoß, die Tiere und Pflanzen symbolisieren Wohlstand und Glück im „goldenen Zeitalter" des Augustus (Relief vom ara pacis, einer Stiftung des Augustus).

durch mich ausgeführt haben wollte, habe ich kraft der tribunizischen Gewalt vollendet [. . .].

Erster des Senats[1]) bin ich bis zu dem Tage, an dem ich dies schrieb, 40 Jahre lang gewesen. Oberster Priester [pontifex maximus] [. . .] bin ich gewesen. Die Zahl der Patrizier habe ich in meinem fünften Konsulat auf Geheiß des Volkes und des Senats vermehrt. Den Senat habe ich dreimal überprüft und ergänzt[2]) [. . .].

Durch neue, auf meine Veranlassung eingebrachte Gesetze habe ich viele Vorbilder der Alten, die schon aus [dem Leben] unserer Generation zu verschwinden drohten, wieder erweckt und selbst für viele Dinge nachahmenswerte Beispiele der Nachwelt überliefert. [. . .]

Mein Name ist auf Senatsbeschluss in das Salierlied[3]) eingeschlossen worden, und dass ich für immer unverletzlich [sacrosanctus] sein solle und, solange ich lebe, die tribunizische Amtsgewalt innehaben solle, ist durch Gesetz festgelegt worden [. . .].

---

[1]) lat.: princeps senatus; ihm wurde stets als Erstem das Wort erteilt.

[2]) Augustus verkleinerte den von Caesar aufgeblähten Senat wieder auf rund 600 Mitglieder.

[3]) Salier: eine altrömische Priesterschaft, die zu Ehren des Kriegsgottes Mars kultische Tänze aufführte und Lieder sang.

Der römischen Plebs habe ich Mann für Mann, gemäß dem Testament meines Vaters, 300 Sesterzien gezahlt und in meinem Namen 400 Sesterzien aus der Kriegsbeute in meinem fünften Konsulat gegeben [...].

Diese meine Spenden kamen niemals weniger als 250 000 Menschen zugute [...].

Das Geld für die Äcker, die ich in meinem vierten Konsulat (30 v. Chr.) und später [...] den Soldaten angewiesen habe, habe ich den Gemeinden bezahlt. Ungefähr 600 Millionen Sesterzien ist die Summe gewesen, die ich für italische Grundstücke gezahlt habe, und ungefähr 260 Millionen das, was ich für Ländereien in den Provinzen gezahlt habe. [...]

Viermal habe ich mit meinem Gold die Staatskasse unterstützt in der Weise, dass ich 150 Millionen Sesterzien an die Vorsteher der Kasse überwiesen habe [...].

Soldatenkolonien habe ich in Afrika, Sizilien, Makedonien, in beiden Spanien, Achaia, Asien, Syrien, Gallia Narbonensis, Pisidien gegründet. Italien aber besitzt 28 auf meine Veranlassung gegründete Kolonien, die zu meinen Lebzeiten äußerst volkreich und blühend waren. [...]

In meinem sechsten und siebten Konsulat [28 und 27 v. Chr.] habe ich, nachdem ich die Bürgerkriege ausgelöscht hatte, obwohl ich nach dem übereinstimmenden Wunsche aller in den Besitz der höchsten Gewalt gelangt war [...], den Staat aus meiner Amtsgewalt [...] dem Ermessen [...] des Senats und des römischen Volkes überantwortet. Und für dieses mein Verdienst bin ich durch Senatsbeschluss „Augustus" (der Erhabene) genannt worden, und mit Lorbeer sind die Türpfosten meines Hauses von Staats wegen geschmückt worden.

Nach dieser Zeit habe ich an persönlichem Einfluss [auctoritas] alle übertroffen, an Amtsgewalt [potestas] aber habe ich um nichts mehr gehabt als die Übrigen, die in dem jeweiligen Amte mir Kollegen gewesen sind.

Walter Arend, a. a. O., München, 3. Auflage 1978, S. 581 ff.

1. *Welche Absicht verfolgt Augustus mit der Abfassung seines Tatenberichts?*
2. *Augustus berichtet, dass er bereits in jungen Jahren ein privates Heer aufgestellt habe. Was sagt dies über den Zustand des römischen Staatswesens aus?*
3. *Warum betont Augustus, dass er die Übernahme der Diktatur sowie des Konsulats auf Lebenszeit abgelehnt habe?*
4. *Wie beurteilen Sie die finanzielle Unterstützung der Staatskasse durch den Prinzeps? Überlegen Sie dabei auch, aus welchen Quellen Augustus seinen Reichtum schöpfte.*
5. *Wie stellt Augustus insgesamt sein Verhältnis zur Staatsgewalt dar? Nehmen Sie dabei kritisch Stellung zu seiner Aussage, er habe alle an persönlichem Ansehen (auctoritas) übertroffen, niemanden aber an Amtsgewalt (potestas).*

M 3 Zeitgenössisches Urteil über Augustus

Als Augustus am 19. 8. 14 n. Chr. starb, wurde er in einem Mausoleum auf dem Marsfeld beigesetzt. Der aus aristokratischen Kreisen stammende Geschichtsschreiber Tacitus gibt in seinem Werk „Annales" eine Unterhaltung zwischen den Trauergästen wieder.

Die Einsichtigen wussten von seinem Leben sehr verschiedene Dinge, teils Rühmliches, teils Unrühmliches, zu sagen. Hier hieß es: Er ist aus Anhänglichkeit gegen seinen Vater und durch die Not des Staates, in dem damals kein Raum für gesetzliches Vorhaben gewesen sei, in den Bürgerkrieg getrieben worden. Und ein Bürgerkrieg lässt sich nun einmal nicht mit rechtlichen Mitteln vorbereiten noch durchführen. Er hat, um eben den Tod seines Vaters rächen zu können, Antonius und Lepidus[1]) in vielem nachgegeben. Als dann der Letztere träge und alt geworden, der Erstere sich durch Ausschweifungen zugrunde gerichtet hatte, gab es kein andres Mittel, die Wunden des zerrissenen Vaterlandes zu heilen, als die Alleinherrschaft. Und doch habe er dem Staate nicht in der Würde eines Königs oder eines Diktators, sondern unter dem einfachen Titel Prinzeps die neue Verfassung gegeben. [. . .] Die Bürger würden gerecht, die Bundesgenossen rücksichtsvoll behandelt. Die Hauptstadt weise die stolzesten Prachtbauten auf. Dabei sei nur in seltenen Fällen Gewalt zur Anwendung gekommen, um den Übrigen die Ruhe zu sichern.

Dagegen sagten nun die andern: Die Anhänglichkeit gegen seinen Vater und die allgemeine Lage habe er bloß zum Vorwande genommen. Im Grunde sei es Herrschsucht gewesen, wenn er als junger Mensch ohne Amt die Veteranen durch freigiebige Spenden an sich zog, ein Heer warb, die Legionen des Konsuls bestach und sich für einen Anhänger der pompeianischen Partei ausgab. Dann habe er sich durch einen Senatsbeschluss in Besitz der Fasces[2]) und des propraetorischen Imperiums gesetzt und nach Ermordung des Hirtius und Pansa[3]) [. . .] sich des Heeres der beiden bemächtigt. Er habe vom Senat das Konsulat erzwungen und das Heer, das ihm zum Kampfe gegen Antonius übergeben wurde, gegen den Staat geführt. Die Proskriptionen[4]) der Bürger, die Verteilung der Ländereien hätten selbst die Triumvirn, die sie anordneten, nicht gutgeheißen. [. . .]

Er hat auch Tiberius nicht aus Liebe, nicht aus landesväterlicher Gesinnung zu seinem Nachfolger bestimmt; nein, er hat dessen anmaßende und grausame Natur wohl erkannt und darauf gerechnet, dass der Vergleich mit einem solchen Scheusal seinem Ruhm zugute kommen werde.

Augustus Horneffer, Tacitus. Annalen, Stuttgart 1964, S. 10 ff.

1. *Arbeiten Sie die gegensätzlichen Meinungen über Augustus heraus.*
2. *Wie konnte es Ihrer Ansicht nach zu dieser kontroversen Sichtweise der Zeitgenossen kommen?*
3. *Welche republikanischen Institutionen kritisiert Tacitus indirekt bei den Vorwürfen gegen Augustus?*
4. *Diskutieren Sie, weshalb das römische Volk bereit war, die Alleinherrschaft des Augustus zu akzeptieren.*

---

[1]) Octavian hatte sich mit Antonius und Lepidus zu einem Triumvirat (Dreimännerbund) zusammengeschlossen. Gemeinsam schalteten sie ihre innenpolitischen Gegner aus.

[2]) fasces (lat.): Rutenbündel mit Beilen als Symbol der Amts- und Strafgewalt des Imperiumträgers. Sie wurden von Liktoren dem Konsul oder Prätor vorangetragen.

[3]) Konsuln des Jahres 43 v. Chr.

[4]) proscribere (lat.): ächten; geächtete Bürger waren vogelfrei und verloren ihr Vermögen. Nach der Ermordung Caesars verloren über 2000 Angehörige der Oberschicht auf diese Weise ihr Leben.

Neben Horaz der bedeutendste Dichter der augusteischen Zeit war Vergil. Beeinflusst von der griechischen Mythologie, gelang es ihm dennoch, ein eigenständiges römisches Nationalepos zu schaffen: die Aeneis. Das aus Nordafrika stammende Mosaik zeigt Vergil zwischen den Musen (Göttinnen der Künste und Wissenschaften) des Epos und der Tragödie. Auf seinem Schoß hält der Dichter eine Schriftrolle der Aeneis.

M 4 Augustus als Friedensfürst

Horaz (65–8 v. Chr.) war der Sohn eines Freigelassenen. Er erfuhr seine literarische Ausbildung in Rom und Athen. Als Teilnehmer an der Schlacht bei Philippi auf Seiten der Caesarmörder verlor er sein Vermögen und musste sich als Sekretär verdingen. Die Unterstützung durch Maezenas ermöglichte ihm, sich wieder literarisch zu betätigen. Im carminum liber IV, 15 (13 v. Chr. geschrieben) preist er die Leistungen des neuen Caesar.

Ja, deine Zeit gab wieder der Heimatflur
Der Früchte Pracht, die römischen Adler riss
Sie von des Parthers stolzen Wänden[1]),
Schenkte sie unserem Gotte wieder,

Schloss Janus' Tor, vom Kriege befreit, und warf
Der Lust, der zuchtlos schweifenden, Zügel um,
Sie tilgte Romas Schuld und weckte
Wieder den Geist der vergangnen Zeiten,

Durch den einst Latiums Namen, Italiens Macht
Sich kühn erhob, der Ruhm und der Glanz des Reichs
Sich dehnte bis zum Sonnenaufgang
Weithin vom westlichen Abendlager.

---

[1]) Siehe dazu Bildlegende auf Seite 58.

Solange Cäsar Hüter der Welt ist, stört
Kein Bürgerwahnsinn, keine Gewalt die Ruh,
Kein grimmer Zorn, der Schwerter schmiedend
Städte verfeindet zum eignen Elend.

Nicht wer da trinkt vom grundlosen Donaustrom,
Wird Juliermachtspruch[1]) brechen, der Gete nicht,
Kein Serer und kein falscher Perser,
Nicht wer an Tanais' Flut geboren.[2])

Auch wir – am Werktag oder am frommen Fest,
Wir wollen, Bacchus'[3]) heiterer Gabe froh,
Wenn wir vereint mit Fraun und Kindern
Fromm zu den Himmlischen erst gebetet,

Nach Väterbrauch von unserer Helden Ruhm
Ein festlich Lied zu lydischem[4]) Flötenschall,
Von Troja und Anchises[5]) singen,
Von dem Geschlechte der Mutter Venus[6]).

Hans Färber (Hrsg.), Horaz. Sämtliche Werke, München, Neuausgabe 1960, S. 217 f.

1. *Mit welchen Leistungen verleiht Augustus nach Ansicht des Dichters seinem Reformprogramm sichtbaren Ausdruck?*
2. *Welche Hoffnungen richtet Horaz in seinen Versen auf die fernere Zukunft?*
3. *Arbeiten Sie heraus, wie in diesem Gedicht römische Sagenwelt und Geschichte miteinander verknüpft sind.*
4. *Welche ideologische Zielsetzung ist in dem Gedicht erkennbar?*

Maßnahmen zur Reinhaltung des römischen Volkes

M 5

Der Geschichtsschreiber Sueton war zeitweilig Privatsekretär in der Kanzlei Kaiser Hadrians. Er verfasste Lebensbeschreibungen Caesars und der ersten römischen Kaiser. In seiner Biographie über Augustus berichtete er unter anderem:

Von großer Bedeutung war es seiner Ansicht nach außerdem, das Volk in seiner Reinheit und frei von jeder Blutsvermischung mit Angehörigen fremder Rassen oder Sklaven zu erhalten. Deshalb erteilte er nur sehr sparsam das römische Bürgerrecht und schränkte die Freilassungen ein. An Tiberius, der einmal für einen griechischen Klienten das Bürgerrecht erbat, schrieb er, er werde dies nur unter der Bedingung gewähren, dass er ihn persönlich von der Rechtmäßigkeit des Gesuches überzeugen könne; und Livia, die für einen tributpflichtigen Gallier um das Bürgerrecht nachsuchte, schlug er diese Bitte

---

[1]) Augustus entstammt dem julisch-claudischen Geschlecht.

[2]) Geten (Goten): Stamm der Ostgermanen; Serer: Einwohner des heutigen Serrä in Makedonien; Tanais: Don, russischer Fluss, der ins Asowsche Meer mündet

[3]) Gott des Weines

[4]) lydisch: altgriechische Tonart

[5]) Vater des Aeneas, der der Sage nach auf seiner Flucht aus Troja nach Italien kam und als Urvater der Römer galt

[6]) Göttin der Liebe und der Schönheit, Mutter des Aeneas und dadurch auch Ahnherrin Roms

ab, bot ihr aber an, ihm Abgabenfreiheit zu bewilligen, mit der Erklärung, dass er sich eher damit abfinden könne, wenn der Staatskasse etwas verloren gehe, als wenn die Ehre des römischen Bürgerrechts zum Allgemeingut werde.
Den Sklaven wurde durch viele Schwierigkeiten der Weg zur Freiheit und durch noch viel mehr der zum Vollbürgerrecht verbaut, da er sowohl über die zulässige Zahl als auch über die Bedingungen und die verschiedenen Kategorien derer, die freigelassen werden konnten, ganz genaue Bestimmungen aufgestellt hatte. Dazu kam noch, dass keiner, der einmal hatte eingesperrt oder gefoltert werden müssen, durch irgendeine Form der Freilassung das Bürgerrecht erlangen konnte. [. . .]
Als einst eine große Hungersnot ausbrach und Abhilfe schwierig war, ließ er die zum Verkauf bestimmten Sklaven, die Gladiatorentruppen, alle Ausländer, mit Ausnahme der Ärzte und Lehrer, und einen Teil des Sklavengesindes aus Rom ausweisen; als endlich die Versorgungslage sich wieder gebessert hatte, „hätte er", wie er selbst schreibt, „den Plan gefasst, die öffentlichen Getreidespenden für immer abzuschaffen, weil das Volk auf sie zähle und deshalb den Ackerbau vernachlässige, aber er habe diesen Gedanken dann aufgegeben, weil er überzeugt sei, dass diese Einrichtung doch wieder einmal zur Gewinnung der Gunst der Massen eingeführt werde".

André Lampert, Sueton. Leben der Caesaren, München 1972, S. 80 ff.

1. *Auf welche Weise versuchte Augustus sein Ziel der Reinhaltung des Römertums zu erreichen?*
2. *Augustus scheiterte damit ebenso wie mit einer Reihe von Gesetzen gegen Luxus und Sittenlosigkeit. Sein Nachfolger Tiberius sah sogar die Gefahr, dass die Durchsetzung solcher Maßnahmen dem Staat noch größeren Schaden bringen könnte. Aus welchen Überlegungen heraus ist er Ihrer Meinung nach zu dieser Ansicht gekommen?*
3. *Hitler hat einmal in den „Tischgesprächen im Führerhauptquartier" geäußert, dass jeder Römer „unbewusst . . . positive Abwehr gegen die Vermischung mit fremdländischem Blut geübt" habe. Arbeiten Sie die Unterschiede zwischen der nationalsozialistischen Rassentheorie und den Intentionen des Augustus heraus.*

M 6 Republik oder Monarchie?

Der Althistoriker Ernst Meyer versucht die Grundgedanken der augusteischen Staatsschöpfung darzulegen und sie in den Ablauf der römischen Verfassungsentwicklung einzuordnen.

Da ist einmal die Frage, ob die augusteische Staatsschöpfung eine Wiederherstellung der republikanischen Verfassung oder die Aufrichtung der reinen Monarchie sei. Augustus selber hat seine Schöpfung als Wiederaufrichtung der legalen republikanischen Verfassung nach den Wirren und Gewaltakten der Bürgerkriege bezeichnet und findet darin durchaus die Zustimmung von Zeitgenossen und Nachfahren, andere sprechen ebenso entschieden von der Aufrichtung der reinen absolutistischen Monarchie und erklären die republikanischen Formen als äußerliche Fassade oder Heuchelei. [. . .]
In der modernen Literatur lautet die Antwort auf diese Frage ebenso entgegengesetzt [. . .]. Die tatsächliche Machtstellung des Kaisers und seiner Ver-

waltung ist so groß, die auf ihn vereinigten Kompetenzen und Ehrenrechte so überragend und ohne Parallelen, seine Person so sehr über alle anderen hinausgehoben, dass wir im Hinblick darauf nur von einer Monarchie reden dürften. Andererseits aber ist doch der römische Kaiser nicht selber Quelle seiner Machtbefugnisse, ist nicht der Herr des Staates, der diesen allein darstellt und verkörpert wie in den sonstigen absoluten antiken Monarchien. Der offizielle Souverän und die Quelle aller staatlichen Kompetenzen bleibt nach wie vor das römische Volk, vertreten durch Volksversammlung, Senat und Beamtenschaft. Populus Romanus bleibt weiterhin die Bezeichnung des römischen Staates. Die Konsuln bleiben auch in der Kaiserzeit offiziell die Präsidenten dieses Staates, und die Jahre werden noch jahrhundertelang nach ihnen benannt und nicht nach den Regierungsjahren der Kaiser gezählt. [. . .]
Ebenso unterstand auch der Kaiser wie jeder römische Bürger ursprünglich den Gesetzen des Staates. Augustus hat sich überall dort, wo er für sich von Gesetzesbestimmungen abweichen musste, auch in kleinsten formellen Kleinigkeiten vom Senat ausdrücklich dazu ermächtigen lassen. [. . .] Insofern ist also doch der römische Principat ein Staatsamt, das seinem Träger vom eigentlichen Souverän, dem römischen Volk, vertreten durch den Senat übertragen wurde und ist Rom rechtlich trotzdem eine Republik geblieben. Und der neben der kaiserlichen Verwaltung bestehen bleibende alte republikanische Beamtenapparat ist das Symbol dafür. So ist der römische Principat [. . .] eine eigenartige Verbindung von Republik und Monarchie, weder das eine noch das andere ganz, rechtlich eine Republik, aber mit rein monarchischer Staatsführung und Regierung und einer teils monarchischen, teils republikanischen Verwaltung.

Ernst Meyer, Römischer Staat und Staatsgedanke, Zürich und Stuttgart, 4. durchgesehene und ergänzte Auflage 1975, S. 360 ff.

1. *Zu welchem Ergebnis kommt Meyer bei der Untersuchung der Prinzipatsverfassung? Wie begründet er seine Auffassung?*
2. *Benennen Sie Beispiele für das Weiterleben der republikanischen Institutionen. Nehmen Sie dazu die Verfassungsskizze auf Seite 51 zu Hilfe.*
3. *Wie begründet Cassius Dio (siehe M 1, Seite 73 f.) seine Ansicht, dass „Monarchie" die angemessenste Bezeichnung für die Regierungsform des Augustus ist? Vergleichen Sie seine Bewertung mit der Ansicht von Ernst Meyer.*

Das Erbe römischen Denkens und Handelns

M 7

Matthias Pusch untersucht die Vorbildwirkung Roms auf spätere Epochen, insbesondere in Bezug auf imperiale Herrschaftsvorstellungen.

Damit sind wir bei der letzten Etappe unseres Unternehmens angelangt: die Frage nach dem Erbe des römischen Denkens und Handelns. Mannigfaltig hat sich die römische Kultur – ihrerseits ja schon mächtig vom griechischen Geist getränkt! – im weiteren Gang der Weltgeschichte dokumentiert, oft verwandelt, zu eigenen Zwecken umgebogen.
Knapp drei Jahrhunderte nach dem römischen „Untergang" hat Kaiser Karl der Große mit der Annahme des Kaisertitels bewusst an das Vorbild der Caesaren erinnert. Mit der karolingischen Renaissance wird die antike Kultur

erstmals aus ihrem jahrhundertealten Dornröschenschlaf geweckt. Die Wertschätzung des Lateins und der literarischen und künstlerischen Vorbilder markiert diese fränkisch-germanische „Kulturrevolution". Nur wenig später wurde aus dem östlichen Teil des Reiches Karls des Großen das „Heilige Römische Reich Deutscher Nation", was an die große geschichtliche Tradition und Kontinuität erinnern sollte (und an die weltliche Schutzherrschaft des römischen Papsttums, das ohne den weltlichen Arm schwerlich diese Machtfülle errungen hätte, wie es dann im Mittelalter der Fall war). Das Papsttum fühlt sich als religiöser Testamentsvollstrecker des einstigen Imperiums, was in der Beibehaltung des römisch-heidnischen Priestertitels „Pontifex maximus" zum Ausdruck kommt (sowie in der hierarchischen Gliederung des „Kirchensprengels", aber auch im äußeren Zeremoniell). [. . .]
Auf einem anderen Gebiet hat Europa sicherlich sehr deutlich vom römischen Vorbild profitiert – dem des Rechtswesens nämlich! Hier zeigte sich die römische Überlegenheit am deutlichsten. Die militärischen Emporkömmlinge musste natürlich die strahlende Feldherrngestalt Caesars [. . .] anziehen. Sowohl der kaiserliche Generalissimus Wallenstein als auch das militärische Genie Napoleon ließen sich in „cäsarischer Pose" porträtieren. Tatsächlich erinnert einen besonders der kometenhafte Aufstieg Napoleons an denjenigen Caesars. Auch er schuf ein Weltreich – verspielte es jedoch durch seine Kriege „als Selbstzweck" [. . .]. Vor allem hat Napoleon einer neuen Gesellschaftsordnung – der bürgerlich-liberalen – in Europa zum Durchbruch verholfen [. . .].
Sogar einen buchstabengetreuen Nachfolger und Nachahmer Caesars konnte unser kriegerisches Jahrhundert präsentieren – den „Duce" Mussolini. Wollte er doch nichts weniger als die Wiedereinrichtung des alten cäsarischen Mittelmeerimperiums in Gang bringen. Die Sache ist bekanntlich kläglich gescheitert! An seinen Diktatorkollegen Hitler brauchen wir hier nicht zu erinnern [. . .]! Dem spukten cäsarische und imperiale Pläne im Kopf herum, die logischerweise scheiterten, da wir nicht mehr in der Zeit alleiniger Willensentschlüsse – so genannter „Führerbefehle" – leben, sondern unser aller Schicksal von Wirtschaft und Wissenschaft entschieden wird (und von einer mehr oder weniger „gelehrten Politik").

Matthias Pusch, Die Römer. Politik mit Legionen, München 1977, S. 192 ff.

1. *Erläutern Sie, in welchen Bereichen das Mittelalter durch das römische Erbe geprägt wurde.*
2. *Auf welche spezifischen Faktoren der imperialen Macht Roms haben sich spätere Herrscher bezogen?*
3. *Bringen Sie Beispiele für Rückgriffe der Nationalsozialisten auf römische Vorbilder.*

Reich und Reichsidee in der Stauferzeit

Die Kamee (Süditalien, um 1250) zeigt das kaiserliche Wappentier, das mit den Fängen eine hochzüngelnde Schlange niedertritt. Mit der an die Antike erinnernden Darstellungsweise griffen die Staufer – wie ihre Vorgänger – die Tradition des römischen Kaisertums auf. Seit den Staufern wurde der Adler als Wappenbild auch auf Siegeln und Münzen geführt.

Traditionelle Elemente von Königsherrschaft und Kaisertum

800	Der fränkische König Karl der Große wird vom Papst in Rom zum Kaiser der Römer gekrönt
919–1024	Sächsisches Königshaus
962	Kaiserkrönung Ottos I.; seitdem blieb das Kaisertum bis zum Ende des Heiligen Römischen Reichs Deutscher Nation (1806) an den jeweiligen deutschen König gebunden
1024–1125	Königshaus der Salier
1138–1254	Königshaus der Hohenstaufen
1257	Weiterentwicklung des Königswahlrechts: Wähler sind nur noch die sieben Kurfürsten

Die deutschen Könige übernehmen die Kaiserwürde im Abendland

In den Jahrhunderten nach dem Untergang des Weströmischen Reiches verschmolzen in West- und Mitteleuropa das Erbe der Antike, der katholische Glaube und die überkommenen Traditionen der romanischen, germanischen und slawischen Völker und Stämme zu einer gemeinsamen „abendländischen" Kultur. Diese unterschied sich sowohl von der Kultur des aus dem Oströmischen Reich hervorgegangenen Byzantinischen Reichs (bis 1453) als auch vom islamischen Orient, dem „Morgenland".
Mit der Krönung des fränkischen Königs *Karls des Großen*[1]) zum „Kaiser der Römer" im Jahre 800 demonstrierte der Papst, dass er nicht im oströmischen Kaiser („Basileus"), sondern in dem mächtigsten Herrscher des Abendlandes den eigentlichen Nachfolger der römischen Imperatoren sah. Unter Karls Nachfolgern zerfiel sein Reich in einen ost- und einen westfränkischen Teil. Seit der Wahl *Heinrichs I.* (919–936), des ersten sächsischen Herzogs auf dem ostfränkischen Königsthron, kann man nach Ansicht der Historiker von einer eigenständigen „deutschen Geschichte" sprechen. Der Sohn Heinrichs, *Otto I.*[2]), knüpfte an die Führungsrolle und Tradition Karls des Großen an. Nachdem er das Königreich Italien gewonnen und dem Papst in einer Notlage zu Hilfe gekommen war, wurde er als erster deutscher König zum Kaiser gekrönt (962). Das Königtum in Deutschland und das Papsttum wurden dadurch in besonders enger, schicksalhafter Weise verbunden.

Grundlagen der Königsherrschaft

Fundament der Königsherrschaft war die germanische Überzeugung von der *Geblütsheiligkeit* der Herrscherfamilie. Hinzu kam die kirchliche Lehre vom *Gottesgnadentum* des Herrschers. Durch die sakralen Elemente der Weihe und Krönung erfuhr der Herrscher eine Aufwertung gegenüber allen anderen Großen und Mächtigen seines Reichs (⇨ M 1). Der König konnte allerdings keineswegs willkürlich regieren, sondern musste sich in seiner Amtsführung an das Gewohnheitsrecht, die überlieferten Volksgesetze, halten. Auch war er an die Zustimmung der adeligen Machteliten gebunden: Wichtige Vorhaben und Entscheidungen ließ er deshalb auf *Hof- und Reichstagen* mit Zustimmung der Großen aus allen Teilen des Landes treffen, um so ihre Durchsetzbarkeit zu erhöhen. Je nach Stärke und Persönlichkeit des Herrschers konnten diese Beschlüsse auf bloße Bestätigung und Unterstützung der Absichten des Königs hinauslaufen oder aber eine echte Kontrolle und Einengung der königlichen Pläne bedeuten.
Als Hauptaufgabe des Königs galt die Bewahrung von Frieden und Recht. Einzelne Personengruppen wie Witwen und Waisen, Geistliche, Kaufleute

[1]) Karl der Große (768–814), König des Frankenreichs aus dem Geschlecht der Karolinger. Karl erweiterte das Territorium seines Reichs und sicherte ihm die Vormachtstellung in Europa.

[2]) Otto I. (der Große) (936–973); durch Siege über die Ungarn (Schlacht auf dem Lechfeld, 955) und die Missionierung der Slawen „erbte" das ostfränkische Teilreich die Führungsrolle des ehemaligen fränkischen Universalreichs im Abendland.

Kaiser: Das Wort „Kaiser“ (in Russland „Zar“) als höchster weltlicher Herrschertitel leitet sich vom Eigennamen Caesar ab. Ihn übernahm Augustus, der Begründer des römischen Kaisertums, als Beinamen von seinem Adoptivvater und tradierte ihn an seine Nachfolger.
Nach der Reichsteilung (395) verbanden sich im oströmisch-byzantinischen Kaisertum die oberste weltliche und die oberste geistliche Gewalt (Cäsaropapismus). Das weströmische Kaiserreich bestand noch bis 476 fort. Als seine Erneuerung wurde das abendländische Kaisertum im Jahre 800 mit der Krönung Karls des Großen durch den Papst in Rom begründet. Kaisertum und Reichsidee gingen seit der Kaiserkrönung Ottos I. (962) auf die deutschen Könige über. Ihre sakrale Stellung als Schutzherren der Kirche und ihren universalen abendländischen Führungsanspruch verloren die deutschen Kaiser in der Auseinandersetzung mit dem Papsttum im Mittelalter. Dem Niedergang der kaiserlichen Macht stand der Aufstieg der nationalen Monarchien in Westeuropa und der partikularen Gewalten in Deutschland gegenüber. Nach Karl V. (1530) ließen sich die deutschen Herrscher nicht mehr vom Papst krönen, sondern trugen den Titel „Erwählter Römischer Kaiser“. Mit dem Untergang des alten Reiches (1806) endete die 962 begründete Kaiserwürde.
Jüngere Kaisertitel waren nur von beschränkter Dauer (Napoleon in Frankreich) oder erloschen in der politischen Umbruchszeit am Ende des Ersten Weltkrieges (Zarenreich von 1547 bis 1917; Deutsches Kaiserreich von 1871 bis 1918; Kaisertum Österreich von 1804 bis 1918). In außereuropäischen Ländern überlebte der Kaisertitel lediglich in Japan („Tenno“).

und Juden standen unter seinem besonderen Schutz („Königsmunt“). Der König war oberster Heerführer und deshalb auch für die Organisation von Befestigungsanlagen an den Grenzen zuständig. Er übte die Hoheit über die Reichskirche aus, das heißt über die Erzbistümer, Bistümer und die dem Reich unterstehenden Abteien.
Unter königlicher Verfügungsgewalt stand das *Reichsgut,* der Grundbesitz des Reiches. Es diente dem König zum Unterhalt des Hofes und war wesentliche Voraussetzung für eine erfolgreiche Regierungstätigkeit.
Daneben gebot der König noch über das *Hausgut* seiner Familie. Das Hausgut wurde auch im Kreis seiner Verwandten weitervererbt, wenn nach dem Tod des Herrschers die Königswürde an ein anderes Geschlecht fiel. Die unmittelbare Herrschaft über eigenes Land und die darauf wohnenden Menschen begründete letztlich am sichersten die königliche Macht. Deswegen versuchten die Könige ihre Hausmacht auszubauen: Sie suchten die Territorien, die sich im erblichen Besitz der Herrscherfamilien befanden, zu vermehren und die Herrschaft in ihnen zu intensivieren.

Königshof und Verwaltung des Reichs

Der mittelalterliche Staat besaß keine schriftliche Verfassung. Entscheidende Legitimation des Königs war letztlich seine Wahl und Erhebung durch die adelige Führungsschicht. Das Königtum beruhte auf einem System von Herrschaft und Dienst, in dem der Adel und die hohe Geistlichkeit sich dem Herrscher unterordneten, Dienste für ihn leisteten und dafür durch Zuteilung von Ämtern und vor allem die Vergabe von Land „belohnt" wurden.
Um den Herrscher im Zentrum der Macht bildete sich der *Königshof.* Zu ihm gehörte ein enger Kreis von Personen, die ständig in der Nähe des Königs lebten. Dazu zählten aber auch die nur zeitweise dort weilenden Großen des Reiches, die dem König Bericht erstatten mussten oder am Hofgericht teilnahmen. Den Königshof darf man sich also nicht als feste Residenz vorstellen. Die Herrscher zogen als *Wanderkönige* ohne feste Hauptstadt durch das Reich, um Recht zu sprechen, Streitigkeiten zu schlichten oder Schutz zu gewähren. Sie hielten sich in *Pfalzen,* Klöstern oder Bischofssitzen auf, die meist in den Kernräumen des Reichs gelegen waren. Pfalzen waren groß angelegte Höfe mit Wirtschaftsgebäuden, einem Saalbau und einer Kapelle; sie konnten den Herrscher und sein Gefolge längere Zeit beherbergen. Verwaltet wurden sie von Pfalzgrafen, die in Abwesenheit des Königs den Vorsitz im Königsgericht innehatten.
Neben den weltlichen Mitgliedern gehörten zum Königshof auch Geistliche, die so genannte *Hofkapelle.* Teil der Hofkapelle war die *Kanzlei,* der die Beurkundung aller wesentlichen Vorgänge oblag. Weil alle Korrespondenz vom Vorsteher der Kanzlei, dem *Kanzler,* überwacht wurde, stieg dieser zum wichtigsten politischen Berater des Königs auf.

Das Lehenswesen

Anders als im modernen Flächenstaat mit ausgebautem Verwaltungsapparat waren im mittelalterlichen *Personenverbandsstaat* die persönlichen Beziehungen zwischen den Großen des Landes für die Ausübung von Herrschaft maßgebend. Die Könige waren gezwungen, ihre Macht durch persönliche Präsenz fortlaufend vor aller Augen deutlich zu machen.
Grundlegend für die Beziehungen zwischen Herrscher und Adel war das *Lehenswesen:* Der König verlieh aus dem Reichs- oder Hausgut an hohe Adelige Ländereien. Diese dienten als Ausgleich für erbrachte oder geschuldete Leistungen, die vornehmlich in Waffendiensten und Hilfe bei der Herrschaftsausübung bestanden. Mit dem Lehenswesen hatte das Königtum ein zunächst flexibel einsetzbares Mittel gefunden, den Adel an sich zu binden. Umgekehrt war die Oberschicht natürlich an der Bewirtschaftung zusätzlicher Ländereien interessiert und begab sich freiwillig in Lehensabhängigkeit vom König.
Der König als *Lehensherr* und die adeligen *Vasallen* (Lehnsleute) waren durch gegenseitige eidliche Treueverpflichtungen verbunden. Untreue zog den

Der sitzende König verleiht an einen Bischof „Zepterlehen“, an einen weltlichen Reichsfürsten „Fahnenlehen“.

Der König muss innerhalb Jahr und Tag das Fahnenlehen weitergeben. Jahr = (LII) 52 + (IIIII) 6 Wochen + 3 Tage (daruntergesetzte Sonnenscheibe steht unter dem 3. Strich). Das Zeitzeichen steht hinter den Fürsten, d. h. die Frist ist verstrichen. Der König hält mit sichtbarem Kraftaufwand die Lehensfahne fest. Die beiden Fürsten versuchen sie ihm zu entwinden, sie machen einen Rechtsanspruch geltend.

Links und rechts sitzend zwei geborene Fürsten, gleichrangig, wie durch das Wappenschild ersichtlich. Der Vasall verschmäht das Lehensangebot des gelb gekleideten Fürsten, indem er ihm den Rücken zuwendet, das Angebot des Fahnenlehens jedoch nimmt er kniend entgegen.

Das Lehenswesen in Bildern. Die Darstellungen des Sachsenspiegels (siehe Seite 109) zeigen die rechtlichen Vorstellungen der Zeit um 1230. Die Illustrationen entstanden allerdings erst 100 Jahre nach der Niederschrift des Sachsenspiegels.

Verlust des Lehens nach sich. Beim Tod des Vasallen oder des Lehensherrn musste das Lehensverhältnis jeweils erneuert werden. Schon relativ früh setzte sich dabei die Erblichkeit der Lehen durch.
Auch die Vasallen des Königs („Kronvasallen“) konnten ihrerseits Lehen an Unter-(After-)Vasallen ausgeben. Unterhalb dieser *Lehenspyramide* stand die Masse der mehr oder minder abhängigen Bauern. Sie sorgten für die wirtschaftliche Grundlage eines Systems, das noch weitgehend auf Naturalwirtschaft und einer primitiven Verkehrswirtschaft beruhte (⇨ M 2).

Der König stützt seine Herrschaft auf die Kirche

Personengebundene Macht war in besonderer Weise auf das Zusammenwirken der politischen Elite angewiesen. Ein solches Miteinander war aber keineswegs selbstverständlich. So war die deutsche Geschichte im Mittelalter von Beginn an durch die latenten oder offenen Interessengegensätze zwischen den Königen und den mächtigen Adeligen, insbesondere den Stammesherzögen geprägt. Sie strebten nach Unabhängigkeit von der königlichen Zentralgewalt.

Da der König keinen Staatsapparat im modernen Sinn hinter sich wusste, benötigte er Parteigänger, um sich gegen innere und äußere Gegner durchzusetzen. Ein Weg, sich Verbündete zu gewinnen, war die Vergabe von Lehen, ein anderes Mittel war die Übertragung von *Regalien.* Solche königlichen Hoheitsrechte standen ursprünglich nur dem Regenten zu. Sie bestanden in der Verfügung über das Reichsgut oder hohe Ämter. Nutzbare Hoheitsrechte waren vor allem Markt-, Münz- und Zollrechte, das Recht der Gerichtsbarkeit, oder auch Geleit-, Jagd- und Forstrechte. Beim Münzrecht (Münzregal) konnte beispielsweise der Beliehene den Ertrag einer Münzstätte einbehalten, oder es wurde ihm die Leitung der Münzstätte überlassen und er durfte die Prägung mit eigenem Namen vornehmen.

Der König benötigte seit der Zeit Ottos I. Bischöfe und Äbte als wirkungsvolles Gegengewicht gegen die weltlichen Großen, die sich wiederholt gegen ihn erhoben hatten. Als wichtige, mit Grundbesitz und Hoheitsrechten ausgestattete Amtsträger wurden hohe Geistliche in das Herrschaftsgefüge eingebunden. Die Ehelosigkeit der Kleriker garantierte, dass die ihnen übertragenen Rechte wirtschaftlich und militärisch zu Gunsten des Königs und nicht im Interesse ihrer Familien oder Erben verwendet wurden. Vor allem aber hatte der Herrscher nach dem Tod eines Bischofs oder Abtes stets von neuem die Möglichkeit, seine Stelle wieder einem Gefolgsmann seines Vertrauens zu vergeben. Das *Reichskirchensystem* konnte vom König allerdings nur so lange erfolgreich praktiziert werden, als sein Ernennungsrecht kirchlicher Würdenträger nicht in Frage gestellt wurde. Dies geschah jedoch seit dem 11. Jahrhundert, als eine breite klerikale Reformbewegung dem Einfluss von Laien auf Kirche und Klöster Einhalt gebieten wollte.

Die Regelung der Thronfolge: Die Staufer werden zur neuen Herrscherdynastie

Während sich in Frankreich und England im 12. Jahrhundert Erbmonarchien durchsetzten, blieb das deutsche Königtum im Mittelalter rechtlich ein Wahlkönigtum. Obwohl der Wahlakt unabdingbar war, beachteten weltliche und geistliche Große dabei durchaus das Geblütsrecht, so dass sich Herrscherdynastien herausbildeten. Oft „designierte“ ein Herrscher sogar noch zu Lebzeiten einen seiner Söhne als Nachfolger und ließ ihn wählen. Der Kreis der

Wähler war zunächst noch nicht genau bestimmt, erst seit 1257 beschränkte er sich auf sieben *Kurfürsten*[1]).
Große politische Bedeutung hatte das Wahlrecht beim Aussterben einer Herrscherfamilie. Wie selbstbewusst und zielgerichtet die deutschen Fürsten es einsetzten, zeigen die Vorgänge nach dem Ende der *Salier*[2]). Das schwäbische Adelsgeschlecht der *Staufer* war im 11. Jahrhundert in die Schicht der führenden Herzogsfamilien aufgerückt. Als der letzte Salier, Kaiser *Heinrich V.* (1106–1125), starb, erbte sein Neffe, der Schwabenherzog *Friedrich von Staufen* als nächster Verwandter zwar den salischen Privatbesitz, auf den Thron hoben die deutschen Fürsten aber den schwächer eingeschätzten, schon fünfzigjährigen Sachsenherzog *Lothar von Supplinburg* (1125–1137).
Erst nach dessen Tod begann die staufische Herrschaftsepoche. Diesmal sollte die Wahl des Staufers *Konrad III.* (1138–1152) verhindern, dass der Erbe Lothars, der Bayernherzog *Heinrich der Stolze,* an die Spitze des Reiches trat. Mit ihm wäre ein Vertreter des an Macht den Staufern zunächst überlegenen Geschlechtes der *Welfen* gewählt worden. Der Herzog von Bayern und Sachsen und Inhaber bedeutenden Hausbesitzes, auch in Schwaben und Italien, hätte jedoch als Herrscher eine Machtbasis besessen, die dem Papst und vielen Fürsten gefährlich stark erschien. Mit der gegen den Welfen gerichteten Wahl Konrads setzte die staufisch-welfische Rivalität ein.

Die Krönung Ottos

M 1

Der Bericht über die Krönung Ottos des Großen in Aachen stammt aus der Feder des Mönchs Widukind aus dem Kloster Corvey (etwa 927–etwa 975). Man vermutet, dass Widukind mit der sächsischen Herrscherfamilie verwandt war.

1. Nachdem also der Vater des Vaterlandes und der größte wie beste König Heinrich gestorben war, wählte sich das gesamte Volk der Franken und Sachsen seinen Sohn Otto, der bereits vorher vom Vater zum König designiert worden war, als Herrscher aus. Als Ort der allgemeinen Wahl nannte und bestimmte man die Pfalz Aachen. Jener Ort liegt aber in der Nähe von Jülich, das nach seinem Gründer Julius Caesar[3]) benannt ist. Und als man dorthin gekommen war, versammelten sich die Herzöge und obersten Grafen mit der übrigen Schar vornehmster Ritter in dem Säulenhof, der mit der Basilika Karls des Großen verbunden ist, setzten den neuen Herrscher auf einen dort aufgestellten Thron, huldigten ihm, gelobten ihm Treue, versprachen ihm Unterstützung gegen alle seine Feinde und machten ihn nach ihrem Brauch zum König. Während dies die Herzöge und die übrige Beamten-

[1]) Kuri (althochdeutsch): Wahl; die Kurfürsten waren der König von Böhmen, der Markgraf von Brandenburg, der Herzog von Sachsen, der Pfalzgraf bei Rhein, die Erzbischöfe von Mainz, Trier und Köln.

[2]) Das Geschlecht der Salier stellte von 1024 bis 1125 ohne Unterbrechung die deutschen Könige und Kaiser.

[3]) Caesar ist weder Gründer noch Namensgeber dieser etwa 30 km von Aachen entfernten Stadt; sie heißt aber wohl so nach dem julischen Gentilnamen.

schaft vollführten, erwartete der Erzbischof mit der gesamten Priesterschaft und dem ganzen Volk im Innern der Basilika den Auftritt des neuen Königs. Als dieser erschien, ging ihm der Erzbischof entgegen, berührte mit seiner Linken die Rechte des Königs, während er selbst in der Rechten den Krummstab trug, bekleidet mit der Albe[1]), geschmückt mit Stola und Messgewand, schritt vor bis in die Mitte des Heiligtums und blieb stehen. Er wandte sich zum Volk um, das ringsumher stand – es waren nämlich in jener Basilika unten und oben umlaufende Säulengänge –, so dass er vom ganzen Volk gesehen werden konnte, und sagte: „Seht, ich bringe euch den von Gott erwählten und von dem mächtigen Herrn Heinrich einst designierten, jetzt aber von allen Fürsten zum König gemachten Otto; wenn euch diese Wahl gefällt, zeigt dies an, indem ihr die rechte Hand zum Himmel emporhebt." Da streckte das ganze Volk die Rechte in die Höhe und wünschte unter lautem Rufen dem neuen Herrscher viel Glück. Dann schritt der Erzbischof mit dem König, der nach fränkischer Sitte mit einem eng anliegenden Gewand bekleidet war, hinter den Altar, auf dem die königlichen Insignien lagen: das Schwert mit dem Wehrgehänge, der Mantel mit den Spangen, der Stab mit dem Zepter und das Diadem. [...] Derselbe aber ging zum Altar, nahm von dort das Schwert mit dem Wehrgehänge auf, wandte sich an den König und sprach: „Nimm dieses Schwert, auf dass du alle Feinde Christi verjagst, die Heiden und schlechten Christen, da durch Gottes Willen dir alle Macht im Frankenreich übertragen ist, zum unerschütterlichen Frieden für alle Christen." Dann nahm er die Spangen, legte ihm den Mantel um und sagte: „Durch die bis auf den Boden herabreichenden Zipfel (deines Gewandes) seist du daran erinnert, mit welchem Eifer du im Glauben entbrennen und bis zum Tod für die Sicherung des Friedens eintreten sollst." Darauf nahm er Zepter und Stab und sprach: „Durch diese Abzeichen bist du aufgefordert, mit väterlicher Zucht deine Untertanen zu leiten und in erster Linie den Dienern Gottes, den Witwen und Waisen die Hand des Erbarmens zu reichen; und niemals möge dein Haupt ohne das Öl der Barmherzigkeit sein, auf dass du jetzt und in Zukunft mit ewigem Lohn gekrönt werdest." Auf der Stelle wurde er mit dem heiligen Öl gesalbt und mit dem goldenen Diadem gekrönt [...], und nachdem die rechtmäßige Weihe vollzogen war, wurde er von denselben Bischöfen zum Thron geführt, zu dem man über eine Wendeltreppe hinaufstieg, und er war zwischen zwei Marmorsäulen von wunderbarer Schönheit so aufgestellt, dass er von da aus alle sehen und selbst von allen gesehen werden konnte.

2. Nachdem man dann das Lob Gottes gesungen und das Messopfer feierlich begangen hatte, ging der König hinunter zur Pfalz, trat an die marmorne, mit königlicher Pracht geschmückte Tafel und nahm mit den Bischöfen und dem ganzen Adel Platz; die Herzöge aber taten Dienst. Der Herzog der Lothringer, Giselbert, zu dessen Machtbereich dieser Ort gehörte, organisierte alles; Eberhard kümmerte sich um den Tisch, der Franke Hermann um die Mundschenken, Arnulf sorgte für die Ritterschaft sowie für die Wahl und die Errichtung des Lagers; Siegfried aber, der hervorragendste Sachse und der zweite nach dem König, Schwager des früheren Königs, nun ebenso mit dem König verschwägert, verwaltete zu dieser Zeit Sachsen, damit unterdes-

[1]) knöchellanges weißes Untergewand katholischer Priester

sen nicht ein feindlicher Einfall geschehe, und hatte als sein Erzieher den jungen Heinrich bei sich. Der König aber ehrte danach einen jeden Fürsten freigiebig, wie es sich für einen König gehört, mit einem passenden Geschenk und verabschiedete die vielen Leute mit aller Fröhlichkeit.

Widukind von Corvey, Res gestae Saxonicae – Die Sachsengeschichte, übersetzt und herausgegeben von Ekkehart Rotter und Bernd Schneidmüller, Stuttgart 1981, S. 105 ff.

1. *Weshalb wählt der Sachse Otto als Ort seiner Krönung Aachen? Was bezweckt der Autor mit seinem Hinweis auf Julius Caesar?*
2. *Otto war von seinem Vater Heinrich zum Nachfolger bestimmt worden. Was ist darüber hinaus notwendig, um zum König gekrönt zu werden?*
3. *Welche Rolle spielen die Vertreter der Kirche bei der Krönung Ottos?*

Das Lehenswesen

M 2

Die unten dargestellte Grafik darf lediglich als idealtypisches Ordnungsmodell verstanden werden, dem die verwirrenden Überschneidungen in den tatsächlichen Lehensbindungen oft nicht entsprachen. Deutlich wird, dass das Reich in seinem Selbstverständnis ein hierarchisch gegliedertes Lehensreich sein sollte, an dessen Spitze Könige und hohe weltliche und geistliche Fürsten standen.

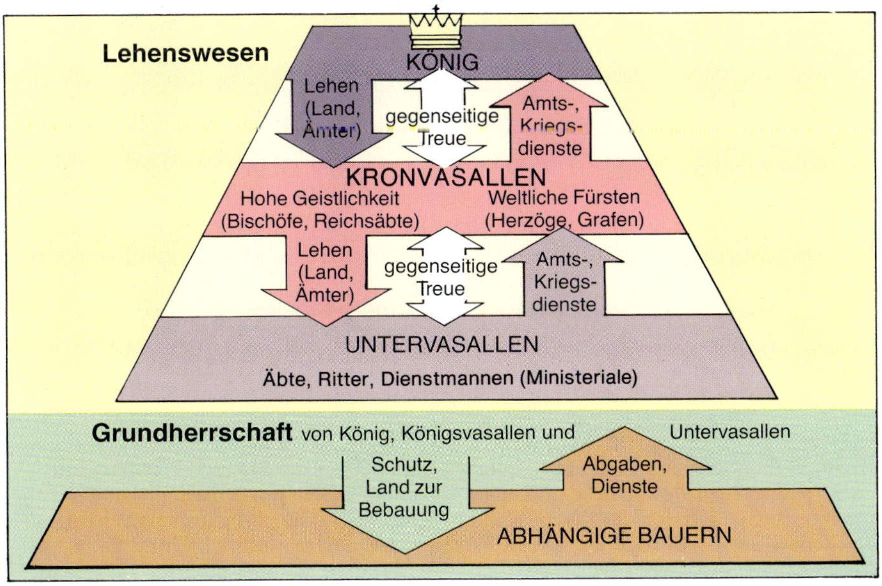

1. *Erläutern Sie das Schema des Lehenswesens.*
2. *Erkunden Sie, welche Kronvasallen im Mittelalter in Ihrer Heimat Herrschaft ausübten.*

Auseinandersetzungen zwischen Kaisertum und Papsttum – Italienpolitik der Staufer

Der König wird von Gott selbst gekrönt. So sah sich der Herrscher im frühen Mittelalter selbst, dies entsprach auch dem Verständnis seines Volks. Der Kaiser (Otto III., 983–1002) ist umgeben von den Symbolen der Evangelisten. Den Thron trägt die allegorische Frauenfigur der Erde. Unter dem Kaiser stehen die Herrscher Polens und Ungarns sowie zwei Bewaffnete und zwei Geistliche als Repräsentanten der weltlichen und geistlichen Fürsten des Reichs. Die um 1000 entstandene Miniatur stammt aus dem Aachener Liuthar-Evangeliar, einem Prachtkodex aus der Schreibschule des Klosters Reichenau.

Die Reichsidee im Mittelalter

Das mittelalterliche Kaiserreich empfanden die Zeitgenossen als einen Teil der von Gott geschaffenen Ordnung. In ihm lebte das Römische Reich fort. Wie man der Bibel zu entnehmen glaubte, war das Römische Reich, das auf die deutschen Herrscher übergegangen war, das letzte der vier großen Welt-

1077	Heinrichs IV. Gang nach Canossa: Der Kaiser unterwirft sich dem Papst
1122	Das Wormser Konkordat: Kompromiss im Investiturstreit zwischen Kaiser und Papst
1152–1190	Friedrich I. (Barbarossa)
1190–1197	Heinrich VI.
1198	Doppelwahl Philipp von Schwaben/Otto IV.: Fortsetzung des staufisch-welfischen Thronstreits
1212–1250	Friedrich II.

reiche (nach dem babylonischen, persischen und hellenistischen). Der Untergang dieses Reiches wurde häufig mit dem Ende der Welt und mit dem Tag des Jüngsten Gerichtes gleichgesetzt.

Die Kaiserkrone wies den deutschen Königen mit der höchsten Würde im Abendland eine christlich-universale Vormachtstellung zu. Der Kaiser nahm für sich in Anspruch, von Gott zum Schutz der Christenheit und der Kirche eingesetzt zu sein. In der Tradition der sächsischen und salischen Herrscher stehend, leitete auch das staufische Königsgeschlecht aus dieser Aufgabe Würde und Erhabenheit des Reiches und des Kaisertums ab. Dabei mussten sich die Kaiser allerdings mit dem seit dem 11. Jahrhundert selbstbewusst gewordenen Papsttum auseinandersetzen.

Die Schwächung des Reiches im Investiturstreit

Wie die deutschen Könige vor ihnen, mussten auch die staufischen Herrscher nach Rom ziehen, um sich vom Papst zum Kaiser krönen zu lassen. Umgekehrt war ursprünglich jeder Papst vor seiner Weihe dem Kaiser zum Treueid verpflichtet, wodurch die weltliche Macht sich einen gewissen Einfluss auf die Papstwahl und den Stellvertreter Petri sichern wollte. Die zentrale Frage, welche der beiden mit universalem Anspruch auftretenden Gewalten die höhere Instanz sei, blieb allerdings ungeklärt.

Zur Zeit der sächsischen Herrscher (919–1024) ging man davon aus, dass sowohl Papst als auch Kaiser von Gott in ihren Ämtern eingesetzt seien, jedoch der Kaiser als Schirmherr der Kirche den Vorrang genieße. Doch bereits damals war die kirchliche *Zweischwertertheorie* bekannt. Danach hatte der Papst sowohl das weltliche als auch das geistliche Schwert erhalten. Das weltliche Schwert wurde dann an den Kaiser bei dessen Krönung weitergereicht, wodurch dieser sich der päpstlichen Gewalt unterstellte.

Der Konflikt entzündete sich schließlich an der Frage der so genannten *Laieninvestitur,* nachdem König *Heinrich IV.* (1056–1106) in Norditalien mehrfach gegen den Willen des Papstes Bischöfe ein- und abgesetzt hatte. *Gregor VII.* (1073–1085) antwortete auf die Rücktrittsforderung Heinrichs, indem er alle kaiserlichen Untertanen von ihrem Lehenseid entband und den König bannte, also von allen kirchlichen Handlungen ausschloss. Im Winter 1077 erschien Heinrich IV. im Büßergewand vor der Burg des Papstes in Canossa und erzwang damit die Lösung vom Bann, den die deutsche Fürstenopposition zu seiner Absetzung nutzen wollte. Aber weiterhin betrachtete der Papst den gesalbten, von Gott gekrönten König als Laien, der sich dem Investiturverbot zu beugen habe. Der Streit ging weiter und schwächte die Stellung des Königtums in Deutschland entscheidend. Ein vorläufiger Kompromiss kam schließlich unter *Heinrich V.* (1106–1125) zu Stande, als eine Formel für die Abgrenzung zwischen Sacerdotium und Regnum gefunden wurde. Klärend wirkte die von Kirchenrechtlern herausgearbeitete Unterscheidung zwischen *Spiritualia* und *Temporalia,* also geistlichen und weltlichen Angelegenheiten. Diese Trennung war dem mittelalterlichen Denken bis dahin fremd, und sie ist auch in anderen Kulturkreisen (beispielsweise in manchen islamischen Ländern) bis heute nicht vollzogen. Von nun an betrachtete man sakrale Akte als Sache der Kirche, weltliche Rechte konnte nur der König vergeben.

Dementsprechend trennte das *Wormser Konkordat*[1]) (1122) die Investitur in zwei Teile. Die Wahl eines Bischofs fand ausschließlich nach dem Kirchenrecht statt, der König hatte nur noch bei einer strittigen Wahl das Entscheidungsrecht. Nach der Wahl, aber noch vor der Weihe, erhielt der Kleriker die vom König zu vergebenden Herrschaftsrechte. Für diese weltliche Investitur war er dem Herrscher verpflichtet. Immerhin ermöglichte das Konkordat eine lehensrechtliche Bindung mit einem Treueid der geistlichen Würdenträger an den König. So konnten auch die staufischen Könige mit Hilfe des Lehnsrechts die hohen kirchlichen Würdenträger an sich binden und dem Reich verpflichten. Dies war aber nur eine Notlösung. Die Schwächung des königlichen Einsetzungsrechtes konnte auf die Dauer dazu führen, dass Bischöfe und Äbte aus früher abhängigen Reichsverwaltern zu selbstbewussten geistlichen Fürsten wurden. Die hohen weltlichen Adeligen, deren die Salier nur noch mit äußerster Anstrengung Herr geworden waren, hatten – neben dem Papsttum, das sich von seinem kaiserlichen Schutzherrn emanzipieren konnte – aus dem Investiturstreit sowieso bereits entscheidenden Gewinn gezogen. Gefährlich für das Königtum war nicht zuletzt, dass am Ende des Investiturstreits die direkt auf Gott zurückgeführte Legitimation weltlichen Herrschertums in Frage gestellt war.

Staufische Italienpolitik

Der offensichtliche Niedergang der königlichen und kaiserlichen Machtstellung musste jeden deutschen Herrscher herausfordern. So kam der Kampf der Staufer um den „honor imperii", die Ehre und Machtstellung des Reiches sowie die Bewahrung der mit dem Reich verbundenen Rechte, keineswegs überraschend.

[1]) Der Begriff Konkordat (staatsrechtlicher Vertrag zwischen einer weltlichen Macht und dem Heiligen Stuhl) stammt erst aus dem 18. Jahrhundert. In Worms tauschten Kaiser und Papst gegenseitige Privilegien aus.

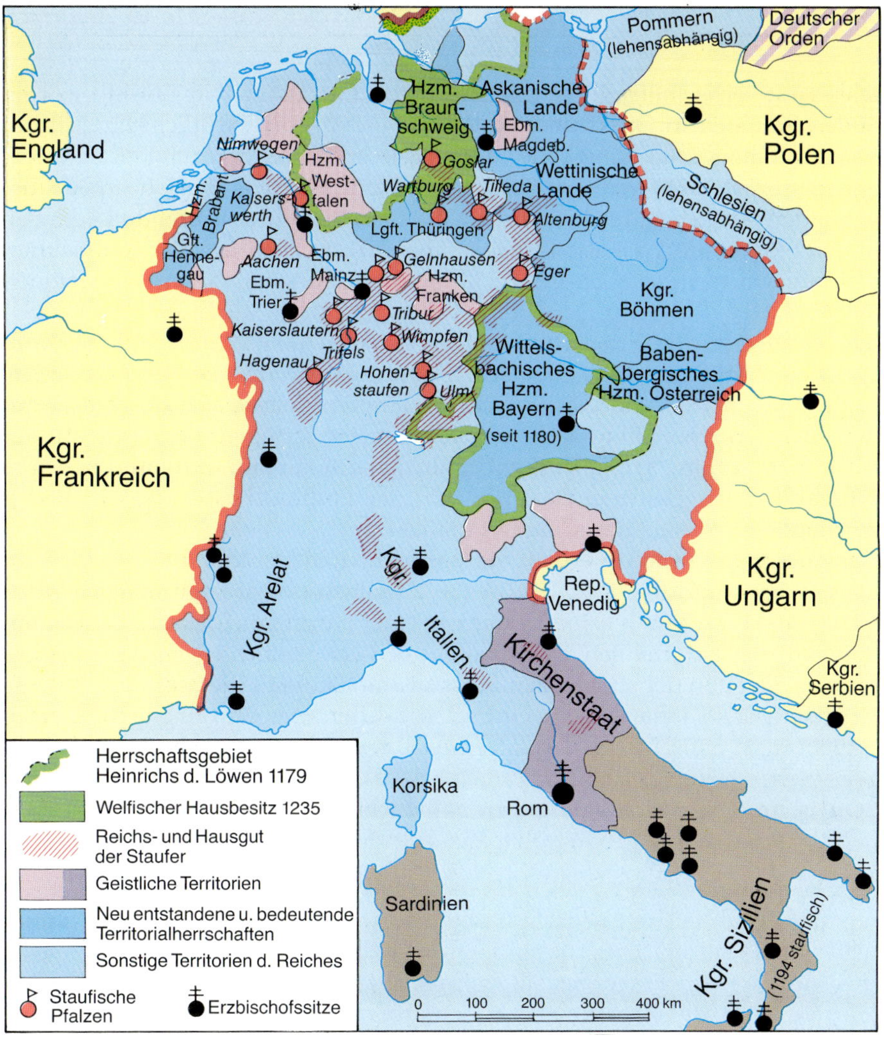

Das Reich der Staufer.

Unter Kaiser *Friedrich I.* (1152–1190), dem die Römer wegen seines rötlichen Bartes den Beinamen *Barbarossa* gaben, *Heinrich VI.* und *Friedrich II.* erlebte die von späteren Historikern kontrovers beurteilte „Italienpolitik" deutscher Könige im „staufischen Jahrhundert" ihren Höhepunkt. Der „Reichsbegriff" des Mittelalters bezog sich ja nicht nur auf das Königreich Deutschland, sondern umfasste traditionell Burgund (Königreich Arelat) und große Teile Italiens (Reichsitalien). In Burgund sicherte Friedrich I. seine Stellung durch die Heirat der Erbin *Beatrix.* Wesentlich mehr Kraft forderte der Kampf um die Wiederherstellung des kaiserlichen Einflusses in Italien. Dort waren alte Rechte des Reiches verloren gegangen, und es hatten sich wohlhabende Stadtrepubliken gebildet, die sich selbst verwalteten. Der Kaiser verbrachte auf insgesamt sechs Italienzügen mehr als ein Drittel seiner Regierungszeit im Süden, um sich in Ober- und Mittelitalien, dem fortschrittlichsten Teil des Reiches, eine starke königliche Machtbasis zu schaffen. Auf dem *Reichstag von Roncaglia* (1158) ließ sich Barbarossa durch Gelehrte der Universität Bologna den Anspruch des Reiches auf die Einsetzung der führenden Beamten in den Städten und die alten Regalien bestätigen. Dem notorisch in Geldnot befindlichen Kaiser erschlossen sich damit höchst willkommene Finanzquellen.

Am Ende erreichte Friedrich Barbarossa gegen den Widerstand der vom Papst unterstützten oberitalienischen Städte *(Lombardischer Bund)* sein Ziel nicht. Nach harten und wechselvollen Kämpfen musste sich der Kaiser mit der formalen Anerkennung seiner Oberhoheit begnügen. Den Verzicht auf die Wahrnehmung seiner Rechte ließ er sich durch Abfindung und jährliche Zinszahlung ausgleichen. Dennoch war der Einfluss Barbarossas in Italien zweifellos größer als der seiner Vorgänger.

Ganz neue Dimensionen erhielt die staufische Italienpolitik mit dem Gewinn Unteritaliens und Siziliens. Thronerbe Barbarossas war sein Sohn Heinrich VI. (1190–1197). Durch seine Heirat mit einer Normannenprinzessin fiel ihm das von den Normannen aufgebaute, gut verwaltete *Königreich Sizilien* als Erbe zu. Der von der staufischen Präsenz und Aktivität in Italien ausgehende Druck auf den Kirchenstaat beeinträchtigte allerdings die ohnehin belasteten Beziehungen zwischen den Staufern und dem Papsttum.

Staufische Reichsideologie gegen päpstliche Vorherrschaftsansprüche

Die Auseinandersetzung zwischen Kaisertum und Papsttum hatte neben dem rein machtpolitischen zugleich einen „ideologischen" Hintergrund. Als König und Kaiser leitete Friedrich Barbarossa seinen Herrschaftsauftrag unmittelbar von Gott ab. Die sakrale Legitimation weltlicher Herrschaft, die im Investiturstreit in Frage gestellt worden war, wurde jetzt noch stärker betont. Versuche des Papsttums, aus der Krönung des Kaisers einen Oberherrschaftsanspruch über die weltliche Gewalt abzuleiten, wiesen Friedrich Barbarossa und seine Umgebung mit größter Schärfe und Bestimmtheit zurück (⇨ M 1). Die Reichsidee wurde fortentwickelt. Vor allem zwei neue Elemente waren es, die die staufische Staats- und Herrschaftsauffassung kennzeichneten.

1. Die von der Kanzlei Barbarossas verwendete Formel „heiliges Reich" *(sacrum imperium)* verwies auf die gottgewollte selbständige Stellung des Reiches in der Christenheit und damit auf die Unabhängigkeit der weltlichen Ordnungsmacht von der Kirche. Dabei stützte man sich nicht nur auf bekannte biblisch-theologische Vorstellungen, sondern knüpfte auch an Traditionen des römisch-antiken Kaisertums an. Das römische Recht, dessen Kenntnis im 12. Jahrhundert wieder auflebte, lieferte willkommene Belegstellen für die unmittelbare Einsetzung des Imperiums und des Kaisertums durch Gott. Indem die staufischen Herrscher als Nachfolger der antiken Imperatoren auf deren Recht zurückgriffen, schufen sie ihrer Herrschaftslegitimation eine

In staufischer Zeit erlebte die mittelalterliche Goldschmiedekunst einen Höhepunkt. Der berühmte Cappenberger Porträtkopf (um 1160) überliefert das Antlitz Kaiser Friedrichs I. Barbarossa in kennzeichnenden Einzelzügen. Die Augäpfel wurden erst im 19. Jahrhundert ergänzt. Der Kaiser machte den Bildniskopf aus vergoldeter Bronze seinem Taufpaten Otto von Cappenberg zum Geschenk. Dieser verwandelte die profane Plastik, die als erste charakteristische Porträtdarstellung seit karolingischer Zeit gilt, in ein Reliquiar. Die Büste des Herrschers erhebt sich aus den Mauern der Stadt Rom. Auf diese Weise demonstriert sie den Herrschaftsanspruch Barbarossas auf Rom, den er vom „honor imperii" ableitete.

neue wichtige Stütze. In dieselbe Richtung wie die Übernahme von Begriffen und Rechtssätzen aus dem römischen Kaisertum deutete die von Barbarossa veranlasste Heiligsprechung Karls des Großen. Auch sie sollte die Gottunmittelbarkeit des römischen Kaisertums demonstrieren.

2. Ein weiteres Element der staufischen Reichsideologie wurde die These, die Wahl des deutschen Königs durch die Fürsten vermittele diesem, auch *ohne* Bestätigung durch den Papst, sofort die kaiserliche Herrschaft in allen Teilen des Imperiums. Die Rolle des Papstes bei der Übertragung der Kaiserwürde wurde damit entscheidend herabgesetzt. Vorbild war das oströmisch-byzantinische Kaisertum, denn dort spielte die Krönung des Herrschers durch den Patriarchen von Konstantinopel nur eine ganz nebensächliche Rolle für die kaiserliche Legitimation. Die gegen das Papsttum gerichtete Argumentation der Staufer wertete allerdings die Bedeutung der Fürstenwahl auf.

Niedergang der Staufer – Aufstieg des Papsttums unter Innozenz III.

Seit Heinrich VI. Herr des reichen normannischen Staatswesens in Süditalien geworden war, schien ein staufisches Weltreich im Entstehen, das deutsch-römische Kaisertum hatte einen Machthöhepunkt erreicht.
Der Kaiser des Reichs und König von Sizilien wollte die Zusammengehörigkeit beider Reichsteile und die Doppelherrschaft der staufischen Dynastie für die Zukunft sichern. Deshalb bemühte er sich darum, die erbliche Monarchie, die im Südreich galt, auch in Deutschland einzuführen („Erbreichsplan"). Das Kaisertum wäre dadurch fest mit dem staufischen Geschlecht verbunden worden. Trotz weitgehender Zugeständnisse an die Kurie und die deutschen Fürsten erlangte er aber die notwendige Zustimmung zu dieser Verfassungsänderung nicht.
Mit dem sehr frühen Tod des Kaisers im Jahr 1197 stürzte die staufische Weltmachtstellung unerwartet schnell in sich zusammen. In Deutschland brach wieder ein Streit um die Königskrone aus, der das Reich erneut schwächte. Ein Teil der Fürsten wählte *Philipp von Schwaben* (1198–1208), den Bruder Heinrichs VI., ein anderer Teil den Welfen *Otto IV.* (1198–1218) zum König.
Während in Deutschland der Staufer und der Welfe um die Macht stritten, erlebte das Papsttum unter dem Pontifikat *Innozenz III.* (1198–1216) einen Höhepunkt seiner Bedeutung und seines Geltungsanspruchs. Umfassende Reformen stellten innerkirchliche Missstände ab, trugen maßgeblich zur Fortschreibung des Kirchenrechts bei und demonstrierten die unangefochtene Zentralgewalt des Papstes in der Kirche. Das entstandene machtpolitische Vakuum nutzte Innozenz zur Vergrößerung des Kirchenstaates.
Von der Witwe Heinrichs VI. erhielt er die Vormundschaft für den erst dreijährigen Kaisersohn Friedrich, den in Sizilien geborenen Enkel Friedrich Barbarossas. Nicht nur Sizilien, sondern auch andere Staaten Europas huldigten der mächtigen Herrscherpersönlichkeit auf dem Stuhl Petri als Lehensherrn. Als eine den weltlichen Königen übergeordnete Instanz beanspruchte Innozenz III. auch die Entscheidungsgewalt im deutschen Thronstreit (⇨ M 2).

Friedrich II.: letzter Höhepunkt und Ende der Stauferherrschaft

Als der vom Papst protegierte Welfe Otto IV. unerwartet ebenfalls eine aktive Italienpolitik einschlug und Sizilien beanspruchte, förderte Innozenz die Wahl seines Mündels, des jungen Friedrich (König in Sizilien seit 1198) zum deutschen König (1212–1250). Dieser konnte sich nach einem französischen Sieg gegen den im Bund mit England stehenden Welfen durchsetzen (Schlacht von Bouvines, 1214). Unter Friedrich II. verlagerte sich das Zentrum des Reiches endgültig nach Unteritalien-Sizilien, das er offiziell nur in Personalunion, nicht aber als staatsrechtlichen Bestandteil des Reiches regierte.
Die Persönlichkeit des letzten Stauferkaisers erregte schon bei den Zeitgenossen Bewunderung und Ablehnung. Er war geprägt durch die byzantinisch/

Castel del Monte in Apulien (Süditalien). Die konsequent achteckig durchgestaltete Wehrbauanlage mit acht Türmen spiegelt in ihrer architektonischen Einzigartigkeit den überraschenden Gestaltungswillen Kaiser Friedrichs II. Friedrich selbst hat das fertige Schloss nie betreten. Die einzigen Staufer, die es bewohnten, waren einige Enkelsöhne des Kaisers, die nach dem Niedergang des Geschlechts dort bis zu ihrem Tod gefangen gehalten wurden. Den letzten Versuch, das süditalienische Reich zurückzugewinnen, unternahm der erst sechzehnjährige Schwabenherzog Konradin. Nach einer verlorenen Schlacht wurde er 1268 in Neapel öffentlich enthauptet.

griechische-lateinische-arabische und normannische Mischkultur seiner Heimat. Ausgestattet mit einer überragenden rationalen Intelligenz, war er aufgeschlossen für naturwissenschaftliches Denken und förderte die Künste. Er wurde als „Staunen der Welt" (stupor mundi) gefeiert und gefürchtet. Denn er konnte auch erschreckende Kälte und Rachsucht an den Tag legen.
Friedrich gestaltete Sizilien zu einem zentralistischen Staatswesen um, in dem nur noch der Wille des Königs entscheidend war. Wie seine Vorgänger war Friedrich II. von der Gottunmittelbarkeit weltlichen Herrschertums überzeugt. Aber Herrschaft und staatliche Ordnung waren für ihn auch aus Gründen der Vernunft und aus innerweltlicher Notwendigkeit rational gerechtfertigt. Solche modernen Züge in Friedrichs Staatsauffassung trugen zukunftsweisenden Charakter (⇨ M 3).
Den Nachfolgern Innozenz III. setzte Friedrich II. wieder das kaiserliche Selbstbewusstsein der Staufer entgegen. Die militärischen und geistigen Auseinandersetzungen wurden von beiden Seiten erbittert geführt.
Nach dem plötzlichen Tod Friedrichs (1250) und dem Zusammenbruch der staufischen Herrschaft in Italien schien das Ringen um die Vorherrschaft zu Gunsten des Papsttums entschieden. Jedoch hielten die Auseinandersetzungen auch unter den Nachfolgern der Staufer noch bis ins 14. Jahrhundert an. Letztlich gingen beide Universalmächte geschwächt daraus hervor (⇨ M 4).

M 1 Der Kaiser will kein Lehensmann des Papstes sein

Auf dem Reichstag von Besançon im Jahr 1157 kam es zu einer schweren Auseinandersetzung zwischen den Gesandten Papst Hadrians IV. und Kaiser Friedrich Barbarossa. Die mittelalterliche „Kölner Königschronik" und ein moderner Historiker schildern den Vorgang.

Ein schwerer Zwiespalt entstand zwischen dem Papst und dem Herrn Kaiser. Es hat nämlich einst Papst Innozenz II. an einer Mauer in Rom ein Bild malen lassen, auf dem er selbst auf dem päpstlichen Thron saß, Kaiser Lothar (III.) aber mit gefalteten Händen vor ihm kniete und die Kaiserkrone empfing. Auch gab es noch anderen glimmenden Zunder der Zwietracht. Als nämlich der Kaiser mit den Großen des Reiches zu Besançon in Burgund einen Reichstag hielt, erschienen vonseiten des Papstes zwei Kardinäle mit apostolischen Briefen für den Kaiser, in denen unter anderem Folgendes stand: „Wir haben dir das beneficium der Krone erteilt und würden nicht von Reue bewegt werden, wenn deine Hoheit noch größere beneficia von uns empfangen hätte." Dieses Wort, nämlich beneficium, übersetzte der Dolmetscher dem Kaiser mit „Lehen". Als er das hörte, entbrannte der Kaiser in heftigstem Zorn; aber auch alle Fürsten und Freunde des Kaisers, die jenes Wort genau erwogen, loderten in solchem Zorn, dass sie die Kardinäle ungestüm getötet hätten, wenn diese nicht, durch die Hilfe und das Geleit des Kaisers befreit, schleunigst gegangen wären. Also sprach der Kaiser: „Was wir allein von Gott haben, das halten diese für die Wohltat eines Lehens (pro feodi beneficio)? Niemals werden wir dem zustimmen, sondern wir erkennen die erste Stimme bei der Königswahl dem Mainzer Bischof zu, die Königsweihe dem Kölner Bischof, die Kaiserweihe dem römischen Papst; die Kaiserkrone ordnen wir aber allein Gott zu. Die Bilder müssen zerstört, die Schriften berichtigt werden, sonst wird zwischen ihm und mir niemals Friede sein." Als man in Rom von dem Zorn des Kaisers und seiner Ursache hörte, waren der Papst, alle Kar-

Die [...] erhöhte Spannung zwischen Kaiser und Papst kam im Oktober 1157 auf dem Reichstag zu Besançon zum Ausbruch. Hadrian IV. hatte den Kaiser in einem Schreiben daran erinnert, dass der Papst ihm die Machtfülle des Kaisertums übertragen und ihm noch weitere „beneficia" überlassen hätte. Rainald von Dassel, damals kaiserlicher Kanzler, übersetzte den Begriff bewusst als „Lehen", also nicht als „Wohltaten". Die Deutung des Kanzlers, die in der Tat auch die Absichten des Papstes und seiner Legaten traf, rief auf dem Reichstag und auch noch später eine scharfe antipäpstliche Reaktion unter dem Hochadel und auch unter den geistlichen Herrschaftsträgern hervor. Die römische Kurie musste im Juni 1158, als der Kaiser kurz vor dem Aufbruch zu seinem zweiten Italienzug stand, diese Auffassung ausdrücklich widerrufen und damit anerkennen, dass ihre unter Lothar III. vertiefte Vorstellung über die Vorrangstellung des Papsttums gegen den staufischen Kaiser nicht durchsetzbar war.

Alfred Haverkamp, Aufbruch und Gestaltung. Deutschland 1056–1273, München 1984, S. 199

Ein Fresko in der Silvester-Kapelle der Kirche Santi Quattro Coronati in Rom (Mitte 13. Jahrhundert) zeigt die angebliche Konstantinische Schenkung. Wie die Wissenschaft zweifelsfrei herausgearbeitet hat, wurde in der zweiten Hälfte des 8. Jahrhunderts eine Urkunde angefertigt, derzufolge der römische Kaiser Konstantin um 330 einem Papst die Stadt Rom, Italien und weströmische Gebiete übergeben haben soll. Von dieser Urkunde machte die Kirche im Hochmittelalter regen Gebrauch. Die Szene zeigt, wie Kaiser Konstantin dem Papst die kaiserliche Paradehaube als Symbol weltlicher Herrschergewalt übergibt. Mit der anderen Hand führt er das päpstliche Pferd am Zügel. Friedrich I. verweigerte dem Papst diesen Ehrendienst bei der ersten Begegnung und holte ihn erst nach, als ihm zugesichert worden war, er würde nicht politisch als Unterwerfung ausgelegt werden.

dinäle und alle Römer vor großer Furcht ganz bestürzt und bemühten sich, durch wiederholte Briefe an ihn und die Großen seinen wütenden Sinn zu besänftigen, indem sie sagten, jenes Wort beneficium sei nicht richtig übersetzt worden, denn bei ihnen heiße beneficium nicht „Lehen" (feodum), sondern etwa „Wohltat" (benefactum). Das also war der Pflanzgarten der Zwietracht zwischen den Römern und dem Kaiser.

Kölner Königschronik, in: Helmut Beilner, Von der mittelalterlichen Reichsidee zum souveränen Staat, München 1976, S. 57

1. *Versuchen Sie anhand der beiden Texte, die Auseinandersetzung zwischen Kaiser und Papst mit eigenen Worten zu schildern.*
2. *Fast alle Quellen des Mittelalters sind in lateinischer Sprache abgefasst. Sprechen Sie über die Schwierigkeiten, die sich daraus sowohl für die Zeitgenossen als auch für die heutige Geschichtsschreibung ergeben.*

M 2 Das Decretale Venerabilem (1202)

Ein Decretale war eine päpstliche Entscheidung mit Gesetzeskraft. Sie erhielt ihren Namen jeweils nach dem lateinischen Anfangswort des Textes. Auch mit einem solchen Decretale mischte sich Papst Innozenz III. in den staufisch-welfischen Thronstreit zwischen Philipp von Schwaben, dem Bruder Heinrichs VI., und dem Welfenfürsten Otto ein. In seiner Mitteilung an Herzog Berthold von Zähringen geht der Papst zugleich auf ein früheres Schreiben einiger deutscher Fürsten ein.

3. Wahrhaftig, wir, die wir nach der Pflicht des apostolischen Dienstes jedem Einzelnen Recht schulden, wollen ebenso wenig, wie wir unser eigenes Recht von anderen usurpiert sehen möchten, uns das Recht der Fürsten aneignen. Daher erkennen wir den Fürsten, denen es nach Recht und alter Gewohnheit zukommt, das Recht, einen König zu wählen, der dann später zum Kaiser erhoben wird, ausdrücklich zu, wie es sich gehört, besonders da Recht und Macht dieser Art ihnen vom Apostolischen Stuhle zufließt, der das römische Reich in der Person des Großen Karl [. . .] auf die Deutschen übertragen hat.
4. Aber auch die Fürsten haben einzusehen und zu erkennen, dass uns das Recht zukommt, die zum König gewählte und zum Kaiser zu erhebende Person zu überprüfen, da wir sie salben, weihen und krönen. Denn es gilt ganz allgemein diese Regel, dass dieser das Recht besitzt, einen Menschen zu prüfen, der ihn in ein Amt einzusetzen hat. Oder wären wir etwa auch zur Salbung, Weihe und Krönung genötigt, wenn die Fürsten nicht in zwiespältiger, sondern sogar in einhelliger Wahl einen gottlosen oder exkommunizierten Mann, einen Tyrannen oder einen Narren zum König gewählt hätten? Da sei Gott vor [. . .].
7. Ermahnt von den Boten der Fürsten, fordern wir sie auf, wie wir uns einer jeden Kränkung ihres Rechts enthalten, so auch unserem Recht gegenüber sich nicht unbillig zu zeigen, sondern sich auf unseren gerechten Urteilsspruch hin von jenem Herzog[1]) zurückzuziehen und dem König Otto anzuhängen nicht abzulassen, es sei denn, sie könnten gegen seine Person oder seine Taten eine gerechtfertigte Beschwerde erheben und beweisen.
8. Gegen den Herzog von Schwaben liegen nämlich notorische Hindernisse vor, seine öffentliche Bannung [. . .] und die weit ausgedehnte Verfolgung, die seine Vorfahren und er selbst gegen den Apostolischen Sitz und andere Kirchen zu unternehmen versucht haben. [. . .]
9. Dass Philipp aus einem Geschlecht von Verfolgern stammt, können die Fürsten, wie wir meinen, nicht bezweifeln . . .
10. Auch müsste, wenn der genannte Herzog das Imperium besäße, was ferne sei, das Wahlrecht der Fürsten zugrunde gehen, und die Möglichkeit würde aufgehoben, die Herrschaft im Reiche von dem einen auf den anderen zu übertragen. Denn wenn, wie einstmals Friedrich auf Konrad, Heinrich auf Friedrich, so jetzt entweder Friedrich auf Philipp oder Philipp auf Heinrich folgt, dann schiene das Reich nicht mehr auf dem Wahlrecht, sondern auf dem Erbrecht zu beruhen. Denn da es viele gleich edle und mächtige Reichsfürsten gibt, überschritte es deren Vorrecht, wenn nur immer einer aus dem Hause der schwäbischen Herzöge für die Herrschaft in Frage käme.

Wolfgang Lautemann, Geschichte in Quellen. Mittelalter, München, 2. durchgesehene Auflage 1978, S. 486 f.

---

[1]) Gemeint ist der Staufer Philipp von Schwaben

1. *In der Auseinandersetzung zwischen dem Staufer Philipp von Schwaben und dem Welfen Otto IV. stellt sich der Papst auf die Seite des Welfen. Mit welchen unterschiedlichen Argumenten fordert er die Fürsten zur Anerkennung Ottos auf?*
2. *Wie begründet Papst Innozenz III. sein Entscheidungsrecht?*
3. *Am Ende des ersten Abschnittes behauptet Innozenz III., das Papsttum habe „das römische Reich in der Person des Großen Karl . . . auf die Deutschen übertragen". Können Sie erklären, worauf in dieser Formulierung angespielt wird?*

Ein moderner Herrscher verbietet „Gottesurteile"

M 3

Das Gottesurteil diente zum Beweis von Schuld oder Unschuld eines Angeklagten. In der „Feuerprobe" musste der Verdächtige z. B. glühende Eisen in der Hand tragen oder barfuß darüber laufen. In der für sein Königreich Sizilien erlassenen Verordnung Kaiser Friedrichs II. wird auch die so genannte „Wasserprobe" angesprochen.

Die Urteile, die von einigen Einfältigen Gottesurteile genannt werden, welche weder auf die Natur der Dinge blicken noch auf die Wahrheit hören, scheiden Wir, die Wir der Gesetze wahre Wissenschaft erforschen und Irrtümer verschmähen, von unseren Gerichten aus. Mit diesem durch unseren Namen geweihten Erlass verwehren Wir für immer allen Richtern Unseres Königreichs, dass einer die Gottesurteile, die eher Gottesversuchungen heißen sollten, irgendwelchen Unserer Treuen auferlege. Vielmehr sollen sie mit den gewöhnlichen Proben zufrieden sein, wie sie in den alten Gesetzen und auch in Unseren Verordnungen eingeführt sind. Und deren Ansicht glauben Wir nicht nur verbessern, sondern austilgen zu müssen, die darauf vertrauen, des glühenden Eisens natürliche Hitze werde lau, ja kalt ohne Vorliegen einer gerechten Ursache, oder die versichern, den eines Verbrechens Beschuldigten nehme das Element des kalten Wassers wegen seines versehrten Gewissens nicht auf.

Wolfram von den Steinen, Staatsbriefe Kaiser Friedrichs des Zweiten, Breslau 1923, S. 37

1. *Bei der Wasserprobe wurde der Beschuldigte an einer Leine mit gefesselten Händen ins Wasser geworfen. Entnehmen Sie dem Schluss des Textes, ob er als überführt oder als unschuldig galt, wenn er nicht an der Wasseroberfläche blieb.*
2. *Nach einem Wort des Schweizer Kultur- und Kunsthistorikers Jacob Burckhardt (1818–1897) war Friedrich II. „frühe gewöhnt an eine völlig objektive Betrachtung und Behandlung der Dinge, der erste moderne Mensch auf dem Thron". Überprüfen Sie, wie die rationale Mentalität des letzten Stauferkaisers in Inhalt und Formulierungen seines Erlasses zum Ausdruck kommt, und überlegen Sie, warum diese Haltung von vielen Zeitgenossen kritisch betrachtet wurde und oft auf Ablehnung stieß.*

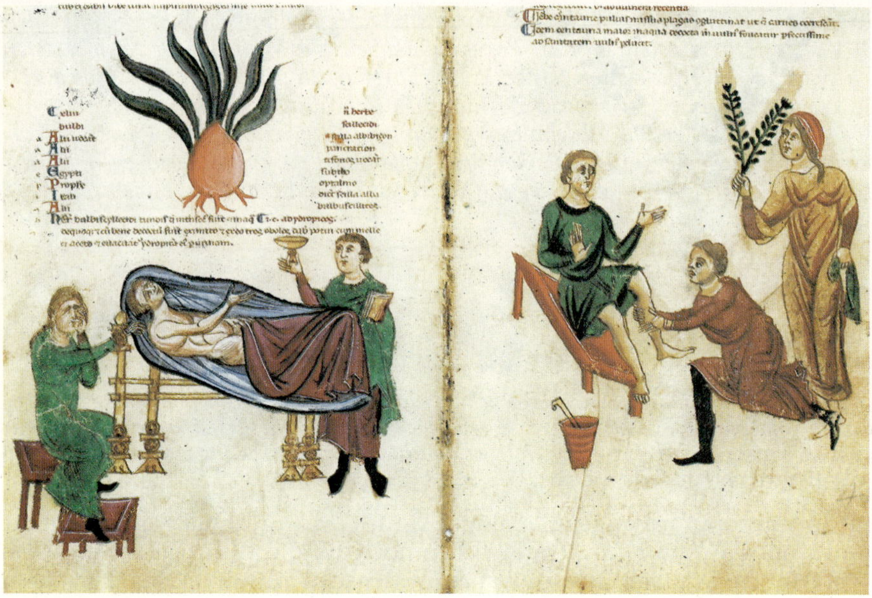

Der naturwissenschaftlichen Denkweise im Umkreis Kaiser Friedrichs II. entspricht ein Sammelband mit medizinischen Schriften, der in der Mitte des 13. Jahrhunderts entstand. Dargestellt werden jeweils Heilkräuter, wie hier die Meerzwiebel, sowie deren Anwendung. Die Meerzwiebel galt als Heilmittel gegen Wassersucht.

Beweis für das seiner Zeit vorauseilende Denken Kaiser Friedrichs II. ist auch das von ihm eigenhändig verfasste „Falkenbuch", in dem er über Greifvögel, Hundezucht und verschiedene Jagdarten naturwissenschaftlich genaue Beschreibungen gibt (Handschrift aus Unteritalien, 3. Viertel des 13. Jahrhunderts).

M 4

Historische Urteile über die Italienpolitik der Staufer-Kaiser

Die Ausweitung der staufischen Herrschaft bis Sizilien wurde oft als Höhepunkt der kaiserlichen Machtstellung im Mittelalter gefeiert. Eine 1859 vorgetragene Neubewertung der gesamten mittelalterlichen Kaiserpolitik durch den Historiker Heinrich von Sybel (1817–1895) erregte großes Aufsehen und löste unter den Zeitgenossen scharfe wissenschaftliche Debatten aus. Sybel fasste seine vor dem bayerischen König Maximilian II. 1859 gehaltene und später gedruckte Rede 1862 dahingehend zusammen, dass man „noch immer das mittelalterliche Kaisertum als echtes Organ und glänzende Vertretung unserer nationalen Interessen schildere, während in Wahrheit das Kaisertum von Anfang an fortdauernd die Tendenz einer theokratischen Weltherrschaft verfolgt, damit die nationalen Interessen stets geschädigt und endlich sich selbst den Untergang bereitet habe". Sybel und anderen ähnlich urteilenden Historikern antwortete in unseren Tagen der Professor für mittelalterliche Geschichte, Hartmut Boockmann, bei seiner Darstellung der Italienpolitik Kaiser Friedrich Barbarossas.

Ich bin weit entfernt, die persönliche, geistige und sittliche Größe der alten Kaiser herabzusetzen: Für immer wird es ein Stolz der Nation bleiben, Männer wie Karl und Otto den Großen, die geharnischte Reihe der Salier, die strahlenden Heldengestalten der Staufer hervorgebracht zu haben. Aber ganz unabhängig davon ist die Frage, ob die Politik dieser Fürsten die richtige, ob sie den Bedürfnissen und dem Gedeihen der Nation die entsprechende war, ob jene gewaltigen Herrscher selbst nicht ein ganz anderes Ziel als die Pflege der deutschen Nation im Auge gehabt haben.
[. . .] Dem deutschen Reich [. . .] und dem deutschen Königtum erwuchs kein Heil aus dem durch Otto I. errungenen kaiserlichen Glanze. Die Kräfte der Nation, die sich bisher mit richtigem Instinkte in die großen Kolonisationen des Ostens ergossen, wurden seitdem für einen stets lockenden und stets täuschenden Machtschimmer im Süden der Alpen vergeudet. [. . .] Widerwillig folgte [. . .] die Nation den Geboten ihrer Herrscher zu den mörderischen Romfahrten – bis sie sich schließlich unter den Hohenstaufen nach dem entscheidenden Vorgang Herzogs Heinrichs des Löwen mit voller Energie davon losriss, um ihre Kräfte ungestört auf ihre großen Gründungen in Österreich, Böhmen, Schlesien, Brandenburg, Preußen zu wenden.

Heinrich von Sybel, in: Friedrich Schneider (Hrsg.), Universalstaat oder Nationalstaat. Macht und Ende des Ersten deutschen Reiches, Innsbruck 1941, S. 10, 15, 161

Sechsmal ist Barbarossa über die Alpen nach Italien gezogen, und einige dieser Italienzüge haben Jahre gedauert. Barbarossa hat einen großen Teil seiner langen Regierungszeit in Italien verbracht und das konnte nachträglich als eine Art Vorspiel zu der Regierungsweise seines Enkels, Friedrichs II., erscheinen, der fast seine ganze Lebenszeit südlich der Alpen verbringen sollte. Vor allem an der Politik Barbarossas entzündete sich eine heftige Diskussion des 19. und frühen 20. Jahrhunderts über die „Italienpolitik" der deutschen Könige und Kaiser im Mittelalter. Hatten sich diese mächtigen Herrscher, die zu immer neuen Kriegszügen nach Italien aufbrachen, nicht auf einen zwar die Phantasie beflügelnden, aber unter konkreten politischen und vor allem unter nationalgeschichtlichen Gesichtspunkten verhängnisvollen Irrweg begeben? So wurde ihnen von nationalliberal urteilenden Historikern vorgeworfen.
Aber hatte Barbarossa denn wirklich die Wahl? Hätte er denn die Möglichkeit gehabt – falls er so etwas gewollt hätte oder hätte wollen können –, sich aus der politischen Tradition zu lösen, in die er durch seine Wahl zum deutschen beziehungsweise römischen König gestellt worden war? Als gewählter römischer König war er verpflichtet, sich um die Kaiserkrönung zu bemühen. Darüber hinaus musste ihm aber auch ein machtpolitisches Interesse nahe legen, in Gestalt der Kaiserkrone eine zusätzliche

Autorität zu gewinnen. Da die Stellung des Königs in Deutschland seit 1125 so strittig gewesen war, hatte die Kaiserkrone einen besonderen Wert. Sie machte den König, der sie trug, sicherer in seinem Amt.

Zudem war der König nicht der einzige deutsche Fürst, der sich in Italien politisch engagierte. Andere Fürsten wollten das ebenfalls. Die Welfen hatten seit der Regierungszeit Lothars III. in Mittelitalien eine beträchtliche Machtposition erworben [. . .]. Umso energischer musste sich Barbarossa nun seinerseits darum bemühen, in Italien Fuß zu fassen und den unerwünschten welfischen Machtzuwachs durch eigene Gewinne auszugleichen.

Das aber war umso notwendiger, als die Herrschaft in Italien durchaus keine unsichere Sache zu sein brauchte, die immer wieder militärischen Einsatz forderte und wenig Nutzen brachte. Herrschaft in Italien konnte vielmehr Verfügung über schnell wachsende Städte und damit die Chance großer Einnahmen bedeuten. Wer hier Herrschaftsrechte ausübte, hatte die Möglichkeit, Einkünfte aus den wirtschaftlich am weitesten entwickelten Regionen des damaligen Europa zu erzielen.

Hartmut Boockmann, Stauferzeit und spätes Mittelalter. Deutschland 1125–1517, Berlin 1987, S. 88 f.

1. *Untersuchen Sie Kriterien und Wertmaßstäbe, die der Verurteilung der mittelalterlichen Kaiserpolitik durch Sybel zugrunde liegen, und nehmen Sie dazu persönlich Stellung.*
2. *Inwiefern ist es in Sybels Betrachtungsweise sinnvoll, nicht Friedrich Barbarossa, sondern dessen Gegner Heinrich den Löwen zum eigentlichen Helden der deutschen Geschichte zu erklären (siehe auch Karte Seite 95)?*
3. *Stellen Sie die Argumente zusammen, mit denen Boockmann die Italienpolitik Friedrich Barbarossas verständlich zu machen sucht. Worin unterscheidet sich die Art seiner Geschichtsbetrachtung grundsätzlich von der Sybels?*

Königliche und fürstliche Politik in Deutschland

Der Welfe Heinrich der Löwe war ein Vetter Kaiser Friedrichs I. Von seiner Braunschweiger Residenz aus betrieb Heinrich eine expansive Territorialpolitik und nahm im Norden Deutschlands bald eine königsähnliche Stellung ein. Friedrich deckte zunächst seinen Vetter, der ihn bei seinen Italienzügen unterstützte.
Das Gemälde der Gebrüder Riepenhausen zeigt, wie Heinrich der Löwe den Kaiser vor rebellischen Römern schützt (1155). Die glanzvolle Darstellung des mutigen welfischen Einsatzes für Kaiser und Reich wurde 1825 im Auftrag des Welfenordens vollendet und sollte das Königreich Hannover im 19. Jahrhundert vor allem gegen Ansprüche des benachbarten Preußen legitimieren.

1180	Entmachtung Heinrichs des Löwen durch Kaiser Friedrich Barbarossa
1232	Das Statutum in favorem principum Friedrichs II. stärkt die Landesherren und erleichtert den Ausbau von Territorialstaaten im Reich

„Reichslandpolitik“ in Deutschland

Obwohl für die Geschichte der Staufer die Ereignisse in Italien weithin bestimmend schienen, blieb die politische und verfassungsrechtliche Entwicklung in Deutschland im „staufischen Jahrhundert“ doch von größter Bedeutung. Friedrich Barbarossa wollte die im Investiturstreit geschmälerte königliche Macht durch den starken Ausbau staufischen Besitzes erneuern. Durch konsequente Erwerbspolitik vermehrte er in einem großen Landbogen vom Oberrhein über Franken und das Vogtland bis nach Thüringen Reichsgut und staufisches Hausgut. Eine mächtige Einflusszone entstand. Hierzu trug auch die Gründung von *Städten* (siehe Seite 122 ff.) bei. Zur Sicherung und Verwaltung des „Königslandes“ diente vor allem die Anlage von Burgen. Die wich-

tigsten von ihnen wurden zu repräsentativen Pfalzen im spätromanischen Stil ausgebaut und entstanden nun häufig in Verbindung mit aufblühenden Städten (Rothenburg in Franken, Gelnhausen in Hessen).
Besonderes Kennzeichen dieser staufischen *Reichslandpolitik* war die Einsetzung von *Ministerialen*[1]) als Herrschaftsträger, zum Beispiel als Burggrafen oder als *Schultheißen*[2]) in den Städten. Schon die Salier hatten königliche Verwaltungsbeamte eingesetzt, die als ursprünglich unfreie Dienstmänner für den König Hof- und Kriegsdienst leisteten. Es entstand eine Schicht, die ihren sozialen Aufstieg dem König verdankte und ihm treu ergeben war. Viele erhielten die auf Grund ihrer Leistungen empfangenen Dienstlehen im Laufe der Zeit als erbliches Eigentum und rückten in den Stand des niederen (Dienst-)Adels auf. Mit Hilfe der Ministerialität bauten die Staufer das Königsgut systematisch aus. Alle Bemühungen, die königliche Machtbasis zu festigen und sich mit der aufstrebenden Gruppe der Ministerialen ein Instrument zur zentralen Lenkung des Reiches zu schaffen, konnten die Stellung des Hochadels (Herzöge, Grafen, Markgrafen) aber nicht beeinträchtigen. Gerade in der Epoche der Staufer gelang den Fürsten die Ausbildung von Landesherrschaften.

Das Ende der Stammesherzogtümer und die Ausbildung des Reichsfürstenstandes

Friedrich Barbarossa, der mütterlicherseits selbst mit den Welfen verwandt war, bemühte sich, die seit der Königswahl Konrads III. wirksamen Gegensätze zwischen Staufern und Welfen beizulegen. Deswegen erhielt sein welfischer Vetter *Heinrich der Löwe* (1129–1195; Herzog in Sachsen seit 1142) 1156 das Herzogtum Bayern zurück, das seinem Vater entzogen worden war. Allerdings wurde die bayerische Ostmark (Österreich) abgetrennt, um die bisherigen Lehensträger aus der Familie der *Babenberger* zu entschädigen.
Der alte Konflikt zwischen beiden Geschlechtern lebte wieder auf, als Heinrich dem Kaiser bei einem Italienzug die dringend erbetene militärische Unterstützung verweigerte. Mit Hilfe der Fürsten, die sich der Welfe wegen seiner expansiven Territorialpolitik ebenfalls zum Gegner gemacht hatte, entzog der Kaiser in einem lehensrechtlichen Verfahren Heinrich dem Löwen die Herzogtümer Sachsen und Bayern. Heinrich verblieb nur sein Eigenbesitz um die Residenzstadt Braunschweig und um Lüneburg (⇨ M 1).
Der Sturz Heinrichs des Löwen im Jahre 1180 war ein Sieg des Kaisers, dem nun im Reich kein ähnlich mächtiger Vasall mehr gegenüberstand. Die Entmachtung des Welfen lag aber auch im Interesse vieler Fürsten. Nur mit ihrer Unterstützung hatte Friedrich Barbarossa über seinen Vetter triumphieren können. Der Kaiser musste den Fürsten entgegenkommen, indem er die ein-

[1]) ministerium (lat.): Dienst. Als Unfreie konnten die Ministerialen ursprünglich verschenkt oder verkauft werden. Heiraten durften sie nur mit Erlaubnis ihres Herrn.

[2]) Ursprünglich der Beauftragte des Stadtherrn, der die Gemeinde zur Leistung ihrer Schuldigkeit anzuhalten hatte. Aus dieser Funktion entwickelte sich oft das Amt des Bürgermeisters.

gezogenen Herzogtümer nicht dem Reichsgut zuschlug, sondern neu aufteilte. Das Herzogtum Sachsen wurde aufgelöst. Wichtige Teile gelangten als Herzogtum Westfalen an den Kölner Erzbischof oder fielen an das Geschlecht der *Askanier.* Bayern wurde – diesmal um die Steiermark verkleinert – den *Wittelsbachern* übergeben, die dort bis 1918 herrschten.
An die Stelle der so genannten Stammesherzöge war ein neuer, zahlenmäßig größerer, aber abgegrenzter Kreis bevorrechtigter geistlicher und weltlicher Fürsten getreten. Die Mitglieder dieses „jüngeren" Reichsfürstenstandes (principes imperii) hoben sich vom übrigen Adel ab. In ihrem Territorium hatten sie eine herzogliche oder herzoggleiche Stellung inne und empfingen als „Kronvasallen" ihr Lehen direkt vom König. Sie durften sich keinem anderen weltlichen Herrn verpflichten, höchstens noch Lehen von der Kirche empfangen.
Nach der im *Sachsenspiegel*[1]) überlieferten *Heerschildordnung* kamen in dem jetzt voll durchgebildeten, hierarchisch aufgebauten Lehenssystem dem König der erste, den geistlichen und weltlichen „Reichsfürsten" der zweite und dritte Heerschild zu. Von ihnen deutlich getrennt folgte in weiteren Abstufungen der restliche Adel: die nichtfürstlichen Landesherren und Hochfreien, schließlich die Ministerialen und Ritter.

Die Anfänge der Territorialisierung

Die sich im Spätmittelalter fortsetzende Zersplitterung des Reiches in zahlreiche Einzelterritorien schien den deutschen Königen den Vorteil zu bieten, dass ihnen keine übermächtigen Herzöge mehr gegenüberstanden. Trotzdem konnten sie keine straffe Zentralgewalt errichten. Deutschland blieb ein Wahlkönigtum und erlebte – beispielsweise in der staufisch-welfischen Doppelwahl von 1198 – Thronstreit und Gegenkönige.
Dagegen setzte sich zur Zeit der Staufer in England und Frankreich die Erbmonarchie durch. Bemerkenswert war die Machtsteigerung des französischen Herrschers. Durch einen eigenen Treuevorbehalt waren auch die Untervasallen aller königlichen Lehnsleute an den König gebunden. Das stärkte seine Position, wenn er mit den Fürsten in Konflikt geriet. Ebenso war er stark genug, über heimgefallene Lehen zum eigenen Vorteil zu verfügen. So setzte sich in Frankreich die nationale Monarchie gegen die Kronvasallen durch.
Das deutsche Königtum schaffte es hingegen nicht, im Wettlauf mit den Fürsten eine übergreifende Rechts- und Friedensgewalt zu errichten. Die Reichsfürsten blieben zwar dem König zur Treue verpflichtet, regierten aber in ihrem Territorium immer selbständiger. Der „moderne" Staat mit seiner stärkeren Herrschaftskonzentration entstand allmählich in den von geistlichen und weltlichen Fürsten regierten Gebieten. Dazu trug der von ihnen geförderte

[1]) Der Sachsenspiegel war eine um 1230 entstandene Sammlung des mittelalterlichen Rechts. Die Aufzeichnung stammt von Eike von Repgow, der die vorgefundenen weltlichen Rechtssätze erstmals systematisierte, aber auch interpretierte. Der Sachsenspiegel war nicht rechtlich verbindlich, wie wir dies von heutigen Gesetzessammlungen kennen; seine Bestimmungen wurden aber doch bald an vielen Orten des Reichs angewendet.

Landesausbau entscheidend bei. Parallel und in Konkurrenz zur Reichslandpolitik der Staufer bedienten sie sich mit Burgenbau, Städtegründungen und Einsetzung landesherrlicher Ministerialen ganz ähnlicher Mittel zur Herrschaftsintensivierung. Die Schwäche des Königtums während des staufisch-welfischen Thronstreites und die Tendenz Friedrichs II., sich um seiner italienischen Ziele willen auf keinen Konflikt mit den deutschen Fürsten einzulassen, kamen den Großen des Reiches entgegen. Immer selbstverständlicher verfügten sie über die ursprünglich vom König abgeleiteten Regalien.

Die Fürstengesetze Friedrichs II.

Wie weit die „Territorialisierung" schon vorangeschritten war, zeigen zwei berühmte Urkunden Friedrichs II.: Die „Vereinbarung mit den geistlichen Fürsten" *(Confoederatio cum princibus ecclesiasticis)* von 1220, mit der Friedrich die Wahl seines Sohnes zum deutschen König und Stellvertreter sicherte, und, zwölf Jahre später, das nun auch die weltlichen Reichsfürsten einbeziehende „Gesetz zu Gunsten der Fürsten" *(Statutum in favorem principum)*. Der König verzichtete auf die Ausübung einer Reihe von Hoheitsrechten im Gebiet der *„Landesherren"* (domini terrae). Diesen wurde damit der weitere Ausbau ihrer Territorialherrschaft erleichtert (⇨ M 2).
Dass Friedrich II. zwar den Adel in Sizilien niederzwang, sich aber in Deutschland den regionalen Gewalten gegenüber so nachgiebig zeigte, ist oft kritisiert worden. Bisweilen übersah man dabei, dass der Staufer mit den beiden Fürstenurkunden den Weg zur territorialen Staatlichkeit in Deutschland nicht etwa geöffnet hat, sondern aus politischen Gründen nur eine sich bereits vollziehende Entwicklung rechtlich anerkannte. Später bemühte er sich wieder um eine Zurückgewinnung von Reichsrechten, so im *Mainzer Reichslandfrieden* von 1235 (erste Königsurkunde in deutscher Sprache). Nach dem Tod des Kaisers 1250 gingen große Teile des Reichsgutes aber endgültig verloren.

Die Ausbildung des modernen Flächenstaates

Angesichts des Rückzuges der Reichsgewalt aus den Territorien bildeten sich seit der Stauferzeit in einem länger dauernden Prozess die Vorformen unserer heutigen Staatlichkeit in den Ländern aus. An die Stelle des früheren *Personenverbandsstaates* trat der mit einem bestimmten Gebiet verbundene *Flächenstaat* mit modernen Herrschaftsformen. Dabei stießen die Landesherren auf die Konkurrenz anderer Herrschaftsträger. Zunächst mussten sie die zahlreichen Sonderrechte der adeligen Grundherren beseitigen. Einen wesentlichen Schritt dahin bedeutete die allmähliche Durchsetzung eines öffentlichen Gewaltmonopols. Durch *Landfriedensordnungen* entzogen die Fürsten dem Adel mehr und mehr das Fehde- und Selbsthilferecht. Der Aufbau landesfürstlicher Gerichte und Behörden stärkte den Fürsten gegenüber der adeligen Oberschicht innerhalb seines Territoriums und gab ihm ein größeres Gewicht gegenüber einer noch wenig durchorganisierten Verwaltung der königlichen Zentralgewalt (⇨ M 3).

Der Welfe Heinrich der Löwe verliert Lübeck an den Kaiser

M 1

Der Bericht des Chronisten, des Benediktinerabts Arnold von Lübeck, gibt Einblick in das verfassungsrechtliche Denken des Hochmittelalters. Während der Auseinandersetzung zwischen Friedrich Barbarossa und Heinrich dem Löwen belagerte der Kaiser die Stadt Lübeck. Die Bürger wollten sich jedoch nur ergeben, wenn ihr Herzog dem zustimmen würde. Der Bischof der Stadt sollte bei Barbarossa in Erfahrung bringen, ob eine Abordnung freies Geleit zu Heinrich erhalten würde. Der Kaiser antwortete darauf dem Bischof:

„Wir freuen uns sehr über Eure Ankunft, Geliebtester unter den Bischöfen, und genießen außerordentlich Euren Anblick wie das Gespräch mit Euch. Da jedoch Eure Bürger uns verbale Arroganz bieten und unsere Stadt uns weiterhin nicht öffnen, glauben wir, dass das weder uns noch irgendjemanden, der gesunden Sinns zu sein scheint, rechtmäßig erscheinen kann. Wir räumen ein, dass die Stadt aufgrund unserer Freigiebigkeit und Großzügigkeit bis jetzt unserem Vetter gehört hat. Doch seitdem dieser wegen seiner Widersetzlichkeit durch die Entscheidung aller Fürsten in die öffentliche Ächtung gekommen ist, gehört diese Stadt in der rechtmäßigsten Weise zu unseren Besitztiteln, zumal auch jeder Bischof das Seine empfangen hat, was er mit sicherem Lehnrecht hält. Und nun kann unsere Hand ihnen geben, was sie verdient haben. Doch weil es uns zukommt, durch gerichtsförmige Entscheidung eher Geduld als Rache zu zeigen, stimmen wir auch darin mit ihnen überein, dass sie, wie sie fordern, zu ihrem Herrn gehen und mit ihm über ihren rechtlichen Status verhandeln sollen. Dabei sollen sie eines wissen: Wenn sie uns die Stadt bei ihrer Rückkehr nicht öffnen, müssen sie wegen dieser Verzögerung eine schwerere Strafe hinnehmen." [. . .]

Der Bischof kehrte also in die Stadt zurück und berichtete den Bürgern, was er gehört hatte. Die gingen sofort, unter Annahme des freien Geleits, nach Stade, wo der Herzog weilte. [. . .] Nach einigen Tagen aber kehrten die Bürger mit Graf Gunzelin zurück und übergaben auf Befehl des Herzogs die Stadt in des Kaisers Hand. Doch bevor sie ihm die Stadt öffneten, kamen sie zu ihm heraus und baten ihn, die Freiheit der Stadt, die sie früher vom Herzog erhalten hatten, behalten zu dürfen, und die Rechte, die sie in Form schriftlicher Privilegien besäßen, gemäß den Rechten der Stadt Soest sowie die Grenzen, die sie im Hinblick auf Weiden, Wälder und Flüsse besäßen, dank seiner Autorität und Großzügigkeit zu behaupten. Der Kaiser aber stimmte ihrer Bitte zu und bestätigte nicht nur jene Rechte, sondern erklärte auch für gültig, was sie vom Herzog an Zoll und Einkünften der Domherren in Lübeck oder in Ratzeburg zugeteilt erhalten hatten. Graf Adolf aber gab er die Hälfte der Abgaben der ganzen Stadt vom Zoll, von den Mühlen, von den Wechseltischen als Lehen, teils weil er dem Reich vielfach gedient hatte, teils weil er selbst damals vertrieben war. Und so wurde er in die Stadt einziehend mit Hymnen und Lobpreisungen Gottes empfangen, wobei der Klerus und alles Volk jubelte.

Hartmut Boockmann, Das Mittelalter, München 1988, S. 113 f.

1. *Wie begründet Kaiser Friedrich Barbarossa seinen Anspruch auf Lübeck, dessen Stadtherr bisher sein welfischer Vetter Heinrich der Löwe war?*
2. *Welche Beweggründe könnten den Kaiser veranlasst haben, den Lübeckern die von Heinrich dem Löwen zugestandenen Stadtrechte und Einkünfte seinerseits zu bestätigen? Warum hielt er es für angebracht, Graf Adolf von Holstein, den eigentlichen Gründer Lübecks, an den Einkünften aus der Stadt zu beteiligen?*

M 2 Das Gesetz zu Gunsten der Fürsten (Statutum in favorem principum) (1232)

In den Fürstenprivilegien von 1220 und 1232 musste Kaiser Friedrich II. den Territorialmächten in ihrem Streben nach Selbständigkeit entgegenkommen.

1. Wie schon unser königlicher Sohn, so gestehen wir auch ihnen für immer zu, dass keine neue Burg oder Stadt auf geistlichem Gebiet, sei es auch unter dem Vorwand der Vogtei[1]), von uns oder einem anderen [Fürsten] errichtet werden darf, ganz gleich unter welchem Vorgeben.
2. Neue Märkte sollen alte in keiner Weise stören. [. . .]
6. Ein jeder Fürst habe freien Gebrauch seiner Freiheiten, Gerichtsbefugnisse, Grafschaften und Zehnten[2]), nach den Gewohnheitsrechten seines Landes, sie seien sein Eigentum oder ein Lehen.
7. Die Zentgrafen[3]) sollen die Zehnten vom Landesherrn [dominus terrae] oder von dem empfangen, den der Landesherr mit ihnen belehnt hat. [. . .]
12. Eigenleute der Fürsten, Edlen, des Dienstadels und der Kirchen sollen in unseren Städten keinen Schutz mehr finden.
13. Eigentum und Lehen der Fürsten, Edlen, des Dienstadels und der Kirchen, das sich in den Händen unserer Städte befindet, soll zurückgegeben werden und darf nicht wieder weggenommen werden.
14. Weder wir noch unsere Leute sollen das Geleitrecht der Fürsten in ihrem Lande, das sie von uns zu Lehen haben, beeinträchtigen oder stören dürfen. [. . .]
17. Im Lande eines Fürsten wollen wir keine neue Münzen schlagen lassen, durch welche die Münze des Fürsten im Werte gemindert werden könnte.
18. Unsere Städte sollen ihre Gerichtsbarkeit nicht über ihren Umkreis hinaus ausdehnen [. . .].
20. Ohne Zustimmung und aus der Hand des fürstlichen Lehnsherrn soll niemand Güter zu Pfand nehmen, mit denen ein anderer belehnt ist.

Wolfgang Lautemann, Geschichte in Quellen. Mittelalter, München, 2. durchgesehene Auflage 1978, S. 568 f.

1. *In dieser Urkunde taucht erstmals der Begriff „Landesherr" auf. Welche Bestimmungen erscheinen Ihnen besonders kennzeichnend für das Zurückweichen der Zentralgewalt zu Gunsten der sich ausbildenden Staatlichkeit in den Territorien?*
2. *In welchen Artikeln werden vor allem finanzielle Interessen der Landesherren berücksichtigt?*
3. *Zeigen Sie auf, inwiefern in diesem Fürstenprivileg der königlichen Städtepolitik Fesseln angelegt werden sollten.*
4. *Der sich ausbildende Föderalismus, der sich in den Urkunden von 1220 und 1232 spiegelt und für die weitere deutsche Geschichte kennzeichnend wurde, wird von der älteren deutschen Geschichtsschreibung in der Regel negativ bewertet. Inwieweit stimmen Sie diesem Urteil zu?*

---

[1]) Schutzgewalt; insbesondere Ausübung der weltlichen Gerichtsbarkeit auf geistlichem Territorium
[2]) Landgerichte, Gerichtsbezirke, Gerichtsstätten
[3]) Vorsitzender des Zentgerichts (Zent)

Die Länder des 13. Jahrhunderts

M 3

Die Historikerin Hanna Vollrath verdeutlicht, wie kompliziert, unterschiedlich und schwierig sich die Anfänge des modernen Flächenstaates ab der staufischen Zeit gestalteten.

Die Länder des beginnenden 13. Jahrhunderts waren höchst unterschiedliche Gebilde, was Entstehung, Größe, Aufbau, Ausmaß und Intensität der landesherrlichen Durchdringung anbelangte. Zu einem Kernbestand an grundherrlichem Allodial-[1]) und Lehnsbesitz mit den daran haftenden Rechten „über Land und Leute" kamen andere Herrschaftsrechte: Vogteien (Wahrnehmung der weltlichen Hoheitsrechte über die Hintersassen von Kirchen und Klöstern), stadtherrliche Rechte, lehnsherrliche Rechte gegenüber Vasallen und [. . .] die Nutzung der Regalien. Es waren also Herrenrechte sehr verschiedener Herkunft und Ausprägung, die der Landesherr über die im Land lebenden Menschen hatte und die er zusammen und in Konkurrenz mit anderen Herrschaftsträgern ausübte. Das „Land" stellte also keine rechtliche Einheit dar und ebenso wenig zeigte es gebietsmäßige Geschlossenheit. Grafen und auch andere Adlige des Gebiets bestanden auf ihrer alleinigen Zuordnung zum Königtum und suchten sich und ihren Besitz von jeder landesherrlichen Oberhoheit frei zu halten oder zu befreien, wo immer sich die Gelegenheit dazu bot. [. . .]

In der Regel [. . .] war es [. . .] die Durchsetzung des Landfriedens, die den Aufbau einer landesherrlichen Gebietsherrschaft förderte. Mit der Landfriedensbewegung des 12. Jahrhunderts und ihrer „Intensivierung und Rationalisierung der Rechtspflege" (Fried) war eine „modernstaatliche" Aufgabe entstanden, deren Wahrnehmung sich die mächtigen Herren nicht entziehen konnten, ohne in der Gewährung von „Schutz und Schirm", der ideologischen Rechtfertigung für ihre Herrenstellung, unglaubwürdig zu werden. [. . .] Nachdem das Königtum durch Thronstreit und Interregnum[2]) seine Führungskompetenz in der Landfriedensbewegung eingebüßt hatte, blieb vor allem den mächtigen Herren die Aufgabe, in ihrem Bereich den Landfrieden zu sichern. Wo immer es einem Herrn gelang, [. . .] zumindest für die drei Kapitalverbrechen Raub, Totschlag und Notzucht ein für das ganze Land zuständiges Hochgericht durchzusetzen und effizient zu machen, war der Grund gelegt für die Entstehung einer neuen Rechtsgemeinschaft, der Rechtsgemeinschaft der freien Landesbewohner, die zusammen mit dem Landesherrn das „Land" konstituierten.

Hanna Vollrath, Deutsche Geschichte im Mittelalter, in: Martin Vogt (Hrsg.), Deutsche Geschichte. Begründet von Peter Rassow, Stuttgart 1987, S. 98

1. *Welche einzelnen Rechte und Leistungen ließen sich zur landesherrlichen Durchdringung eines Territoriums nutzen?*
2. *Durch welche unterschiedlichen Gegenkräfte konnte das Streben nach Ausbau der Landesherrschaft behindert werden?*
3. *Welche Bedeutung haben „Schutz und Schirm" als Leistung des Gegenwartsstaates?*

---

[1]) Allodialgut: Eigenbesitz. Das dem Grundherrn ursprünglich gehörende Land verschmolz häufig mit dem als Lehen übernommenen Besitz.

[2]) Interregnum: „Zwischenherrschaft". In der so genannten „kaiserlosen Zeit" zwischen dem Ende des staufischen Herrscherhauses (1254) und der Wahl des Habsburgers Rudolf I. (1273) bauten die Partikulargewalten ihre Macht unter schwachen, aus dem Ausland stammenden Königen weiter aus.

Bauern, Ritter, Bürger, Mönche und Gelehrte

1096–1099	Erster Kreuzzug nach Palästina: gemeinsame Aufgabe des europäischen Rittertums
zweite Hälfte des 11. Jahrhunderts	Aufkommen der Scholastik: Methode von der systematischen Durchdringung wissenschaftlicher Fragen
12.–14. Jahrhundert	Urbanisierungswelle im Reich
zweite Hälfte des 12. Jahrhunderts	Entstehung der ersten Universitäten in Westeuropa
1170–1221	Dominikus, Gründer des Dominikanerordens
1181–1226	Franz von Assisi, Gründer des Franziskanerordens
1184	Mainzer Hoffest: Höhepunkt des Rittertums im Reich
1225–1274	Thomas von Aquin: Streben nach Ausgleich zwischen christlicher Heilslehre und rationalem Denken
1348	Gründung der Universität Prag

Eine Zeit des gesellschaftlichen und geistigen Wandels

Nicht nur für die deutsche Verfassungsgeschichte war die staufische Zeit von großer Wichtigkeit. Ihre Bedeutung beruht mindestens ebenso auf ihren einzigartigen kulturellen Leistungen, die nicht mehr allein von der Kirche bestimmt wurden; kennzeichnend für die Epoche ist die Ausbildung einer neuen *Laienkultur*. Grundlage dafür boten wichtige gesellschaftliche Entwicklungen: die Entstehung und wachsende Bedeutung adelig-ritterlicher sowie bürgerlich-städtischer Lebensformen. Die ersten Universitäten als neue Zentren von Bildung und Ausbildung, wachsende Kontakte mit außereuropäischen Kulturen, die verbesserte Kenntnis der Antike und ebenso neue religiöse Bewegungen in den Städten lassen etwas von der Dynamik und Aufbruchsstimmung einer Zeit ahnen, die auf der Suche nach neuen Horizonten war. Aber nach wie vor lebte die ganz überwiegende Mehrheit der Menschen auf dem Lande und blieb – weitgehend unberührt von den großen geistigen Wandlungen der Epoche – ihrer kleinräumigen Welt verhaftet.

Genauer als mittelalterliche Zeichnungen und Gemälde beschreiben uns Bilder des 16. Jahrhunderts die Arbeit der Bauern. Die Darstellungen auf dieser Seite stammen aus dem Zyklus „Monatsbilder" des niederländischen Malers Pieter Bruegel (um 1525–1569). Allerdings hat sich seit der „Agrarrevolution" des Hochmittelalters (siehe Seite 117) die Arbeit auf dem Lande bis zum 16. Jahrhundert praktisch nicht verändert.

Winter: Im Hintergrund ist eine verbesserte Windmühle zu sehen. Sie kann sich in die Windrichtung drehen und so eine bessere Arbeitsleistung erbringen.

Frühjahr: Beim Grasschneiden setzt sich im Laufe des Mittelalters statt der Sichel die Sense durch.

Sommer: Bei der Getreideernte wird eine „Kniesense" benützt. Sie ist eine weiterentwickelte Sichel, hat aber nichts mit dem Knie des Schnitters zu tun. Mit einem Mähhaken fasst der Schnitter einen Büschel Halme zusammen, um sie dann abzuhauen.

Herbst: Scharpflug und Kummet sind zwei der wichtigsten Neuerungen bei den landwirtschaftlichen Geräten. Der Scharpflug reicht tiefer, wendet mit dem Streichbrett die Schollen um und lockert auch noch den Boden auf. Das Kummet ist ein gepolsterter Kragen, der auf den Schultern des Zugtiers aufsitzt. Es erhöht die Zugkraft des Tieres erheblich.

Die bäuerliche Lebenswelt

Das Dasein der nichtadeligen Landbevölkerung war geprägt durch die Abhängigkeit von der Natur sowie vom Grundherrn, auf dessen Land sie lebte und dem sie Leistungen und Abgaben schuldete. Die meisten Landbewohner darf man sich als kaum gebildet und abergläubisch vorstellen; auch galten sie als Menschen ohne Stolz und Selbstachtung. Harte Arbeit vom Aufgang bis zum Untergang der Sonne bestimmte in den Sommermonaten das bäuerliche Leben, entgegen kirchlicher Mahnung wurde manchmal auch am Sonntag gearbeitet.

Trotz des gleich bleibenden, nur selten von Feiern und Festtagen unterbrochenen, Alltags änderten sich doch in staufischer Zeit die Rechts- und Lebensverhältnisse auf dem Land. Viele große adelige Grundherren verzichteten seit dem 12. Jahrhundert auf die eigenständige Bestellung ihrer großen Landflächen. Sie gaben ihren Besitz zur selbständigen Bebauung an *Leibeigene*[1]) aus, so dass die Zahl der Hofstellenbesitzer sich vermehrte. Der bedrückende *Frondienst*[2]) wurde nun häufig in Natural- und Geldleistungen umgewandelt. Bei diesem Übergang von der Fronhofwirtschaft zur Abgabengrundherrschaft verbesserten sich die Besitzrechte der Bauern am bearbeiteten Land. Durch die geringere Abhängigkeit vom jeweiligen Grundherrn konnten sich auch dörfliche Selbstverwaltung und Gerichtsbarkeit entwickeln. Geburtsständische Unterschiede zwischen Freien, Halbfreien und Unfreien bestanden zwar prinzipiell noch fort, verloren aber für den Status des einzelnen Bauern an Bedeutung. Die in der Landwirtschaft tätigen Menschen wurden jetzt als eigener, einheitlicher Stand betrachtet („rustici").

Gleichwohl blieb die Verschiedenartigkeit der bäuerlichen Lebensverhältnisse erhalten. Entscheidend wurde nunmehr die soziale Stellung. Die wirtschaftliche Lage der Vollbauern, die große Höfe innehatten und Überschüsse auf dem städtischen Markt absetzen konnten, entwickelte sich in staufischer Zeit besonders günstig. Sie standen an der Spitze der dörflichen Hierarchie und versuchten gelegentlich sogar den Lebensstil höherer Stände nachzuahmen. Aber die meisten Bauern konnten den aus Schafswolle oder Flachs gefertigten grauen Bauernkittel nicht mit vornehmer Kleidung tauschen, sondern rangen um das Existenzminimum. Denn die Erträge der angebauten Getreidesorten (Hafer, Gerste, Roggen, Weizen und Dinkel) überstiegen die Aussaatmenge nur um das 2,5–3-fache. Da man also etwa ein Drittel der Erntemenge für die Aussaat zurücklegen musste, etwa ein weiteres Drittel der Erträge an den Grundherrn abzugeben hatte, blieb nur das letzte Drittel für den Verbrauch der bäuerlichen Familie. Neben den Bauern lebte auf dem Land noch eine Gruppe minderberechtigter Lohnarbeiter.

---

[1]) Leibeigene waren unfrei und galten als Zubehör der Grundherrschaft. Sie wurden bei einer Veräußerung des Hofes ebenfalls übereignet.

[2]) Die so genannten Hand- und Spanndienste mussten abhängige Bauern für den Grundherrn erledigen. Da die Dienstleistungen auf dem Fronhof und den vom Grundherrn bewirtschafteten Feldern sich häufig mit notwendigen Arbeiten auf dem eigenen Land zeitlich überschnitten, gerieten viele Bauern in Bedrängnis.

Zwischen der Jahrtausendwende und dem Ende des 13. Jahrhunderts scheint sich die Bevölkerung in Nord-, West- und Mitteleuropa auf 36 Millionen Menschen verdreifacht zu haben. Deutschland zählte vielleicht 13 bis 15 Millionen Einwohner. Es ist erstaunlich, dass die Nahrungsmittelproduktion mit dem raschen Bevölkerungswachstum Schritt halten konnte. Dies gelang, weil im Altsiedelland und durch die *Ostsiedlungsbewegung* neue landwirtschaftliche Flächen gewonnen wurden. Hinzu kamen einschneidende technologische Neuerungen, die einige Forscher von einer „agrartechnischen Revolution des Mittelalters" sprechen lassen (Georges Duby): Die ertragssteigernde *Dreifelderwirtschaft* setzte sich allgemein durch; moderne, wirkungsvollere Methoden des Pflügens und andere technologische Neuerungen (Zunahme der Eisenwerkzeuge und der Wassermühlen) verbreiteten sich mehr und mehr.

Das Rittertum gewinnt in staufischer Zeit höchste Geltung

Während das bäuerliche Leben trotz aller Wandlungen in der Landwirtschaft von den Nöten der Existenzsicherung, der alltäglichen Angst vor Hagelschlag und Viehseuchen geprägt blieb, erlebte das *Rittertum* in der staufischen Epoche seine glänzendste Entfaltung. Eine neue, von der Vorherrschaft der Kirche befreite Kultur adelig-ritterlicher Prägung gelangte in Deutschland während der Regierungszeit Friedrich Barbarossas zum Durchbruch. Der Kaiser selbst ließ seine Söhne „ritterlich" erziehen. Das Mainzer Hoffest (1184), an dem ihre Aufnahme in den Ritterstand mit Kampfspielen gefeiert wurde, war wahrscheinlich das großartigste Ritterfest des Mittelalters. Es bezeugte die wachsende Bedeutung der zunächst in Westeuropa entwickelten ritterlichen Lebensformen und Ideale.

Eine sozial offene Gruppe verfestigt sich zum Geburtsstand

Die Ritter bildeten ursprünglich keinen eigenen rechtlichen Stand. Sie waren berittene, schwer bewaffnete Krieger mit unterschiedlichem Rechtsstatus: Neben den Adeligen und nichtadeligen Freien zählten seit dem 11. Jahrhundert auch die zunächst unfreien „Ministerialen" zu den Rittern. Gerade durch Einbeziehung der Dienstmänner größerer Herren dürfte das Rittertum entscheidend gestärkt worden sein. Der gemeinsame Waffendienst der Inhaber von Amtslehen und der geburtsadeligen Vasallen als gepanzerte Reiter ließ gemeinsame, am Vorbild des Adels orientierte Lebensformen entstehen. Äußeres Symbol der Zusammengehörigkeit der Ritter wurde das *Wappen.* Ursprünglich als Schildzeichen zur Kenntlichmachung im Kampf entstanden, diente es seinen Trägern bald als Identitätszeichen und wurde schließlich erblich. Die Festigung des ritterlichen Adels wird ebenso erkennbar an den aufkommenden Familiennamen, die nach dem Stammsitz oder einer Burg benannt sind.

Alle Angleichungen in gesellschaftlichen Verhaltensweisen hoben allerdings nicht die nach wie vor gültigen geburtsständischen Abstufungen innerhalb der ritterlichen Schicht auf. Die nicht aus altem Adel stammenden Ritter blieben auf den „niederen Adel“ beschränkt. In staufischer Zeit verfestigte sich die ursprünglich sozial offene Leistungsgemeinschaft der Ritter zum Geburtsstand. Demnach konnte nur Ritter werden, wer ritterliche Vorfahren hatte. Nichtadelige wurden lediglich in Ausnahmefällen in den Ritterstand aufgenommen.

Grundherren und Burgbewohner

Die Mitglieder des privilegierten Kriegerstandes konnten Rüstung und Gefolge – dazu zählten in staufischer Zeit ein Knappe und oft auch ein Knecht nebst drei oder mehr Pferden – nur bezahlen, wenn sie selbst über einen gewissen Reichtum verfügten. Als Grundlage für ihren Lebensunterhalt erhielten Ritter deshalb Grundbesitz von einem höher gestellten Lehensherrn, dem sie als Krieger und Vasallen dienten. Gleichzeitig waren sie „Herren über Land und Leute“, die von den Abgaben und Leistungen der Menschen ihrer Grundherrschaft lebten. Somit setzte sich das ritterliche Dasein gleichermaßen aus Dienst und Herrschaft zusammen.
Die wirtschaftlichen Aufgaben und Tätigkeiten als Grundherren prägten den Alltag der Ritter gewöhnlich stärker, als gemeinhin vermutet wird. Die mit geringem Grundbesitz Ausgestatteten unter ihnen blieben der bäuerlichen Lebensführung eng verbunden. Als Wohnung diente ihnen manchmal nur ein Steinhaus mit zwei Zimmern. Aber auch für diese Ritter galt, dass der Waffendienst zu Pferd und eigener Lehensbesitz sie gegenüber den Bauern hervorhob. Für die meisten Ritter wurde allerdings die Burg zum typischen Lebensraum. Die Burg diente als repräsentativer Wohnsitz, war als Verwaltungs- und Amtssitz Herrschaftszentrum einer Region und sie wurde als Befestigungsanlage für die Kriegsführung immer wichtiger.
Das Alltagsleben auf der Ritterburg war in der Regel einfach und, gemessen an modernen bürgerlichen Ansprüchen, unbequem. Die Ausstattung mit Möbeln war auch auf vornehmen Adelssitzen bescheiden. Vor dem 13. Jahrhundert gab es kaum Fenster aus Glas, gegen Kälte und Wind mussten sich die Bewohner meist mit Brettern und Stroh in den Fensteröffnungen schützen. Die kalten Wohnräume wurden mittels Kaminen geheizt. Zur Beleuchtung dienten Talglichter und Kienspäne, bei besonderen Anlässen Fackeln und Kerzen. Die meisten Ritterburgen waren bis zu 40 Meter lang. Repräsentativer waren die königlichen Pfalzen (das staufische Wimpfen stellte mit 215 Metern die größte Anlage dar) oder die Höfe der Fürsten. Unter ihnen ragt die 180 Meter lange Wartburg des Landgrafen von Thüringen besonders hervor.

Fürstenhöfe

Für die Ausbildung des ritterlichen Lebensgefühles und des ritterlichen Standesethos wurden die Zusammenkünfte an diesen „Höfen“ großer Herren wichtig und entscheidend. Hier sammelten sich die dem Herrn verpflichteten Vasallen zum Kriegszug, hier fanden die großen Feste und Turniere statt. Festanlässe waren im Mittelalter Hochzeiten und Thronerhebungen, hohe

Die Burg diente sowohl Verteidigungszwecken als auch der Repräsentation. Sie ist weithin sichtbares Zeichen der Wehrhaftigkeit und der vom bäuerlichen Dasein abgehobenen ritterlichen Lebensform. (Die Abbildung stammt aus der so genannten Toggenburg-Bibel.)

kirchliche Feiertage, die Rückkehr von Feldzügen oder weiten Reisen. In staufischer Zeit bot vor allem die *Schwertleite,* die Aufnahme adeliger Söhne in den Ritterstand, häufig Grund zum Feiern.
Die höfische Gesellschaft erfreute sich beim Gastmahl an Auftritten von Spielmännern und Gauklern, Musik und Tanz. Am Hofe setzten sich feinere Esssitten durch. Höhepunkt im ritterlichen Dasein war die Teilnahme an Turnieren. Diese Kampfspiele wurden festen Regeln unterworfen und bekamen damit auch einen „sportlichen" Charakter, blieben aber für die Teilnehmer nicht ungefährlich. Der einzelne Ritter konnte in den Gruppenkämpfen und besonders im Zweikampf Mut und Gewandtheit beweisen und damit sein Ansehen steigern (◊ M 1).

Ritterliche Tugenden

Ehre (êre) ist ein Schlüsselbegriff für das Selbstverständnis des Rittertums. Anspruch darauf besaß, wer die als adelig anerkannten gesellschaftlichen Verhaltensnormen individuell vor- bzw. nachzuleben verstand. Der Tugend- und Ehrenkodex der Ritter verlangte *Treue* (triuwe) gegenüber dem Herrn, bis hin zum Einsatz des Lebens, und Zuverlässigkeit bei der Ausführung gegebener Versprechen. Kampfesbereitschaft und *Tapferkeit* waren selbstverständliche Anforderungen in einer kriegerisch orientierten Aristokratie.

Zum Ansehen des Rittertums trug die Anerkennung des Kriegsdienstes durch die Kirche wesentlich bei. Obwohl dem Kriegshandwerk grundsätzlich ablehnend gegenüberstehend, billigte es die Geistlichkeit, wenn der Krieger sich in den Dienst des Christentums stellen ließ. Verdammenswert war nur der von niederen Motiven bestimmte Kampf zwischen christlichen Brüdern, nicht aber der Feldzug gegen Heiden oder der Schutz von Wehrlosen, also von Witwen und Waisen oder der Kirche selbst.

In der vom Papsttum ins Leben gerufenen *Kreuzzugbewegung* fand die Gleichstellung von Waffendienst und Dienst für Christus ihre erregendste Ausformung. Seit dem Ersten Kreuzzug (1096–1099) beteiligten sich Ritter der europäischen Nationen immer wieder gemeinsam an Unternehmungen zur „Befreiung" und zum Schutz Jerusalems und des Heiligen Landes. Insgesamt sieben Kreuzzüge – nicht selten unter Beteiligung der deutschen Kaiser und der Könige Englands und Frankreichs – erreichten letztlich ihr Ziel nicht: Als letzte Bastion in Palästina ging Akko (arab. Akka) 1291 verloren.

Das ritterliche Ideal wurde gleichwohl durch die Aufgabenstellung während der Kreuzzüge erhöht, und es bildete sich eine über alle Sprachgrenzen hinweg verbindende Standesethik aus. Freilich waren nicht nur religiöse Begeisterung, sondern auch Streben nach weltlicher Ehre, Abenteuerlust und Hoffnung auf Beute oder ein Lehen in den neu gegründeten Kreuzfahrerstaaten wesentliche Motive vieler Ritter. Ideal und Wirklichkeit – zu der auch schlimme Kreuzzugsgreuel gehörten – deckten sich häufig nicht.

Der Sinn des Minnedienstes

Eine von der Kirche weitgehend unabhängige Vertiefung der ritterlichen Kultur entwickelte sich mit dem *Minnekult*. An den vornehmen deutschen Höfen übernahm man die in Südfrankreich aufgekommene öffentliche Verehrung einer Frau höheren Standes (frouwe: adelige Herrin), um deren Zuneigung der ihr dienende Ritter warb. Es war ein Spiel der höheren Gesellschaft, der verehrende Ritter und die verehrte – stets bereits verheiratete – Dame wussten um die Spielregeln, die eine sinnliche Erfüllung als Lohn für den Minnedienst ausschloss. Der ritterlich Minnende konnte nur sein Leid und seine Sehnsucht immer wieder entsagungsvoll neu artikulieren. Tieferer Sinn des Minnedienstes war die mit der Verehrung der Herrin verbundene Vervollkommnung des Ritters. Sein Bemühen, sich durch die Aneignung höfischer Tugend der Herrin würdig zu erweisen, bedeutete eine Verfeinerung der Ritterideale.

Gefordert wurden vom Ritter nicht nur galantes und höfisches Verhalten, also die Beherrschung der an den Adelshöfen erwarteten Umfangsformen (hövescheit). Vor allem war er zur Selbstbeherrschung, zum maßvollen Verhalten (mâze) verpflichtet, was Respekt vor den Frauen ebenso umfasste wie die großzügige Behandlung eines besiegten Gegners. Zur ritterlichen Ehre trugen nicht alleine die kühne Tat, sondern auch das sittlich geläuterte Verhalten, Anstand und Einsicht des Minnenden bei. Auf dem Vertrauen in die eigenen Adelstugenden gründete schließlich auch der „hohe muot", die von einem wahrhaften Ritter erwartete freudige und lebensbejahende Hochstimmung.

Die höfische Dichtung der Stauferzeit – Ideal und Wirklichkeit

Für die Verbreitung des neuen Menschenbildes sorgten *Minnelyrik* und *höfische Epik.* Neben wandernden Dichtern trugen auch Angehörige des niederen (und hohen) Adels Dichtungen über Liebe und ritterliche Ehre an den Fürstenhöfen öffentlich vor. Sogar Kaiser Heinrich VI. schrieb in seiner Jugend im Geist der neuen Zeit.

Die Literatur war nicht mehr wie bisher auf lateinische Texte geistlichen Inhalts fixiert. Französische Sprache und Sagenstoffe gewannen an Einfluss. Antike und christliche Elemente wurden zusammen mit moderner französischer Lebensart der eigenen höfischen Wirklichkeit angepasst. All diese Elemente fanden ihren Ausdruck in einer formstreng gehandhabten volkssprachlichen Dichtung (⇨ M 2).

Wenn man der deutschen Geistes- und Kulturgeschichte der Stauferzeit und insbesondere ihrer Literatur geradezu „Klassizität" zuschreibt, so denkt man an *Hartmann von Aue, Wolfram von Eschenbach* oder *Gottfried von Straßburg* oder an Lieder, Sprüche und Minnesang bedeutender Lyriker wie *Walther von der Vogelweide.* Erstmals seit der Antike versanken Künstler nicht mehr in der Anonymität, sondern wurden sich ihrer Individualität bewusst. Zur Sicherung ihres Broterwerbs waren sie aber noch voll und ganz auf die Unterstützung und das Mäzenatentum der großen Fürsten angewiesen. Die Residenz der Babenberger in Wien oder die Wartburg des Landgrafen *Hermann von Thüringen* waren glanzvolle Mittelpunkte des dichterischen Lebens. Demonstrativ zeigten die Territorialherren so ihre wachsende politische Bedeutung.

Die in der Dichtung der Stauferzeit gezeichnete höfische Idealwelt entsprach keineswegs der Realität, in der die ethischen Forderungen an den zum Vorbild erhobenen Tugendadel nur ganz unvollkommen erfüllt wurden. Noch am Ende der staufischen Epoche wandte sich eine „nachhöfische" Dichtung von der Scheinwelt ritterlich-höfischer Idealität ab und schilderte wieder realistisch die Lebenswirklichkeit. Das Vorbild ritterlicher Kultur blieb noch über Jahrhunderte lebendig. Nicht zu Unrecht, denn es hatte sich „als eine der stärksten Antriebskräfte im Hinblick auf den Prozess der Individualisierung und der Entstehung des Selbstbewusstseins des westlichen Menschen erwiesen" (Franco Cardini).

Urbanisierungswelle

Winterlicher Marktplatz in Augsburg. Das Gemälde von Jörg Breu stammt aus der 1. Hälfte des 16. Jahrhunderts. Darstellungen städtischen Lebens aus früheren Jahrhunderten sind in Deutschland kaum bekannt, da sich die Künstler fast ausschließlich auf kirchliche Themen konzentrierten.

Neben dem Rittertum entstand mit dem *Bürgertum* eine weitere neue kulturtragende Schicht.
Schon zur Zeit der Römer gab es nördlich der Alpen auf deutschem Boden Städte. Urbane Lebensformen gingen in den wirtschaftlichen Krisenzeiten vor und während der Völkerwanderung fast völlig unter, konnten sich aber seit dem 10./11. Jahrhundert neu ausbilden. Vom 12.–14. Jahrhundert wurde das Reich geradezu von einer Urbanisierungswelle erfasst. Mancherorts wurden bereits vorhandene Siedlungen an Bischofssitzen, Pfalzen und Burgen[1]) oder Handelsplätzen von Fernkaufleuten zur Stadt erhoben. Häufig wurden aber Städte völlig neu gegründet. Die Initiative ging dann meist von Königen oder Fürsten aus, die sich in erster Linie zusätzliche Einnahmen aus Steuern und Abgaben erhofften. Ältestes Beispiel einer Gründungsstadt auf deutschem Boden ist Freiburg im Breisgau (1120) (⇨ M 3).

---

[1]) Aus burgus (lat.): Burgsiedlung entwickelte sich der Begriff „Bürger".

Stadt: Heute versteht man darunter eine Siedlung bestimmter Bevölkerungszahl (in Deutschland mindestens 2000 Einwohner), mit höherer Bebauungsdichte, ausgeprägter Arbeitsteiligkeit im Wirtschaftsleben und Mittelpunktsfunktion für die ländliche Umgebung.
Städtische Hochkulturen bildeten sich seit dem 9./8. Jahrtausend v. Chr. zuerst in Palästina aus (Jericho), seit dem 5. Jahrtausend in den Stromtälern des Nil, Indus, Euphrat und Jangtsekiang. Nach den frühen Anfängen in römischer Zeit gingen in Deutschland unter den Saliern und Staufern Städte aus vorhandenen Siedlungen neu hervor oder wurden planmäßig gegründet. Im Gegensatz etwa zu den städtischen Siedlungsformen der Slawen unterschied sich die mittelalterliche deutsche Stadt frühzeitig als besonderer Rechtsbezirk von anderen Ortschaften in der Umgebung. Es gelang den Bürgern, ihre innere Ordnung weitgehend selbständig zu bestimmen.
Rechtlich sind drei Gruppen von Städten zu unterscheiden: *Reichsstädte* unterstanden dem König unmittelbar und waren ihm zu Diensten und Abgaben verpflichtet (z. B. Nürnberg). Die *Freien Städte* hatten ihren bischöflichen Stadtherrn vertrieben und sich dem Schutz des Reiches unterstellt, ohne zu regulären Steuern verpflichtet zu sein (z. B. Augsburg, Regensburg). Alle übrigen Städte waren kein selbständiger Bestandteil des Reiches, sondern unterstanden einem Landesherren (*Landes-* oder *Territorialstädte*).
Der ungebremste Verstädterungsprozess hat in der Gegenwart für Politiker und Gesellschaft neue Probleme entstehen lassen, so die mit wachsender Industrialisierung und wachsendem Wohlstand verkoppelte Umweltproblematik oder steigende Ansprüche an Wohnbedingungen. Anders gelagerte Schwierigkeiten erleben die Länder der Dritten Welt: hohe Geburtenziffern, Landflucht, Überbevölkerung der Städte, Slumbildung.

Während sich der deutsche Wirtschaftsraum im Altsiedelland verdichtete, erweiterte er sich ab 1150 durch die Ostsiedlungsbewegungen zugleich fortlaufend nach Osten bis tief in die slawisch besiedelten Gebiete Ostmitteleuropas. Die zumeist von einheimischen Landesherren angeworbenen Auswanderer legten östlich von Elbe und Saale zahlreiche Dörfer und rund 250 neue Städte an.
Im Spätmittelalter lebte im Reich bereits etwa jeder Fünfte in einer der 3500 bis 4000 Städte, auf die der größte Teil unserer heutigen deutschen Städte zurückgeht. Über lange Zeit hinweg war Köln mit ca. 35 000 Einwohnern mit großem Abstand die bevölkerungsreichste Stadt Deutschlands. Es gab circa 25 Großstädte mit über 10 000 Einwohnern, circa 200 Mittelstädte (ab 2000 Einwohner), die meisten Städte des späten Mittelalters waren Kleinstädte; viele hatten weniger als 500 Einwohner.

Gewinn städtischer Autonomie

Schon früh bildete sich ein eigenes städtisches Recht aus. Das enge Zusammenleben der Menschen und die sich entwickelnde Arbeitsteilung machten zusätzliche Rechtsvorschriften notwendig, für die in ländlichen Grundherrschaften kein Bedarf bestand. So sicherte der „Marktfrieden" den Marktbesuchern Rechtssicherheit. Auf dem Weg zum oder am Markt sollte jedermann vor Gewalttätigkeiten, selbst vor der Blutrache eines Gegners sicher sein. Zweikampf und Gottesurteil, traditionelle Mittel der Rechtsfindung, wichen in der Stadt rationaleren Formen der Urteilsfindung, etwa bei Streitigkeiten zwischen Kaufleuten.

Interessiert am Gedeihen ihrer Stadt, gestanden die Stadtherren einzelnen Gruppen oder allen Einwohnern weitere wichtige Privilegien zu. Die Stadtgemeinde trat dem Stadtherrn als eigenständiger Partner gegenüber. In ihre Hände gelangten immer mehr Rechte, die der Stadtherr zunächst selbst oder durch eigene Beamte (Ministeriale) ausübte, zum Beispiel die Garantie des Marktfriedens usw. In Geldnot geratene Stadtherren ließen sich ihre Befugnisse auch abkaufen oder verpfändeten sie an die Stadtgemeinde oder „Bürgerschaft". Führungsorgan der Stadtgemeinde bei der Zusammenarbeit oder auch bei Auseinandersetzungen mit dem Stadtherrn war der „Rat". Dieser entwickelte sich zumeist aus einzelnen einflussreichen Führungsgruppen, beispielsweise Kaufmannsgilden oder (ehemaligen) Ministerialen, die im Auftrag des Stadtherrn Gerichts- und Verwaltungsaufgaben innehatten. Streitigkeiten endeten gelegentlich sogar mit der Vertreibung des Stadtherrn. Aber auch dort, wo er formal weiter anerkannt wurde, bestimmten die Städte am Ende dieser Entwicklung ihre innere Ordnung weitgehend selbständig.

Weil Städte im Mittelalter „Inseln eines freieren Rechts" waren, zogen sie – zum Verdruss der betroffenen Grundherren – viele Menschen vom Lande an. Der bekannte, allerdings erst im 19. Jahrhundert geprägte Satz „Stadtluft macht frei" spielt auf die vielfach überlieferte Bestimmung an, dass mit der Aufnahme in die Stadt die persönliche Unfreiheit verloren ging. Der Grundherr konnte in der Regel in einer bestimmten Zeitspanne (binnen „Jahr und Tag") seinen Eigenmann noch zurückfordern. Danach schützte die Stadt diesen vor jedem Versuch, ihm den neu gewonnenen Status der persönlichen Freiheit wieder zu entziehen.

Von der Stadtfreiheit profitierten auch die Frauen, die in zahlreichen Städten den Männern rechtlich gleichgestellt waren. Allerdings waren sie von politischen oder kirchlichen Ämtern ausgeschlossen und blieben in erster Linie auf die Tätigkeit im Haushalt verwiesen. Dies galt als die natürliche Ordnung der Geschlechter.

Innerhalb der Mauern herrschte Rechtsgleichheit. So war das Strafrecht (theoretisch) egalitär. Der Städter verfügte über Freizügigkeit, durfte Besitz frei erwerben und darüber frei verfügen. Gerade diese rechtlichen Möglichkeiten führten allerdings zu einer zunehmenden Differenzierung des städtischen Gesellschaftsaufbaus.

Ausprägung bürgerlich-städtischer Lebensformen

Moderne Wirtschaftsformen entwickelten sich vor allem in den besonders dynamischen Städten mit ausgeprägtem Exportgewerbe oder wichtiger Bedeutung für den Fernhandel. Dort sammelten sich große Vermögen an, entstanden die eindrucksvollsten Zeugnisse bürgerlicher Kunst und Kultur. Über neun Zehntel der Städte waren jedoch „Ackerbürgerstädte". Ein großer Teil ihrer Einwohner war noch landwirtschaftlich tätig; Gewerbe und Handel spielten nur eine bescheidene Rolle für ein lokal begrenztes Absatzgebiet.
Mit der Zeit bildete sich in den Städten ein eigener Lebensstil heraus, der sich deutlich von den ritterlichen und ländlichen Gepflogenheiten unterschied (⇨ M 4). Die sich ausprägende Schriftlichkeit schuf die Voraussetzung für eine Teilnahme des Bürgertums am geistigen Leben und eine „bürgerliche" Kultur. Das Bildungsmonopol des Klerus war endgültig gebrochen.
Die in die Städte drängenden Menschen wurden von Zwangsdiensten befreit und konnten über ihre Arbeitskraft frei verfügen. Die Möglichkeit, in eigener Verantwortung für den Markt zu arbeiten, förderte eine neue „bürgerliche" Mentalität. In der urbanen Gesellschaft wurde es üblich, nach Besitz für sich selbst und seine Erben zu streben. Das Ansehen eines Menschen wurde nicht mehr allein durch seine Herkunft bestimmt, sondern mindestens ebenso durch Erfolge in seinem Beruf. Folglich gewannen das Erlernen und Ausüben eines Berufes höhere Bedeutung. Spätestens im 13. Jahrhundert begann die Ausbildung wie noch heute überall mit der Lehrzeit. Der Stolz der Menschen auf die eigene Tätigkeit wuchs. Erstmals wurden Szenen aus dem städtischen Arbeitsleben an gestifteten Kirchenfenstern dargestellt. Mit der freien Verfügung über die eigene Arbeit bildete sich in der Stadt ein neues unfeudales Ethos der Arbeit aus. Der Wirtschaftsaufschwung in staufischer Zeit wurde durch die Entfaltung bislang brachliegender produktiver Kräfte entscheidend gefördert:

- „Freiheit der Arbeit" ermöglichte die individuelle Kapitalbildung, es entwickelte sich ein persönliches Interesse am Gewinn
- Kaufleute und Handwerker suchten ihre Fähigkeiten optimal zu nutzen; nicht mehr die Arbeit, im Mittelalter zunächst ein Zeichen der Unfreiheit, wurde verachtet, sondern der Müßiggang
- Investitionen in neue technische Errungenschaften (z. B. Tretwebstuhl, Drechselbank) dienten der Produktionsverbesserung und Steigerung des Arbeitsertrags
- neue Formen von Geldgeschäften bis hin zur Zinsnahme wurden auch Christen erlaubt; Geldhandel und Bankierstätigkeit begannen sich zu entfalten
- die Arbeitsteilung nahm zu, mit ihr vergrößerten sich Erfahrung und Geschicklichkeit der Handwerker; in den Städten entstanden neue Berufe
- mit der Lohnarbeit wurden neue Formen von Arbeitsverhältnissen erschlossen: Ein Freier konnte nun bei einem anderen Freien in ein Lohnverhältnis treten, ohne dadurch seine Freiheit zu verlieren (⇨ M 5).

In „Zünften" organisiert: das städtische Handwerk

Nicht allein Mitbewohner, sondern vollgültiges Mitglied der Stadtgemeinschaft war nur, wer das *Bürgerrecht* besaß. Dieser Kreis beschränkte sich weitgehend auf die Ober- und Mittelschicht. Der Bewerber entrichtete ein Aufnahmegeld und verpflichtete sich in einem Bürgereid zur Einhaltung der städtischen Rechtsordnung und zur Erfüllung aller finanziellen und militärischen Verpflichtungen.

Zur Mittelschicht gehörten Kleinhändler, Fuhrleute und wohlhabende Ackerbürger, vorwiegend aber Handwerker. Vor allem in den großen Städten spezialisierten sich die handwerklichen Berufe immer mehr.

Kennzeichnend für das städtische Handwerk war der Zusammenschluss der Handwerksmeister eines Gewerbes in Korporationen[1]). Von den *Zünften* wurden nicht nur wirtschaftliche und berufliche Angelegenheiten geregelt. Sie bildeten eine Art Lebensgemeinschaft. In den Zunfthäusern traf man sich zu geselligem Zweck. Zunftmitglieder waren bei Kirchgang und Prozession vereint und besaßen einen eigenen Altar. Sie halfen sich bei Krankheit oder in anderen Notfällen gegenseitig und kümmerten sich um die Versorgung von Witwen und Waisen. Wenn die Stadt angegriffen wurde, übernahm jede Zunft bestimmte vorher festgelegte militärische Aufgaben.

Den Zünften ging es in erster Linie darum, Herstellung und Absatz ihrer Produkte gemeinsam zu regeln und dem einzelnen Zunftmitglied ein ausreichendes Einkommen zu garantieren. Gemeinsam wurden die Rohstoffbeschaffung organisiert, Produktionsverfahren festgelegt und Verkaufspreise abgesprochen. Es bestand *Zunftzwang.* Den Zunftgenossen sollte möglichst ein „Kollektivmonopol" gesichert werden, die Unterbietung durch nicht organisierte Konkurrenz wollte man verhindern. Die Zunft entschied über die Aufnahme neuer Mitglieder, legte die Zahl der Gesellen und Lehrlinge fest und regelte die Ausbildung des Nachwuchses. Den Käufern handwerklicher Produkte kam die von der Zunft organisierte Qualitätskontrolle zugute. „Pfuscharbeit" einzelner Mitglieder wurde nicht geduldet.

Die Aufnahme in die Zunft war an bestimmte Voraussetzungen, etwa ein Vermögensminimum, gebunden. Meister, Meistersfrau und Gesellen mussten ehelicher Abstammung sein. Nichtchristen (Juden) konnten keiner Zunft beitreten. In nord- und ostdeutschen Städten verweigerten manche Zünfte auch „Undeutschen" (zum Beispiel Slawen) den Zugang. Weil die Zahl der Zunftmitglieder beschränkt blieb, hatten viele Gesellen kaum eine Chance, sich als Meister selbständig zu machen.

---

[1]) Körperschaften, Innungen

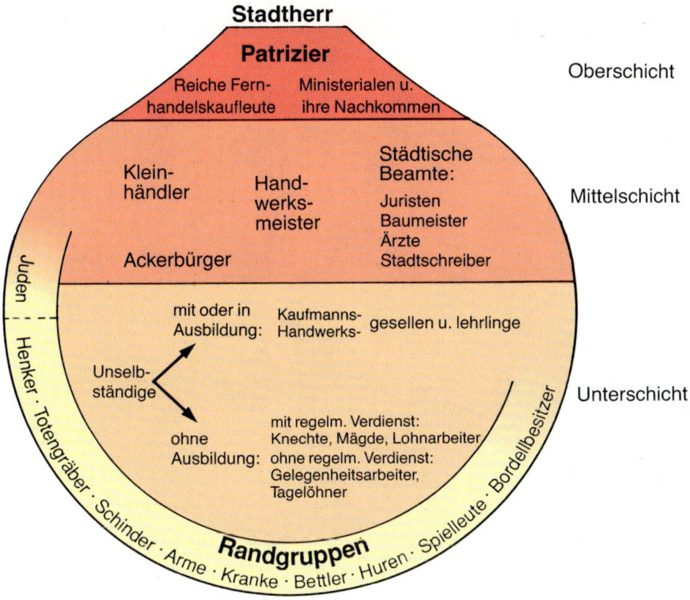

Schichtenmodell einer mittelalterlichen Stadt (nach einem Entwurf von Birgit Ballasch). Die Angehörigen der Unterschicht besaßen kein Bürgerrecht. Die unselbständigen Lohnempfänger wie Gesellen, Knechte, Mägde waren zwar persönlich frei, aber politisch rechtlos.

An der Spitze der städtischen Gesellschaft: das Patriziat

Bei der Emanzipation der Stadtgemeinde von ihrem Stadtherrn hatten reiche Kaufmannsfamilien zusammen mit den sich verselbständigenden Ministerialen (Burggraf, Schultheiß etc.) des Stadtherrn die entscheidende Rolle gespielt. Dieser Personenkreis und zugezogene Landadelige bildeten das *Patriziat,* die gesellschaftliche und politische Führungsschicht in den aufblühenden Städten. Grundlage der Macht und des Ansehens der vornehmen „Geschlechter" waren der durch Fernhandel erworbene Reichtum oder das Prestige der ministerialen Oberschicht. Vielfach orientierte sich das Patriziat am feudalen Lebensstil des ländlichen Adels und erwarb beträchtlichen Grundbesitz auch außerhalb der Stadtmauern.

Allerdings bildeten die Angehörigen der Oberschicht keine ein für alle Mal abgeschlossene Schicht. Reich gewordene Handwerksmeister konnten ebenso in den Kreis der Patrizier aufsteigen, wie verarmte Familien ihre Zugehörigkeit zu diesem Kreis wieder verlieren konnten. Die Gesellschaftsordnung war also nicht erstarrt, sondern ließ eine gewisse Mobilität zu.

Nach der Gewinnung der städtischen Autonomie beanspruchte das Patriziat das alleinige Stadtregiment. Nur seine Angehörigen hatten Sitz und Stimme im Rat, in dem über innere Angelegenheiten und die äußere Politik der Stadt entschieden wurde. Die alleinige Ratsfähigkeit der „Geschlechter" blieb bis zum 14. Jahrhundert zumeist unangefochten.

Vorurteile gegen Juden demonstrierte auch die Schedel'sche Weltchronik von 1493. Seit dem Ende des 12. Jahrhunderts kursierte in Europa das Gerücht, die Juden ermordeten Kinder, um ihnen das Blut für Zaubertränke abzuzapfen. In Wahrheit war gerade den Juden der Umgang mit Blut durch ihre religiösen Gesetze streng verboten. Daher betonte schon ein im Auftrag Friedrichs II. erstelltes Gutachten die Unsinnigkeit der Ritualmordlüge.

Die Stellung der Juden

Wie die Kleriker, die der geistlichen Gerichtsbarkeit unterstanden, lebten auch die Juden zunächst nach eigenem Recht. Jüdische Kultur und Gelehrsamkeit von hohem Rang erlebten in den Städten bis zum 11. Jahrhundert eine Blütezeit. Das Zusammenleben von Christen und Juden schien im frühen Mittelalter problemlos. Zu *Pogromen*[1]) gegen die „Christusmörder" kam es erstmals zur Zeit des 1. Kreuzzuges, als auch Hungersnöte die Bevölkerung in Unruhe versetzten.

Seitdem nahm die Rechtsunsicherheit der Juden zu. Kirchlicherseits wurde auf dem Laterankonzil von 1215 sogar ihre völlige Rechtlosigkeit festgestellt und erstmals die Vorschrift erlassen, dass Juden sich in ihrer Kleidung von Christen unterscheiden müssen. In dieser Situation unterstellte Kaiser Friedrich II. alle in Deutschland lebenden Juden der kaiserlichen Kammer als reichsunmittelbare *Kammerknechte*. Er übernahm ihren Schutz, doch musste

[1]) russ.: Verwüstung; Ausschreitungen gegen nationale, religiöse, rassische Gruppen

dieser mit erheblichen Abgaben erkauft werden. Dieses Regal vergaben die Herrscher im Zeitalter der beginnenden Territorialisierung häufig an Fürsten und städtische Obrigkeiten.
Die Situation der jüdischen Minderheit blieb stark gefährdet, das Ansehen der Juden sank. Einst als Fernhändler, bedeutende Kauf- und Finanzleute und kundige Gelehrte geachtet, wurden die Juden seit dem 13. Jahrhundert aus vielen Berufen verdrängt; sie blieben vor allem in der Geldleihe tätig, die Christen von der Kirche lange verboten war. Hinter den Übergriffen auf jüdisches Leben und Eigentum im 13. und 14. Jahrhundert verbargen sich oft die Interessen der verschuldeten Kreditnehmer vom Hochadel bis zum Handwerkerstand.

Zwischen Frömmigkeit und Häresie

In staufischer Zeit hatte der das mittelalterliche Mönchtum prägende *Benediktinerorden*[1]) seine führende Stellung bereits eingebüßt. Programmatisch strenger nach der Regel des Ordensstifters *Benedikt von Nursia* lebend, erwarben im 12. Jahrhundert vor allem die *Zisterzienser* (= Bernhardiner) großes Ansehen. Der aus dem benediktinischen Reformkloster Cîteaux in Burgund hervorgegangene Orden verzichtete auf die Übertragung großer Grundherrschaften mit abhängigen Bauern und nahm die Verpflichtung zur Handarbeit wieder ernst. Zusammen mit „Laienbrüdern" trugen die überwiegend aus adeligen Familien stammenden Mönche durch ihre vorbildliche landwirtschaftliche Tätigkeit wesentlich zur ostdeutschen Kolonisation bei.
Die Aufbruchsstimmung des hohen Mittelalters spiegelte sich nicht zuletzt in Wandlungen des Glaubens und in der Ausbildung neuer, stark von Laien getragener religiöser Bewegungen. Alternative, das heißt von der Amtskirche unabhängige religiöse Lebensformen erwuchsen aus der „Armutsbewegung", die sich im 12. Jahrhundert besonders in Italien und Frankreich zu einer Massenbewegung verbreiterte und schließlich in Deutschland Fuß fasste. Kleriker, Mönche und vor allem viele adelige und nichtadelige Laien erblickten in Armut und Demut des Predigerlebens Jesu und seiner Apostel ihr neues religiöses Leitbild. Der gekreuzigte Jesus wurde nicht mehr als Herrschergott mit Königskrone dargestellt, sondern als der arme und leidende „nackte Christus am nackten Holzkreuz".
Aus dem Ideal der urkirchlichen Armut erwuchs die Kritik an der reichen Macht- und Herrschaftskirche und der aufwendigen Lebensweise vieler ihrer Amtsinhaber. Papsttum und Kirche sahen in den sich neu herausbildenden religiösen Gemeinschaften eine Gefahr für die Glaubenseinheit und ihre Autorität. Erste Opfer spezieller Ketzerkreuzzüge wurden die *Katharer*[2]) in

[1]) Benedikt von Nursia (ca. 480–547?) gründete 529 das Kloster Montecassino in Italien. Seine Mönchsregel wurde seit der karolingischen Zeit zur abendländischen Klosterregel.
[2]) (griech.): die Reinen; religiöse Bewegung seit Anfang des 12. Jahrhunderts. Sie lebten arm und enthaltsam. Wegen ihrer Ablehnung des Alten Testaments, der kirchlichen Sakramente und der päpstlichen Amtskirche wurden sie blutig verfolgt. Das Wort Ketzer leitet sich von „Katharer" her.

Südfrankreich. Auch die meisten *Waldensergemeinden*[1]) wurden vernichtet. Alle Gruppierungen, die den Anspruch der Kirche auf alleinige Heilsvermittlung in Frage stellten, wurden vor allem seit dem Laterankonzil Innozenz' III. von 1215 mit Unterstützung der weltlichen Gewalten als *Häretiker*[2]) bekämpft. Aufgabe eigener *Inquisitoren*[3]) war es, die Verkünder von Irrlehren aufzuspüren und zu bestrafen.

Die Bettelorden der Franziskaner und Dominikaner

Die dem Armutsideal folgenden Christen sollten nach dem Willen von Innozenz III. aber durchaus vor dem Abfall in die Häresie bewahrt werden, sofern sie sich in die Kirche integrieren ließen. Deshalb erlaubte der Papst die neuen Orden der *Bettelmönche.* Ihre Gründer waren der italienische Kaufmannssohn *Franz von Assisi* (1181–1226) und der Kastilianer *Dominikus* (ca. 1170–1221).
Die Mitglieder der Bettelorden (Mendikanten) waren nicht nur zur individuellen Armut im Sinne des traditionellen Mönchsgelübdes verpflichtet, sondern auch ihre Orden und Klöster selbst sollten auf Vermögen (Einkommen aus Grundbesitz) verzichten. So blieben die Ordensangehörigen auf Arbeitslohn und Almosen, also Betteln, angewiesen. In ihren fußlangen dunklen Kutten mit spitzer Kapuze, umgürtet mit einem Strick und barfüßig in Sandalen – gekleidet wie Hirten und arme Bauern – gingen die Bettelmönche auf die Menschen in den Städten und Dörfern zu. Nicht weltabgewandt wie die Mönche der alten Orden wollten sie leben, sondern weltzugewandt. Während die Zisterzienser ihre Klöster vornehmlich in einsamen Gegenden errichteten und in der persönlichen Heiligung den Hauptsinn ihres Mönchtums erblickten, errichteten die Bettelmönche ihre Konvente in den wachsenden Städten und sahen ihre Hauptaufgabe in Mission und Volksseelsorge.
Besondere Volkstümlichkeit erwarben sich die „Minderen Brüder" *(Minoriten)* des Franziskus von Assisi. Franziskus war ganz von dem Willen zur wortwörtlichen Nachfolge Christi beseelt und wurde bald zum charismatischen Führer einer Gruppe von Gleichgesinnten. Die *Franziskaner* machten sich die Probleme der Menschen zu eigen, wandten sich Armen und Kranken zu, kritisierten kirchliche und weltliche Missstände, predigten in der Volkssprache auf den Marktplätzen und in Privathäusern. Auf das Streben nach Reichtum und Macht antworteten sie mit den Forderungen nach Armut, Demut und Buße. Von frühen Stützpunkten, zum Beispiel in Augsburg und Köln, ausgehend, breitete sich der Orden schnell im gesamten Reich aus und erhielt Zulauf aus unterschiedlichen sozialen Schichten (▷ M 6).
Um 1220, etwa zur gleichen Zeit, wurden die in ähnlicher Weise auftretenden *Dominikaner* ebenfalls in Deutschland aktiv. Ihre Ausgangssituation war

[1]) von Petrus Waldus 1173 in Lyon gegründete Bewegung, die trotz kirchlicher Verfolgungen bis heute überlebte. Die Waldenser treten für Armut nach dem Vorbild Jesu und Laienpredigt ein.
[2]) Ketzer
[3]) Inquisition (lat.): Untersuchung; kirchliche Verhöre von (mutmaßlichen) Ketzern, meist unter Anwendung der Folter. Die Exekution der Urteile erfolgte durch die weltliche Gewalt.

eine ganz andere, denn der „Orden der Predigerbrüder" war von Dominikus von vornherein in der Absicht gegründet worden, Irrgläubige in Südfrankreich für die katholische Wahrheit zurückzugewinnen. Indem die Dominikaner selbst das Armutsideal übernahmen und wie die Ketzer lebten, konnten sie in der Ketzermission besonders wirkungsvoll tätig werden. Die wortspielartige Bezeichnung „domini canes" (Hunde des Herrn) für Dominikaner deutet an, dass das Papsttum vor allem ihnen bald die Ausübung der Inquisition übertrug.

Den Kern dieses Predigerordens bildeten Priester. Sie waren zu intensiven wissenschaftlichen Studien verpflichtet. Aus den Reihen der Dominikaner stammten daher viele berühmte Theologen des Mittelalters. Die theologisch durchgebildeten Predigten der Dominikaner sprachen insbesondere die Oberschicht in den Städten an.

Die religiösen Leitbilder der Bettelorden spiegelten sich auch in ihren Kirchenbauten. Bewusst schlicht gestaltete Gotteshäuser ohne Querkirchen und Glockentürme verwiesen auf die christliche Armutsidee. Zugleich entsprachen die weiträumig angelegten, einfach gestalteten Bauten mit der Kanzel im Zentrum den praktischen Anforderungen an städtische Predigtkirchen. Nicht zufällig fanden die Gotteshäuser der Franziskaner und Dominikaner ihren Platz oft an oder sogar jenseits der Stadtmauer, denn die Bettelorden gerieten in Gegensatz zum etablierten städtischen Weltklerus. Dieser besaß bisher den alleinigen Anspruch auf die Seelsorge sowie die damit verbundenen priesterlichen Aufgaben und finanziellen Einnahmen (Pfarrbann). Er sperrte deshalb seine Pfarrkirchen für die neuen Glaubensgemeinschaften. Aber unter dem Schutz der Päpste fanden die beiden Bettelorden, mit deren Hilfe Teile der Armuts- und Ketzerbewegung in den Schoß der Kirche zurückgeführt werden konnten, immer mehr Verbreitung. So lebten um 1280, 70 Jahre nach der Ordensgründung, in den rund 8000 Konventen der Franziskaner etwa 200 000 Minoriten.

Ausdrucksformen weiblicher Frömmigkeit

Die aktive Beteiligung von Frauen am religiösen Leben war ein kennzeichnendes Merkmal der hochmittelalterlichen Frömmigkeitsbewegungen. Zunächst gab es sehr wenige Frauenklöster, die zudem nur hochadelige Damen aufnahmen. Aber immer mehr nichtadelige Frauen wollten in Klöstern und Konventen ebenfalls ein gottgefälliges Leben in Askese und Gebet führen. Die Zahl der Nonnenklöster stieg von circa 150 um 1100 auf rund 500 um 1250 an, hätte aber angesichts des außerordentlichen Zulaufs noch weiter vermehrt werden können.

Frauen aus allen Schichten, Ständen und Berufen fühlten sich durch die Armuts- und Ketzerbewegung besonders angesprochen und spielten in den häretischen Gruppen eine besondere Rolle. Viele schlossen sich Wanderpredigern an, zogen mit ihnen durchs Land und predigten selbst öffentlich. Oft wurden solche religiös ergriffenen Frauen von den wirkungsvollen Predigten der Dominikaner für die Amtskirche zurückgewonnen. Die neuen Bettelor-

Zu einer individuell besonders herausragenden Vertreterin der hoch entwickelten Frauenfrömmigkeit in staufischer Zeit wurde die schon vier Jahre nach ihrem Tod heilig gesprochene *Elisabeth von Thüringen* († 1231). Im Geiste des Franziskus wirkte sie unermüdlich für die Armen. Ohne Rücksicht auf Stand und Gesundheit umarmte sie sogar Aussätzige und demonstrierte so eine Kritiker und Bewunderer beeindruckende Alternative zum adelig-höfischen Leben.
Dargestellt ist eine Legende aus dem Leben der Elisabeth. Ihrem Mann, dem thüringischen Landgrafen, ist berichtet worden, dass Elisabeth einen Aussätzigen in ihr Ehebett gelegt hat. Bei seiner Ankunft findet der Landgraf den Kranken in den gekreuzigten Christus verwandelt.

den öffneten sich auch für Frauen. Sie lebten in Dominikanerinnenklöstern zusammen oder erfüllten im *Klarissenorden*[1]) das Armutsideal mit Tätigkeiten im Dienste der Nächstenliebe. Das Predigtamt blieb allerdings allein den männlichen Ordensmitgliedern vorbehalten.

Das Beginentum

Die antriebsstarke Frömmigkeitsbewegung der „religiösen" Frauen konnte nicht gänzlich in die festen Formen des kirchlichen Ordenslebens integriert werden. Viele unverheiratete Frauen und Witwen, die sich von weltlichen Lebensaufgaben entbunden sahen, schlossen sich als *Beginen*[2]) zu freien, religiös-asketischen Frauenvereinigungen zusammen. Ohne Anschluss an einen Orden und ohne Ablegung eines Gelübdes praktizierten sie in ihren klosterähnlichen Gemeinschaften ein gottergebenes Leben in Keuschheit und Ar-

[1]) 1212 von Klara von Assisi, einer Weggefährtin des Franziskus, gegründeter Frauenorden
[2]) Der Name stammt wahrscheinlich von der Farbe der graubraunen (beigen) Tracht.

mut. Das Beginentum entstand gegen Ende des 12. Jahrhunderts im Bistum Lüttich und verbreitete sich in den Niederlanden, Frankreich und Deutschland. Beginenhäuser und Beginenhöfe, die von Mauern umschlossenen Siedlungen dieser frommen Frauen, fanden sich vor allem in den Städten. Mit fast 90 Beginenkonventen im Jahre 1320 nahm Köln im Spätmittelalter eine Sonderstellung ein.
Soweit diese Frauengemeinschaften unter der seelsorgerischen Leitung und Überwachung eines Pfarrers oder Klosters standen, blieben sie unbehelligt. Zumindest Teile der Beginen – und auch der zahlenmäßig weniger bedeutenden männlichen *Beghardengemeinschaften*[1]) – standen als kirchlich nicht integrierte Repräsentanten der laizistischen Armutsbewegung aber unter Häresieverdacht und wurden von der Kirche bekämpft.

Die „Renaissance"[2]) des 12. Jahrhunderts

Verstädterung, Kreuzzüge und neue Ordensbewegungen waren offensichtliche Signale der Umbruchstimmung und Rastlosigkeit, die das 12. und 13. Jahrhundert erfasst hatten. Mit der Erweiterung des räumlichen und geistigen Horizonts in dieser Zeit ist die Entstehung der *Universitäten* eng verknüpft.
Bereits um 1100 setzte besonders im westlichen Europa eine Rückbesinnung auf die Antike, eine Renaissance griechischen und römischen Denkens ein. In Frankreich und Italien, aber auch in Spanien und England entstanden in der zweiten Hälfte des 12. Jahrhunderts die ersten Universitäten. Der Entwicklungsvorsprung dieser Länder hatte verschiedene Ursachen: Zum einen wirkte dort die Antike stärker nach, zum anderen prägte die von Frankreich ausgehende Reformbewegung in der Kirche nachhaltig das geistige Leben und führte zu einer kritischen Reflexion vieler Lebensbereiche. Verstärkt wurden diese Ansätze durch einen engeren Kontakt mit der islamischen Welt, vornehmlich in Sizilien, Spanien, das seit dem frühen Mittelalter von Arabern beherrscht wurde, und der Provence.

Die Entstehung der Universitäten

Bis ins 12. Jahrhundert waren die Klöster fast die alleinigen Zentren des geistigen Lebens. In Klosterschulen erhielten Geistliche ihre Ausbildung; in den Skriptorien[3]) wurden in mühsamer Arbeit Bücher kopiert. Wissensdurstige mussten von Kloster zu Kloster reisen, um die damals bekannten Werke zu lesen und das Wissen jener Zeit aufnehmen zu können. Bis in die Neuzeit blieben die Abteien und Stifte Träger der Erziehung. Doch nach 1100 fungierten verstärkt Städte als Zentren der Bildung. Anfangs übernahmen die Dom- und Kathedralschulen die Ausbildung und Schulung, ab Mitte des

[1]) beggaert (nld.): Bettler
[2]) renaissance (franz.): Wiedergeburt [der Antike]
[3]) Schreibstuben

13. Jahrhunderts trat das städtische Bürgertum als Schulträger und oft auch Konkurrent der kirchlichen Lehranstalten auf.
Ein weiterer Ausdruck dieser Entwicklung waren die ersten Universitäten. Sie wurden nicht gegründet, sondern entstanden allmählich durch Zusammenschluss von Studenten und Lehrern zu Genossenschaften („universitates"). Ihr gemeinsames Ziel bestand weniger im Lehren und Lernen, sondern im gemeinsamen Lösen von Problemen, am besten in ritualisierten Formen des Streitgesprächs. In Bologna bestand die Universität als ein reiner Studentenverband, der sich Statuten gab, einen Rektor wählte und die Lehrer finanzierte. Andere Universitäten, wie Paris oder Oxford, waren Magistervereinigungen. Da die ersten Universitäten noch nicht von den staatlichen und kirchlichen Gewalten anerkannt oder institutionalisiert waren, konnten durch die Abwanderung ganzer Genossenschaften neue Hochschulen entstehen. So gründeten Oxforder Universitätsmitglieder 1209 die Alma Mater in Cambridge. Erst die Gewährung von Privilegien durch die Stadtherren formte die Universitäten zu festgefügten Einheiten.

Universität: Die erste Universität entstand im arabischen Fes (Marokko) bereits im 9. Jahrhundert; in Europa fassten vergleichbare Entwicklungen erst rund 300 Jahre später Fuß. Zunächst waren ausschließlich Kleriker an den ersten Universitäten versammelt, bis sich Könige und Landesfürsten im Interesse ihrer Länder um Neugründungen bemühten.
Nach der Reformation und verstärkt in der Aufklärung setzte eine Entkonfessionalisierung der Universitäten ein. Nicht mehr die *Lehre* allein war vorherrschend, sondern naturwissenschaftlich-empirische *Forschungen* gewannen an Boden. An die Stelle der mittelalterlichen Universalsprache Latein traten die Nationalsprachen, zumal die Studentenschaften nicht mehr so international zusammengesetzt waren wie im Mittelalter. Im Reich studierten damals an einer Universität ungefähr zwischen 200 und 400 Männer, wobei ein Professor im Durchschnitt kaum mehr als 20 Studenten betreute.
Im Zuge der preußischen Reformpolitik zu Beginn des 19. Jahrhunderts wurde der heute noch gültige Gedanke von der „Einheit von Forschung und Lehre" zum Grundprinzip universitärer Ausbildung. Im Zusammenhang mit einem förderungsbereiten Bildungswesen fanden die Hochschulen seit dieser Zeit – und ganz besonders nach dem Zweiten Weltkrieg – immer stärkeren Zulauf. Es entstanden die modernen Massenuniversitäten mit einem hoch spezialisierten und stark differenzierten Fächerangebot. Ungelöst ist in Deutschland gegenwärtig das Problem des Zugangs zur Universität: Die Lehre leidet unter dem Ansturm der Studierwilligen, und Absolventen finden häufig keine angemessenen Positionen im Berufsleben.

Das Studium

Jede Universität hatte einen eigenen Schwerpunkt des Studiums. In Paris pflegte man die Logik und Theologie, während Bologna als Zentrum der Jurisprudenz galt. Wollte man Medizin studieren, so ging man nach Salerno oder nach Montpellier. Ganz selbstverständlich wirkten die neuen Lehranstalten über die Landes- und Sprachgrenzen hinaus und zogen Schüler von überall an.
Die ersten sechs Jahre des Studiums verbrachte der angehende Wissenschaftler mit dem Grundunterricht an der Artistenfakultät. Dort lernte er die so genannten freien Künste (Artes liberales): Grammatik, Rhetorik und Dialektik bildeten den ersten Teil, das Trivium; im Quadrivium, dem zweiten Teil, wurden Arithmetik, Geometrie, Musik und Astronomie gelehrt. Erst danach wandte sich der Scholar Spezialgebieten wie Medizin oder Theologie zu. Nicht alle Studierenden erreichten den akademischen Titel mit dem Abschluss der Artistenfakultät, und nur eine kleine Elite verblieb danach an den Universitäten, denn das eigentliche Fachstudium dauerte nochmals sechs oder acht Jahre (➪ M 7).

Eine um 1255 in Bayern entstandene Handschrift zeigt die „sieben freien Künste“: Dialektik (Frauengestalt mit Aristoteles), Rhetorik (Lehrmeisterin mit Cicero), Geometrie (mit Euklid), Arithmetik (mit Pythagoras), Musik (mit Thimotius von Milet) und Astronomie (mit Ptolemäus). Es fehlt auf dieser Seite die Darstellung der Grammatik.

Die Staufer und die Universitäten

Aus der akademischen Elite rekrutierten die staufischen Könige ihre Verwaltungsbeamten. Kaiserliche Räte hatten zum Beispiel römisches Recht an der Universität von Bologna studiert. Friedrich II. erkannte als erster mittelalterlicher Herrscher, dass man die neuartigen Ausbildungsstätten für die Bedürfnisse des Staates vorteilhaft nutzen konnte. Deshalb gründete er 1224 die Universität von Neapel.
Diese Hochschule kann man als die erste Staatsuniversität bezeichnen. Ihr Hauptzweck war es, den Staat mit Beamten zu versorgen. Deshalb unterstand sie auch der königlichen Rechtsprechung und Verwaltung durch einen vom König eingesetzten Kanzler. Zudem beabsichtigte Friedrich, den kaiserfeindlichen Tendenzen an anderen Universitäten, wie Bologna, entgegenzuwirken, weshalb Untertanen aus dem Königreich Sizilien nicht im Ausland studieren durften. Ebenso konnten kaiserfeindliche auswärtige Studenten ausgewiesen werden. Trotz strenger staatlicher Kontrolle hatte die Universität Neapel nicht den durchschlagenden, von Friedrich gewünschten Erfolg, weshalb sie auch nach einigen Jahren bereits reorganisiert werden musste. Dennoch diente sie vielen späteren Universitätsgründungen durch Landesherren als Vorbild (⇨ M 8). Nach ihrem Beispiel stiftete Kaiser *Karl IV.* (1355–1378) 1348 in Prag die erste Universität nördlich der Alpen und östlich des Rheins.

Die Scholastik

An den Universitäten entwickelte sich eine neue Form des Denkens und des wissenschaftlichen Arbeitens, die *Scholastik.* Ihre Hauptmethode bestand in einer vernunftmäßigen, ordnenden Durchdringung eines Gegenstandes in vier Schritten. Nach der „lectio", dem Lesen eines Textes, ergab sich eine Problemstellung, die „questio". Diese Streitfrage wurde dann in einer Diskussion, der so genannten „disputio", einer logischen Lösung („determinatio") zugeführt. Auf diese Weise systematisierten und überprüften die Scholastiker das gesamte Wissen der damaligen Zeit. Aus den Einzelergebnissen entstanden große Lehrgebäude, die Summen.
Der Vater dieser Lehrmethode, *Anselm von Canterbury* (1033–1109), versuchte den Glauben durch den Verstand zu erfassen. Einen Schritt weiter ging der Pariser Kanoniker *Petrus Abälard* (1079–1142), der mittels der Vernunft zu einer Klärung der Widersprüchlichkeiten der Religion gelangen wollte. Letztendlich ging es diesen ersten „Intellektuellen" darum, die Erkenntnisse der Welt in Einklang mit den Worten der Bibel zu bringen. Und dies war auch das gänzlich Neuartige ihrer Bemühungen, denn in den Jahrhunderten zuvor hatte die klerikale Bildungsschicht die Welt allein aus der Bibel zu erklären vermocht.
Trotz der Verurteilung scholastischer Ideen durch geistliche Würdenträger und Synoden wirkten diese Gedanken an den neuen Universitäten weiter und fanden dort ihre endgültige Ausprägung. *Albertus Magnus* (1200–1280),

ein aus Lauingen an der Donau stammender Dominikanermönch, fasste in seinen Werken das Wissen seiner Zeit zusammen. Neben den Schriften der Kirchenväter schöpfte er seine Kenntnisse vor allem aus der Auseinandersetzung mit antiken Philosophen wie Aristoteles oder Plato sowie aus arabischen Quellen. Sein Schüler *Thomas von Aquin* (1225–1274) vollendete das scholastische Streben nach Ausgleich zwischen christlicher Offenbarung und rationalem Denken in seinem Buch „Summa theologiae". Zwar ging er davon aus, dass einige Teile des christlichen Glaubens sich menschlicher Vorstellungskraft entziehen, dennoch versuchte er mittels Gottesbeweisen die Existenz Gottes logisch einwandfrei zu belegen.

Der Einfluss des Islam und der Antike

Viele der neuen Denkansätze waren neben der Wiederentdeckung antiker Denker nur den Kontakten mit außereuropäischen Kulturen, allen voran dem Islam und dem Judentum in Spanien, zu verdanken. Die arabische Expansion bis nach Europa und die Kreuzzüge förderten vielfältige Begegnungen zwischen Orient und Okzident. Eine besonders wichtige Rolle für einen regen Gedankenaustausch spielte der Handel. Vor allem von Spanien aus verbreiteten sich die Kenntnisse der Araber in Europa. Aber erst nach der Eroberung Jerusalems während des Ersten Kreuzzugs (1099) setzten sich die Europäer ernsthaft mit den arabischen Wissenschaften auseinander, die ihrerseits ebenfalls in der Tradition der griechischen Philosophie standen.

Bereits seit dem 11. Jahrhundert hatten Christen die Werke islamischer Gelehrter ins Lateinische übersetzt. Dadurch wurde das Wissen arabischer Astronomen, Ärzte, Alchimisten, Mathematiker oder Philosophen zur Grundlage europäischer Forschung an den wenigen, aber einflussreichen Universitäten. Die Übersetzungstätigkeit vermittelte neben den eigenständigen Leistungen muslimischer Wissenschaftler auch das Wissen der Antike weiter. *Michael Scotus* († 1236), einer der herausragendsten Übersetzer, arbeitete am Hofe Kaiser Friedrichs II. in Sizilien und übertrug im kaiserlichen Auftrag die Werke des Aristoteles sowie naturwissenschaftliche Schriften verschiedener arabischer Autoren.

Die Vorstellungen antiker Gelehrter, die lange Zeit nicht gelesen werden durften und deshalb verschollen waren, konnten in Europa wieder rezipiert werden und gingen von nun an im Bewusstsein gelehrter Kreise nicht mehr verloren. Besonders die Werke des Philosophen Aristoteles über Logik wurden zur Grundlage der scholastischen Wissenschaften. Seinen Wirkungsgrad verdankte Aristoteles zu einem erheblichen Anteil islamischen und jüdischen Kommentatoren seiner Schriften: *Avicenna* († um 1235) aus Persien, *Averroes (Ibn Ruschd)* (1126–1198) aus Cordoba und *Maimonides* (1135–1204), einem jüdischen Arzt aus Cordoba, der in Ägypten lebte.

Schriften des Aristoteles und seine Kommentierungen wurden wiederholt von der Kirche verboten, da sie im Gegensatz zu christlichen Lehren standen. Widerspruch erregte vor allem die angebliche These des Averroes, es gebe eine „doppelte Wahrheit": die Wahrheit der Kirche und Religion sowie daneben die Wahrheit der Philosophie und Wissenschaft. Anstoß erregte auch die Behauptung, der menschliche Intellekt sei in allen Menschen ungeteilt und lebe als solcher fort; dies widersprach der Vorstellung von einem individuellen Weiterleben der Seele nach dem Tod. Dennoch: Eine Philosophie, die sich darauf berief, auf der Grundlage aufgeklärten Denkens zu ihren Ergebnissen zu gelangen, war trotz kirchlicher Gegenbemühungen von nun an nie mehr ganz von den Universitäten zu bannen. Auf der anderen Seite gelang es dem Dominikaner Thomas von Aquin, in der Auseinandersetzung mit Aristoteles ein geschlossenes theologisches Lehrgebäude zu errichten (⇨ M 9).

Die neuen Lehren von den Naturwissenschaften

Da die arabischen Wissenschaftler immer stark auf die praktische Verwertbarkeit ihrer Arbeiten bedacht waren, erzielten sie hervorragende Ergebnisse vor allem in den Naturwissenschaften. Ausgehend von der Medizinerschule in Salerno, beschäftigten sich europäische Ärzte mit arabischer *Medizin,* die auf einem weit höheren Niveau stand. Von ihrem Studium angeregt, untersuchte man jetzt systematisch die Heilwirkung von Pflanzen und vertiefte das Wissen über den menschlichen Körper, indem man Leichen, hauptsächlich von hingerichteten Schwerverbrechern, sezierte. Die Chirurgie entwickelte sich zu einem Teil der medizinischen Ausbildung. An anderen ärztlichen Zentren wie Montpellier waren die Übersetzungen arabischer Heilkundler ebenfalls Grundlage des Studiums. Bis ins 17. Jahrhundert blieben diese Schriften die gängigen Lehrbücher. Ein weiterer Fortschritt war die Einrichtung von Hospitälern, wie sie die Kreuzfahrer im Orient kennen gelernt hatten. In diesen neuen Krankenhäusern arbeiteten Ärzte noch nicht regelmäßig, sondern behandelten die Patienten nur bei gelegentlichen Visiten.

Bis ins 13. Jahrhundert rechnete man in Europa mit römischen Zahlen. Danach setzte sich in der *Mathematik* das noch heute gängige arabische Zahlensystem überall durch. Das Rechnen wurde erheblich vereinfacht und beschleunigt, und an den Universitäten konnte man sich verstärkt der mathematischen Theorie zuwenden. Die *Algebra* war eine Entwicklung arabischer Gelehrter seit dem 9. Jahrhundert.

Die Mathematik diente als Grundlage für ein weiteres, neues Forschungsgebiet: die *Astronomie.* Als hilfreiches Instrument zur Bestimmung der Position von Himmelskörpern und damit zur Navigation entwickelten Araber das Astrolabium. Sie überlieferten auch das Weltbild des *Ptolemäus*[1]), dessen Vorstellungen von da an prägend wurden.

---

[1]) Ptolemäus aus Alexandria (85–160) vertrat die These von der Kugelgestalt der Erde. Er ging aber noch von einem geozentrischen Weltbild aus, also von der Erde als Mittelpunkt, um den herum die Sonne kreise.

Die Weltkarte stammt von dem berühmten arabischen Geographen Idrisi, der im 12. Jahrhundert für den König von Sizilien eine Erdbeschreibung anfertigte. Bezeichnenderweise scheinen die geographischen Kenntnisse des Idrisi über den Mittelmeerraum und die arabische Halbinsel exakter gewesen zu sein als die Kenntnisse über Mittel- und Nordeuropa. Die Karte ist, wie bei den Arabern üblich, nicht genordet, sondern gesüdet, das heißt, der Norden ist unten abgebildet.

Ausgestattet mit diesen Kenntnissen begannen Gelehrte mit regelmäßigen Himmelsbeobachtungen. Besonders in Oxford entwickelte sich daraus eine neue wissenschaftliche Methode: Die Beobachtung der Natur und das Experiment wurden zum Ausgangspunkt naturwissenschaftlicher Arbeit, die durch mathematische Formeln beschrieben und überprüft wurden. Die bedeutendsten Vertreter dieses neuen Denkens waren der spätere Bischof *Robert Grosseteste* (um 1175–1253) und der Franziskaner *Roger Bacon* (um 1214–1292). Bacon ließ lediglich die genaue Beobachtung der Natur als Weg zur Erkenntnis der Naturwissenschaft gelten, nicht jedoch die Spekulation.
Ebenfalls auf dem Gebiet der Naturbeobachtungen glänzte Kaiser Friedrich II., der ein reich illustriertes Buch über die Falkenjagd schrieb und damit viel zu einem besseren Naturverständnis beitrug.
So sorgten die Naturwissenschaften neben zahlreichen anderen Entwicklungen dafür, dass das Leben in der Epoche der Stauferkaiser sich rasch und vielseitig wandelte. Die Umbrüche jener Zeit widersprechen unserer gängigen Vorstellung von einem statischen Mittelalter. Zweifelsohne hatten die Veränderungen nicht das Tempo unseres Jahrhunderts, doch die meisten Zeitgenossen dürften die Vorgänge um sich herum ebensosehr als eine Welt in Bewegung empfunden haben, wie wir dies heute tun (⇨ M 10).

M 1 Das Turnier

Der französische Historiker Georges Duby (1919–1996) gilt als einer der bedeutendsten Forscher der mittelalterlichen (Kultur-)Geschichte. In seinem Buch über die Ritterschlacht bei Bouvines (1214), in der die Franzosen die Engländer besiegten, beschreibt er ein Turnier, wie es um das Jahr 1200 stattfand.

Vergessen wir das Bild ausgewählter Zweikämpfe, bei denen sich die mit Lanzen bewaffneten Ritter auf einem kleinen, durch Schranken genau abgegrenzten Platz gegenüberstehen: Bis weit in das 14. Jahrhundert hinein trifft es absolut nicht zu. Das Turnier der Zeit, um die es hier geht, ist kein Duell, sondern ein lärmendes Getümmel, bei dem niemand allein mit einem einzelnen Gegner kämpft. Hier begegnen sich regelrechte Mannschaften, von denen jede ihre eigenen Farben und ihren eigenen Kapitän, ihren Anführer hat, der um seines Ruhmes und um des Ruhmes seiner Ahnen willen – und damit er bei den Damen ins Gerede kommt – größten Wert darauf legt, mit der besten und stärksten Truppe aufzuwarten. [. . .]
Die Zusammensetzung der Turniermannschaften war rein zufällig und folglich heterogen; ihre Einheit äußerte sich in Zeichen wie dem gemeinsamen Kampfruf oder den Emblemen, mit denen man die Schilder bemalte: Zweifellos haben die Turniere mehr als die wirklichen Kriege zu dem raschen Fortschritt beigetragen, den die Heraldik[1]) damals erlebte. Der Zusammenhalt eines Haufens wird vornehmlich durch gute Bezahlung garantiert. Dies ist der erste Punkt, in dem das Geld eine wesentliche Rolle spielt. Denn die Mitglieder der Mannschaft werden regelrecht angeheuert. [. . .]
In der nahe gelegenen Stadt, im nächsten Dorf oder in dem gerade entstandenen Zeltlager gleich neben dem Turniergelände beziehen die Truppen Quartier. Man besucht sich, trinkt miteinander, trifft sich zum Würfelspiel; man verhandelt mit den Saumseligen, versucht sie in letzter Sekunde anzuwerben; Verbindungen werden geknüpft, und man diskutiert das taktische Vorgehen während des großen Spiels. Manchmal geht dem eigentlichen Turnier eine Art *novillada* voraus, eine zum Spaß organisierte Begegnung der Jüngsten. Im Morgengrauen des vorgesehenen Tages legen die Krieger hinter dem *recès* – einer schrankenartigen Palisade, die manchem Feigling während des Kampfes Zuflucht bieten wird – ihre Rüstungen an. Dann versammeln sich die Mannschaften, gruppieren sich zu starken Schlachthaufen und ordnen sich den beiden Lagern zu. Keine Spur von einem Zweikampf, auch nicht von einem geschlossenen Feld. Wenn dann zur angezeigten Stunde die Eröffnung freigegeben wird – einige Falschspieler sind schon losgestürmt, um die besten Positionen einzunehmen –, schwärmen die Truppen aus und verteilen sich über ein weitläufiges, unbegrenztes Gelände mit vielen Unebenheiten und Hindernissen, die es auszunutzen gilt, um Hinterhalte zu stellen oder in Deckung zu gehen: Bei dem Turnier von Anet zogen die Franzosen sich beispielsweise vorübergehend auf einen alten Spitzwall, eine Anhöhe mit den Überresten einer zerstörten Burg zurück, in einer anderen Situation fanden fünfzehn versprengte Ritter Zuflucht in einer Scheune, wo sie genügend Zeit hatten, sich neu zu formieren. Der Kampf wurde bis in die Gassen der Dörfer fortgesetzt. [. . .] Ein echtes Kriegsspiel voller Fallen und Überraschungen, nur eben zum reinen Vergnügen. Genau wie im Krieg setzen die Anfüh-

[1]) Wappenkunde

rer Fußknechte ein, gerüstet mit Spießen und Bögen. Doch auch hier sind die Ritter, genau wie im Krieg, die einzigen ernst zu nehmenden Spieler. Manchmal werden sie leichtsinnig und wagen es, ganz allein vorzupreschen; aber solange sie sich nicht zu einem kopflosen Verhalten hinreißen lassen, bleiben sie Schulter an Schulter in einer fest zusammengeschweißten, unzertrennlichen Gruppe von zehn, zwanzig oder höchstens dreißig Mann – in einem so genannten *conroi,* einem Schlachthaufen, einer Formation von der Geschlossenheit einer geballten Faust, einer wirklichen Einheit, so kompakt, dass man sagt, ein in die Luft geworfener Handschuh würde beim Herunterfallen zwangsläufig auf einem Pferd oder auf einem Reiter landen. [. . .] Die Kriegsgemeinschaften sind klumpige Gebilde, und das Ziel der kriegerischen Handlung besteht darin, die Klumpen aufzulösen, die gegnerischen Körperschaften auseinander zu treiben. Der Sieg winkt denen, die warten können, die ihren Zusammenhalt bewahren, die vorsichtig ausharren, bis die anderen erschöpft, benebelt, zerstreut sind, um sie dann in Verwirrung zu stürzen und sie zu jener wilden Flucht zu zwingen, mit der das Turnier im Allgemeinen endet. [. . .]

Die Ritter gehen zum Turnier wie andere ins Spielhaus; sie wollen „alles oder nichts". Sie wollen Rüstungen erobern und natürlich Pferde, die so maßlos teuer sind. Vor allem aber wollen sie Gefangene machen, und oft schließen sie sich zu mehreren zusammen, um einer viel versprechenden Beute habhaft zu werden, um einen ausgewählten Gegner in die Enge zu treiben, bis er sich für besiegt erklärt, ihn dann auf sein Ehrenwort wieder freizulassen und das Spiel fortzusetzen, als wäre nichts geschehen. So kommt es häufig vor, dass ein Ritter am gleichen Tag mehrmals gefangen genommen wird. Wenn die Dunkelheit eingebrochen ist, trifft man sich im Lager, und jeder erkundigt sich nach seinen Verwandten, seinen Freunden. Haben sie gewonnen oder haben sie verloren? Den Siegern werden die Pferde zugeführt, die sie erobert haben. In Freiheit denken die Gefangenen über ihr Lösegeld nach und versuchen, die vielen Denare, die sie schuldig sind, irgendwo aufzutreiben, was nicht mühelos gelingt. [. . .]

Und da die Gefangennahme von Personen bei weitem den höchsten Gewinn verspricht, ist jeder bemüht, das Leben des Gegners zu schonen. Von den Konzilien werden die Turniere verdammt, weil es Spiele sind, bei denen man sich gegenseitig tötet. Tatsächlich fordert dieser gewalttätige Sport mindestens so viele, ja zweifellos sogar mehr Opfer als der Krieg: Anhand der Genealogien kann man – so weit sie nachvollziehbar sind – leicht feststellen, wie viele der *juvenes* bei derartigen Zurschaustellungen der Tapferkeit ihr Leben ließen. Aber alle diese Toten sind durch unglückliche Zufälle ums Leben gekommen, und auf dem Kampfplatz werden sie umso bitterer beklagt, als jeder Tote für die gegnerische Partei den Verlust eines möglichen Lösegeldes bedeutet.

Man muss das Turnier also – und auch darin ähnelt es dem Markt – als Rahmen einer äußerst lukrativen Tätigkeit begreifen, als den einzigen Ort, an dem die Ritter ebenso schnell reich werden können wie die Händler, und als die damals möglicherweise wichtigste Gelegenheit für eine große Umverteilung der Reichtümer. Im 12. Jahrhundert übernimmt das Turnier eine ökonomische Funktion, die früher, als die Bevölkerung sich noch stärker von den Priestern gängeln ließ, durch die fromme Schenkung erfüllt worden war. Für die Kirche ein Grund mehr, die ritterlichen Spiele zu verurteilen, denn sie

machen dem Almosen Konkurrenz und bilden obendrein die einzige undichte Stelle, durch die das Gewinndenken sich allmählich in die aristokratische Mentalität einschleicht. [. . .]
Als das 13. Jahrhundert naht, bekommt der „Preis" eine überragende Bedeutung: Er ist es, der dem Turnier endgültig den Charakter eines Wettbewerbs, eines Wettkampfs um die Ehre verleiht [. . .].
Um diese Zeit entwickeln sich die Turniere zu regelrechten Schulen der Courtoisie[1]): Jeder weiß, dass man dort auch die Liebe der Damen gewinnen kann; und zwar durch bestimmte Haltungen, die man erlernen muss. Im gleichen Moment taucht übrigens eine neue Berufsgruppe auf: „Jene Histrionen[2]), die wir Herolde zu nennen pflegen." Werbeagenten, Impresarios – Männer, die aber auch mit Ruhm handeln: „Wenn sie bei einer Waffenübung jemanden sehen, der mannhaft und kraftvoll zu Werke geht", verfassen sie ihm zu Ehren ein Lied. [. . .]
Wichtig ist, dass solche Belobigungen nunmehr den individuellen Heldenmut preisen. Auch in diesem Punkt setzte das Turnier eine wesentliche Veränderung in Gang. Während des Kampfes musste man natürlich geschlossene Haufen bilden, Mannschaften, die fest verbunden waren. Aber im Laufe des wechselvollen Spiels taten sich einige Persönlichkeiten hervor, die aus der Masse herausragten und die Stufenleiter der „Hoheit" stürmisch erklommen. Alles Ansehen, durch Berichte und Loblieder weithin verbreitet, konzentrierte sich – wie in den Erzählungen über Bouvines – auf diese Meisterkämpfer. Man sah nur noch sie.

Georges Duby, Der Sonntag von Bouvines. 27. Juli 1214, Berlin 1988, S. 97 ff.

1. *Auf einem Konzil im Jahre 1130 verbot die Kirche Turniere. Welche Gründe für diese Entscheidung nennt der Autor? Beschreiben Sie die Beziehung der Kirche zu Rittertum und Turnierwesen.*
2. *Versuchen Sie nachzuvollziehen, wie sich aus dem Turnier als Gruppenkampfspiel ein reglementierter Zweikampf entwickeln konnte.*
3. *Vergleichen sie die Schilderung Georges Dubys mit dem Lebenslauf eines Ritters in der Handschrift auf gegenüberliegender Seite.*

Zur gegenüberstehenden Bildseite:
Die vielfältigen Aspekte ritterlichen Lebens zeigt eine Handschrift aus dem 13. Jahrhundert. Der Dämon, der den Ritter auf seinen einzelnen Stationen begleitet, soll auf die verderblichen Freuden des weltlichen Lebens hinweisen.

[1]) ritterlich-höfisches Benehmen
[2]) eigentlich: altrömische Schauspieler

le diables fan los aimadors far cortz e bobans e convitz per amor de lurs donas.
le diables fan biordar los aimadors p amor de lur donas.
le diables fan los aimadors seguir taulas redondas e torneyamens p amor de lurs donas.
le diables fan dansar los aimadors ab lurs donas. le quals diables mena lur dansa
le diables fan azorar sa don al aimador
a mort aimadors el diable portan larma

M 2 Minne und Liebe als Themen der Dichtkunst in staufischer Zeit

Albrecht von Johannsdorf (ca. 1165–1210) war wahrscheinlich ein Ministeriale des Bischofs von Passau. Mit den Liedern Walthers von der Vogelweide (ca. 1170–1230) fand die lyrische Dichtkunst der Stauferzeit ihre höchste Vollendung. Von seinem Leben ist wenig bekannt. Obwohl er als gebildeter Sänger an den Höfen der Großen verkehrte, gibt es keinen Hinweis dafür, dass er selbst dem Ministerialenstand oder Rittertum angehörte. Als hauptberuflicher Dichter und Sänger war er offensichtlich auf das Mäzenatentum von Fürsten und Königen angewiesen. Mit größter Freude dankte er Kaiser Friedrich II. dafür, dass dieser ihm ein kleines – wahrscheinlich sehr bescheidenes – „Lehen" überließ. Walthers Grab befindet sich möglicherweise in Würzburg.

Albrecht von Johannsdorf

Ich fand sie ohne Aufsicht
allein dastehen; die so Liebenswerte.
Wahrhaftig, da sprach die Schöne:
„Was wollt ihr so alleine hier?"
Herrin, es ist eben so geschehen.
„Sagt, warum seid ihr hier? das sollt
ihr mir gestehen."

Meinen sehnsuchtsvollen Kummer
klage ich, meine liebe Herrin.
„Weh, was sagt ihr, Unbedachter,
ihr könnt eure Klage wohl sein lassen!"
Herrin, ich kann sie nicht unterdrücken.
„So werde ich in tausend Jahren euch
niemals erhören!"

Nein doch, Königin,
dass mein Dienst soll so vergebens
sein!
„Ihr seid von Sinnen,
dass ihr mich in solchen Zorn versetzt!"
Herrin, euer Hass gibt mir den Tod.
„Wer hat euch, viellieber Mann, in
diese Not gezwungen?"

Das tat eure Schönheit,
die ihr besitzt, teuerste Frau.
„Eure süßen Töne
wollten meine Standhaftigkeit erschüttern."
Herrin, das kann Gott nicht wollen!
„Erhörte ich euch, – das brächte euch
Ehre, mein aber wäre der Spott."

Walther von der Vogelweide

Under der linden an der heide,
dâ unser zweier bette was,
Dâ mugt ir vinden schône beide
gebrochen bluomen unde gras.
Vor dem walde in einem tal,
tandaradei,
schône sanc diu nahtegal. [. . .]

„Unter der Linde
auf der Heide,
wo unser beider Lager war,
da kann man sehn
liebevoll gebrochen
Blumen und Gras.
Vor dem Wald in einem Tal
tandaradei
sang schön die Nachtigall.

Ich kam gegangen
zu der Wiese,
da war mein Liebster schon vor mir
gekommen.
Da wurde ich empfangen
– Heilige Jungfrau! –
dass es mich immer glücklich machen wird.
Ob er mich küsste? Wohl tausendmal,
tandaradei,
seht wie rot mein Mund ist.

Da hatte er bereitet
in aller Pracht
von Blumen ein Lager.
Daran wird sich freuen
von Herzen,
wer daran vorübergeht.

So lasst mir dennoch zugute kom-
men, dass ich euch immer von Her-
zen hold war.
„Euch kann wohl noch lästig werden,
dass ihr eure Wörtlein gegen mich
schleudert."
Dünkt euch mein Reden nicht gut?
„Wahrlich, es hat oft meinen treuen
Sinn beschwert."

Ich bin ebenfalls sehr treu,
wenn ihr mir gestattet, die Wahrheit
zu sagen.
„Folget meinem Rat,
unterlasst die Bitte, die nimmer er-
füllt werden kann."
Soll ich so belohnt sein?
„Gott, der gewähre euch anderswo,
was ihr von mir da begehrt."

Soll mir also mein Singen
und mein Dienst für euch nichts ein-
bringen?
„Euch soll wohl Erfolg werden,
ohne Lohn sollt ihr nicht bleiben."
Wie meint ihr das, edle Herrin?
„Dass ihr desto edler seid und dabei
hochgemut."

Günther Schweikle, Mittelhochdeutsche Minnelyrik. Texte und Übertragungen I, Stuttgart-Weimar 1993, S. 343 ff.

An den Rosen kann er noch
– tandaradei –
sehen wo mein Kopf lag.

Dass er bei mir lag,
wüsste es jemand
(da sei Gott vor!),
so schämte ich mich.
Was er tat mit mir,
niemals soll jemand
das erfahren als er und als ich –
und die liebe Nachtigall,
tandaradei;
die wird gewiss verschwiegen sein."

Daz er bî mir læge,
wessez iemen
(nu enwelle got!), sô schamt ich
mich.
Wes er mit mir pflæge,
niemer niemen
bevinde daz wan er und ich –
Und ein kleinez vogellîn,
tandaradei,
daz mac wol getriuwe sîn.

Peter Wapnewski (Hrsg.), Walther von der Vogelweide, Gedichte, Frankfurt a. M./Hamburg, 4. Auflage 1966, S. 80 f.

1. *Immer wieder variiertes Thema des klassischen höfischen Minnesangs der staufischen Zeit war die sich verzehrende, unerfüllte Verehrung des dienenden Ritters für eine höher gestellte, verheiratete, in seinen Augen durch Vollkommenheit ausgezeichnete adelige Dame. Zeigen Sie die entsprechende Rollenverteilung am Dialoggedicht Albrechts von Johannsdorf auf.*
2. *Die Frau überrascht den Ritter in Albrechts Gedicht am Schluss mit dem Hinweis, er werde nicht unbelohnt bleiben. Versuchen Sie, die Pointe zu erklären, mit der die paradoxe Situation des bewusst vergeblich Werbenden in der Schlusszeile doch noch einen Sinn erfährt.*
3. *Zeigen Sie an der neuen Art der Ich-Du-Beziehung auf, wie sich Walther von der Vogelweide von der ursprünglich von ihm selbst vertretenen Idee des strengen Minnesangs abwendet.*
4. *Kann Walthers Gedicht Ihrer Ansicht nach auch ein heutiges Leserpublikum noch als Liebesgedicht ansprechen?*

M 3 Das Gründungsprivileg für Freiburg im Breisgau

Schon im ersten Viertel des 12. Jahrhunderts förderte Konrad von Zähringen – nach anderer Textüberlieferung sein Bruder, Herzog Berthold – die Entwicklung der Stadt Freiburg, indem er den Einwohnern wichtige Vorrechte verlieh. Gründungsvorgang und Privilegienerteilung sind in der (rekonstruierten) Gründungsurkunde überliefert.

Bekannt sei allen Künftigen und Gegenwärtigen, dass ich, Konrad, in einem Ort meines Eigentums, nämlich Freiburg, im Jahre nach der Fleischwerdung des Herrn 1120 einen Markt begründet habe. Mit den von überall her zusammengerufenen angesehenen Kaufleuten habe ich in einer beschworenen Vereinbarung beschlossen, diesen Markt zu beginnen und auszubauen. Deshalb habe ich in dem gegründeten Markt jedem Kaufmann ein Grundstück zum Hausbau als Eigentum zugeteilt und entschieden, dass mir und meinen Nachfolgern als Zins jedes Jahr am Fest des heiligen Martin von jedem Grundstück ein Schilling öffentlicher Münze zu zahlen sei. So sei allen bekannt, dass ich gemäß ihrer Bitte und Hoffnung die Privilegien, die folgen, bewilligt habe. Und es erschien mir ratsam, wenn sie in einer Urkunde niedergeschrieben würden, damit sie während langer Zeit im Gedächtnis gehalten würden, so dass meine Kaufleute und ihre Nachkommen von mir und meinen Nachfahren dieses Privileg in aller Zeit behaupten können.

1. Ich verspreche Frieden und Sicherheit des Weges allen, die meinen Markt aufsuchen, in meinem Machtbereich und Herrschaftsgebiet. Wenn jemand von ihnen in diesem Gebiet beraubt wird, werde ich, wenn er den Räuber namhaft macht, dafür sorgen, dass ihm das Geraubte zurückgegeben wird, oder ich werde es bezahlen.

2. Wenn einer meiner Bürger stirbt, soll seine Frau mit seinen Kindern alles besitzen und ohne jede Einschränkung behaupten, was ihr Mann hinterlassen hat.

3. Allen Besitzern am Markt verleihe ich, dass sie der Rechte meines Volkes und der Landsleute teilhaftig werden, soweit ich es vermag, das heißt, dass sie frei von Herrschaftsrechten die Weiden, Flüsse, Gehölze und Wälder benutzen.

4. Allen Kaufleuten erlasse ich den Zoll.

5. Niemals werde ich meinen Bürgern einen anderen Vogt[1]), niemals einen anderen Priester ohne Wahl vorsetzen, sondern wen immer sie dazu wählen, sollen sie unter der Bedingung meiner Bestätigung haben.

6. Wenn ein Zwist oder Rechtsstreit unter meinen Bürgern entsteht, soll er nicht nach meinem Gutdünken oder dem ihres Rektors[2]) entschieden, sondern er soll gerichtlich verhandelt werden nach der Gewohnheit und dem Recht aller Kaufleute, besonders aber der von Köln.

7. Wenn jemand durch Mangel am Lebensnotwendigen dazu genötigt wird, soll er seinen Besitz verkaufen, wem immer er will. Der Käufer aber soll von dem Grundstück den festgelegten Zins zahlen.

8. Damit meine Bürger den vorgenannten Versprechungen keinen geringen Glauben zuwenden, habe ich ihnen Sicherheit geleistet, indem ich mit zwölf meiner namhaftesten Ministerialen auf die Reliquie der Heiligen geschworen

---

[1]) Der Vogt wurde zwar von den Bürgern gewählt, blieb aber zugleich Vertreter des Stadtherrn; wahrscheinlich übte er die herrschaftliche Gerichtsbarkeit in Freiburg aus.

[2]) Wohl der in Abschnitt 5 genannte Vogt

habe, dass ich und meine Nachfolger das oben Genannte immer erfüllen werde. Und damit ich nicht in irgendeiner Notlage diesen Eid breche, habe ich mit meiner Rechten dem freien Manne (es fehlt ein Name) und denen, die den Markt beschworen haben, unverletzlich Treue in dieser Sache geschworen. Amen.

Hartmut Boockmann, Das Mittelalter, München 1988, S. 142 f.

1. *Als frühestes Beispiel für eine „Gründungsstadt" ist die Entstehung Freiburgs in der deutschen Stadtgeschichte von besonderer Bedeutung. Stellen Sie die von Konrad ausgehenden Aktivitäten beim Gründungsvorgang zusammen.*
2. *Welche unterschiedlichen Vorteile sollten die Bürger Freiburgs genießen? Versuchen Sie, Einzelprivilegien gruppenweise zusammenzufassen.*
3. *Welche Vorteile konnten Könige und Fürsten von der Gründung einer Stadt erwarten?*
4. *Versuchen Sie die unter Nr. 1 bis 7 genannten Privilegien mit Begriffen aus der modernen Rechtssprache zu benennen.*

Die Ausbildung städtischer Lebensformen

M 4

Der Historiker Hans-Werner Goetz beschreibt typische Züge städtischen Lebens im Mittelalter. Sie traten hervor, nachdem sich aus „Siedlungsanhängseln" eines Herrschaftsbezirkes (Bischofssitz, Burg) die eigentlichen, durch besondere Freiheiten und Selbstverwaltungsrechte ausgezeichneten mittelalterlichen Städte entwickelten, in denen sich Kaufleute und Handwerker in berufsspezifischen Bruderschaften organisierten.

Diese Entwicklung erst förderte die Ausbildung eines typisch städtischen Lebens, das durch die Nachbarschaft in engen Hausparzellen sowie einerseits durch ein Zusammensiedeln gleicher Berufe in der selben Straße oder im gleichen Viertel, andererseits durch die Ansammlung verschiedenster Berufe und Schichten vom reichen Patrizier bis zum abhängigen Hausdiener auf engem Raum geprägt war. Dass die einzelnen *Schichten* in der Stadt sich sehr wohl in ihrer Lebensführung, sowohl im privaten wie auch im öffentlichen Bereich, unterschieden, versteht sich von selbst. Die reichen Bürger erstrebten noch kein „bürgerliches" Leben, das sich eher als zwangsläufige Folge der tatsächlich anders gearteten, eben städtischen Bedingungen entwickelte, sie suchten vielmehr in mancherlei Hinsicht das adlige Leben nachzuahmen. Das lag für die Ministerialen und Burgmannen ohnehin nahe, galt in gewisser Weise im privaten Bereich, wenn man von Kriegsführung und Turnieren absieht, aber auch für die Kaufleute, die wirtschaftlich und beruflich völlig andere Ziele verfolgten. Die unteren Schichten, die vielfach am Rande des Existenzminimums lebten, konnten sich ein solches Leben nicht leisten, den aufstrebenden Mittelschichten aber wurde es später geradezu untersagt, denn spätestens seit dem 13. Jh. wurden die sozialen Schranken in vielen Städten gesetzlich verankert. „Dienende Knechte" durften (etwa in Augsburg) an keinem Reigen teilnehmen, bei dem eine Bürgerin anwesend war, keine große Hochzeit feiern, sie wurden auf eine bestimmte Kleiderordnung festgelegt und zumindest de facto von jedem politischen Einfluss fern gehalten. So konnten sich, trotz (und wegen) der Einheit des Lebensraumes, ständische Unterschiede auch in der Stadt entwickeln.

In Franken ließen sich die führenden bürgerlichen Ratsfamilien häufig kleine Wasserburgen bauen. Sie imitierten damit eine adelige Lebensweise. Ein Beispiel dafür ist das so genannte Toppler-Schlösschen, das ein Rothenburger Bürgermeister in der zweiten Hälfte des 14. Jahrhunderts unweit seiner Heimatstadt errichtete.

Das Leben der *Handwerker* war vornehmlich durch ihre Arbeit geprägt, wobei sich dem Meister aufgrund der sozialen Stellung und der selbständigen Tätigkeit weit größere Möglichkeiten boten als dem Gesellen. Auch wenn ihnen der von der Jahreszeit meist unabhängige Arbeitsrhythmus größere Spielräume ließ als dem Bauern, so verhinderte doch schon die Kombination von Werkstatt und Wohnung in einem Haus eine geregelte Arbeitszeit. Andererseits wuchs durch die Arbeit im eigenen Haus die Familie zu einer engeren Lebensgemeinschaft zusammen, zumal die im Hause lebenden Gesellen und Lehrlinge hier integriert und die Handwerkerfrauen vielfach am eigenen Betrieb und am städtischen Wirtschaftsleben beteiligt waren. Viele Frauen (vornehmlich der Unterschichten) waren in der Stadt in einem weiten Spektrum verschiedener Berufe tätig, während der Anteil am zünftischen Gewerbe wohl lange Zeit überschätzt wurde und ihre hauswirtschaftliche Tätigkeit (im weitesten Sinn) doch wohl typischer war.
Die Bevölkerungskonzentration und das Treiben in der Stadt förderten auch die Zunahme von *Dienstleistungsberufen,* die teils, wie der Büttel oder der Henker, im „öffentlichen" Dienst als Funktionsträger des Stadtherrn und des Rates agierten, teils aber auch private Geschäfte betrieben. Der Reiseverkehr förderte die Errichtung von Gasthäusern; wohl im 12. Jh. entstanden städtische Badestuben, wobei der Bader meist zugleich die Funktion des Friseurs und des Arztes oder Heilpraktikers übernahm. Etwa in der gleichen Zeit hielt auch die Prostitution Einzug in die Städte, wenn Nachrichten über ein organisiertes Dirnenwesen und bordellartige Häuser (mit bezeichnenden Namen wie „Schönefrau") auch erst aus dem 13. Jh. vorliegen. Als Ausgleich zum eintönigen Alltagsleben wurden auch in der Stadt die Festtage zu religiösen ebenso wie zu geselligen Feiern benutzt, sah man auch hier gern den durchreisenden Spielleuten und Gauklern zu und erfuhr von Pilgern und Reisenden neue Nachrichten aus der „Welt".

Am meisten wurde das städtische Leben vielleicht durch das – allerdings auf einzelne Tage beschränkte – *Markttreiben* geprägt. Einen Höhepunkt bildete der Jahrmarkt, der stets an einem religiösen Heiligenfest oder dem Kirchweihfest („Kirmes") stattfand; er brachte nicht nur einen Aufschwung des Handels, sondern auch Attraktionen und Vergnügungen. Alltäglicher war der Wochenmarkt; aus der ländlichen Umgebung wurden Waren wie Wein, Getreide, Heringe und Vieh auf Karren, Schiffen, Pferden oder Eseln in Fässern („Tonnen") herangefahren; auf den Straßen herrschte folglich ein reger Betrieb, an den Marktbuden ein lauter Handel. Die verschiedenen Waren und Bedürfnisse auf dem städtischen Markt förderten die Ausbreitung des Geldwesens, auch wenn oft noch weiterhin ein Tauschhandel betrieben worden sein mag. Der Kölner Pfennig wurde zur Standardwährung im Reich. Auch Geld- und Leihgeschäfte, die Vorläufer des modernen Bankenwesens, hatten demgemäß ihren Ursprung in der Stadt.

[. . .] Die vielen Menschen und das geschäftige Treiben auf engem Raum brachten der Stadt allerdings auch manche Probleme der *Umweltbelastung,* unter denen der Lärm vielleicht noch das geringste war. Entscheidender waren die Wasserversorgung über öffentliche Ziehbrunnen – schon Richer von Reims lobte Verdun wegen einer großen Zahl von Quellen und Brunnen – und vor allem die Abfallbeseitigung, die in dieser Zeit noch durchweg Sache des Einzelnen war und daher manches zu wünschen übrig ließ. Erst seit dem 13. Jh. sind städtische Verordnungen zur Reinhaltung der Gewässer (etwa zum Standort der Abfallgruben) sowie Maßnahmen zur Entsorgung (wie der Bau von Abwässerkanälen) bekannt.

Hans-Werner Goetz, Leben im Mittelalter, München 1986, S. 237 ff.

1. *Überlegen Sie, welche Anreize das städtische Leben gegenüber dem Leben auf dem Lande bot. Informieren Sie sich dazu auch über das „freiere Recht" der Stadtbürger (siehe Seite 124).*
2. *Wo gleichen sich städtisches Leben im Mittelalter und heute, worin unterscheiden sie sich?*
3. *Stellen Sie unterschiedliche Lebensformen in unserer Gesellschaft einander gegenüber. Sind „soziale Schranken" auch heute wirksam?*

Ein „unfeudales" Ethos der Arbeit entwickelt sich

M 5

Landesausbau und Verstädterung, die Intensivierung der Geldwirtschaft, des Handels, der Arbeitsteilung und die soziale Mobilität sind Kennzeichen des Modernisierungsvorgangs in staufischer Zeit. Der Historiker Karl Bosl (1908–1993) zeigt, wie sich in der hochmittelalterlichen Aufbruchphase neben dem religiösen Armutsideal auch ein neues Ethos der Arbeit entwickelte.

Neben Armut prägten Arbeit und Emanzipation die neue mobile Gesellschaft [. . .]. Armut, Arbeit, Emanzipation wirkten bewusstseinsbildend und menschlich konstitutiv; sie wurden und entwickelten neue menschliche Werte für Leben, Denken, Literatur. Armut, Arbeit, Emanzipation wurden die Gegenpositionen zu den archaischen Formen von Herrschaft, Reichtum, Verfügungsgewalt über unfreie Arbeitskraft, Ordnung, Uniformität, Symbolismus. Arbeit war in der archaischen Welt verachtet, sie deklassierte, war Pflicht von Leibeigenen, Abhängigen, der Unterschichten in den „familiae" von König, Adel, Kirche.

Die Entfaltung von Bürgertum und Stadt in Italien, Frankreich, Deutschland und der Aufschwung eines Pionier- und Rodungsbauerntums fielen zusammen mit der Freisetzung von Arbeit und Besitz in Stadt und Land, fast genau so wie im 19. Jahrhundert Europas. [. . .]Befreiung von leibeigener Zwangsarbeit, Emanzipation der arbeitenden Menschen aus der „familia", freie Verfügung über die eigene Arbeitskraft und den eigenen Arbeitsgewinn brachten den großen Auftrieb von Wirtschaft und Gesellschaft [. . .]. In einer zweiten Phase folgten Befreiung von Heirats- und Verkaufszwang und die persönliche Freiheit. Die befreite Oberschicht der familiae bildeten die besonderen (politischen) Leistungs- und Erfolgsträger, die auch die ersten Neureichen und Gewaltträger für die kommunale Selbstregierung in Italien und auch in Deutschland wurden. Freisetzung von Arbeit förderte in Stadt und Land Handels- und Gewerbetätigkeit auf eigene Rechnung; die arbeitenden, produzierenden, verteilenden Menschen arbeiteten auf Profit, berechneten Chancen und Risiken, planten, sammelten Geld = sparten. Leistung und Gewinn wurden neben asketisch-frommem Leben gesellschaftlicher Wert oder setzten sich als solcher durch. Ein neues unfeudales Ethos entstand.

Karl Bosl, Gesellschaft in Aufbruch. Die Welt des Mittelalters und ihre Menschen, Regensburg 1991, S. 123 und 125

1. *Wieso konnten die arbeitenden Menschen des Mittelalters zunächst nicht über die eigene Arbeitskraft und den eigenen Arbeitsgewinn verfügen?*
2. *Welche neuen, den Modernisierungsprozess fördernden Ziele und Einstellungen entwickelten sich, nachdem die Menschen frei über ihre Arbeitskraft verfügen konnten? Was war am neuen Ethos der Arbeit „unfeudal"?*
3. *Welche Bewertung erfahren „Arbeit" oder „Leistung" heute?*

M 6 Wie die Franziskaner nach Deutschland kamen

Jordan von Giano gehörte zu den ersten in Deutschland wirkenden Angehörigen des von Franz von Assisi begründeten Bettelordens der Minderen Brüder. Über die Anfänge des Ordens in Deutschland seit 1219 und seine eigene Rolle berichtet er in seiner Chronik.

Nach Deutschland wurde Bruder Johannes de Penna mit ungefähr sechzig Brüdern gesandt. Als sie die deutschen Gaue betreten hatten, antworteten sie, wenn sie etwas gefragt wurden, z. B. ob sie übernachten oder etwas essen wollten, einfach „Ja", weil sie die Sprache nicht kannten. Daraufhin wurden sie von einigen wohlwollend aufgenommen. Da sie merkten, auf das Wörtlein „Ja" hin würden sie menschlich behandelt, so beschlossen sie auf jegliche Frage mit „Ja" zu antworten. So kam es, dass sie auch auf die Frage, ob sie Ketzer seien und ob sie deshalb nach Deutschland gekommen wären, um es mit Häresien zu verseuchen, wie sie schon die Lombardei verdreht hätten, mit „Ja" antworteten. Nun wurden einige eingekerkert, andere wurden entkleidet und nackt zum Tanze geführt. Da waren sie für die Umstehenden ein kurzweilig Schauspiel. So sahen die Brüder ein, dass sie in Deutschland nicht gedeihlich wirken konnten, und gingen wieder nach Italien zurück. Auf diese Erfahrungen hin hielten sie nun Deutschland für ein grausames Land, und nur wer sich nach dem Martyrium sehne, könne es wagen, dorthin zu gehen. [. . .]

Berthold von Regensburg (1210–1272) trat als 16-jähriger in das Franziskanerkloster seiner Geburtsstadt ein. Ab 1240 gewann er als Wanderprediger, der die Zuhörer aufwühlte, große Popularität. Dem bedeutendsten deutschen Volksredner des Mittelalters wollten oft Tausende zuhören. Deshalb sprach er meist auf offenem Feld. Der vom Zeichner ins Bild gebrachte Jude hält sich die Ohren zu; ihm wird der Teufel zugesellt.

Im Jahre des Herrn 1221 feierte der selige Franz bei der heiligen Maria von Portiunkula Generalkapitel[1]). [. . .] Die Zahl der Brüder, die zusammenkamen, wurde auf ungefähr dreitausend geschätzt . . . Wer könnte schildern, welche Liebe, Geduld, Demut, Gehorsam und Frohsinn damals unter den Brüdern herrschten? . . .
Gegen Schluss dieses Kapitels . . . fiel es dem seligen Franz ein, dass die Erbauung unseres Ordens nicht nach Deutschland gekommen sei. Und weil der selige Franz damals zu gebrechlich war, selbst zum Kapitel zu sprechen, so tat es an seiner Statt Bruder Elias. Und der selige Franz saß zu den Füßen des Bruders Elias und zupfte ihn an der Tunika. Er neigte sich zu ihm und vernahm, was Franz wollte. Dann richtete sich Elias auf und sprach: „[. . .] Es gibt eine Gegend, Deutschland genannt. Dort leben Menschen, die sind Christen und fromm. Wie ihr wisst, kommen sie häufig mit ihren langen Stäben und weiten Stiefeln in unser Land; sie singen dabei das Lob Gottes und seiner Heiligen, wandern im Schweiß und Sonnenbrand dahin und besuchen die Schwellen der Heiligen. Und weil die Brüder, die man einigemal hingeschickt hat, bös zugerichtet zurückkamen, so zwingt der Bruder niemand, zu ihnen zu gehen. Wer aber aus Eifer für Gott und die Seelen hinziehen will, dem gibt er einen ebenso bedeutenden Gehorsamsauftrag, ja noch einen größeren, als wenn er über das Meer reisen würde. Wer also hingehen will, erhebe sich und trete zur Seite." Voll Eifer erhoben sich ungefähr neunzig Brüder, die sich zum Opfertode darboten und wie befohlen von den Übrigen sich absonderten. Sie erwarteten nun den Bescheid, welche, wie viele, wie und wann man abreise.

[1]) regelmäßige Zusammenkunft der Oberen und der Vertreter einzelner Klöster eines Ordens

Damals aber war ein Bruder bei dem Kapitel, der Gott in seinen Gebeten anzuflehen pflegte, er möge davor bewahrt bleiben, dass sein Glauben von den lombardischen Ketzern verdorben werde und dass ihn nicht die deutsche Wildheit ändere. [. . .]
Er ging nun hier vom einen zum andern und fragte jeden: „Wer bist du, und woher stammst du?" Er glaubte nämlich, es sei für ihn kein kleiner Ruhm, wenn sie den Märtyrtod erlitten hätten und er dann sagen könnte: „Den und den habe ich gekannt." Unter diesen Brüdern war auch einer namens Palmerius, ein Diakon, der später Guardian[1]) in Magdeburg wurde, ein fröhlicher, heiterer Mann aus Apulien vom Monte Gargano. Als der neugierige Bruder zu ihm gekommen war und ihn fragte: „Wer bist du, und wie heißt du", erhielt er die Antwort: „Palmerius werde ich genannt"; dann aber legte er seine Hand auf ihn und schleppte ihn mit den Worten: „Auch du gehörst zu uns und wirst mit uns gehen", herzu. Er wollte ihn mit nach Deutschland nehmen. Und doch hatte dieser Bruder schon öfters den Herrn gebeten, er möge ihn hinschicken, wohin er nur wolle, nur nicht zu den Deutschen. Da er also einen furchtbaren Schreck vor dem Namen der Deutschen hatte, so sagte er: „Ich gehöre ja gar nicht zu euch, ich bin ja nur gekommen, um euch kennen zu lernen, aber nicht um mit euch zu ziehen." Doch der mit seinem Frohmute gewann die Oberhand, hielt ihn fest und zog den Widerstrebenden mit Wort und Tat zur Erde nieder und zwang ihn, unter den anderen neben sich zu sitzen.
[. . .] Als Minister für die deutsche Provinz wurde Bruder Cäsar, ein Deutscher, [. . .] aufgestellt. Er bekam die Vollmacht, aus den neunzig auszuwählen, wen er wolle. Er fand nun unter den anderen auch den neugierigen Bruder. Die übrigen redeten dem Bruder Cäsar zu, ihn mitzunehmen. Doch jener wollte ja nicht zu den Deutschen und sprach unaufhörlich: „Ich gehöre nicht zu euch, ich bin nicht aufgestanden, um mit euch zu gehen." [. . .]
Dieser Bruder ist Jordan von Giano, der euch dies schreibt und der also nach Deutschland kam. Er entging der Wut der Deutschen, die er fürchtete, und verpflanzte zuerst mit Bruder Cäsar und andern Brüdern den Orden der Minderbrüder nach Deutschland. [. . .]
Im Jahre des Herrn 1221 berief Bruder Cäsar, der erste Minister in Deutschland, zur Zeit des Sankt Gallusfestes die Brüder nach Augsburg. Es waren einunddreißig. So hielt er also bei seinem Einzug in Deutschland sein erstes Kapitel und schickte von da aus die Brüder in verschiedene Teile Deutschlands. Er sandte aber die Brüder Johann de Plano Carpinis und Barnabas als Prediger nach Würzburg voraus. Diese zogen von da nach Mainz, Worms, Speier, Straßburg und Köln. Sie zeigten sich den Menschen, hielten Bußpredigten und suchten für die nachfolgenden Brüder Unterkunft.
Außerdem hieß Bruder Cäsar von ebendiesem Kapitel aus den Bruder Jordan von Giano mit zwei Gefährten, Abraham und Konstantin, nach Salzburg gehen. Bei dem Bischofe dieser Stadt fanden sie wohlwollende Aufnahme. Und drei andere Brüder ließ er mit Bruder Josef nach Regensburg ziehen. Bruder Cäsar aber folgte den Spuren der Vorausgehenden und bestärkte durch Wort und Beispiel seine Brüder im Guten.

Georg A. Narciß (Hrsg.), Klosterleben im Mittelalter, Frankfurt 1989, S. 389 ff.

[1]) Vorsteher eines Ordenskonvents

1. *Wie kommen Demut und Gehorsam der Ordensangehörigen zum Ausdruck?*
2. *Wie ging die Ausbreitung der Bruderschaften außerhalb Italiens vor sich?*
3. *Welches Bild von Deutschland und den Deutschen wird in der Chronik gezeichnet? Können Sie sich vorstellen, dass sich auch in der Gegenwart dazu Parallelen finden?*

Studentisches Leben

M 7

In einem für die breite Öffentlichkeit geschriebenen Werk über das frühe und hohe Mittelalter versucht die englische Historikerin Anne Fremantle, ein anschauliches und begreifliches Bild dieser Zeit zu geben.

Die mittelalterlichen Universitäten boten jedoch nicht einmal den Anschein fester Quartiere. In Oxford und Cambridge wurde zunächst unter Vordächern am Straßenrand gelehrt, in Paris in den Kreuzgängen der Kathedrale und in Italien auf den Plätzen. Mit der Zeit mieteten die Lehrer Räume, und die Studenten hockten auf der Erde, die gewöhnlich zum Schutz gegen Feuchtigkeit mit Stroh bedeckt war. Unbelastet von Gebäuden, Bibliotheken und anderer Ausstattung, konnten die Universitäten so jederzeit leicht aufbrechen und ihren Sitz wechseln, wenn sie mit den Bürgern uneins waren. Cambridge wurde auf diese Weise durch Trennung von Oxford gegründet.
Solche Trennungen verliefen nicht immer friedlich. Die Studenten murrten über die hohen Preise für Kost und Logis, über Schmutz auf den Straßen und über die Qualität des Weins in den Tavernen. Die Stadtleute revanchierten sich, indem sie sich über das Auftreten der Studenten und Lehrer lustig machten. Oft arteten die Ressentiments in regelrechte Gefechte aus. Die städtischen Annalen von Paris und Oxford berichteten von blutigen Tumulten, bei denen die Gegner Schwerter, Spieße, Knüttel, Pfeile und Bögen brauchten und wobei Kübel mit heißem Wasser und Spülicht aus den Fenstern geschüttet wurden. Nach einem solchen Aufruhr in Paris im Jahre 1229, bei dem mehrere Studenten getötet wurden, appellierten Lehrer und Schüler an den Bischof von Paris und den päpstlichen Legaten Papst Gregors IX. Wenn ihnen keine Hilfe zuteil werde, würden sie die Stadt geschlossen verlassen und sich über Europa zerstreuen. Schließlich schritt Gregor ein, denn die meisten Studenten waren Kleriker. Er erließ eine Bulle, die der Universität Vollmacht gab, ihre Angelegenheit selbst zu regeln, die Mieten festzusetzen und den Unterricht einzustellen, wenn ihre Rechte von der Stadt angetastet wurden. Die Drohung des Auszugs stellte danach eine wirksame Waffe dar, denn die Bürger fürchteten die mit dem Verlust der Universität verbundene Einbuße an Geld und gutem Ruf.
Der Tag des Studenten begann gewöhnlich zwischen 4 und 5 Uhr. Nach dem Besuch der Messe von 5 bis 6 Uhr hatte er Unterricht bis 10 Uhr, danach eine Pause für die erste Mahlzeit des Tages – ein wenig Rindfleisch und eine Fleischbrühe mit Hafermehl. Anschließend war Unterricht bis um 5 Uhr nachmittags, worauf man sich zu einem ebenso kärglichen Abendbrot begab. Danach wurde bis gegen 9 oder 10 Uhr studiert. In Cambridge stand am Tagesende „eine halbe Stunde Gehen und Laufen, damit [die Studenten] nicht mit kalten Füßen zu Bett gehen“.

In Italien und Südfrankreich betrafen die Studien hauptsächlich römisches Recht oder griechische, arabische und jüdische Medizin, in Paris und England Theologie, kanonisches Recht und die freien Künste. Am Ende des Studiums, das meist 6 Jahre dauerte, standen die Prüfungen. Nach der halben Zeit wurde der Student von seinem Lehrer oder einem Lehrerkollegium mündlich geprüft. Bestand er diese Prüfung, wurde er *baccalaureus*[1]) und damit berechtigt, einem Lehrer als Assistent zu dienen. Mit der Vollendung seiner Studien erwarb er selbst die Lehrberechtigung.

Anne Fremantle, Kaiser, Ritter und Scholaren. Hohes und spätes Mittelalter, Reinbek 1973, S. 103 ff.

1. *Wodurch unterscheidet sich das heutige Studentenleben von den Bedingungen im Mittelalter?*
2. *Welche heute noch gültigen „Traditionen" des Universitätslebens lassen sich bis ins Mittelalter zurückverfolgen?*

M 8 Gründung der Universität Neapel

In einem Erlass an geistliche und weltliche Würdenträger des Königreichs Sizilien fordert Friedrich II. Untertanen zum Besuch der 1224 gegründeten heimischen Hochschule auf.

Mit der Gnade Gottes, durch den Wir leben und regieren, dem Wir alle Unsere Taten weihen, dem Wir alles, was Wir tun, zuschreiben, wünschen Wir, dass es in Unserem Königreiche durch eine Quelle der Wissenschaften und eine Pflanzschule der Gelehrsamkeit viele kluge und weit schauende Männer gebe, Männer, die durch das Studium der Natur und die Erforschung des Rechts Gott dienen können, dem alles dient, und die Uns durch die Pflege der Gerechtigkeit gefallen, deren Vorschriften nach Unserem Willen alle gehorchen sollen.
Wir verfügen aber, dass in der lieblichen Stadt Neapel die Wissenschaften jeder Art gelehrt werden und die Studien blühen sollen, damit alle, die hungrig und durstig nach der Gelehrsamkeit sind, im Königreich selbst den Ort finden, an dem ihre Begier gestillt werden kann, und damit sie nicht gezwungen sind, auf der Suche nach Wissen auswärtige Völker aufzusuchen und in fremden Gegenden zu betteln. Wir erstreben aber, dass dieses Gut Unserem Staatswesen zu Nutzen gereiche, da Wir die Wohlfahrt der Untertanen in Unserer besonderen Huld im Auge haben. Denn natürlich werden die Unterrichteten die besten Aussichten haben und die meisten Güter erwarten können, während den Faulen kein Aufstieg erwartet, dem der Adel folgt. Wer sich auf das Richteramt vorbereitet, den erwarten Reichtümer in Fülle, dem steht Gunst und Gnade in Aussicht.
Ferner berufen Wir gelehrte Männer in Unsere Dienste, verdienstvolle und gepriesene, und übertragen jenen, die sich ausgezeichnet haben durch die Beharrlichkeit ihres Eifers, die Lehre des Rechts und der Gerechtigkeit.
Fröhlich also und bereit zum Unterricht, den die Studenten wünschen, mögen sich jene aufmachen, denen Wir da einen Wohnplatz anweisen, wo alles zu haben ist, wo die Häuser hübsch und recht geräumig und wo die Einwohner freundlich und gutartig sind; wo auch alles, was die Menschen zum Le-

[1]) Seit dem 13. Jahrhundert verliehener unterster akademischer Grad. In Westeuropa und Nordamerika wird er heute noch verliehen (bachelor).

ben brauchen, über Land und Meer leicht herangeschafft wird, woher Wir selbst Unseren Unterhalt beziehen, bereiten Wir Wohnungen vor, bestellen Wir Lehrer, verheißen Wir Stipendien und versprechen Wir denen Geschenke, die Uns ihrer würdig erscheinen. Indem Wir sie unter den Augen ihrer Eltern studieren lassen, entheben wir sie vieler Mühen und ersparen ihnen lange Reisen, oft sogar ins Ausland. Wir sichern sie vor den Nachstellungen der Räuber, und diejenigen, die ihres Vermögens und Besitzes auf langen Landfahrten beraubt wurden, mögen sich freuen, dass sie ihre Schulen unter geringeren Kosten und auf kürzeren Wegen durch Unsere Freigebigkeit erreichen können. [...]
Wir wünschen also und befehlen Euch allen, die Ihr die Provinzen verwaltet und an der Spitze der Behörden steht, dass ihr dies alles allenthalben und öffentlich verkündet und den Scholaren unter Androhung von Leibes- und Geldstrafen befehlt, dass keiner seiner Studien wegen außerhalb des Königreichs zu gehen und auch keiner innerhalb des Königreichs anderswo zu lernen und zu lehren wage. Wer aber aus dem Königreich außerhalb des Königreichs eine Schule besucht, dessen Eltern sollt ihr unter vorgenannter Strafe auftragen, dass er bis zum Feste des heiligen Michael unverzüglich zurückkehre.

Klaus J. Heinisch (Hrsg.), Kaiser Friedrich II. in Briefen und Berichten seiner Zeit, Darmstadt 1974, S. 69 ff.

1. *Welche Motive bewegten Kaiser Friedrich II. dazu, eine Universität in Neapel zu gründen?*
2. *In welchen Bestimmungen wird seine fortschrittliche Einstellung deutlich? Finden Sie auch Einzelstellen, die noch auf seine mittelalterliche Zeitgebundenheit verweisen.*

Thesen der Universität Paris

M 9

1277 verurteilte der Bischof von Paris angebliche Irrtümer, die an der Pariser Artistenfakultät gelehrt wurden. Die folgenden als falsch angeprangerten Sätze (insgesamt 219) dokumentieren die mittelalterliche Auseinandersetzung der Kirche mit dem Philosophen Aristoteles.

9. Es gab keinen ersten Menschen und es wird keinen letzten geben, vielmehr gab es immer und wird es immer geben die Erzeugung eines Menschen aus einem Menschen.
15. Der Mensch verliert nach dem Tod alles Gute.
17. Ein zerstörter Körper kann nicht nummerisch identisch wiederkehren, und er wird auch nicht nummerisch identisch auferstehen.
18. Die künftige Auferstehung darf vom Philosophen nicht zugestanden werden, weil es unmöglich ist, sie mit der Vernunft zu erforschen. – Irrtum, weil auch der Philosoph seinen Geist gefangen geben muss in dem Gehorsam Christi.
19. Die vom Leib getrennte Seele erleidet in keiner Weise etwas vom Feuer.
32. Der Intellekt ist der Zahl nach einer für alle Menschen. Er kann zwar von einem einzelnen Körper getrennt werden, nicht aber von jedem.
37. Nichts ist zu glauben, es sei denn evident oder aus Evidentem beweisbar.
40. Es gibt keine ausgezeichnetere Lebensform als das Sichfreihalten für die Philosophie.

116. Die Seele ist untrennbar vom Körper, und mit der Zerstörung der körperlichen Übereinstimmung wird die Seele zerstört.
145. Es gibt keine Frage, die vernunftgemäß zu erörtern ist, die der Philosoph nicht erörtern und entscheiden dürfte [. . .].
150. Der Mensch darf sich nicht zufrieden geben mit der Autorität, um in einer Frage Gewissheit zu erlangen.
152. Die Reden des Theologen sind in Fabeln begründet.
154. Die Weisen der Welt sind ausschließlich die Philosophen.
168. Enthaltsamkeit ist nicht wesenhaft eine Tugend.
174. Fabeln und Falschheiten sind enthalten im christlichen Gesetz wie auch in anderen.
175. Das christliche Gesetz verhindert Wissensfortschritt.
176. Die Glückseligkeit wird in diesem Leben besessen, nicht in einem anderen.

Kurt Flasch (Hrsg.), Mittelalter. Geschichte der Philosophie in Text und Darstellung, Band 2, Stuttgart 1982, S. 359 ff.

1. *Beurteilen Sie die Wirkung der bischöflichen Schrift zu ihrer Entstehungszeit.*
2. *Welche Thesen erscheinen Ihnen aus heutiger Sicht noch aktuell?*

M 10 Die Stauferzeit in Stichworten

In seinem Buch „Gestalten des Hochmittelalters", einer Sammlung personengeschichtlicher Essays, stellt der Erlanger Ordinarius Werner Goez den Biographien der gewürdigten Personen jeweils eine knappe, stichwortartige Auflistung des „Lebensrahmens" voran. Die beiden folgenden Texte skizzieren den allgemein historischen Kontext der im 12. (linke Spalte) und 13. Jahrhundert (rechte Spalte) lebenden Zeitgenossen.

Trotz glanzvoller Selbstdarstellung des Kaiser- und Königtums (staufischer Reichsgedanke) und erstaunlicher Erfolge (Königslandpolitik und Ausbau der Reichsministerialität in Deutschland, Regalienpolitik in Nord- und Mittelitalien, dem vorläufigen Sieg der Krone im staufisch-welfischen Gegensatz) sind die im Investiturstreit erlittenen Einbußen der Zentralgewalt nicht mehr auszugleichen.
Das Verhältnis zwischen geistlicher und weltlicher Gewalt bleibt labil und führt wiederholt zu schweren Krisen. Während sich im übrigen Abendland das Erbkönigtum durchsetzt – was gegen Ende des Zeitraumes zum Anfall des unteritalienischen Normannenreiches an die Staufer führt –, scheitert dies in Deutschland am Widerstand von Reichsfürsten und Kurie.
Erheblicher Bevölkerungszuwachs, besonders zwischen Seine und Niederrhein. Gesteigerte Rodungstätigkeit (Bin-

Nach dem Tod Heinrichs VI. Zusammenbruch der staufischen Vormacht; deutscher Thronstreit. Zwar können sich die Staufer mit Friedrich II. schließlich durchsetzen, aber die bald latente, bald offene Spannung zwischen ihnen und dem Papsttum, das die Umklammerung durch die Verbindung zwischen dem Römischen Reich in Deutschland und Oberitalien und der sizilischen Krone zu sprengen sucht, führt nach langem Kampf zum Ende des hochmittelalterlichen Kaisertums. Interregnum 1254–1273.
Entstehung des Kurfürstenkollegs; Ausbildung der Landesherrschaft. Vor allem die Laien-Fürsten ziehen weitere Prärogativen der Krone an sich, die ihnen nicht mehr streitig gemacht werden können. Die großräumig strukturierten Fürstentümer im östlichen Deutschland und in Ostmitteleuropa schicken sich an, die politische Führung zu übernehmen.

nenkolonisation) fördert die Neubildung von Herrschaft, sei es der Krone, sei es der Fürsten und Dynasten. Neueinsetzen der deutschen Ostbewegung, jetzt zugleich als Siedlungsvorgang. Die Verstädterung schreitet voran; einzelne Plangründungen „aus wilder Wurzel" dienen den Interessen von Fernhandel und Fürstentum. Das Prinzip „Stadtluft macht frei" vermehrt die soziale Anziehungskraft der Städte. Der Kampf des Königtums mit den oberitalienischen Städten und Städtebünden bleibt äußerlich unentschieden. Weiteres Anwachsen des Handels und der Gewerbetätigkeit. Aufschwung der Frühscholastik und des kanonischen Rechtes. Während sich die Kirche zunehmend als Rechtsinstitution ausformt, artikulieren sich verinnerlichende Frömmigkeitstendenzen in neuen Orden. Anfänge der Mystik[1]); gleichzeitig Ausbreitung von Häresien. Französische Vorbilder aufgreifend, auch in Deutschland Aufgang der ritterlich-höfischen Kultur. Es kommt zur Verbindung zwischen Königtum und Kreuzzugsgedanken, doch werden Rückschläge in Palästina nicht mehr ausgeglichen.

Blüte des Fernhandels, der übernational und geldwirtschaftlich ausgerichtet ist. Auch nördlich der Alpen führen Autonomiebestrebungen der Städte vielenorts zum Ziel. Bildung von Städtebünden. Die Verstädterung greift verstärkt auf den Osten über, dessen planmäßige Besiedlung fortschreitet. Das ober- und mittelitalienische Stadtbürgertum behauptet sich gegenüber dem Kaisertum, schwächt sich indessen selbst durch inneren Streit, nachbarliche Konkurrenz und das Aufkommen der ersten Signorien[2]).

Das Bildungsprivileg des Klerus ist durch Laienadel und Bürgertum durchbrochen; doch verflacht die ritterlich-höfische Kulturblüte gegen Ende des Zeitraumes. Die Volksfrömmigkeit schafft sich neue Ausdrucksformen. Die Kirche nimmt die Herausforderung durch den zunehmenden Irrglauben an: Entstehung der Bettelorden und der Inquisition. Hochblüte der Scholastik. Auslaufen der Kreuzzugsbewegung.

Werner Goez, Gestalten des Hochmittelalters. Personengeschichtliche Essays im allgemeinhistorischen Kontext, Darmstadt 1983, S. 204 und 292

1. *Überlegen Sie, welche Strukturen und Ereignisse der staufischen Herrschaftsepoche für die Angehörigen unterschiedlicher Stände jeweils von verhältnismäßig großer oder von verhältnismäßig geringer Wichtigkeit gewesen sein mögen.*
2. *Versuchen Sie, einen allgemein historischen „Lebensrahmen" zu skizzieren, in den sich Ihre eigene Biographie oder auch die Ihrer Eltern oder Großeltern einordnen lässt.*
3. *Wie wirkte sich die Teilung Deutschlands auf den Entwurf solcher „Lebensrahmen" aus? Welche Strukturen und Ereignisse prägten das Leben der Menschen in den alten und neuen Bundesländern, welche biographischen Fakten sind besonders durch die jeweilige Staats- und Gesellschaftsordnung geprägt? Könnten Unterschiede / Zufälle des Geburtsraumes eine ähnliche Rolle auch im Mittelalter gespielt haben?*

[1]) Religiöse Bewegung im Mittelalter. Die Mystiker empfanden mit Inbrunst die Übereinstimmung mit der göttlichen Wirklichkeit.

[2]) So nannten sich die italienischen Stadtstaaten; eigentlich: die obersten Behörden in diesen Republiken.

Der Absolutismus

Abweisend und streng blickt der König sogar dann, wenn er sich als Schirmherr der Künste präsentieren lässt. Inmitten seiner in Ehrfurcht erstarrten Höflinge posiert er als kriegerischer Held, der die antiken Götter auf seiner Seite weiß. Am oberen Bildrand demonstrieren Medaillons die königlichen Werke.

Historische Voraussetzungen und Grundlagen der absolutistischen Monarchie in Frankreich

1576: Jean Bodin: „Six livres de la République“
1598: Das Edikt von Nantes gewährt den Protestanten Religionsfreiheit und beendet die Konfessionskriege in Frankreich
1643: Ludwig XIV. wird König
1648–1653: Adeliger Aufstand der Fronde gegen die wachsende Zentralmacht des Königtums
1651: Thomas Hobbes: „Leviathan“

Auf dem Weg zur absolutistischen Monarchie

Die politische Landschaft Europas war im 16. und 17. Jahrhundert geprägt von unterschiedlichen Regierungsformen. In den *Erbmonarchien* hatte der Adel sich häufig ein Mitspracherecht bei gewichtigen Entscheidungen (Steu-

ergesetzgebung) vorbehalten können. Dies galt erst recht für die *Wahlmonarchien,* in denen kein Herrscherhaus die Nachfolge in der eigenen Familie hatte durchsetzen können. Daneben existierten zahlreiche, meist kleinere Staaten mit republikanisch-oligarchischen Verfassungen. Überall erhielten sich Sonderrechte des Adels und der Stände seit dem ausgehenden Mittelalter ungebrochen, ja teilweise waren sie seit der *Reformation*[1]) in den Wirren der Religionskriege noch ausgebaut worden. Die Landesherren versuchten demgegenüber jetzt in ihren Territorien eine einheitliche, flächendeckende Verwaltung durchzusetzen. Vorbild dafür war Frankreich, wo verschiedene Faktoren den in Bewegung gekommenen Prozess verstärkten und beschleunigten. In der zweiten Hälfte des 16. Jahrhunderts wurde Frankreich von blutigen Bürgerkriegen zwischen der katholischen Mehrheit und der calvinistischen Minderheit der *Hugenotten*[2]) erschüttert. Deshalb bemühten sich nach dem Aussterben der Königslinie der *Valois* König *Heinrich IV.*[3]) und sein Sohn *Ludwig XIII.* (1610–1643), durch eine starke Regentschaft das Land zu befrieden. Das *Edikt von Nantes* (1598) trug dazu Wesentliches bei, indem es den Hugenotten Religionsfreiheit und weitgehende Gleichberechtigung gewährte.
Da sich die feudalen Grundherren und andere regionale Gewalten in den Provinzen dem Verlangen nach Beendigung der Religionskämpfe, innerer Sicherheit, ausreichender Nahrungs- und Gesundheitsvorsorge und sozialem Frieden oft nicht gewachsen zeigten, wuchs das Bedürfnis nach zentraler Steuerung. Aus dieser allgemeinen Krisensituation wurden die Grundsteine für die Ausbildung des *monarchischen Absolutismus*[4]) gelegt: Der Regierungsapparat wurde zentralisiert, um rasche Entscheidungen und deren prompte Durchführung zu ermöglichen. Vor allem aber rief der König die für das Steuerbewilligungsrecht notwendigen *Generalstände* und die *Versammlung der Notabeln*[5]) nicht mehr ein und umging damit deren Mitsprache. Diese Gremien traten letztmals 1614 bzw. 1627 zusammen.
Eine weitere Institution, deren Macht begrenzt wurde, war das Pariser *Parlament.* Dieses war seit 1302 oberste Gerichtsbehörde Frankreichs. In einer Reihe wichtiger Provinzstädte gab es außerdem regionale Parlamente (Obergerichte). Die Gerichtshöfe nahmen mehr als nur judikative Aufgaben wahr, sie hatten außerdem administrative und legislative Befugnisse. Vor allem das

---

[1]) Mit der Reformation Martin Luthers (1483–1546) in Deutschland endete die mittelalterliche Einheit der Kirche. Die miteinander rivalisierenden Glaubensrichtungen lösten in Europa eine Phase der verschärften Intoleranz und grausamer Religionskriege aus.

[2]) franz.: huguenots; die Herkunft des Wortes ist in der Wissenschaft umstritten. Möglicherweise handelt es sich um eine Anspielung auf ein „Stadtgespenst" namens Hugo aus Tours an der Loire. Die Hugenotten folgten der protestantischen Lehre des Franzosen Jean Calvin (1509–1564). Dieser unterschied sich vor allem durch den Glauben an die Vorherbestimmung des Menschen von Martin Luther.

[3]) Heinrich IV (1553–1610), König von Navarra und Führer der Protestanten in Frankreich; konvertierte 1593 zum katholischen Glauben, um ein Jahr später zum König von Frankreich gekrönt zu werden. Mit Heinrich IV. kommt die Dynastie der Bourbonen an die Macht, die bis 1848 die französischen Könige stellt.

[4]) Nach der Idee des Absolutismus ist der Herrscher von den menschlichen Gesetzen losgelöst (lat.: absolutus).

[5]) Notabeln: angesehene Männer von gesellschaftlichem Rang, Vermögen und Bildung

Stände: Schon im Altertum setzte sich die Gesellschaft aus verschiedenen sozialen Gruppen zusammen. In seinem jeweiligen Stand (beispielsweise in Rom: Patrizier und Plebejer) verblieb man zeitlebens; durch die Zugehörigkeit waren politische und soziale Rechte und Pflichten im Gemeinwesen festgelegt.
Im Mittelalter teilte sich die Gesellschaft in einen Wehrstand (Adel), einen Betstand (Geistlichkeit) und einen Nährstand (Bauern). Auch wenn diese Gruppen nach ihrer Definition klar voneinander abgegrenzt waren, so waren sie doch zu keinem Zeitpunkt in sich abgeschlossen und bildeten keine homogenen Blöcke. Zwischen den mächtigen Reichsfürsten und dem niederen Dienstadel gab es ebenso Abstufungen wie zwischen den freien und abhängigen Bauern. Das mittelalterliche Ständesystem erstarrte in der Neuzeit, erhielt sich aber bis an die Schwelle des 19. Jahrhunderts.
Als Stände bezeichnet man aber auch die repräsentativen Versammlungen, die ausgangs des Mittelalters den Landesherren das Recht zur Steuerbewilligung abtrotzten. Diesen Ständen gehörten Vertreter des Adels, des Klerus und der Städte (Bürger) an. Absolutistische Herrscher konnten ihre Einberufung übergehen, seit der Französischen Revolution trat in Kontinentaleuropa an die Stelle der Ständeversammlungen nach und nach das moderne Parlament.

Pariser Parlament hatte das Recht, die königlichen Erlasse zu registrieren, die erst dadurch Gesetzeskraft erhielten. Sofern die Erlasse vom überlieferten Recht abwichen, konnte das Parlament Gegenvorstellungen erheben und damit den Gesetzgebungsgang verzögern oder gar verhindern *(Remonstrationsrecht)*. Dieses selbständige Eintragungsrecht entzog die Krone 1641 dem Pariser Parlament.
Im Zuge der Zentralisation der Regierungsmacht ist auch der Verkauf von Ämtern an bürgerliche Bewerber zu sehen. Damit gewann die Krone ergebene, fähige Verwaltungsfachleute, die den Einfluss des Feudaladels auf die Verwaltung zurückdrängten. Zugleich stärkte sie mit dem Ämterverkauf die eigene Finanzkraft und bot dem gewerblich tätigen Bürgertum, das während des *Dreißigjährigen Krieges* (1618–1648) auf dem gesamten europäischen Kontinent unter einer Wirtschaftskrise zu leiden hatte, eine existentielle Alternative.
Die Leitlinien der französischen Politik unter Ludwig XIII. bestimmte vor allem ein Mann: Kardinal *Richelieu*[1]. Erfolgreich bekämpfte Richelieu alle Versuche des Adels, seine politischen Rechte zurückzugewinnen; befestigte Adelssitze von Verschwörern ließ er schleifen. Um der inneren Einheit willen beschnitt er die den Hugenotten zugestandenen politischen Sonderrechte, ohne allerdings ihre Religionsfreiheit anzutasten.

---

[1]) Armand Jean du Plessis (1585–1642), Kardinal de Richelieu seit 1622; Minister seit 1624 bis zu seinem Tod

Der Aufstand der Fronde

Nach dem Tod Richelieus und Ludwigs XIII. setzte Kardinal *Mazarin*[1]) als Leitender Minister unter dem fünfjährigen Thronfolger *Ludwig XIV.* das Werk seines Vorgängers fort. Im *Westfälischen Frieden,* der 1648 den Dreißigjährigen Krieg beendete, gewann er für Frankreich Territorien an der Ostgrenze und erreichte die Bestätigung des Besitzes der Bistümer Metz, Toul und Verdun. Im Innern Frankreichs freilich wurden die außenpolitischen Erfolge Mazarins wenig honoriert. Im Gegenteil: Einer hochadeligen Verschwörergruppe, die von Teilen des Amtsadels unterstützt wurde, schien die Zeit günstig, die Monarchie wieder der Kontrolle der Parlamente zu unterstellen, wenn möglich sogar erweiterte politische Mitspracherechte durchzusetzen. Der 1648 begonnene Aufstand der *Fronde*[2]) scheiterte erst nach fünf Jahren. Im Frühjahr 1653 wurde der zwischenzeitlich im Exil lebende Kardinal Mazarin wieder in alle Ämter eingesetzt.
Der Widerstand des Adels war definitiv gebrochen, niemand stellte sich mehr einem zentralistischen Ausbau des Staates entgegen. Letztlich war die Monarchie aus dem Aufstand gestärkt hervorgegangen. Nach den Erfahrungen mit dem Aufstand der Fronde konnte Ludwig XIV. erfolgreich fortfahren, dem Adel seine politische Bedeutung weiter zu entziehen. Als Gegenleistung gewährte er ihm kirchliche Pfründe, die militärischen Führungspositionen im Heer und den direkten Dienst am König – Letzteres in einer neuen, auf besondere räumliche Nähe bedachten Form am Hof des Monarchen.

Theoretische Grundlage des modernen Staates: die Idee der Souveränität

Anfang 1576 veröffentlichte *Jean Bodin* sein voluminöses Werk *„Six Livres de la République"* (⇨ M 1), das rasche Verbreitung innerhalb und außerhalb Frankreichs fand. Heute gilt es als die erste wissenschaftliche Verfassungstheorie. Sie wollte eine umfassende Analyse des Staates und seiner Zwecke geben und Richtlinien für politisches Handeln über Frankreichs Grenzen hinaus anbieten. Gleichzeitig war sie natürlich unmittelbar auf das Frankreich des 16. Jahrhunderts bezogen.
Das Werk Bodins war das Plädoyer für den monarchischen Zentralstaat. Angesichts des vom Glaubenskrieg gespaltenen Frankreichs sollte ein von Gruppeneinflüssen unabhängiger, souveräner Staat Sicherheit und Religionsfreiheit aller Untertanen garantieren. Unter Staatssouveränität verstand Bodin dabei in erster Linie Fürstensouveränität. Kennzeichen der Souveränität war das Gesetzgebungsmonopol des Herrschers. Damit gab es eine höchste Gewalt im Staat, die unabhängig von anderen Autoritäten Gesetze erlassen konnte und gleichzeitig selbst über den Gesetzen stand. Mit seiner Lehre legte Bodin den Grundstein für eine einheitliche und eindeutige Staatsgewalt und damit für den modernen Staat.

---

[1]) Jules Mazarin (Giulio Mazzarini) (1602–1661), gebürtiger Italiener, auf Betreiben Richelieus päpstlicher Nuntius in Paris und anschließend Mitarbeiter im französischen Staatsdienst
[2]) fronde, wörtlich: Schleuder (der Pariser Gassenjungen); Spottwort

Trotz seiner Losgelöstheit vom vereinbarten Recht war der souveräne Monarch jedoch in seinen Entscheidungen nicht völlig frei. Vielmehr musste er sich nach Bodin stets im Rahmen des übergeordneten, göttlichen (Natur-)-Rechts bewegen. Damit war der Herrschaft des absoluten Fürsten eine moralische Grenze gezogen.

Die Lehre vom Gesellschaftsvertrag

Den von Bodin gesetzten Rahmen überschritt der Engländer *Thomas Hobbes* in seinem Werk *„Leviathan"* (1651) (⇨ M 2). Ähnlich wie Bodin prägten auch Hobbes die Schrecken des Bürgerkriegs[1]). Sie formten sein pessimistisches Menschenbild und gaben den Erlebnishintergrund ab, vor dem er seine Staatstheorie entwickelte. Nicht ethisches Verhalten, sondern der Wille zur Selbstbehauptung („Krieg aller gegen alle") ist nach Hobbes kennzeichnend für die menschliche Natur. Um die Menschen davon abzuhalten, sich gegenseitig zu vernichten, schließen sie einen Unterwerfungs- und Ermächtigungsvertrag (social contract). Im Vertragsschluss entsagen sie ihrem natürlichen Recht auf freie Selbstverteidigung und unterstellen sich gemeinsam der absoluten Gewalt des Staates, dessen oberster Zweck die kollektive Sicherheit ist. Durch Vertrag erhält der Souverän (bei Hobbes: Oberherr) das ungeteilte, alleinige Herrschaftsrecht. Dieses ist für die Souveränität des Oberherrn unentbehrlich und kann nicht – auch nicht teilweise – übertragen werden. Nicht zu Unrecht vergleicht Hobbes den allmächtigen Oberherrn mit dem alttestamentarischen Seeungeheuer Leviathan.
Hobbes' Werk stieß bei seinen Zeitgenossen nicht nur auf Zustimmung. Kritisiert wurde er insbesondere in England, wo seine Auffassung vom Souverän als dem obersten Gesetzgeber und Richter dem vom Parlament in Anspruch genommenen höchsten Jurisdiktionsrecht entgegenstand. Auch sein Menschenbild, das sprichwörtlich gewordene „homo homini lupus"[2]), blieb nicht ohne Einwände. Der Mensch brauche und erstrebe als hilflosestes aller Lebewesen die gegenseitige Hilfe und Zusammenarbeit *(Samuel Pufendorf*[3])). Monarchisten bemängelten, dass nach Hobbes die absolute Gewalt des Oberherrn nicht durch das Gottesgnadentum des Herrschers, sondern durch den Unterwerfungs- und Ermächtigungsvertrag legitimiert sei.
Trotz aller Einwände hielten die „neuen" Staatstheorien von Bodin, Hobbes und anderen Einzug an den Fürstenhöfen und wurden bei der Prinzenerziehung als Lehrstoff mit herangezogen. Als „Mustermonarchie", die mit den zeitgenössischen staatstheoretischen Vorstellungen am weitesten übereinstimmte, gilt das Frankreich Ludwigs XIV., dessen Regierungssystem bald in anderen europäischen Staaten imitiert wurde.

---

[1]) Auseinandersetzungen über die Rechte des Parlaments führten in England zum Bürgerkrieg, der mit der Hinrichtung König Karls I. endete (1649). Zeitweise war England Republik (bis 1660).
[2]) lateinisch: „Der Mensch ist dem Menschen ein Wolf."
[3]) Samuel Freiherr von Pufendorf (1632–1694), seit 1691 Inhaber des ersten deutschen Lehrstuhls für Naturrecht in Heidelberg

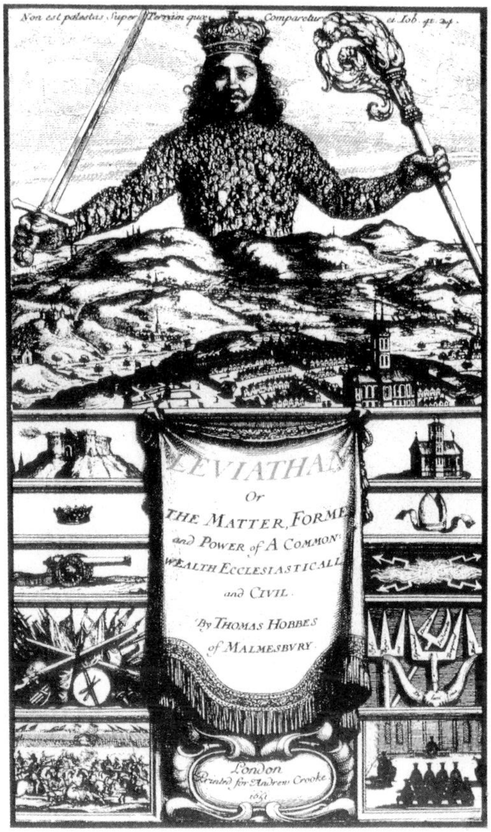

Thomas Hobbes: „Leviathan". Das Titelbild der englischen Erstausgabe aus dem Jahr 1651 zeigt Leviathan mit Schwert und Bischofsstab als Zeichen der weltlichen und geistlichen Gewalt. Der Rumpf des Leviathan setzt sich aus zahllosen kleinen Untertanen zusammen. Der lateinische Text stammt aus dem alttestamentarischen Buch Hiob und lautet übersetzt: „Es gibt keine Macht auf Erden, die gleichkommt".

Der ideologische Anspruch des absoluten Monarchen

Historische Erfahrungen und zeitgenössische Theorien wirkten zusammen, als Ludwig XIV. das Idealbild von einem unumschränkt regierenden Fürsten entwarf. In Anknüpfung an die mittelalterliche Idee vom Gottesgnadentum des Königs empfand er seine Herrschaft als göttlichen Auftrag. Der Staat galt als sein persönliches Eigentum. Daraus leitete er jedoch nicht das Recht auf willkürliche Durchsetzung seines Willens ab. Von Gott eingesetzt, unterstand er sehr wohl dem göttlichen (Natur-)Recht und dem Gewohnheitsrecht. Freiheit und Besitz seiner Untertanen durften vom König also auch nach seinem eigenen Selbstverständnis nicht grundlos angetastet werden. Mit Vernunft und Pflichtbewusstsein sollte der Herrscher den Regierungsgeschäften nachgehen, denn er verkörperte den Staat. Der Satz „L'Etat c'est moi" stammt vermutlich nicht von Ludwig XIV., doch symbolisiert er seine Idee vom absoluten Monarchen (⇨ M 3).

M 1 Jean Bodin über die Souveränität

Der 1529/30 (?) in Angers geborene Jean Bodin war zunächst Karmelitermönch, bevor er seit 1561 als Advokat am Pariser Parlament tätig war. Kurz nach der Veröffentlichung seines Hauptwerkes „Six Livres de la République" wurde er in innenpolitische Streitereien verwickelt und musste die Hauptstadt verlassen. Bodin starb 1596. Die hier abgedruckten Auszüge stammen aus Buch 1, 8. und 10. Kapitel.

Der Begriff Souveränität beinhaltet die absolute und dauernde Gewalt eines Staates, die im Lateinischen „majestas" heißt. [. . .] Souveränität bedeutet höchste Befehlsgewalt.[1])

[. . .] Souveränität wird weder durch irgendeine Gewalt, noch durch menschliche Satzung, noch durch eine Frist begrenzt.

[. . .] Die Inhaber der Souveränität sind auf keine Weise den Befehlen eines anderen unterworfen, geben den Untertanen Gesetze, schaffen überholte Gesetze ab, um dafür neue zu erlassen. Niemand, der selbst den Gesetzen oder der Befehlsgewalt anderer untersteht, kann dies tun. Darum gilt, dass der Fürst von der Gewalt der Gesetze entbunden ist.

[. . .] Was allerdings die Gesetze Gottes und der Natur betrifft, so sind alle Fürsten auf dieser Erde an sie gebunden. [. . .] Die absolute Gewalt der Fürsten und Herrschenden reicht nicht an die Gesetze Gottes und der Natur heran.

[. . .] Was die Grundgesetze der Monarchie angeht, insofern sie unmittelbar mit der Krone verknüpft sind, [. . .] so darf der Fürst nicht von ihnen abweichen [. . .], denn auf sie stützt sich und auf ihnen beruht die souveräne Majestät.

[. . .] Größe und Majestät eines wirklich souveränen Herrschers zeigen sich, wenn die Stände des ganzen Volkes versammelt sind und in aller Untertänigkeit dem Herrscher ihre Anträge und Bitten vortragen, ohne die geringste Befehls- oder Entscheidungsgewalt oder auch nur eine beratende Stimme zu haben. Was der König nach seinem Gutdünken annimmt oder verwirft, befiehlt oder verbietet, hat Gesetzeskraft.

[. . .] Wenn also ein souveräner Fürst die Naturgesetze nicht verletzen darf, die auf Gott, dessen Abbild er ist, zurückgehen, so darf er fremdes Eigentum nicht konfiszieren, es sei denn, es gibt eine Rechtfertigung und vernünftige Begründung. [. . .]

Das hervorragendste Merkmal der fürstlichen Souveränität besteht in der Machtvollkommenheit, Gesetze für alle und für jeden Einzelnen zu erlassen, [. . .] ohne dass irgendjemand zustimmen müsste. [. . .] Diese Gewalt, Gesetze zu machen oder aufzugeben, umfasst zugleich alle anderen Rechte und Kennzeichen der Souveränität [. . .]: die Entscheidung über Krieg und Frieden, das Recht der letzten Instanz, das Ernennungs- und Absetzungsrecht für die obersten Beamten, das Besteuerungsrecht, das Begnadigungsrecht, das Münzrecht und die Festsetzung des Geldwerts.

Jean Bodin, Über den Staat (Six Livres de la République). Auswahl, Übersetzung und Nachwort von Gottfried Niedhart, Stuttgart 1976, S. 19 f., 24 ff., 28 f., 37, 42 f.

[1]) In der lateinischen Fassung lautet die berühmte Souveränitätsformel, aus der sich die Epochenbezeichnung des Absolutismus herleitet: Majestas est summa in cives ac subditos legibus soluta potestas = Die Souveränität ist die höchste und von den Gesetzen entbundene Gewalt über Bürger und Untertanen.

1. *Bestimmen Sie anhand des Textes die Bedeutung des Begriffs „Souveränität".*
2. *Welche Rechte und Freiheiten stehen dem Inhaber der Souveränität zu, und welche Schranken sind ihm gesetzt?*

Thomas Hobbes über Staat und Herrschaft

M 2

Der englische Pfarrerssohn Thomas Hobbes (1588–1679) unterstützte im Konflikt zwischen dem Parlament und dem König die Krone und musste deshalb nach Paris ins Exil flüchten (1640). Hier unterrichtete er den späteren König Karl II. 1651 unterwarf er sich dem englischen Staatsrat und durfte in die Heimat zurückkehren. Die hier abgedruckten Auszüge stammen aus „Leviathan", 17., 18. und 30. Kapitel.

Die Absicht und Ursache, warum die Menschen bei all ihrem natürlichen Hang zur Freiheit und Herrschaft sich dennoch entschließen konnten, sich gewissen Anordnungen, welche die bürgerliche Gesellschaft trifft, zu unterwerfen, lag in dem Verlangen, sich selbst zu erhalten und ein bequemeres Leben zu führen; oder mit anderen Worten, aus dem elenden Zustande eines Krieges aller gegen alle gerettet zu werden. [. . .]

Um aber eine allgemeine Macht zu gründen, unter deren Schutz gegen auswärtige und innere Feinde die Menschen bei dem ruhigen Genuss der Früchte ihres Fleißes und der Erde ihren Unterhalt finden können, ist der einzig mögliche Weg folgender: Jeder muss alle seine Macht oder Kraft einem oder mehreren Menschen übertragen, wodurch der Wille aller gleichsam auf einen Punkt vereinigt wird. [. . .] Auf diese Weise werden alle Einzelnen eine Person und heißen Staat oder Gemeinwesen. So entsteht der große Leviathan oder, wenn man lieber will, der sterbliche Gott, dem wir unter dem ewigen Gott allein Frieden und Schutz zu verdanken haben. [. . .] Dies macht das Wesen des Staates aus, dessen Definition folgende ist: Staat ist eine Person, deren Handlungen eine große Menge Menschen kraft der gegenseitigen Verträge eines jeden mit einem jeden als ihre eigenen ansehen, auf dass diese nach ihrem Gutdünken die Macht aller zum Frieden und zur gemeinschaftlichen Verteidigung anwende.

Von dem Stellvertreter des Staates sagt man, er besitzt die höchste Gewalt. Die Übrigen alle heißen Untertanen und Bürger. [. . .]

So wie die höchste Gewalt größer ist als die eines jeden Bürgers, so muss auch die ihr gebührende Ehre größer sein als diejenige, welche den Bürgern samt und sonders zukommt. Von dem, der die höchste Gewalt besitzt, hängt alle Ehre und Würde ab, und wie in Gegenwart des Hausvaters die Bedienten sowohl als die Kinder einander gleich sind und keine Rangunterschiede bestehen, so sind auch die Bürger in Gegenwart des Stellvertreters des Staates alle gleich, ob in dessen Abwesenheit gleich einige ein größeres Ansehen haben als andere. Seine Gegenwart wirkt daher auf diese wie der Glanz der Sonne bei Tage auf die Sterne. [. . .]

Die Aufgaben und Pflichten des Oberherrn, sei es eine einzelne Person oder eine Gesellschaft, ergeben sich deutlich aus dem Zweck, zu welchem jeder Staat errichtet wird, nämlich dem Wohl des Volkes. Dieses nach Möglichkeit zu fördern, macht ihm das Gesetz der Natur zur Pflicht, und hierüber hat er nur Gott allein Rechenschaft abzulegen. [. . .] Notwendig muss dies aber so geschehen, dass er seine Sorgfalt nicht auf Einzelne richte, sondern auf das Wohl aller. [. . .] Folglich streitet es wider seine Pflicht, wenn er sich den bürgerlichen Gesetzen unterwirft oder dem Recht entsagt, Rechtshändel zu entscheiden, Krieg und Frieden zu beschließen, Heere nach Gutdünken zu besolden, öffentliche Diener zu allen Zeiten zu ernennen und die Lehren, welche mit dem Frieden und allgemeinen Wohl in Einklang sind, zu bestimmen.

Thomas Hobbes, Leviathan. Erster und Zweiter Teil. Übersetzung von Jacob Peter Mayer. Nachwort von Malte Diesselhorst, Stuttgart, ergänzte Ausgabe 1980, S. 151, 155 f., 165, 278 f.

1. *Wie entsteht nach Hobbes der Staat, und worin liegt der Selbstzweck?*
2. *Informieren Sie sich in einem Staatslexikon über die Merkmale des modernen totalitären Staates. Unterscheidet sich Hobbes' „Leviathan" von solchen Staaten des 20. Jahrhunderts?*
3. *Erarbeiten Sie mit Hilfe von M 1 und M 2 eine umfassende Definition des Absolutismus. Ergänzen Sie Ihre Definition anhand eines modernen Staatslexikons.*
4. *Überlegen Sie: Welche historische Staatsform wird mit der Idee der Fürstensouveränität überwunden?*

M 3 Der absolute König

Ludwig XIV. – Selbstdarstellung und Demaskierung. „Kleiner als Gott, aber größer als der Erdkreis", will der König sein. Diesen Anspruch spiegelt das 1701 von Hyacinthe Rigaud (1659–1743) geschaffene Monumentalgemälde wider (rechte Seite).
Ganz anders sieht es der englische Karikaturist William Thackeray, der 125 Jahre nach dem Tod Ludwigs kritisch mit dem großen Vorbild umgeht.

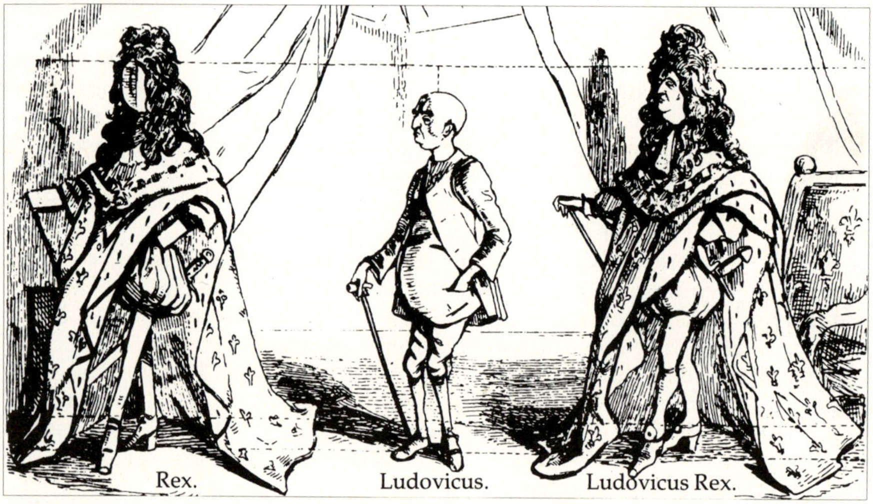

1. *Welche Aussagen machen beide Künstler*
   a) zu der Person Ludwigs XIV.
   b) zur Funktion Ludwigs im Staat?
2. *Mit welchen Mitteln erzielen Rigaud und Thackeray eine ideologische Überhöhung beziehungsweise Demaskierung Ludwigs XIV.?*

Absolutistische Herrschaft im Frankreich Ludwigs XIV.

1661:	Beginn des persönlichen Regiments Ludwigs XIV.
1685:	Edikt von Fontainebleau: Höhepunkt des Kampfes gegen die Hugenotten
1701–1713/14:	Spanischer Erbfolgekrieg: Französische Hegemonialpolitik muss sich dem Prinzip des Gleichgewichts der Mächte unterordnen
1715:	Tod Ludwigs XIV.

Höfische Kultur – Inszenierung fürstlicher Macht

1661 hatte Ludwig begonnen, das Jagdschlösschen seines Vaters in *Versailles,* 14 km westlich von Paris gelegen, umbauen zu lassen. 1682 wurden Hofstaat und Regierungsapparat dorthin verlegt. Nach circa 30 Jahren waren die Bauarbeiten beendet. Als glanzvolle, theatralische Kulisse verkörperten Schloss und Park den Anspruch des „Sonnenkönigs", strahlende Mitte Frankreichs und der Welt zu sein.

Gesamtansicht des Schlosses von Versailles aus dem Jahr 1722 von P.-D. Martin. Die Schlossarchitektur besaß einen weit ausgreifenden, symmetrischen Grundriss, eine imposante Fassadengestaltung, ausladende Terrassen mit Freitreppen und eine pompöse, prunkende Innenausstattung. Zusammen mit den im Bild nicht sichtbaren kunstvoll geometrisch angelegten Garten- und Parkanlagen, den Skulpturen, Fontänen und Kaskaden, den künstlichen Seen und Kanälen bildete das Schloss ein barockes „Gesamtkunstwerk", in dem sich das höfische Leben entfaltete.

In einem ausgefeilten Zeremoniell, das selbst so privat anmutende Vorgänge wie das Aufstehen (le Lever) und das Schlafengehen (le Coucher) zu einem bedeutsamen öffentlichen Ritual gestaltete, versammelte Ludwig XIV. die französische Hocharistokratie um sich. Höfische Etikette schuf aus dem alten Erbadel die Kultdienerschaft der Majestät. Gleichwohl drängte man sich um die Zulassung bei Hofe, um die Übertragung eines Hofamtes oder um eine Ehrenstelle bei der königlichen Garde, was Teilhabe an den Festlichkeiten, Jagdpartien, Gesellschafts- und Glücksspielen bedeutete. Seiner politischen Aufgabe entkleidet, wurde der Adel nun als Träger der höfischen Kultur zu einer wesentlichen informellen Stütze des absolutistischen monarchischen Prinzips (⇨ M 1).

Umbau des Regierungsapparates

Am 10. März 1661 trat Ludwig XIV. nach dem Tod Mazarins sein persönliches Regiment an (⇨ M 2). Einen Premierminister von der Machtfülle Richelieus oder Mazarins sollte es nun nicht mehr geben, die Staatssekretäre sollten nur noch den Willen des Herrschers ausführen.

Der so genannte Staatsrat *(Conseil du Roi),* Beratungs- und Entscheidungsgremium bei politischen Grundsatzfragen, wurde auf drei Mitglieder beschränkt. Nicht einmal mehr die Mutter des Königs, sein Bruder und die Prinzen von Geblüt konnten an den Sitzungen teilnehmen. Die drei Staatsratsmitglieder – sie durften sich Minister nennen – waren zuständig für Finanzen, Militär und Außenpolitik. Wichtigster Ratgeber des Königs wurde bald *Jean-Baptiste Colbert* (siehe Seite 173 f.).

Die ganze Regierungszeit hindurch bediente sich Ludwig qualifizierter, professioneller Mitarbeiter. Es waren Leute seines Vertrauens, die aus dem Bürgertum stammten oder durch Verdienste zum Amtsadel aufgestiegen waren. Zu Lasten des aus dem Machtzentrum verdrängten Erbadels gewann das bürgerliche und niederadelige Regierungspersonal bis 1789 ständig an Gewicht.

Insgesamt setzte der König während seiner 54-jährigen Regierungszeit lediglich 17 Minister ein. Damit war Kontinuität gewährleistet und das monarchische Element der Regierung unterstrichen. Am Ende der Herrschaft Ludwigs bestand die französische Zentralregierung aus dem Kanzler, zuständig für Justiz und zeitweise für Bewahrung des königlichen Großsiegels, den Staatssekretären für Äußeres, Kriegswesen, Finanzen, Marine und Kolonien sowie dem Staatssekretär für Angelegenheiten des königlichen Hauses.

Intendanten gegen Provinzgouverneure: Rationalisierung der Verwaltung

Die Verwaltung in den Provinzen wurde neu vom Hof aus koordiniert. Mit ihrer Wahrnehmung betraute Ludwig XIV. *Intendanten.* Bisher waren diese als Sonderbeauftragte des Staatsrats mit Kontrollaufgaben im Land unter-

wegs gewesen. Nun wurden sie zu ständigen Außenposten der Regierung, die mit weit tragenden Vollmachten ausgestattet waren: Sie überwachten die Rechtspflege als Justizintendanten, übten als Polizeiintendanten die Aufsicht über Straßen und Wege aus und sorgten für Ruhe und Ordnung, überwachten das Militär, überprüften den Haushalt der Städte und Dörfer. Als Finanzintendanten sorgten sie für die Steuerveranlagung und -einziehung. Die adeligen Provinzgouverneure, seit den Frondeaufständen als unzuverlässig eingestuft, wurden an den Hof gezogen.
Im Gegensatz zu den früheren Verwaltungsorganen in den Provinzen beanspruchten die Intendanten nicht das Recht auf Beeinflussung oder Ablehnung von Anweisungen, die vom König kamen. Wenn nötig, drückten sie Befehle mit Militärgewalt durch. Sie waren Kontroll- und Ausführungsorgane der Regierung und repräsentierten den Versuch des Übergangs von der gemäßigten, das heißt durch regionale oder ständische Kontrolle eingeschränkten, Monarchie zur absoluten Monarchie. Gleichzeitig schützten die Intendanten aber auch die Bewohner in den Provinzen vor der Willkür des ansässigen Feudaladels.
Ab 1665 nahm Ludwig schließlich den Parlamenten ihre legislativen Befugnisse. Sie sanken damit von einer mitregierenden Instanz zu einer weisungsabhängigen Behörde herab. Die Rechtsprechung verblieb bei den „Hohen Höfen“, allerdings war die Gerichtsbarkeit keineswegs unabhängig von der monarchischen Regierung (⇨ M 3).

Der Staat Ludwigs XIV.

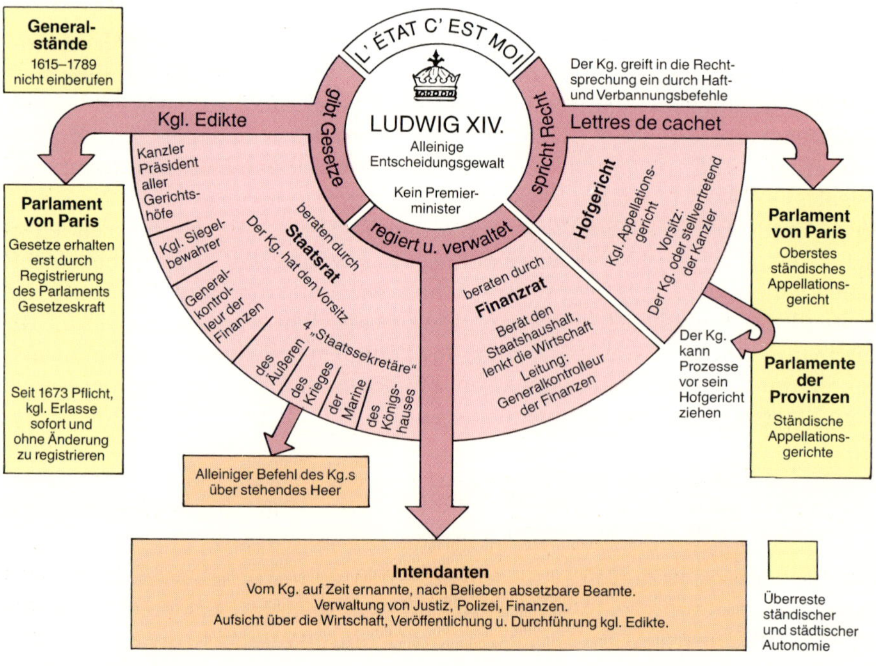

Trotz aller Fortschritte ließ sich die angestrebte Vereinheitlichung von Verwaltung und Rechtswesen nicht so vollständig durchsetzen, wie sie in der „Theorie" des Absolutismus angelegt war. Nach wie vor behielten zahlreiche regionale Varianten des Gewohnheitsrechts Gültigkeit. Auch duldeten die alten Adelsprivilegien keine Nivellierung. Vor allem in den Provinzen bewahrten sich die Stände ihre Mitsprache bei der Steuererhebung – eine chronisch in Geldnot befindliche Regierung kam an der Zusammenarbeit mit den Partikulargewalten nicht vorbei.

Das Militär – zuverlässigste Stütze der königlichen Gewalt

Die reguläre Armee, unter Ludwig etwa 100 000 bis 120 000 Mann stark, bestand aus angeworbenen Söldnern. Daneben existierten regionale bäuerliche und städtische Bürgerwehren. Durch eine Heeresreform wurde die Armee in der zweiten Hälfte des 17. Jahrhunderts ganz auf die Krone verpflichtet.
Die militärische Kommandogewalt, die vorher in den Händen der Provinzgouverneure gelegen hatte, wurde nun auf die Zentralregierung übertragen. Diese gab sie an regierungstreue Kommandanten und Generalleutnants weiter. Das Offizierskorps, innerhalb dessen das aristokratische Monopol aufgebrochen werden konnte, unterstand nun einer zivilen Heeresverwaltung. Ihr saß der Staatssekretär für den Krieg vor. Durch die von den Militärs auf Zivilisten übertragene Administration der Truppe war dafür gesorgt, dass Anwerbung, Besoldung und Musterung der Soldaten unter staatlicher Kontrolle standen. Gleichzeitig war damit den „Kriegsunternehmern", die auf eigene Faust Truppen eingestellt und entlohnt hatten, das Handwerk gelegt. Einheitliche Uniformierung und Bewaffnung waren ebenso Teil der Heeresreform wie die Sorge für alte und invalide Soldaten. Im Verein mit der Heeresreform wurde entlang der Grenzen Frankreichs ein Ring von Festungsbauten errichtet.
Das französische Militär im Staat Ludwigs XIV. hat den Einheitsgedanken am ausgeprägtesten verkörpert. Neben ihren militärischen Pflichten wurde die Truppe mit vielfältigen Polizeiaufgaben betraut. Sie wurde eingesetzt, um Steuern einzutreiben, Widerstände in den Provinzen zu brechen oder Hungeraufstände niederzuschlagen; nicht zuletzt half das Militär durch die schikanöse Behandlung der Hugenotten maßgeblich mit, das Edikt von Fontainebleau in die Tat umzusetzen (siehe Seite 174 f.).

Erste Ansätze einer Entwicklung zum „Steuerstaat"

Die Umformung der ständisch geprägten in die absolute Monarchie war begleitet von zwei schubartigen Steuererhöhungen. Die Krone versuchte, damit die steigenden Kosten des Staatshaushalts aufzufangen.
Allerdings war die Konfusion in der Erhebung von Steuern groß. Frankreich war keine einheitliche, geschlossene Steuerregion. Je nach Provinzen galten unterschiedliche Steuersätze, die Besteuerten wurden unterschiedlich veran-

lagt, die Befreiung von manchen Steuern erfolgte aufgrund unterschiedlicher Privilegien. Ebenso waren die Eintreibungsmethoden uneinheitlich und zudem überaus verwickelt.
Haupteinnahmequellen des Staates waren neben den direkten und indirekten Steuern Binnen- und Außenzölle. Dazu kamen Einnahmen aus freiwilligen Zahlungen des Klerus, der von direkten Steuern befreit war, und Einnahmen aus dem Verkauf von Ämtern. Zur raschen Auffüllung von Finanzierungslücken diente die Ausgabe von Staatsanleihen.
Die wichtigsten direkten Steuern waren:

1. Die *Taille,* im nördlichen Frankreich eine Besteuerung der Haushalte (taille personelle), im südlichen Frankreich eine Grundsteuer (taille réelle). Adelige Grundbesitzer und der Klerus waren von ihr befreit.
2. Die *Capitation,* eine Kopfsteuer, zu der auch Adel und Klerus herangezogen wurden. Der Klerus konnte sich jedoch durch eine einmalige Sonderzahlung davon loslösen.
3. Der *Dixième,* eine Einkommensteuer in Höhe von 10 %, die zeitweise als eine Art Kriegslastensteuer von allen Franzosen erhoben wurde.

Die wichtigste indirekte Steuer war die Salzsteuer *(Gabelle).* Für die Untertanen bestand der gesetzliche Zwang, eine bestimmte Menge Salz zu kaufen.
Die unterschiedlichen Steuersätze zu vereinheitlichen, die Veranlagungen auf ein gemeinsames Niveau zu bringen und die Steuerprivilegien einander anzugleichen, hätte einen massiven Eingriff in das Steuerherkommen bedeutet. Colbert und seine Nachfolger mussten sich darauf beschränken, dafür zu sorgen, dass die ausgeschriebenen Steuern auch wirklich der Staatskasse zuflossen. Zu einer systematischen Finanzplanung und Steuerreform konnte es auch angesichts der zügellosen Ausgabenpolitik des Königs nicht kommen. Trotzdem bildeten die Capitation und die Dixième einen wichtigen Schritt auf dem Weg zu einer allgemeinen Steuerpflicht und damit zur Vereinheitlichung des Steuerrechts.

Staatswirtschaftliche Initiativen: der Merkantilismus

Circa 90 % der Einwohner Frankreichs lebten im 17. Jahrhundert auf dem Land. Produktion und Absatz landwirtschaftlicher Erzeugnisse beherrschten den französischen Binnenmarkt. Getreide war das wichtigste Produkt, es folgten Viehwirtschaft und Wein. In den Gebieten des Getreideanbaus hatte sich zugleich ausgeprägte Heimgewerbeproduktion, insbesondere Leinen- und Tuchherstellung, entwickelt. Die Getreideproduktion diente vornehmlich der Selbstversorgung der ländlichen Bevölkerung. Marktorientierten Getreideanbau gab es vor allem im Norden und Nordosten, wo die Hauptstadt Paris und andere Städte versorgt werden mussten. Die größte Bedeutung innerhalb der gewerblichen Produktion hatte die Textilherstellung. In weitaus geringerem Umfang wurde Eisen verarbeitet. Es war noch kein Massenprodukt. Die Eisenhütten lagen verstreut im ganzen Land und wurden oft nur saisonal betrieben.

Außer bei Textilien konnte die französische gewerbliche Wirtschaft nicht mit den Niederlanden und England konkurrieren. Dies gab den Anstoß für ein Programm systematischer staatlicher Wirtschaftsförderung und -lenkung, das später als *Merkantilismus* bezeichnet wurde. Bestimmt wurde diese Politik von Jean-Baptiste Colbert (⇨ M 4).

Für Colbert lag die Quelle staatlichen Reichtums in der gewerblichen Produktion und im Handel. In Weiterführung bereits vorher gepflogener Praktiken sollte die gesamte Wirtschaft dem Staat dienstbar gemacht werden. Ziel war die aktive Handelsbilanz. Dazu mussten drei Forderungen erfüllt werden: Unabhängigkeit von der Produktion des Auslands, Steigerung des Inlandverbrauchs, Exportfähigkeit durch Anhebung der Qualität.

Die angewandten Methoden kann man im Vorgriff auf spätere Ausprägungen einem rigiden Wirtschaftsdirigismus und Staatskapitalismus gleichsetzen. Colbert förderte bestehende *Manufakturen* und ließ neue anlegen. In diesen Vorformen der industriellen Fabrik wurde die Fertigung von Produkten in verschiedene Teilschritte zerlegt und von lohnabhängigen Arbeitern besorgt; Maschinen wurden noch kaum eingesetzt. Hergestellt wurden vor allem Textilien (Wandteppiche, gemusterte Stoffe, Tuche, Leinen, Spitzen, Strümpfe), Toilettenartikel (Seife, Parfüm), Lederwaren, Porzellan, Spiegel sowie Eisenartikel (Draht, Stahl, Blech, Waffen) und Schießpulver. Alle Manufakturen erhielten auf ihr Produkt ein Monopol und bezogen Staatszuschüsse. Das erlaubte dem Staat, sich in Herstellung und Vertrieb einzumischen. Nur private Manufakturen durften auch frei ans Publikum verkaufen.

Um die erforderlichen Arbeitskräfte bereitzustellen, förderte Colbert bei den Angehörigen des dritten Standes frühe Eheschließungen, unterstützte Kinderreichtum und bekämpfte das Auswandern. Besonders die in Handel und Gewerbe so erfolgreichen Hugenotten wollte er im Land halten. Außerdem ließ der Minister des Königs durch französische Diplomaten im Ausland Spezialisten für die heimische Wirtschaft anwerben und verpflichten. So holte man aus Venedig Fachkräfte für Stickereien und Glas, aus Mailand für Seide, aus Holland für Tuche und aus Deutschland und Schweden für Metallverarbeitung.

Notwendigerweise bedeutete die Förderung des Manufakturwesens für die vorhandenen Handwerksbetriebe eine Statusveränderung. Colbert machte für sämtliche städtischen und nahezu alle ländlichen Handwerkszweige die Zunftverfassung zur Pflicht und unterwarf sie einer strikten staatlichen Aufsicht. Nun war ihre Produktion doppelt gelenkt: durch die zunftmäßig regulierte Nachfrage und durch die staatliche Steuerung. Vor allem die Handwerksbetriebe der Textilbranche waren dadurch oftmals auf Verleger angewiesen, das heißt auf Kaufleute, die Ware in Auftrag gaben und dann selbst vertrieben. So rutschten viele Handwerker trotz faktischer Selbständigkeit in die Lohnabhängigkeit. Besonders vernachlässigt wurde die Landwirtschaft.

Im Verein mit der Wirtschaftspolitik entfaltete Colbert auch seine *Handelspolitik.* Der Binnenhandel wurde vor allem durch die Verbesserung der Infra-

struktur[1]) gefördert. Auch wurden zwölf innere Provinzen zu einem einheitlichen Zollgebiet zusammengefasst, was die Binnenzollpflicht verminderte.
Im Außenhandel nahm Frankreich im Vergleich mit den großen Handels- und Kolonialmächten England und den Vereinigten Niederlanden einen untergeordneten Rang ein. Der Steigerung des Außenhandels galt deshalb Colberts besonderes Augenmerk. Nach der Einrichtung der ersten Manufakturen erhöhte er den Tarif für Einfuhrzölle um das Dreifache. Das bedeutete den Handelskampf insbesondere gegen Holland, der 1672–1679 zum Krieg eskalierte. Danach musste Frankreich die überhöhten Tarife wieder zurücknehmen. Handelskompanien sollten mithelfen, den Außenhandel anzukurbeln. Die 1664 ins Leben gerufene *Ostindische Kompanie* erlag zunächst jedoch ebenso wie weitere Kompanien der niederländischen und englischen Konkurrenz.
In Angriff nahm Colbert auch die *Kolonialpolitik.* In Weiterführung der durch den Bürgerkrieg unterbrochenen Ansätze schuf er ein Kolonialreich, das am Ende der Regierungszeit Ludwigs XIV. von Kanada bis zu den Antillen, von Guayana bis Cayenne reichte und über Stützpunkte in Afrika und Indien verfügte. Allerdings unterblieb eine konsequente Ansiedlung französischer Bürger. Gleichzeitig betrieb Colbert eine Flottenpolitik, die dazu führte, dass Frankreich bald über eine starke Handels- und Kriegsmarine verfügte.
Bis etwa 1672 bescherte Colberts Tätigkeit Frankreich eine Wirtschaftsblüte. Aber durch immer neue Geldausgaben des Königs trieb Frankreich in der Folge auf einen Staatsbankrott zu. Nach Colberts Tod brach sein Werk sehr schnell zusammen. Schon die Zeitgenossen hatten erkannt, dass seine wirtschafts- und handelspolitischen Zielsetzungen und Maßnahmen über das hinausgingen, was das Land und seine Bewohner leisten konnten (⇨ M 5). Gleichwohl sind die von ihm ins Leben gerufenen Industrien bestehen geblieben, und Frankreichs industrieller Auschwung im 19. Jahrhundert hat sich im Wesentlichen auf den von Colbert geschaffenen Grundlagen entwickeln können.

Kirchenpolitik im Sinne des Einheitsgedankens

Noch 1661 waren circa 5 % der Franzosen calvinistische Hugenotten. Die Politik Ludwigs ihnen gegenüber lässt sich in drei Phasen untergliedern:
- zwischen 1661 und 1679 enge Auslegung des Edikts von Nantes, die den Willen, sich zum katholischen Glauben zu bekehren, fördern sollte;
- zwischen 1679 und 1685 offene Verfolgung mit rücksichtslosen Bekehrungspraktiken, selbst gegen den Widerstand Colberts, der den Wirtschaftsfleiß der Hugenotten zu schätzen wusste;
- 1685 Aufhebung des Edikts von Nantes durch das *Edikt von Fontainebleau;* im Anschluss daran Zerstörung der protestantischen Kirchen, Ausweisung

[1]) notwendiger wirtschaftlicher und organisatorischer Unterbau einer hochentwickelten Wirtschaft (Verkehrswesen, öffentliche Einrichtungen u. a.)

der Pastoren, Zwang zur Konversion, striktes Verbot, privat protestantische Gottesdienste abzuhalten oder auszuwandern.

Wohlhabenden und beruflich qualifizierten Hugenotten gelang die illegale Auswanderung ins protestantische Ausland, nach England, Holland, in die Schweiz oder in Territorien des Deutschen Reichs. Hier fanden die „Réfugiés" Zuflucht unter anderem in den Fürstentümern der Hohenzollern (Brandenburg-Ansbach, Brandenburg-Bayreuth und Brandenburg-Preußen), in der Kurpfalz und in Hessen. Als Träger gewerblicher und kultureller Fähigkeiten waren sie willkommen und wurden gerne von den Fürsten aufgenommen (⇨ M 6).

Insgesamt sollen mehr als 300 000 Hugenotten Frankreich den Rücken gekehrt haben. Obwohl von der katholischen französischen Öffentlichkeit begrüßt, bedeutete die Ächtung der Hugenotten für das Land einen nicht unerheblichen Verlust an fähigen Menschen, vor allem aus den oberen Bevölkerungsschichten, und wirtschaftliche Einbußen. Das protestantische Ausland blickte mit Abscheu auf Frankreich.

Außenpolitik als Hegemonialpolitik

In Fortführung der außenpolitischen Richtlinien Richelieus und Mazarins verfolgte Ludwig drei Leitziele:

- Schwächung des Hauses Habsburg in seinen beiden Linien, der spanischen und der österreichischen;
- Vorschieben der Nordostgrenze bis an den Rhein (der Rhein als „natürliche Grenze" Frankreichs);
- Teilhabe am spanischen Erbe und Erwerb des spanischen Throns aufgrund seiner Ehe mit einer spanischen Habsburgerin.

Neben Prestige für Land und Krone strebte er damit die Vorherrschaft *(Hegemonie)* in Europa an.

Krieg war in der zweiten Hälfte des 17. Jahrhunderts ein selbstverständlicher Bestandteil des öffentlichen Lebens und als solcher ein allgemein akzeptiertes Instrument des außenpolitischen Kalküls. So ließ auch Ludwig keine Gelegenheit aus, Kriege zu führen, wenn es um die Verwirklichung seiner außenpolitischen Ziele ging. Ein einfallsreiches „psychologisches" Instrumentarium begleitete die einzelnen Feldzüge, wobei vor dem Einsatz von Spionen oder Bestechungsgeldern nicht zurückgeschreckt wurde. Andere europäische Dynastien, etwa das Haus Habsburg, setzten ähnliche Mittel ein.

Die Kriege, die Ludwig führte, sind den zwei Grundtypen der Epoche zuzuordnen:

- Wirtschafts- und Handelskriege, die von kommerziellen Interessen, seit der Mitte des 17. Jahrhunderts vor allem im überseeischen Bereich, ausgelöst wurden;
- dynastische Kriege, in denen Thronfolge- oder sonstige Erbansprüche durchgesetzt werden sollten.

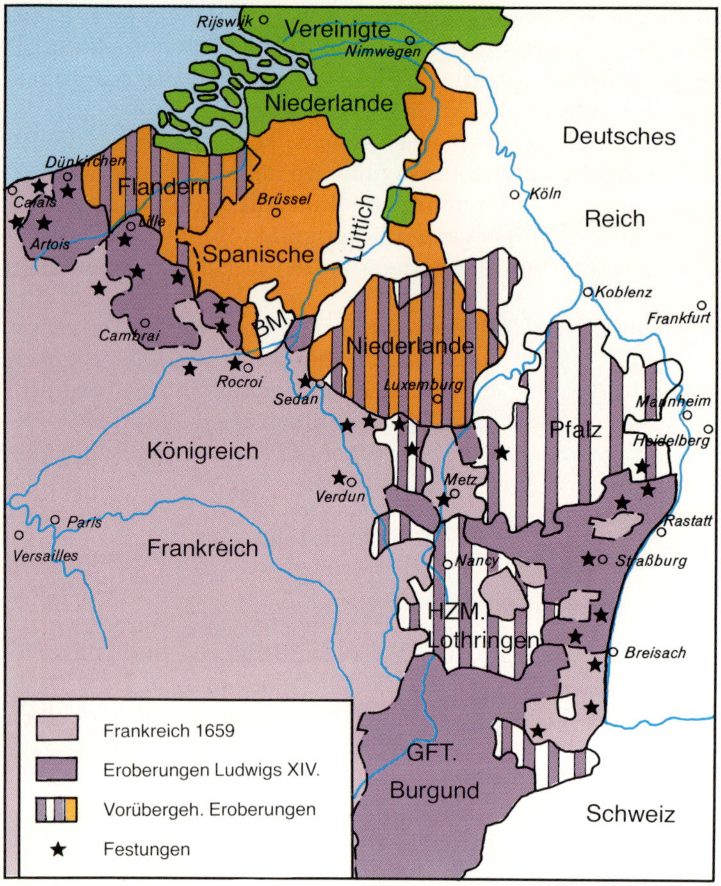

Französische Eroberungen im Norden und Osten.

Des weiteren gründete Ludwig zur Geltendmachung durchaus zweifelhafter Territorialansprüche im Elsass eigene *Réunionskammern*[1]). Diese Gremien untersuchten frühere territoriale Zugehörigkeiten zu Frankreich, um daraus aktuelle Ansprüche abzuleiten. Rund sechshundert Herrschaften wurden beansprucht.

Die betroffenen Inhaber, vor allem deutsche Fürsten, Grafen, Äbte, Ritter und Bürgermeister, mussten vor dem König den Lehenseid ablegen. Unmittelbar danach rückten französische Truppen in die Gebiete ein. Für den Erwerb Straßburgs konnte kein Rechtstitel namhaft gemacht werden. So wurde die Reichsstadt 1681 völkerrechtswidrig in einem militärischen Handstreich genommen. 1684 musste der Kaiser, geschwächt durch die Auseinandersetzung mit den Türken, die bis 1681 widerrechtlich reunierten Reichsgebiete einschließlich Straßburgs auf 20 Jahre Frankreich überlassen, was einer völligen Abtretung gleichkam.

[1]) réunion (franz.): Wiedervereinigung

Als Ludwig jedoch ab 1688 unter rechtlich nicht haltbaren Erbansprüchen das Kurfürstentum Pfalz und angrenzende rheinische Territorien überfallen und verwüsten ließ, sammelte sich eine gesamteuropäische Koalition von Gegnern. Ihr gelang es, eine weitere französische Expansion aufzuhalten.

Hegemonialpolitik contra Gleichgewichtspolitik

Die letzte Phase der Außenpolitik Ludwigs stand im Zeichen des Bemühens um den spanischen Thron im *Spanischen Erbfolgekrieg* (1701–1713/14). Der im Jahr 1700 ohne Nachkommen gestorbene letzte spanische König aus dem Hause Habsburg hatte den bourbonischen Herzog *Philipp von Anjou* als seinen Erben eingesetzt und die Unteilbarkeit der spanischen Monarchie verfügt. Der siebzehnjährige Enkel Ludwigs XIV. bestieg als *Philipp V.* den Thron in Madrid, und Ludwig ließ die spanischen Besitzungen in Italien und den Niederlanden besetzen. Damit drohte die Union zwischen Frankreich, der größten Landmacht, und Spanien, der größten Kolonialmacht Europas. Als Antwort hierauf verbündeten sich 1701 England und Holland mit dem Kaiser, Preußen, Hannover und fast allen übrigen Reichsständen. Frankreich hatte lediglich das Haus Wittelsbach mit Kurbayern und Kurköln auf seiner Seite.

Die Koalition siegte in mehreren Schlachten und brachte Ludwig und Philipp in immer größere militärische Bedrängnis. Da starb unerwartet Kaiser *Joseph I.* (1705–1711), und sein Bruder *Erzherzog Karl,* der eigentlich Kandidat der Allianz für den spanischen Thron war, übernahm als *Karl VI.* (1711–1740) die Kaiserkrone. Eine Erneuerung des Reichs Karls V. drohte. Die anderen Mächte, allen voran England, waren daran nicht interessiert.

Es kam zu Friedensverhandlungen, in denen sich ein neues Konzept europäischer Politik durchsetzte. Das *Prinzip des Gleichgewichts der Mächte,* von England *(„balance of power")* besonders nachhaltig vertreten, verdrängte die alten dynastischen Richtlinien der Außenpolitik auf dem europäischen Kontinent. Man schuf einen Balancezustand, der für die künftige Gestaltung internationaler Beziehungen im 18. Jahrhundert eine nahezu unantastbare Grundlage bilden sollte. Sowohl die „bourbonische Universalmonarchie" als auch eine bedrohliche spanisch-österreichische Machtkonzentration wurden verhindert.

Die wichtigsten Bestimmungen der Friedensverträge von Utrecht, Rastatt und Baden (1713/14) lauteten:

- Der Bourbone Philipp von Anjou behält den spanischen Thron samt den Kolonien unter der Bedingung, sich niemals mit Frankreich zu vereinigen.
- Habsburg wird für den Verzicht auf Spanien mit dessen europäischen Nebenländern (Spanische Niederlande, Mailand, Neapel und Sardinien) entschädigt.
- Frankreich bleibt in den Grenzen von 1697 bestehen, muss aber alle rechtsrheinischen Eroberungen an Kaiser und Reich zurückgeben und an England die amerikanischen Besitzungen in Neuschottland, Neufundland und die Hudsonbay abtreten.

Englands Seegeltung und seine Handels- und Wirtschaftsmacht wuchsen erheblich. Frankreich hingegen hatte das Hegemonialstreben der Krone ungeheure Staatsschulden und ein ausgeblutetes, abgewirtschaftetes Land beschert. Ruhm und Prestige Ludwigs waren am Ende seiner Regierungszeit stark erschüttert. Seine Kriege und seine Politik hatten die Wirtschaftskraft des Landes für lange Zeit geschwächt und damit eine der Voraussetzungen für die Französische Revolution geschaffen.

Die Ausrichtung der Kultur auf Hof und Krone

Die Vereinnahmung der Kulturpolitik für den zentralistischen Einheitsgedanken hatte in Frankreich Tradition seit der Amtszeit Richelieus. Schon damals sollten die wichtigsten Zeitungen des Landes im Auftrag des Kardinals die öffentliche Meinung im Sinne der Regierung steuern. Eine ähnliche Absicht verfolgte Richelieu 1635 mit der Gründung der bis heute bestehenden *Académie française.* Die Zusammensetzung der Akademie – vierzig ausgewählte Gelehrte und Dichter – hat sich, was die Anzahl der Mitglieder betrifft, stetig gehalten, ebenso ihre Aufgabe, Sprachnormierung und Sprachpflege zu betreiben und die literarische Kultur zu lenken und zu fördern.
Unter Ludwig XIV. wurde die Kunst verstärkt der königlichen Propaganda untergeordnet. Das Schauspiel wurde einerseits subventioniert und andererseits zensiert. Die Schriftsteller sollten durch großzügige Staatspensionen zu Dienern der Staatsidee werden. Trotz staatlicher und kirchlicher Beschränkungen erlebte das Theater in Paris eine Blütezeit. Die Werke französischer Dramatiker dienten für etwa ein Jahrhundert den Autoren in ganz Europa als Vorbild. Durfte allerdings der Dramatiker *Pierre Corneille* (1606–1684) noch offen politische Themen auf der Bühne diskutieren lassen, so waren später der Komödiendichter *Jean Baptiste Poquelin,* genannt *Molière* (1622–1673), und *Jean Racine* (1639–1699) angehalten, den von der Zensur gesteckten Rahmen nicht zu überschreiten, wollten sie das Wohlwollen des Königs nicht verlieren.

Nach dem Vorbild der römischen Kaiser nutzte Ludwig XIV. umlaufende Münzen zu einer offiziellen Selbstdarstellung und Überhöhung. „Nec pluribus impar" ist auf der Münze eingraviert: „Keiner kommt ihm gleich."

Ebenso im Dienst der Majestätsverherrlichung standen die bildenden Künste, vor allem Malerei und Bildhauerei. Sie zeugten mit Pathos von Ruhm, Erhabenheit und Macht ihres Mäzens. Besonderer Beliebtheit erfreuten sich Ballett und Oper, die dem Hof leichte Unterhaltung boten. Häufig wirkten der König und seine Höflinge bei festlichen Auftritten selbst als Darsteller mit. Ludwig gefiel sich in der Rolle des Sonnengottes Apollo, stellte für ihn doch die Sonne das „lebendigste und schönste Sinnbild eines großen Herrschers dar".
Die Gründung von Akademien und regelmäßige Zuwendungen an berühmte Repräsentanten des geistigen Lebens fanden die vom König angestrebte Bewunderung Europas. Bis 1690 erhielten pro Jahr durchschnittlich 42 Künstler und Wissenschaftler regelmäßige Dotationen, darunter auch Ausländer und Protestanten. Ähnlich wie Augustus in Rom nutzte Ludwig XIV. Kunst und Wissenschaften für seine Herrschaftsideologie. An Ausdauer und Zielgerichtetheit kam ihm darin in seiner Epoche niemand gleich. Die Regierungszeit Ludwigs gilt heute in der Kunstgeschichte als die „französische Klassik". In ihr spiegeln sich sowohl Rationalität als auch Prunk der Epoche.

Einfluss der Hofkultur auf das Bürgertum

Für das Bürgertum entfaltete der Hof von Versailles eine Leitbildfunktion, die bald über Frankreich hinausreichte. Ein strenger höfischer Verhaltenskodex forderte die säuberliche Trennung privater Gefühle und Angelegenheiten von öffentlichen Auftritten. Die Fähigkeit, Haltung zu bewahren („contenance"), war in Gesellschaft unverzichtbar, und die Selbstkontrolle der adeligen Elite wirkte als anerkanntes Vorbild ins Bürgertum hinein. Manieren wurden in Anstandsbüchern vermittelt und schließlich allgemein verinnerlicht. Man empfand es jetzt als ungehörig, in Gegenwart einer Person von Stand auf den Boden zu spucken oder ungeniert zu gähnen.
Dass alle Etikette sich ausschließlich auf das Sichtbare konzentrierte, galt auch für die Körperpflege. Man wusch lediglich Gesicht und Hände, die nicht bedeckten Teile des Körpers. Dafür verwandte man oft Unsummen für elegante und auffällige Kleidung oder Perücken. Die Garderobe der Männer war dabei genauso bunt und auffällig wie die Kleidung der Frauen. Luxusgesetze sollten das Bürgertum vor zu großem Aufwand bewahren, zugleich dokumentierten sie aber auch die immer noch unverrückbare Hierarchie der ständischen Ordnung, denn für den Adel galten die Einschränkungen selbstverständlich nicht.

Höhepunkt des gesellschaftlichen Rituals war das gemeinsame Festessen, wobei Gelüste wie Hunger und Durst sich strengen Tischsitten unterordnen mussten. Das Essen mit den Fingern, vielleicht noch dazu von einem gemeinsamen Teller, wurde nicht mehr toleriert (⇨ M 7). Kultivierte Kreise aßen und tranken mit eigenem Besteck und aus eigenen Gläsern. Auch die Küche dürfte sich verändert haben. Der Gourmet[1]) legte Wert auf eine ästhetische und

[1]) ursprünglich Bezeichnung für Weinverkoster im Pariser Hafen; um 1700 Weinkenner, später generell: Feinschmecker

frische Gastronomie. Der exzellente Ruf französischer Kochkunst stammt aus der Zeit Ludwigs XIV.
Der „gute Geschmack", der zu einer „Entdeckung" des 17. Jahrhunderts wurde, betraf neben Küche und Kleidung noch Kunst und Wohnkultur, kurz alle Bereiche, die das Leben der bürgerlich-adeligen Oberschicht angenehmer gestalten konnten. Wer der „Gesellschaft" angehören wollte, musste unabhängig von seiner sonstigen Stellung in der Öffentlichkeit seinen Sinn für Geschmack regelmäßig unter Beweis stellen. Ein neues Kriterium sozialer Differenzierung war entstanden.

Französische Hofkultur – Vorbild für die Herrscher Europas

Kultur im Europa des 17. und 18. Jahrhunderts ereignete sich vor allem an den Fürstenhöfen, und der französische Königshof überstrahlte seit der Regierungszeit Ludwigs mit seinem Glanz alle anderen europäischen Residenzen (⇨ M 8). Die riesige Schlossanlage von Versailles und das sich in ihr abspielende höfische Theater wurden an den großen und kleinen Fürstenhöfen des Auslands bewundert. Man bemühte sich, dem Vorbild nachzueifern, und statt Latein galt nun Französisch als die Sprache der vornehmen und gebildeten Welt.
Der Wunsch der Nachahmung zeigte sich in den zahllosen Residenzbauten, die im Reich seit 1700 überall aus dem Boden schossen, ohne allerdings Ausmaß und Pomp von Versailles zu erreichen. Die neuen Höfe mit ihren streng geometrischen Schlossgärten entstanden nicht in den beengten Städten, sondern wurden bewusst als neue Mittelpunkte staatlichen Lebens ins offene Gelände verlegt (Schönbrunn, Karlsruhe, Mannheim etc.), dabei gleichzeitig Exklusivität der Adelsgesellschaft und Distanz zu den Untertanen betonend. Doch während die großen Flächenstaaten die gestiegenen Ausgaben für das höfische Leben noch verkraften konnten (Frankreich: 11 % des Etats, Österreich: 8,5 %), waren die ehrgeizigen kleineren Territorien überfordert. Oft genug kostete die Hofhaltung bis zur Hälfte des Staatshaushalts. Höfische Repräsentation war zu einem Wettbewerb zwischen Dynastien geworden. Bautätigkeit, Förderung der Künste und standesgemäßer Lebensstil des Adels bei Hof (und damit seine Domestizierung) waren allerdings weniger Selbstzweck als politische Mittel der absoluten Fürsten.
Die strenge Ordnung des *Barockzeitalters* fand ihre Entsprechung in einem peinlich genauen höfischen Protokoll. Dies war von Residenz zu Residenz verschieden. Die katholischen süddeutschen Fürsten orientierten sich am Habsburger Kaiserhof in Wien, an dem der Einfluss der spanischen Etikette noch immer spürbar war. Die protestantischen Höfe im Norden des Reichs entfalteten weniger farbige Pracht. Stilprägend wirkte hier das Leben in den Schlössern der preußischen Könige. Dort umgaben nicht Höflinge und Mätressen den Herrscher, sondern Regierungsbeamte und Offiziere. Mit ihnen tafelte der „Soldatenkönig" *Friedrich Wilhelm I.* (1713–1740) in seinem nächtlichen „Tabakskollegium".

Das französische Vorbild beeinflusste bald auch die deutschen Klein- und Mittelstaaten. Anlässlich der Hochzeit des sächsischen Kurprinzen wurde 1719 in Dresden ein prächtiges Feuerwerk abgebrannt (kolorierter Kupferstich von Johann August Corvinus).

Die Herausbildung der Fürstenhöfe in den Staaten Europas hing zweifelsohne eng mit der absolutistischen Staatsidee zusammen. In Deutschland konnten die miteinander konkurrierenden Residenzen für sich das Verdienst in Anspruch nehmen, nach dem Desaster des Dreißigjährigen Krieges vielerorts wieder einen Aufschwung der kulturellen Entwicklung eingeleitet zu haben. Die anhaltende soziale und kulturelle Vorherrschaft der Höfe behinderte aber in der Folgezeit den Wandel in der Gesellschaftsstruktur.

Der Absolutismus am Beispiel Bayerns

Die Grundlagen des Absolutismus wurden in Bayern bereits durch *Maximilian I.* gelegt, der seit 1597 als Herzog und von 1623 bis 1651 als Kurfürst regierte. Er hatte während des Dreißigjährigen Krieges die politische Macht der Landstände weitestgehend gebrochen sowie eine gut funktionierende Landesverwaltung und ein starkes Heer geschaffen. Außerdem hatte er das Rechtswesen mit einer für seine Zeit fortschrittlichen Gesetzessammlung vereinheitlicht. Die Überwindung der Not nach dem Krieg förderte die zentralistische und allein vom Fürsten bestimmte Herrschaft über das Land.

Kurfürst Max II. Emanuel auf der Jagd. Der Maler Giovanni Battista Curlando (1648–1710) zeigt demonstrativ den bayerischen Landesherrn im Vordergrund der höfischen Gesellschaft. Unterstrichen wird die herausragende Stellung Max Emanuels noch durch den Schimmel, den er reitet.

Maximilians Nachfolger *Ferdinand Maria* (1651–1679) sicherte dem Land eine fast dreißigjährige Friedenszeit. Er baute die absolutistische Herrschaft weiter aus und berief den Landtag 1669 zum letzten Mal in vollem Umfang ein. *Max II. Emanuel* (1679–1726), dessen Vorbild der Hof Ludwigs XIV. war, konnte trotz steigender Verschuldung völlig unabhängig von den Vertretern des Adels, der Geistlichkeit und der Bürgerschaft regieren. Damit folgte er dem französischen Beispiel.

Unter Ferdinand Maria und Max Emanuel wurden das stehende Heer aufgerüstet und Landwirtschaft, Handel und Gewerbe nach merkantilistischen Gesichtspunkten gefördert. Ende des 18. Jahrhunderts gab es in Bayern rund 125 Manufakturen, die Porzellan-, Glas-, Metall-, Leder- und Holzwaren sowie vor allem Textilien (Uniformen) herstellten. Fast die Hälfte der Manufakturen war in und um München angesiedelt.

Die wirtschaftliche Entwicklung reichte nicht aus, um die finanzielle Lage des Kurfürstentums grundsätzlich zu verbessern. Die ehrgeizige Außenpolitik Max Emanuels, der erst an der Seite Österreichs Krieg gegen die Türken führte, dann im Spanischen Erbfolgekrieg erfolglos mit den Franzosen gegen das habsburgische Kaiserhaus kämpfte, kostete Geld. Noch mehr belasteten die vielen Schlösserbauten, die höfische Lebensweise und das Kunstmäzenatentum den Staatshaushalt und die steuerzahlenden Untertanen. Allein die

Barock und Rokoko: Als letzter einheitlicher Kunst- und Lebensstil gilt der Barock. Das Wort wurde abgeleitet von dem portugiesischen Juweliersausdruck „barucca" und bedeutet so viel wie „unregelmäßige schiefrunde Perle". Der Name Rokoko geht zurück auf das französische Wort „rocaille" und bedeutet Muschelwerk. Ursprünglich wurde der Begriff Barock nur auf Architektur und bildende Kunst beschränkt. Seit dem 20. Jahrhundert wurde die Bezeichnung auch auf andere Kunstgattungen und schließlich auf den gesamten Lebensstil der Zeit übertragen.
Der barocke Kunststil breitete sich im 17. Jahrhundert von Italien über Frankreich vor allem in den katholischen Ländern Europas aus. Er prägte die Zeit der Gegenreformation und des Absolutismus. In der Mitte des 18. Jahrhunderts wurde er vom Rokoko abgelöst.
Ziel der Barockkunst war es, die strenge Organisation der geistlichen wie weltlichen Ordnung zu repräsentieren und ihr Ausdruck zu verleihen. Die Kunstschaffenden wollten ein Bild und Gleichnis göttlicher (und monarchischer) Ordnung schaffen. Obwohl Üppigkeit und Vielfalt für den Barock kennzeichnend sind, lassen sich doch bei genauer Betrachtung stets systematische, gewissermaßen aus einer Sinnmitte gelenkte Formen in „absichtsvoller Strenge" und mit einer meist unbedingten Symmetrie erkennen. Erst im Rokoko zerfallen diese Ordnungsprinzipien, und die Asymmetrie wird zum beherrschenden Ausdrucksmerkmal.

Ausgaben für den Hof betrugen 1701 rund 55 Prozent der gesamten Staatsausgaben. 1727, zu Beginn der Regierungszeit von *Karl Albrecht* (1726–1745), war der Schuldenberg auf 26,8 Millionen Gulden angewachsen, was etwa dem Siebenfachen der jährlichen Einnahmen des Landes entsprach.

Die Welt des Barock in Bayern

Wie überall stand auch in Bayern die barocke Kunst im Dienst der absolutistischen Herrscher und der Kirche. Mit Hilfe italienischer Baumeister und unter dem Einfluss des Vorbildes Versailles bauten die Kurfürsten prunkvolle Barockschlösser: Nymphenburg und Schleißheim. Außerdem wurde die Residenz in München dem Stil der Zeit angepasst. Der Hof der *Wittelsbacher* galt zeitweilig als der prächtigste in ganz Deutschland. Als eine Art „kultische Bühne" machte er die erhabene und gottnahe Ausnahmestellung der Regierenden sinnfällig.
Neben den Kurfürsten residierten im fränkischen Raum noch weitere selbständige Landesherren. Genauso wie die weltlichen Herrscher nützten beispielsweise die mächtigen Fürstbischöfe von Würzburg und Bamberg alle Möglichkeiten, ihre Welt in ein prachtvolles und glänzendes Schauspiel mit rauschenden Festen zu verwandeln. Es entstand in dieser Zeit in Bayern eine Fülle von großen und kleinen Residenzen:

Seehof bei Bamberg (Oberfranken)
Pommersfelden (Oberfranken)
Sanspareil bei Bayreuth (Oberfranken)
Ansbach (Mittelfranken)
Ellingen (Mittelfranken)
Würzburg (Unterfranken)
Veitshöchheim (Unterfranken)
Kempten (Schwaben)
Oettingen (Schwaben)
Eggendobl, Hackelberg und Freudenhain bei Passau (Niederbayern)
Hirschberg bei Eichstätt (Oberbayern)
Nymphenburg und Schleißheim in/bei München (Oberbayern)

Um die Mitte des 18. Jahrhunderts kamen, im Zeichen des Rokoko, zu diesen Repräsentativbauten weitere kleine, abseits gelegene Schlösser, zum Beispiel die „Eremitage" in Bayreuth. Die Ausstattung dieser Häuser wirkte leichter, verspielter und nicht mehr so überladen wie im Barock. In sie zog sich der Adel von seinen offiziellen Aufgaben zurück und gab sich den Stimmungen einer empfindsamer reagierenden Zeit hin (siehe Seite 210 oben).

Spiegelsaal des Jagdschlosses Amalienburg im Park des Nymphenburger Schlosses. Auftraggeber für die Schlossanlage, die zu den schönsten in Europa zählt, waren drei Kurfürsten: Ferdinand Maria stiftete das Grundstück, auf dem seit 1664 die italienischen Architekten Barelli und später Zuccalli den Bau begannen. Ab 1702 nahm der Italiener Viscardi unter Max II. Emanuel Erweiterungsarbeiten vor. 1716/19 erhielt der aus Dachau stammende und in Paris ausgebildete Baumeister Effner den Auftrag, die Pagodenburg zu errichten. 1718/21 entstand unter Effners Aufsicht die Badenburg, das erste heizbare Hallenbad Europas, vielleicht sogar der Welt. Über zehn Jahre später ließ Kurfürst Albrecht die Amalienburg von dem in Paris ausgebildeten flämisch-deutschen Baumeister Cuvilliés bauen.

M 1

Höfisches Leben in Versailles

Der italienische Wahrsager Visconti lebte zehn Jahre in Paris und am Hof von Versailles. Er gibt ein Bild vom Tagesablauf des Königs:

In seiner Lebensführung ist er sehr geregelt; er erhebt sich stets um acht Uhr morgens, bleibt im Rat von zehn bis zwölf Uhr, wonach er dann zur Messe geht, dies immer in Gesellschaft seiner Familie, mit der Königin. Um ein Uhr nachmittags, nachdem er die Messe gehört hat, besucht er bis zwei Uhr die Favoritinnen, wonach er diniert, dies stets öffentlich und in Gesellschaft der Königin. Im weiteren Tagesverlauf geht er zur Jagd oder zur Promenade; meistens jedoch hält er noch Rat. Von Beginn der Dämmerung bis zehn Uhr abends unterhält er sich mit den Damen oder spielt oder geht zur Komödie oder zum Ball. Um elf Uhr, nach dem Souper, begibt er sich abermals in die Gemächer der Favoritinnen. Er schläft stets im Schlafgemach der Königin. Er hat die Stunden des Tages und der Nacht unter seine Geschäfte, seine Vergnügungen, seine Religionsübungen, und seine Pflichten aufgeteilt.

Louis de Rouvroy, Herzog von Saint-Simon, berichtet in seinen Memoiren über die Kontrolle der Hofleute durch die Schweizer Garde des Königs:

Sie wurden weniger als Soldaten denn als Bedienstete behandelt und trugen die Livree des Königs. Sie hatten den Auftrag, des Abends und während der Nacht und des Morgens auf allen Treppen herumzustreichen und bei schönem Wetter in den Höfen und Gärten zu patrouillieren, sich zu verbergen, sich auf die Lauer zu legen, die Leute zu beobachten, ihnen zu folgen, sie ein- und ausgehen zu sehen von den Orten, wohin sie gingen, zu wissen, wer dort war, alles zu hören, was sie hören konnten, nicht zu vergessen, wie lange Zeit die Personen dort blieben, wo sie hineingegangen waren, und den Bericht über ihre Entdeckungen Bontemps, dem Kammerdiener des Königs, und Bloin, dem Schlossgouverneur von Versailles, abzugeben. Diese Beobachtungen, an denen sich andere Subalterne und Diener ebenfalls beteiligten, wurden fleißig gemacht in Versailles, Trianon, Marly und überall, wo der Hof war.

Gilette Ziegler (Hrsg.), Der Hof Ludwigs XIV. in Augenzeugenberichten, Düsseldorf 1965, S. 146, 337 f.

1. *Kennzeichnen Sie die Aspekte der höfischen Atmosphäre von Versailles, die in diesen Augenzeugenberichten deutlich werden.*
2. *Vergleichen Sie das Leben am Hof mit dem öffentlichen Leben im Frankreich Ludwigs XIV. Lesen Sie dazu auch Seite 179 f.*
3. *Versuchen Sie, anhand beider Texte und der Beschreibung höfischer Kultur auf den Seiten 178 bis 181, den Unterschied zwischen der Residenz von Versailles und einer mittelalterlichen Kaiserpfalz (siehe Seite 86) herauszuarbeiten.*

M 2 Regierungsgrundsätze Ludwigs XIV. nach seinen „Memoiren"

Die so genannten Memoiren Ludwigs XIV. sind eigentlich Aufzeichnungen für den Thronfolger und wurden nach Entwürfen und Diktaten des Königs verfasst.

Was die Personen betrifft, die mir bei meiner Arbeit behilflich sein sollten, so habe ich mich vor allem entschlossen, keinen Premierminister mehr in meinen Dienst zu nehmen. Wenn Du, mein Sohn, und alle Deine Nachfolger mir darin folgen, wird der Name als solcher für immer in Frankreich abgeschafft sein, denn nichts ist unwürdiger, als wenn man auf der einen Seite alle Funktionen, auf der anderen nur den leeren Titel eines Königs bemerkt.
Es war also nötig, mein Vertrauen und die Ausführung meiner Befehle zu teilen, ohne sie einem ganz und ungeteilt zu geben, indem man den verschiedenen Personen verschiedene Angelegenheiten gemäß ihren besonderen Fähigkeiten übertrug. Dies ist vielleicht das Erste und Wichtigste, was ein Herrscher können muss.
Ich entschloss mich noch zu einem weiteren Schritt. Ich wollte die oberste Leitung ganz allein in meiner Hand zusammenfassen. Andererseits gibt es aber in allen Angelegenheiten bestimmte Details, um die wir uns nicht kümmern können, da unsere Überlastung und auch unsere hohe Stellung uns das nicht gestatten. Ich fasste daher den Vorsatz, nach Auswahl meiner Minister mit jedem von ihnen dann und wann einmal ins Einzelne zu gehen, und zwar dann, wenn er es am wenigsten erwartete, damit er begriffe, dass ich das ebenso gut auch in anderen Angelegenheiten und zu jeder beliebigen Zeit tun könne. Außerdem gewann ich durch diese gelegentliche, mehr zur Unterhaltung als mit Konsequenz betriebene Einsichtnahme in die kleinen Einzelheiten allmählich und ohne dabei zu ermüden, eine Kenntnis von zahllosen Dingen, die für große Entscheidungen nicht ohne Bedeutung sind und die wir eigentlich selber wissen und tun müssten – wenn ein einzelner Mensch eben alles wissen und tun könnte. [. . .]
Ich hätte zweifellos meine Blicke auf Leute weit höheren Ansehens richten können, aber auf keine, die fähiger gewesen wären als diese drei[1]); und diese kleine Zahl . . . erschien mir besser als eine größere. Und um Dir meine Überlegungen auch ganz und gar zu entdecken, so fand ich es gar nicht in meinem Interesse, Untergebene von höherem Stande in meinem Dienst zu haben. Ich musste vor allen Dingen mein eigenes Ansehen (réputation) fest begründen und der Öffentlichkeit schon durch den Rang, dem ich sie entnahm, zeigen, dass ich nicht die Absicht hatte, meine Autorität mit ihnen zu teilen. Es kam mir darauf an, dass sie selber sich keine größeren Hoffnungen machten als die, die ich ihnen zu erwecken für gut fand; das ist aber bei Leuten von sehr vornehmer Abkunft schwierig.

Fritz Dickmann, Geschichte in Quellen. Renaissance – Glaubenskämpfe – Absolutismus, München, 2. Auflage 1976, S. 426 f.

1. *Nach welchen Grundsätzen wählte sich Ludwig XIV. seine Mitarbeiter aus? Welche Ziele verfolgte er damit?*
2. *Vergleichen Sie dieses Vorgehen mit den Kriterien, nach denen in einer modernen parlamentarischen Demokratie Minister ernannt werden. Wo liegen die in der jeweiligen Staatsform begründeten Unterschiede?*

---

[1]) Gemeint sind die ersten Minister des Königs: Le Tellier, Lionne und Fouquet.

M 3

Zentralgewalt contra Partikulargewalten

In seinen „Memoiren“ berichtet Ludwig XIV. über eine Auseinandersetzung mit dem Pariser Parlament:

Ein Beamter hatte an den Edikten, die ich hatte veröffentlichen lassen, vor allem an dem Edikt über die Ermäßigung des Kaufpreises der Amtsstellen, Anstoß genommen, worauf die Enquête-Kammer die Vollversammlung der Kammern des Parlaments verlangte. Man wollte hierbei unter irgendeinem Vorwand indirekt noch einmal in eine Beratung über die Frage selbst eintreten. Ich wusste, dass der erste Präsident mir einen großen Dienst zu leisten glaubte, indem er dafür sorgte, dass die Beratung mehrere Male aufgeschoben wurde [...].

Um jedoch zu zeigen, dass sie für mich keinerlei Bedeutung mehr hatten, trug ich ihm selbst auf, das Parlament zu versammeln und ihm zu erklären, ich wünschte nicht mehr, dass man in meiner Gegenwart von „bestätigten Edikten“ spreche, und ich wollte sehen, wer es wage, mir nicht zu gehorchen. Ich wollte diese Gelegenheit benutzen, um an einem deutlichen Beispiel entweder die völlige Unterwerfung des Parlaments unter meinen Willen oder mein strenges Einschreiten zu beweisen.

In der Tat wurde der Gehorsam, den mir das Pariser Parlament bewies, indem es sich auflöste, ohne weitere Schritte zu unternehmen, bald darauf von den Parlamenten der entferntesten Provinzen befolgt, so dass man sah, dass diese Körperschaften nur von denjenigen gefürchtet werden können, die sich vor ihnen fürchten.

Mémoires de Louis XIV., deutsche Übersetzung von L. Steinfeld, Basel und Leipzig 1931, S. 167

Anlässlich einer Ständeversammlung der Provence in Südfrankreich schrieb Colbert an den zuständigen Intendanten:

Ich kann Ihnen versichern, dass Seine Majestät des Verhaltens der Deputierten Ihrer Ständeversammlung allmählich überdrüssig wird und mir befohlen hat, Ihnen mitzuteilen, er könne nicht länger ruhig mit ansehen, wie Jahr für Jahr Ständeversammlungen von drei Monaten und mehr zu Lasten der Provinz abgehalten würden, um eine so bescheidene Summe, wie er sie fordert, herauszuschlagen. Wenn die Deputierten weiter ein so schlechtes Betragen zeigen, das der Ergebenheit, dem Gehorsam und dem Respekt, wie sie der König von allen seinen Völkern erfährt, so entgegengesetzt ist, dann werden sie Seine Majestät zu einem Entschluss zwingen, der nicht dazu angetan sein dürfte, ihren Namen im Lande einen guten Klang zu verschaffen. Kurz und gut, der König wünscht, dass Sie energisch mit ihnen reden und ihnen deutlich sagen, wenn Ihr Antwortbrief auf diesen meinen Erlass Seiner Majestät nichts Zufriedenstellendes von ihnen bringt, der König seine Befehle schicken wird, um die Versammlung aufzulösen und dann die Entschlüsse zu fassen, die ihm besser für seinen Dienst zu sein scheinen, und den Anteil, den die Provinz an den Lasten des Staates zu tragen hat, auf andere Weise hereinzubekommen als durch die Bewilligung ihrer Deputierten.

Fritz Dickmann, Geschichte in Quellen, a.a.O., S. 434

1. *Gegen welches hergebrachte Recht der Parlamente wendet sich Ludwig XIV.?*
2. *Welches Verhalten der Stände kritisiert Colbert, welche Gegenmaßnahmen der Krone droht er an?*
3. *Versuchen Sie, eine Erklärung dafür zu geben, wieso es Ludwig häufig möglich war, die Mitsprache von Parlament und Ständen auszuschalten.*

M 4 Grundsätze der Colbert'schen Handelspolitik

Jean-Baptiste Colbert (1619–1683), als Vermögensverwalter des Kardinals Mazarin von diesem noch zu seinen Lebzeiten dem König empfohlen, wurde von Ludwig 1661 zum Finanzintendanten und 1665 zum Generalkontrolleur der Finanzen berufen. In dieser Eigenschaft übernahm er bald die Aufgaben eines Finanz-, Verkehrs-, Marine-, Justiz-, Wirtschafts- und Handelsministers und zog sogar die Aufsicht über die schönen Künste an sich. Im folgenden beschreibt er die Grundzüge seiner merkantilistischen Politik.

Die Gründe für die Wiederherstellung und Neueinrichtung des Handels sind . . ., dass, falls der König der natürlichen Kraft Frankreichs auch noch die von Kunst, Gewerbefleiß und Handel hinzufügen könnte . . . , seine Größe und Macht, wie man leicht ermessen kann, ganz bedeutend vermehrt würden.[. . .] Die Tuch-, Serge[1]) – und sonstigen Stoffmanufakturen, die Papiermühlen, Metallwarenfabriken, Seiden- und Leinenwebereien, Seifensiedereien und überhaupt alle sonstigen Manufakturen waren und sind fast völlig ruiniert. Die Holländer haben ihnen allen das Wasser abgegraben und führen dieselben Industrieerzeugnisse bei uns ein, um im Austausch dafür von uns die für ihren Konsum und Handel nötigen Materialien zu beziehen. Würden statt dessen diese Manufakturen bei uns weiter eingerichtet, so hätten wir nicht nur deren Erzeugnisse für unseren Bedarf, so dass sie uns als Zahlungsmittel Bargeld bringen müssten, das sie jetzt für sich behalten, sondern wir hätten auch noch Überschüsse für die Ausfuhr, die uns wiederum einen Rückfluss an Geld einbrächten. Dies aber ist, mit einem Wort gesagt, das einzige Ziel des Handels und das einzige Mittel, Größe und Macht dieses Staates zu vermehren. [. . .]

Die Gründe für den schlechten Zustand des Binnenhandels sind: die Schulden der Städte und Gemeinden, die den freien Verkehr von Provinz zu Provinz und von Stadt zu Stadt, der noch die Grundlage allen Handels der Untertanen des Königs bildet, hindern; die durch diese Schulden in den Städten verursachten schikanösen Prozesse, die die Bürger erschöpfen, die Menge der überall im Lande und an den Flüssen errichteten Zollstationen, der schlechte Zustand der Landstraßen, die übertriebene Vermehrung der Beamtenstellen, die enorm hohe Besteuerung aller Produkte, das Seeräuberunwesen, das zum Verlust unzähliger Schiffe führt, und – um es mit einem Wort zu sagen – die Gleichgültigkeit des Königs und seines Conseil, die das Gleiche bei allen Subalternbeamten zur Folge hat, in deren Händen die Polizeigewalt und Befugnis zur Erhaltung und Vermehrung der Manufakturen liegt. [. . .]

Nach dieser kurzen Übersicht über die Lage unseres Binnen- und Außenhandels dürfte es vielleicht am Platze sein, einige Worte über die Vorteile des Handels zu sagen.

Ich glaube, man wird ohne weiteres in dem Grundsatz einig sein, dass es einzig und allein der Reichtum an Geld ist, der die Unterschiede an Größe und Macht zwischen den Staaten begründet. Was dies betrifft, so ist es sicher, dass jährlich aus dem Königreich einheimische Erzeugnisse (Wein, Branntwein, Weinessig, Eisen, Obst, Papier, Leinwand, Eisenwaren, Seide, Kurzwaren) für den Verbrauch im Ausland im Wert von 12 bis 18 Millionen Livres[2]) hinausgehen. Das sind die Goldminen unseres Königsreiches, um

[1]) Seidenes Atlasgewebe, hauptsächlich für Damenschuhe und Möbelbezüge verwendet
[2]) Französische Währungseinheit bis zum Ende des 18. Jahrhunderts

Importwaren wie Tabak, Tee und Kaffee waren im Merkantilismus verpönt.

deren Erhalt wir uns sorgen müssen ... Je mehr wir die Handelsgewinne, die die Holländer den Untertanen des Königs abnehmen, und den Konsum der von ihnen eingeführten Waren verringern können, desto mehr vergrößern wir die Menge des hereinströmenden Bargeldes und vermehren wir die Macht, Größe und Wohlhabenheit des Staates. [...]
Außer den Vorteilen, die die Einfuhr einer größeren Menge Bargeld in das Königreich mit sich bringt, wird sicherlich durch die Manufakturen eine Million zur Zeit arbeitsloser Menschen ihren Lebensunterhalt gewinnen. Eine ebenso beträchtliche Anzahl wird in der Schifffahrt und in den Seehäfen Verdienst finden, und die fast unbegrenzte Vermehrung der Schiffe wird im gleichen Verhältnis Größe und Macht des Staates vermehren. Dies sind die Ziele, nach denen der König meines Erachtens aus guter Gesinnung und Liebe zu seinem Volk streben sollte. Als Mittel, sie zu erreichen, schlage ich vor: [...] die am Hof erscheinenden Kaufleute sollten mit allen Anzeichen der Gewogenheit und des guten Willens empfangen, in allen Angelegenheiten ihres Handels unterstützt und zuweilen, wenn sie mit wichtigen Angelegenheiten kommen, im Conseil Seiner Majestät gehört werden. Alle Verwaltungsvorschriften im Königreich bezüglich der Wiederherstellung der Manufakturen sollten erneuert, die Ein- und Ausfuhrtarife überprüft ... und es sollte jährlich eine bedeutende Summe für Wiederherstellung der Manufakturen und die Förderung des Handels durch Conseilbeschluss ausgeworfen werden. Desgleichen bezüglich der Schifffahrt: Zahlung von Gratifikationen an alle, die neue Schiffe kaufen oder bauen oder große Handelsreisen unternehmen. Die Landstraßen sollten ausgebessert, die Zollstationen an den Flüs-

sen aufgehoben, die kommunalen Schulden weiterhin abgelöst werden. Man bemühe sich unablässig, die Flüsse im Innern des Königreiches schiffbar zu machen, [. . .] unterstütze tatkräftig die Ost- und Westindische Kompanie und ermuntere jedermann zum Eintritt . . . Darüber hinaus muss in jedem Conseil ein besonderes Problem des Handelssektors erörtert werden [. . .].

Fritz Dickmann, Geschichte in Quellen, a.a.O., S. 447 ff.

1. *Nennen Sie die Gründe, die Colbert für die Rückständigkeit der französischen Wirtschaft anführt.*
2. *Mit welchen Maßnahmen wollte Colbert die wirtschaftlichen Kräfte des Landes wecken?*
3. *Welche gesellschaftlichen Gruppen wurden gefördert und konnten Nutzen aus dieser Wirtschafts- und Handelspolitik ziehen? Auf welche Gruppen wurde kein Bezug genommen? Welche sozialen Probleme konnten sich daraus ergeben?*
4. *Entwerfen Sie eine Skizze, aus der Grundzüge und Wechselwirkungen der Wirtschaftspolitik Colberts deutlich werden.*

M 5 Merkantilismus aus liberaler Sicht

Der schottische Nationalökonom Adam Smith (1723–1790) forderte eine liberale, vom Staat nicht gelenkte Wirtschaftspolitik. In seiner Schrift „Der Wohlstand der Nationen" (1776) urteilte er über den Merkantilismus:

Den Export anzuregen und den Import zu hemmen, das sind die beiden entscheidenden Mittel, deren Einsatz vom Merkantilismus nachdrücklich empfohlen wird, um ein Land wohlhabender zu machen. [. . .] Das Merkantilsystem hemmt die Ausfuhr von gewerblichen Rohstoffen und Werkzeugen, um der eigenen Wirtschaft einen Vorteil zu verschaffen und um es ihr zu ermöglichen, den Export anderer Länder auf allen Auslandsmärkten zu unterbieten. Es beschränkt so den Export einzelner Waren, die durchweg billig sind, und möchte damit eine weit größere und wertvollere Ausfuhr anderer Waren erreichen. Der Merkantilismus fördert ferner die Einfuhr von gewerblichen Rohmaterialien, um die eigene Bevölkerung in die Lage zu versetzen, sie billiger zu verarbeiten, wodurch wiederum ein höherer Import hochwertiger Manufakturwaren verhindert wird. [. . .]

Es kann nach alledem nicht schwer fallen zu erkennen, wer letztlich die Urheber dieses ganzen Handels- und Merkantilsystems gewesen sind. Ganz sicher können es nicht die Konsumenten gewesen sein, denn deren Interessen hatte man völlig vernachlässigt. [. . .] Die wirtschaftspolitischen Eingriffe des Merkantilismus [. . .] haben in ganz besonderem Maße die Interessen unserer Manufakturbesitzer geschützt. Ihnen ist nicht nur das Wohl des Verbrauchers, sondern weit mehr noch das Interesse anderer Gruppen von Produzenten geopfert worden. [. . .]

Gibt man daher alle Systeme der Begünstigung und Beschränkung auf, so stellt sich ganz von selbst das einsichtige und einfache System der natürlichen Freiheit her. Solange der Einzelne nicht die Gesetze verletzt, lässt man ihm völlige Freiheit, damit er das eigene Interesse auf seine Weise verfolgen kann und sein Erwerbsfleiß und sein Kapital im Wettbewerb mit jedem anderen oder einem anderen Stand entwickeln oder einsetzen kann. Der Herrscher wird dadurch vollständig von einer Pflicht entbunden, bei deren Aus-

übung er stets unzähligen Täuschungen ausgesetzt sein muss und zu deren Erfüllung keine menschliche Weisheit oder Kenntnis jemals ausreichen könnte, nämlich der Pflicht oder Aufgabe, den Erwerb privater Leute zu überwachen und ihn in Wirtschaftszweige zu lenken, die für das Land am nützlichsten sind. Im System der natürlichen Freiheit hat der Souverän lediglich drei Aufgaben zu erfüllen, die sicherlich von höchster Wichtigkeit sind, aber einfach und dem normalen Verstand zugänglich.[. . .]
Erstens die Pflicht, das Land gegen Gewalttätigkeit und Angriff anderer unabhängiger Staaten zu schützen, zweitens die Aufgabe, jedes Mitglied der Gesellschaft so weit wie möglich vor Ungerechtigkeit oder Unterdrückung durch einen Mitbürger in Schutz zu nehmen oder ein zuverlässiges Justizwesen einzurichten, und drittens die Pflicht, bestimmte öffentliche Anstalten und Einrichtungen zu gründen und zu unterhalten, die ein Einzelner oder eine kleine Gruppe aus eigenem Interesse nicht betreiben kann, weil der Gewinn ihre Kosten niemals decken könnte, obwohl er häufig höher sein mag als die Kosten für das ganze Gemeinwesen.

Adam Smith, Der Wohlstand der Nationen. Eine Untersuchung seiner Natur und seiner Ursachen, München 1984, S. 541 f.

1. *Stellen Sie die von Smith genannten Nachteile des Merkantilismus zusammen.*
2. *Auch in der tagespolitischen Auseinandersetzung ist häufig umstritten, wie stark der Einfluss des Staates auf das Wirtschaftsleben sein darf. Stellen Sie die Ideen von Colbert und Smith gegenüber und untersuchen Sie, inwieweit sich Parallelen zu unserer Zeit finden lassen.*

Das Schicksal der Protestanten

M 6

Mit dem Edikt von Fontainebleau hob Ludwig XIV. 1685 das Edikt von Nantes auf, mit dem Heinrich IV. 1589 Religionsfreiheit gewährt hatte.

Weil deshalb die Ausführung des Ediktes von Nantes und alles dessen, was zu Gunsten der vorgeblich reformierten Religion angeordnet worden ist, den Nutzen verloren hat, so haben Wir geurteilt, dass Wir nichts Besseres tun könnten, als das besagte Edikt von Nantes vollständig aufzuheben.
1. [. . .] Und infolgedessen wollen Wir und gefällt es Uns, dass alle Kirchen derer von der besagten vorgeblich reformierten Religion unverzüglich zerstört werden.
2. Wir verbieten Unseren besagten Untertanen von der vorgeblich reformierten Religion, sich noch ferner zu versammeln, um den Gottesdienst nach der besagten Religion an irgendeinem Orte

Im selben Jahr erließ Markgraf Christian Ernst von Brandenburg-Bayreuth das erste Hugenottenprivileg.

I.

Der Markgraf wird alle diejenigen Franzosen und andere der reformierten Religionszugehörigkeit unter seinen Schutz nehmen, die sich in seinen Landen niederlassen werden und wird sie in allen Rechten, Privilegien und Vorrechten den natürlichen Untertanen gleichstellen.

II.

Alle diejenigen reformierten Religionszugehörigen, die sich in den Landen des Markgrafen niederlassen wollen, sollen an einem oder an mehreren günstigen Orten, deren Nachbarschaft und Umgebung, wo das freie Religionsausübungsrecht der besagten reformierten Religion gestattet sein soll, angesiedelt werden. [. . .]

oder in einem Privathause, unter welchem Vorwande es auch sein könnte, zu halten.

3. Wir befehlen ernstlich allen Predigern der besagten vorgeblich reformierten Religion, die sich nicht bekehren und die katholische, apostolische und römische Religion annehmen wollen, vierzehn Tage nach der Veröffentlichung Unseres gegenwärtigen Ediktes Unser Königreich und die Länder Unserer Botmäßigkeit zu verlassen, bei Strafe der Galeeren.

4. Wir wollen, dass diejenigen der besagten Prediger, welche sich bekehren werden, fortfahren, während ihres Lebens, [. . .] dieselbe Befreiung von Steuern und von Einquartierung zu genießen, die sie während der Ausübung ihres Amtes als Prediger genossen haben, und überdies wollen Wir den besagten Predigern zeitlebens ein Jahrgeld zahlen lassen, das um ein Drittel größer ist als die Einkünfte, die sie als Prediger bezogen. [. . .]

6. Wir verbieten die besonderen Schulen der vorgeblich reformierten Religion zum Unterricht der Kinder [. . .].

7. In betreff der Kinder, die denen von der besagten Religion geboren werden, wollen Wir, dass sie fortan durch die Seelsorger der Pfarreien getauft werden. Wir befehlen den Vätern und Müttern ernstlich, sie zu dem Ende in die Kirchen zu schicken, bei Strafe von fünfhundert Livres und mehr, und nachher sollen die Kinder in der katholischen, apostolischen und römischen Religion erzogen werden [. . .].

8. Um Unserer Milde gegen die von der genannten vorgeblich reformierten Religion vollen Lauf zu lassen, die Unser Königreich, Unsere Länder und Herrschaften vor der Veröffentlichung Unseres gegenwärtigen Ediktes verlassen haben, so wollen und genehmigen Wir, dass, falls sie in Zeit von vier Monaten vom Tag der besagten Veröffentlichung an zurückkehren, alsdann ihnen freistehe und gestattet sei, wieder in den Besitz ihrer Güter einzutreten und ihrer gerade

IV.

Der Markgraf erweist ihnen die Gnade, auf ihre eigenen Kosten einen Pfarrer und einen Schullehrer [. . .] unterhalten zu dürfen, soweit dies zahlenmäßig erforderlich ist. [. . .]

VI.

Der Markgraf wird den in Geldverlegenheit befindlichen Familien sowie den Armen kostenlos Wohnungen und Häuser für die ersten drei Monate gewähren und was die übrigen Familien betrifft, wird er die Amtmänner der betreffenden Orte anweisen, dafür Sorge zu tragen, dass sie gut und zu einem vernünftigen Preis wohnen können. Es soll allen allgemein erlaubt sein, dass sie sich Häuser kaufen und erbauen, auch wird der Markgraf die Güte haben, allen, die bauen wollen, kostenlos den Platz, das Holz und die Steine zu geben und denjenigen, die sich die übrigen Materialien auf ihre Kosten nicht beschaffen können, wird er außer dem Platz, Holz und Steinen noch Kalk, Sand und Ziegelsteine geben [. . .].

VIII.

Indessen wird der Markgraf allen denjenigen Gnade erweisen, die die Manufakturen einrichten werden, sowie den armen Arbeitern und Handwerkern, die dort arbeiten werden, auch den schlecht gestellten Familien, indem er ihnen einige Lebensmittel und andere für den lebensnotwendigen Bedarf erforderliche Sachen für die ersten drei Monate, von der Leistung des Treueides ab gerechnet, beschaffen wird. [. . .]

IX.

Außer dieser Gnade, die der Markgraf ihnen im Besonderen gewährt, gibt er allen denjenigen, die bauen oder Manufakturen errichten wollen, alle Arten von Abgabenerleichterungen und Befreiung von den Rechten, Zöllen, Steuern und anderen Lasten, zu denen die natürlichen Untertanen verpflichtet sind und zwar für einen Zeitraum von 10 Jahren vom Beginn des Bauens oder des Einrichtens der Manufakturen an gerechnet. [. . .]

so zu genießen, als ob sie immer darin verblieben wären, dagegen die Güter derjenigen, die in dieser Zeit von vier Monaten nicht zurückkehren, eingezogen sein und bleiben sollen.

9. Wir verbieten ganz ausdrücklich und wiederholt allen Unseren Untertanen von der genannten vorgeblich reformierten Religion, ihnen, ihren Frauen und Kindern aus Unserem besagten Königreiche, den Ländern und Gebieten Unserer Botmäßigkeit auszuwandern oder ihre Güter und Besitztümer daraus zu entfernen, bei Strafe der Galeeren für die Männer und Einziehung von Leib und Gut für die Frauen.

Fritz Dickmann, Geschichte in Quellen, a.a.O., S. 454 f.

XI.

Es soll ihnen auch erlaubt sein, an allen Orten, die den Markgrafen untertan sind, ihre Waren auf den Märkten und Messen zum Absatz zu bringen, öffentlich und privat zu verkaufen, sowohl im Kleinen als auch im Großen, ohne dass sie während der 10 Jahre verpflichtet wären, irgendwelche Gebühren oder Steuern zu zahlen. [. . .]

XIV.

Der Markgraf ist entschlossen, ihnen noch weitere Gunstbeweise zu gewähren, soweit es die Umstände erfordern werden und man es gerecht fände ohne die Benachteiligung seiner anderen Untertanen, solches, nachdem sie den Treueid geleistet haben, wozu sie nach ihrer Ankunft verpflichtet sind, dass sie sich des gleichen Schutzes und der gleichen Vorrechte in der Gesellschaft erfreuen sollen und im Gemeinwesen und in der Handwerksordnung gleich gehalten sein sollen.

Johannes E. Bischoff, in: Erlanger Bausteine zur fränkischen Heimatforschung, Erlangen 1986, S. 216 ff.

1. *Welche Kernbestimmungen enthielt das Edikt von Fontainebleau?*
2. *Stellen Sie dem Edikt die Rechte und Privilegien gegenüber, die der Markgraf den französischen Flüchtlingen erteilte.*
3. *Versuchen Sie, aus beiden Erlassen die Motive abzuleiten, die die Fürsten jeweils zu ihren Maßnahmen bewogen.*
4. *Welche Probleme kamen durch das Edikt auf die französische Gesellschaft zu? Welche Probleme entstanden durch das Hugenottenprivileg zwischen den „neuen" und den alteingesessenen Untertanen des Fürstentums Bayreuth? Diskutieren Sie Lösungsmöglichkeiten.*

Manieren im Verlauf von Jahrhunderten

M 7

Die folgenden Verhaltensregeln stammen aus Anstandsbüchern für die Oberschicht.

Jean Sulpice, 1483:
Die reichen Leute haben die Gewohnheit, alles zu tun, was ihnen gefällt, und ungebührlicher aufzutreten, als vernünftig ist. Daher kommt es, dass sie sich auch bei Tisch voller Ungebühr benehmen. So pflegen sie die Ellenbogen auf den Tisch zu stützen; das sollst du ihnen nicht nachmachen.

Claude Hardy, 1613:
Das Brot mit der Hand flachzudrücken und dann mit den Fingerspitzen kleine Stücke abzubrechen, das ist ein Vergnügen, das du gewissen Leuten bei

Hofe überlassen musst. Für dich schickt es sich, das Brot anständig mit dem Messer zu schneiden.

Arthus Thomas, Sieur d'Embry, 17. Jahrhundert, über Höflinge:
Das Fleisch berührten sie niemals mit den Händen, sondern mit Gabeln, nach denen sie ihre Hälse reckten [. . .]. [Den Salat] nahmen sie mit ihrer Gabel auf, denn es ist in diesem Lande verboten, Speisen mit der Hand zu berühren, so schwierig das auch sein mag, und sie ziehen es vor, lieber dieses zinkenartige Gerät in den Mund zu stecken als ihre Finger [. . .]. Nun wurden Artischocken, Spargel und geschälte Saubohnen aufgetragen, und da war es vergnüglich, ihnen zuzusehen, wie sie diese Dinge mit der Gabel aßen; denn diejenigen, die darin weniger geschickt waren als die anderen, ließen mehr auf die Servierplatte, den Teller oder den Boden fallen, als sie in den Mund beförderten.

Jean-Louis Flandrin, in Philippe Ariès und Georges Duby (Hrsg.), Geschichte des privaten Lebens. Von der Renaissance zur Aufklärung, Frankfurt a. M. 1991, S. 272

1. *Wie verändert sich die Rolle der Oberschicht zwischen dem ausgehenden Mittelalter und dem 17. Jahrhundert?*
2. *Vergleichen Sie mit der ritterlichen Kultur. Inwiefern korrigieren oder bestätigen Erkenntnisse aus den Anstandsbüchern Ihre Vorstellungen von der Lebensweise einer ritterlichen Oberschicht?*

M 8 Frankreichs Thronfolger Ludwig – Cäsar des barocken Roms

Das Geburtstagsfest des französischen Thronfolgers Ludwig am 30. November 1729 sollte in Rom zu einer Vergöttlichung der französischen Monarchie werden. Ein moderner Zeitungsartikel berichtet über die Vorbereitungen zum Feuerwerk in gigantischer Barockkulisse. Der Gemäldeausschnitt auf Seite 195 stammt von dem Italiener Giovanni Paolo Pannini (1691/92?–1765).

Nichts wurde bei barocken Festlichkeiten dem Zufall überlassen. Vorher wurde genauestens festgelegt, wie sich der Auftraggeber, die [. . .] Berater und nicht zuletzt die Künstler die Wirkung der präsentierten Werke vorstellten. Die Verwendung von Symbolen sollte die „munificentia" und die „magnificentia" – die Freigiebigkeit und die Großartigkeit des Herrschers – herausstellen. Der offizielle italienische Kommentar zur Geburtstagsfeier des französischen Thronfolgers Ludwig im Jahr 1729 entsprach vollkommen der Planung des französischen Botschafters beim Heiligen Stuhl, Kardinal Melchior de Polignac: „Das Fest hat wegen der Großartigkeit, Großzügigkeit, der Eigenart und des besten Geschmacks, mit dem es erfunden, ausgelegt, vorbereitet und durchgeführt wurde, dem Großen Rom die Erinnerung an die anfänglichen Festaufführungen gebracht. Es hat – Modernes mit Antikem vereinend – bei aller Unterschiedlichkeit . . . Neues in seine heutigen Feste eingeführt." [. . .]

Trotzdem verkörperte Pannini als Mitglied der Académie de France in vollendeter Weise den „Hofkünstler" der französischen Botschaft in Rom. So hielt er die Festlichkeiten fest, nicht ohne dabei den Anteil des gerade amtierenden Botschafters hervorzuheben. Dem engen Verhältnis zwischen Pannini und seinem kunstliebenden Mäzen, Kardinal de Polignac, ist zu verdanken, dass es einen engen Austausch zwischen staatsmännischen und künstleri-

schen Vorstellungen gab. Pferderennen auf der Via del Corso und die anschließende Verleihung eines von Polignac gestifteten Goldbrokatstoffes, die feierliche Beleuchtung des Palazzo Altemps, Polignacs Residenz, musikalische Darbietungen und ein Feuerwerk vor der französischen Botschaft setzten der Monarchie der Großmacht Frankreich ein würdiges Zeichen. Die Zuschauer sollten im König „ein Bild des lebendigen Gottes" erkennen. Die universelle Monarchie, wie sie dem Kardinal de Polignac vorschwebte, wurde durch das Exempel antiker Herrscherfiguren gekrönt. Er ging in die Annalen ein als der, der die Franzosen durch seine „Großartigkeit zu Nachfolgern der Römer und die Ludwigs die der Cäsaren werden" ließ.

Frankfurter Allgemeine Zeitung, 22. 1. 1992

1. *Beschreiben Sie die Rolle der französischen Monarchie, der Diplomatie und der Hofkünstler.*
2. *Die Geburtstagsfeier für den Kronprinzen findet nicht in Frankreich statt. Welchen zusätzlichen symbolischen Wert gewinnt sie dadurch, und welchen Erkenntnisgewinn bringt dies für den Historiker?*

Bedeutung des Absolutismus für die Entwicklung von Staat und Gesellschaft

Die neue politische Ordnung im Fürstenstaat des Absolutismus

Das Jahr 1648, Ende des Dreißigjährigen Krieges, und das Jahr 1789, Beginn der *Französischen Revolution,* umrahmen das Zeitalter des Absolutismus. Es ist eine Zeit der politischen Umgestaltung und Veränderung bei gleichzeitiger sozialer Beharrung und Erstarrung.

Im Absolutismus erfuhr die Stellung des Monarchen eine veränderte staatstheoretische Rechtfertigung. Wie bisher wurde sie aus dem Gottesgnadentum des Herrschers hergeleitet; doch das Verhältnis des Fürsten gegenüber dem positiven Recht wurde neu bestimmt. Auf Grund seiner herausragenden Stellung steht der Monarch über den menschlichen Gesetzen, allerdings soll er sich gebunden fühlen an die ewigen Gesetze Gottes und den überlieferten Tugendkatalog (Selbstzucht, Tapferkeit, Weisheit, Gerechtigkeit, Milde und Gleichmut). Die alte Frage nach der Beschränkung monarchischer Gewalt erhielt eine neue Antwort: Die *„Staatsräson"*, also die allem anderen übergeordneten Interessen des Staates, und das *„Gemeinwohl"* (verstanden als die „Glückseligkeit" der Untertanen) verlangten die von keinen Privilegien[1]) oder „Freiheiten" der Stände gehemmte monarchische Regierungsgewalt. Absolutismus bedeutet die unumgrenzte, also die ungeteilte und unkontrollierte Herrschaft des Fürsten (⇨ M 1, M 2).

Oberstes Ziel des absolutistischen Monarchen war die Konzentration aller öffentlichen Gewalten in seiner Hand und damit das Gewaltenmonopol des Staates. Dazu gehörte auch das Bemühen, alle politischen, wirtschaftlichen, gesellschaftlichen und kulturellen Kräfte des Gemeinwesens, zum Beispiel Provinz- und Stadtparlamente, Zünfte, Adelsgruppierungen, religiöse Vereinigungen sowie Institutionen der Wissenschaften und Künste, die sich dem zentralen Zugriff hätten entziehen oder widersetzen können, zu integrieren oder auszuschalten.

Zu diesem Zweck wurden die Staatsaufgaben auf rationale Weise geplant und der Regierungsapparat rational durchorganisiert. Alle Zweige des Rechts sollten vereinheitlicht werden, Justiz und Verwaltung wurden voneinander getrennt. Dennoch war das absolutistische Staatswesen noch nicht vollständig durchorganisiert. Überkommene Rechte von Adel, Kirchen und Städten blieben häufig zumindest formal bestehen.

Die mit wachsender Machtfülle steigenden Staatsaufgaben erforderten eine Erhöhung der Einnahmen des Fiskus. Letztlich konnte dies nur durch eine Besteuerung aller, auch der bisher begünstigten Stände von Adel und Klerus, erreicht werden. Ansätze einer Steuerreform wurden auf den Weg gebracht. Zur Erhöhung des Staatseinkommens wurde eine Wirtschaftsordnung

[1]) (Sonder-)Rechte

geschaffen, in der Produktion, Handel und Konsum der Planung und Aufsicht durch die Krone unterstellt waren.
In das Machtstreben des absolutistischen Fürsten eingebunden war der Wunsch nach Vergrößerung des Staatsgebietes. So war denn die Außenpolitik der absolutistischen Epoche gekennzeichnet von dem unablässigen Bemühen des Fürsten um Besitzarrondierung[1]). Mittel zur militärischen Durchsetzung von Gebietsansprüchen war ein *stehendes Heer* und eine stets einsetzbare Flotte. Häufige Kriege machten zudem den Zwang deutlich, einen effizienten Staatsapparat aufzubauen, um rasch Entscheidungen durchsetzen zu können.
Politisch war der absolutistische Staat des 17. und 18. Jahrhunderts somit gekennzeichnet durch

- Gewaltenkonzentration,
- rationale Planung der Staatsaufgaben,
- Einrichtung eines im Vergleich zu früherer „Administration" durchsetzungsfähigen Regierungsapparates mit Ressortministern und Berufsbeamten,
- erste Ansätze zu einer allgemeinen Steuerpflicht.

Die neuen Auffassungen über den Staat entwickelten vor allem auf dem europäischen Festland veränderte Formen der monarchischen Herrschaftsausübung. Diese überwanden den Lehensstaat des hohen Mittelalters und wuchsen aus dem ständischen Territorialstaat der frühen Neuzeit heraus. Sie mündeten in den modernen Staat, wie er sich nach der Französischen Revolution im 19. und 20. Jahrhundert etabliert hat (⇨ M 3, M 4).

Gesellschaftsordnung in Verharrung

Nicht angetastet wurde im Zeitalter des Absolutismus die fest gefügte Institution der Ständeordnung aus Geistlichkeit *(Erster Stand)*, Adel *(Zweiter Stand)* und Bürgertum *(Dritter Stand)*. Ebenso blieben die Rechtsverhältnisse zwischen den sozialen Gruppen innerhalb des Gemeinwesens nahezu unverändert. Hohe Geistliche und die Adeligen konnten fast alle ihre Standesprivilegien bewahren. Die Grundherrschaft und die mit ihr verknüpfte (niedere) Gerichtsbarkeit über die Grunduntertanen (Hintersassen) auf dem Land bestand, vor allem im Deutschen Reich, gänzlich unangefochten weiter. Wie im Mittelalter lieferten die Hintersassen Geld- und Naturalabgaben und den Zehnten an die feudale Obrigkeit. Fronarbeit war weiterhin üblich. Das tradierte Gesellschaftsgefüge wurde erst im Gefolge der Französischen Revolution aufgebrochen.
Den absolutistischen Staat bezeichnet man gemeinhin als „ständische Monarchie in ihrer Spätphase". Damit wird deutlich, dass der Einfluss der Stände zwar geschwächt, doch noch keineswegs ausgeschaltet war. Die gesellschaftlichen Konflikte blieben vorerst ungelöst. Erst nach den gewaltsamen Interventionen des Dritten Standes wird das soziale System umgebaut werden.

---

[1]) arrondieren: abrunden

M 1 Das Idealbild des absoluten Herrschers

Im Auftrag Ludwigs XIV. unterrichtete sein Hofprediger Bossuet den Sohn des Königs. Der Thronfolger (Dauphin) sollte frühzeitig Bekanntschaft schließen mit dem Selbstverständnis eines unumschränkten Monarchen.

[Buch II, Artikel I]

[7. Proposition:] Das Volk Israel gab sich selbst eine monarchische Regierung, weil dies die allgemein übliche Regierungsform war . . . Man findet sie von Anfang an bei allen Völkern. [. . .]
Alle Welt beginnt also mit der monarchischen Staatsform, und fast die ganze Welt hat sie als die natürlichste Form beibehalten. Auch hat sie . . . ihren Grund und ihr Vorbild in der väterlichen Gewalt, d. h. in der Natur selber. Die Menschen werden allesamt als Untertanen geboren, und die väterliche Autorität, die sie an den Gehorsam gewöhnt, gewöhnt sie zugleich daran, nur *ein* Oberhaupt zu kennen. [. . .]

[Schlussfolgerung]

Wir haben also mit der Schrift begründet, dass die königliche Gewalt ihren Ursprung in der Gottheit selber hat; dass Gott sie seit Erschaffung der Welt sichtbar über die Menschen ausgeübt hat; dass er diese übernatürliche und wundersame Herrschaft über das Volk Israel fortdauernd ausgeübt hat bis zu der Zeit der Einsetzung der Könige; dass er darauf die Staatsform der erblichen Monarchie als die natürlichste und dauerhafteste unter allen ausgewählt hat . . .

[Buch III, Artikel I]

[1. Proposition:] Wir haben schon gesehen, dass jede Gewalt von Gott kommt . . . Die Fürsten handeln also als Gottes Diener und Statthalter auf Erden. Durch sie übt er seine Herrschaft aus . . . Deshalb ist, wie wir gesehen haben, der königliche Thron nicht der Thron eines Menschen, sondern Gottes selber . . .
[2. Proposition:] Aus alledem ergibt sich, dass die Person der Könige geheiligt ist; wer sich an ihnen vergreift, begeht ein Sakrileg. Gott lässt sie durch seine Propheten mit heiligem Öl salben, wie er die Priester und seine Altäre salben lässt. Aber auch ohne äußerliche Salbung sind sie geheiligt durch ihr Amt als die Repräsentanten der göttlichen Majestät, die seine Vorsehung bestimmt hat, dass sie seine Absichten erfüllen . . .
[4. Proposition:] Kommt ihre Gewalt von oben, so dürfen sie doch nicht glauben, sie seien Herren über sie, um nach ihrem Belieben davon Gebrauch zu machen. Vielmehr sollen sie sich ihrer mit Scheu und Zurückhaltung bedienen, als einer ihnen von Gott anvertrauten Sache, über die Gott von ihnen Rechenschaft fordern wird. [. . .]

[Buch VI, Artikel I]

[1. Proposition:] Niemand kann nach dem, was wir ausgeführt haben, daran zweifeln, dass der ganze Staat in der Person des Fürsten verkörpert ist. Bei ihm liegt die Gewalt. In ihm ist der Wille des ganzen Volkes wirksam. Ihm allein kommt es zu, alle Kräfte zum Wohl des Ganzen zusammenzufassen. Man muss den Dienst, den man dem Fürsten schuldet, und den, den man dem Staate schuldig ist, als untrennbare Dinge ansehen.

Der Herrscher als Gott: Ludwig XIV. ließ die Königsfamilie als griechische Götter darstellen. Der König sitzt auf seinem Thron als Apoll, vor ihm seine Frau Maria Theresia mit ihren Kindern; im Zentrum die Königinmutter, auf der linken Seite Philipp von Orléans, der Bruder des Königs, mit Frau und Schwiegertochter (Gemälde von Jean Nocret, 1615–1672, aus dem Jahr 1669).

[2. Proposition:] Man muss dem Staat so dienen, wie der Fürst es verlangt, denn wir haben gesehen, dass in ihm die Vernunft (raison), die den Staat lenkt, ihren Sitz hat. Die dem Staat auf andere Weise zu dienen meinen als durch gehorsamen Dienst für den Herrscher, maßen sich selbst einen Teil der königlichen Autorität an: Sie stören die öffentliche Ordnung und die Eintracht aller Glieder mit dem Haupt ... Der Fürst blickt von einem höheren und weiteren Standort aus; [...] deshalb muss man ihm ohne Murren gehorchen, denn das Murren ist schon so viel wie eine Neigung zur Empörung ...
[3. Proposition:] Nur die Feinde der öffentlichen Ordnung trennen das Interesse des Fürsten von dem des Staates. Nach der Redeweise der Heiligen Schrift werden die Staatsfeinde auch als Feinde des Königs bezeichnet ... Man darf deshalb ja nicht glauben, man könne das Volk angreifen ohne den König anzugreifen, oder den König, ohne das Volk anzugreifen ... Dem Volke schmeicheln, um es vom Interesse seines Königs zu trennen, heißt ihm den blutigsten aller Kriege erregen und seinen sonstigen Unglücksfällen auch noch die Empörung hinzufügen.

Fritz Dickmann, Geschichte in Quellen. Renaissance, Glaubenskämpfe, Absolutismus, München, 2. Auflage 1976, S. 450 ff.

1. *Mit welchen Gründen rechtfertigt Bossuet die monarchische Herrschaft?*
2. *Wie kann man zu einem Feind der öffentlichen Ordnung werden? Welche Gefahren birgt die Argumentation Bossuets?*
3. *Vergleichen Sie mit dem Prinzipat des Augustus und der Kaiser-Idee des Mittelalters. Welche Veränderungen des Herrscherbildes stellen Sie fest?*

M 2 Fénelon über die Herrschaft der Fürsten

Der französische Erzbischof François de Salignac de la Mothe-Fénelon (1651–1715) war Erzieher am Hof Ludwigs XIV. In seinem Bildungsroman „Les aventures de Télémaque" kritisierte er die absolutistische Regierungspraxis. Das Buch wurde verboten, Fénelon musste den Hof verlassen.

Wenn sich die Könige daran gewöhnen, kein anderes Gesetz mehr anzuerkennen als ihren unumschränkten Willen und ihren Leidenschaften keinen Zügel mehr anlegen, dann vermögen sie alles. Aber gerade da sie alles tun können, was sie wollen, untergraben sie selber die Grundpfeiler ihrer Macht; sie richten sich in ihrer Regierung nicht mehr nach bestimmten Regeln und Grundsätzen. Alle Leute schmeicheln ihnen um die Wette; sie haben keine Untertanen mehr; es bleiben ihnen nur noch Sklaven, deren Zahl täglich abnimmt. Wer wird ihnen die Wahrheit sagen? Wer wird diesen Strom in seinem Lauf aufhalten? Jeder weicht zurück; die Weisen fliehen davon, verstecken sich und stöhnen. Nur eine plötzliche, gewaltsame Revolution kann diese ausufernde Macht in ihre natürliche Bahn zurückführen; oft sogar wirft sie der Schlag, der sie zur Mäßigung bringen könnte, hilflos zu Boden. Nichts ist von einem unheilvollen Sturz derart bedroht wie eine zu weit getriebene Autorität.

Paul Hartig, Auf der Suche nach dem besten Staat, Stuttgart 1985, S. 30

1. *Was hält Fénelon von den Schranken, die laut Bodin und Bossuet (siehe Seiten 164 und 198 f.) dem absoluten Monarchen gesetzt sind?*
2. *Nennen Sie die Gefahren, die dem absolutistischen Staatswesen wesensimmanent sind.*

M 3 Politische Autorität

Der Auszug aus dem Artikel „Politische Autorität" stammt aus dem 1751 in Frankreich veröffentlichten ersten Band der „Enzyklopädie". Dieses Lexikon beschrieb in 35 Bänden das Wissen seiner Zeit.

Der Fürst erlangt doch von den Untertanen selbst die *Autorität,* die er über sie hat, und diese *Autorität* ist durch die Gesetze der Natur und des Staates eingeschränkt. Die Gesetze der Natur und des Staates sind die Bedingungen, unter denen die Untertanen sich der Regierung des Fürsten tatsächlich oder vermeintlich unterworfen haben. Eine dieser Bedingungen lautet: Da der Fürst *Autorität* und Gewalt über die Untertanen nur auf Grund ihrer Wahl und ihrer Zustimmung hat, darf er diese *Autorität* nie anwenden, um die Urkunde oder den Vertrag zu vernichten, durch den sie ihm verliehen worden ist. [. . .] Der Fürst kann also über seine Gewalt und seine Untertanen weder ohne Zustimmung der Nation noch unabhängig von der im Unterwerfungsvertrag festgehaltenen Wahl verfügen. [. . .]

Zudem ist die Regierung, auch wenn sie in einer Familie erblich ist und in die Hände eines Einzelnen gelegt wurde, kein privates Gut, sondern ein öffentliches, das eben deshalb nie dem Volk genommen werden darf, dem es – dem Wesen nach und als volles Eigentum – zugehört. Daher verpachtet immer das Volk dieses Gut; es nimmt immer an dem Vertrag teil, der zu seiner Ausübung berechtigt. Der Staat gehört nicht dem Fürsten, sondern der Fürst gehört dem Staat; aber es ist Aufgabe des Fürsten, im Staat zu regieren, weil der Staat ihn dafür gewählt hat, weil er sich den Völkern gegenüber zur Führung der Geschäfte verpflichtet hat und weil die Völker sich ihrerseits verpflichtet haben, ihm gemäß den Gesetzen zu gehorchen. Wer die Krone trägt, kann sie wohl eigenmächtig ablegen, sie aber nicht ohne Zustimmung der Nation, die sie ihm aufgesetzt hat, einem anderen aufsetzen. Kurz: Die Krone, die Regierung und die öffentliche *Autorität* sind Güter, deren Eigentümer die gesamte Nation ist und deren Nutznießer, Verwalter und Treuhänder die Fürsten sind. Sie sind wohl Staatsoberhäupter, zugleich aber auch Staatsmitglieder, allerdings die ersten, verehrungswürdigsten und mächtigsten, und haben Vollmacht für die Regierung, sind aber nicht berechtigt, die bestehende Regierungsweise irgendwie zu ändern oder ein anderes Oberhaupt einzusetzen. Das Zepter Ludwigs XV. geht zwangsläufig auf seinen ältesten Sohn über, und keine Macht darf sich dem widersetzen, weder die Macht der Nation, weil dies eine Bedingung des Vertrages ist, noch die Macht des Vaters – aus demselben Grund.

Manfred Naumann (Hrsg.), Artikel aus der von Diderot und D'Alembert herausgegebenen Enzyklopädie, Frankfurt a. M. 1985, S. 98 f.

1. *Beschreiben Sie das Verhältnis zwischen Monarch und Gesetz.*
2. *Welche Positionen zu der Beziehung zwischen Monarch und Staat nehmen Bossuet und der Lexikonartikel ein? Auf welchem unterschiedlichen Weg rechtfertigen beide Autoren die Erbmonarchie?*
3. *Diskutieren Sie die Ursachen, die zu der veränderten Einschätzung seit Bossuet beigetragen haben können.*

Absolutismus als prägende Kraft

M 4

Ernst Hinrichs, Professor für Geschichte der frühen Neuzeit, hat die Bedeutung des Absolutismus für die Entwicklung des modernen Staates zusammengefasst.

Die Urteile seiner Kritiker dürfen [. . .] nicht zu der Annahme verführen, der Absolutismus sei ein System vollkommener Rechtlosigkeit gewesen. Er lässt sich vielmehr einordnen in die Entwicklung von Recht und Rechtssystemen in ganz Europa, und er stellte im Vergleich zur vorangehenden Epoche der lehnsherrlichen Eigenberechtigung sogar ein progressives Element dar, da er für die nicht privilegierten Untertanen mehr Rechtssicherheit schuf als zuvor.

Diese positiven Aspekte galten auch für viele andere Bereiche des öffentlichen Lebens. Der Absolutismus hat z. B. in Frankreich zur Überwindung der unglaublich scharfen religiösen Auseinandersetzungen beigetragen, die dort im Gefolge der Reformation zwischen Hugenotten und Katholiken ausgebrochen waren und das Land in eine förmliche Anarchie gestürzt hatten [. . .]. Er hat, zumindest in Ansätzen, Ordnung in Bereichen geschaffen, in denen wir heute vieles für selbstverständlich halten, was es vor Jahrhunderten durchaus nicht war:

- *Wirtschaft,*
- *Verkehr,*
- *Gesundheitswesen,*

- *Armenfürsorge,*
- *Schul- und Bildungswesen,*
- *Geld- und Münzwesen.*

Absolutistische Fürsten haben die Ergebnisse solch „rationalen" Handelns immer wieder, und oft in grotesk erscheinendem Ausmaß, durch eine abenteuerliche Politik in Frage gestellt, weil sie bis ins 18. Jahrhundert hinein daran gewöhnt und dazu erzogen wurden, den Staat als einen Teil ihres Privatbesitzes und sich selbst als jeglicher Beurteilung durch Menschen entzogen zu betrachten. Und doch sind Spuren eines vernünftigen Handelns aus dieser Zeit bis heute geblieben. [. . .]

Man macht sich nicht immer hinreichend klar, dass viele Erscheinungsformen moderner Staatlichkeit, an die wir uns wie selbstverständlich gewöhnt haben, direkt oder indirekt an die Zeit des Absolutismus anknüpfen. In allen europäischen Staaten ist die Durchsetzung moderner Staatsstrukturen mit drei grundlegenden Vorgängen einher gegangen:

- *Bürokratisierung,*
- *Militarisierung,*
- *Sozialdisziplinierung.*

In der Gegenwart versuchen wir zwar, mit ihren lebensbedrohenden, durch den Fortschritt von Wissenschaft und Technik geförderten Auswüchsen fertig zu werden. Im Prinzip aber haben wir sie als soziale und politische Faktoren seit langem akzeptiert und in das demokratische Staatswesen integriert. Ihre historischen Wurzeln haben sie aber in der Epoche des Absolutismus. Auch die Tatsache, dass Menschen sich mit Staat und Obrigkeit nicht ohne weiteres zufriedengeben, dass sie dagegen protestieren, ihr Bewusstsein gegenüber Bevormundung von oben schärfen, dass sie Revolutionen planen und durchführen, hängt mit dem Absolutismus zusammen. Denn gegen dieses Regierungssystem wandten sich die Menschen in der Endphase, als im späten 18. und im 19. Jahrhundert durch zahlreiche europäische Länder der Geist der Freiheit, der Volkssouveränität und der Selbstbestimmung wehte und als es sich zeigte, dass der fürstliche Absolutismus „unmodern" geworden war.

Ernst Hinrichs, Gesichter des Absolutismus, in: Praxis Geschichte 4/1988, S. 7 f. (Reihenfolge geändert)

1. *Der kritischen Wertung Fénelons stellt der moderne Historiker eine vergleichsweise positive Einschätzung des Absolutismus gegenüber. Überlegen Sie die Gründe der differierenden Gewichtung.*
2. *Suchen Sie nach weiteren Aspekten, die das Bild vom Absolutismus abrunden. Ziehen Sie dazu und zu einer abschließenden Bewertung auch die Abbildungen auf Seite 166 f. heran.*

Von der Aufklärung zur Französischen Revolution

„Aufklärung" und „Toleranz", allegorische Kupferstiche von Daniel Chodowiecki (1726–1801). Beide Begriffe sind Leitideale ihrer Epoche, die als Zielvorgabe bis heute unverändert aktuell sind.

Das Zeitalter der Aufklärung

1690:	John Locke: „Two Treatises of Government"
1748:	Charles-Louis de Secondat de Montesquieu: „De l'esprit des lois"
1751:	Erster Band des Lexikons „Encyclopédie"
1762:	Jean-Jacques Rousseau: „Emile" und „Du contrat social"
1784:	Immanuel Kant: „Was ist Aufklärung?"

Distanz zum absolutistischen Fürstenstaat

Während der monarchische Absolutismus mit dem Aufbau und der Durchsetzung moderner Staatlichkeit befasst war, regte sich bei den Zeitgenossen gleichzeitig Kritik an dieser Staatsform. Angriffspunkte waren in erster Linie der Anspruch des Fürsten auf die uneingeschränkte Souveränität und hiermit verbunden seine Loslösung vom positiven Recht sowie sein Anspruch auf das Gesetzgebungsmonopol, insbesondere bei der Besteuerung. In Frage gestellt wurden ferner die Begründung der monarchischen Gewalt aus dem

Gottesgnadentum und die starre Sozialstruktur des absolutistischen Staats, die dem dritten Stand wenig Raum zu gesellschaftlichem Aufstieg und politischer Einflussnahme ließ. Die fortschrittlichen, kritischen Argumente gegen den Absolutismus kamen von den Vertretern der „*Aufklärung*", einer neuen, alle Lebensbereiche umfassenden Denkrichtung.

Kritische Vernunft als Richtschnur aufklärerischen Denkens

Die Aufklärung setzte in der zweiten Hälfte des 17. Jahrhunderts ein und breitete sich bis zum Ende des 18. Jahrhunderts in ganz Europa aus. Ihr Schwerpunkt lag zu Beginn in den sozial und ökonomisch weiter entwickelten Staaten Westeuropas, vor allem Englands, bevor er in der Folgezeit nach Deutschland gelangte. Die Aufklärer unterzogen das menschliche Dasein einer kritischen Prüfung. Was vor dem Maßstab der menschlichen Vernunft keinen Bestand hatte, sollte nach verstandesgeleiteten Prinzipien um- oder neugestaltet werden (⇨ M 1).
Die geistigen Wurzeln der Aufklärung lagen

- in *Humanismus* und *Renaissance*[1]), wo kritisches Denken und Distanz zu kirchlichen Dogmen erstmals Bestandteil wissenschaftlichen Vorgehens geworden waren;
- in der so genannten Revolution des naturwissenschaftlichen Denkens seit *Kopernikus* (1473–1543), *Galilei* (1564–1642) und *Newton* (1643–1727);
- in der Ausarbeitung neuer Methoden der Wahrheitsfindung vor dem Hintergrund des erkenntnistheoretischen Zweifels, der nur das mathematisch und rational Beweisbare als Grundlage für die Forschung und Deutung der Welt gelten ließ.

Wichtige Impulse erhielt das aufklärerische Denken gleichfalls durch die stetig wachsenden internationalen Verbindungen. Sie förderten die ökonomische Beweglichkeit und das Unabhängigkeitsstreben vor allem des dritten Standes und erschlossen ihm neue kulturelle und geistige Welten.

Staatslehren im Zeitalter der Aufklärung

Bodin und Hobbes hatten die umfassende Herrschaftsgewalt des Fürsten noch aus dessen Gesetzgebungsmonopol und den auf ihn kraft Gesellschaftsvertrags übertragenen Rechten hergeleitet. Die Staatsräson war dem Interesse des Individuums, seiner Freiheit, dem Schutz seines Lebens und Eigentums vorgeordnet. Die aufgeklärten Staatslehrer suchten hingegen nach Wegen, wie die von Gott mit Vernunft begabten Menschen ihr Zusammenleben auf der Grundlage der *freiwilligen* Mitwirkung aller organisieren und gegebenenfalls abändern konnten. Dabei sollten Gesetze und Regierungen in erster Li-

---

[1]) Die Wiedergeburt der klassischen Antike dient als Epochenbegriff für den Übergang vom Spätmittelalter zur Neuzeit. In dieser Zeit entfaltet sich die Geistesbewegung des Humanismus, die unter Berufung auf antike Schriftsteller die freie Entfaltung der Persönlichkeit lehrte. Ausgehend von Italien, erfassten Renaissance und Humanismus ganz West- und Mitteleuropa.

nie dem Schutz von Freiheit, Leben und Besitz des Einzelnen dienen. Außerdem war man sich darüber einig, dass kein Mensch von Gott zur Herrschaft über andere vorherbestimmt sei, und dass absolute Macht in der Hand eines einzigen korrumpiere[1]) und Willkür wie Tyrannei zwangsläufig hervorbringe.

John Locke – der Schutz von Freiheit und Eigentum

Der Engländer *John Locke* veröffentlichte 1690 anonym sein Werk *„Two Treatises of Government"* (⇨ M 2). In der tagespolitischen Diskussion in England sollte es den antiparlamentarischen Standpunkt von der göttlich legitimierten absoluten Monarchie widerlegen. Wie Hobbes geht Locke vom Naturzustand völliger Gleichheit und Freiheit aller Menschen vor der Staatsbildung aus. Im Gegensatz zu Hobbes unterstellt er jedoch ein prinzipiell friedliches Zusammenleben bei gegenseitigem Wohlwollen. Noch im Naturzustand eignet sich der Mensch zwecks Selbsterhaltung durch Arbeit, etwa durch Kultivierung des Bodens, Dinge an, die er dadurch zu seinem Eigentum macht. Mit wachsendem Eigentum steigt dann die Gefährdung des friedlichen Naturzustandes. Derselbe droht in den Krieg aller gegen alle umzuschlagen.
Zu ihrem gegenseitigen Schutz schließen sich die Menschen deshalb durch Vertrag zu einer „politischen oder bürgerlichen Gesellschaft" zusammen. Wie bei Hobbes formiert sich das Gemeinwesen durch den *Gesellschaftsvertrag*. Doch geht diesem die Eigentumsbildung im vorstaatlichen Raum voraus und erfolgt nicht erst aus dem Vertragsschluss. Offensichtlich ging es Locke darum, die Privatheit des Eigentums und seinen vorstaatlichen Charakter zu unterstreichen, dessen ungestörten Besitz die vertraglich errichtete Staatsgewalt zu garantieren habe. Ausdrücklicher Bestandteil des Zusammenlebens ist das Mehrheitsprinzip, dem sich jeder fügen müsse.
Oberste Gewalt im Staat ist die legislative Gewalt. Daneben gibt es die exekutive und die föderative Gewalt[2]). Diesen Gewalten sind durch das natürliche Recht jedes Menschen auf Freiheit seiner Person und Unversehrtheit seines Eigentums Schranken gesetzt. Werden diese Schranken durchbrochen, bleibt der Gemeinschaft vorbehalten, die Gewalten abzusetzen. Locke formulierte also eine Art Grundrechtegarantie und leitete aus ihr ein Widerstandsrecht bei Verletzung ab.

Montesquieu – die Teilung der Staatsgewalt

Hauptwerk des Franzosen *Montesquieu* war sein Buch *„De l'esprit des lois"* (1748) (⇨ M 3). Unter dem „Geist" der Gesetze verstand Montesquieu die gemeinschaftliche Mentalität eines Volkes oder einer Nation, welche von Umweltfaktoren wie Landesnatur, Klima und sozialen Faktoren wie Sitten, Religion, Stellung der Frau etc. geprägt ist und auf die Gesetze einwirkt. Je-

---

1) korrumpieren: jemanden bestechen, moralisch verderben
2) Bündnisgewalt; sie bedeutet bei Locke das Entscheidungsrecht über außenpolitische Fragen.

weils bestmöglich müssen also die Gesetze eines Landes der Mentalität eines Volkes angepasst sein. Übergreifendes Ideal der Gesetzgebung ist die politische Freiheit.

Mit Blick auf England, wo Freiheit als Verfassungszweck galt, und in freier Weiterführung von Locke entwickelte Montesquieu das Postulat der *Gewaltenteilung:* Die drei im Staat bestehenden fundamentalen Gewalten *Legislative, Exekutive* und *Judikative* sind auf drei unabhängig voneinander handelnde Träger zu verteilen. Diese Trennung verhinderte missbräuchliche Machtausübung. Als Angehöriger des französischen Hochadels blieb Montesquieu den Fähigkeiten und Möglichkeiten des Volkes gegenüber misstrauisch. Eine Beteiligung des Volkes an der Legislative hielt er für richtig, praktikabel jedoch nur in Form eines *Repräsentativsystems.* Gemeinsam mit Locke hat Montesquieu damit die Grundsätze des modernen Verfassungsstaats formuliert.

Rousseau – direkte Demokratie und politische Tugend

Die umfassendste Wirkung auf sein Zeitalter hat der Genfer *Jean Jacques Rousseau* ausgeübt. Rousseau geht vom vorgeschichtlichen Naturzustand des Menschen aus. Sobald der Mensch in ihm nicht länger verharren kann, muss eine Gesellschaftsform gefunden werden, „. . . die mit ihrer ganzen gemeinsamen Kraft die Person und das Vermögen jedes einzelnen Mitglieds schützt und durch die doch jeder, indem er sich mit allen vereinigt, nur sich selbst gehorcht und genauso frei bleibt wie zuvor". Die Lösung bietet der Gesellschaftsvertrag. Durch ihn entsteht der Staat, dessen Zweck die Wahrung des Gemeinwohls ist.

Mit Abschluss des Vertrags verlieren die Menschen zwar ihre *natürlichen Freiheiten,* doch sie gewinnen dafür die *Freiheit von Staatsbürgern* und behalten ihre Souveränität. Diese ist nicht übertragbar und auch nicht teilbar. Nach Rousseau kennt der Staat keine Gewaltenteilung und keine parlamentarische Repräsentation. In Frage kommt folglich allein die Staatsform der *direkten Demokratie.* Weil nun freilich das Individuum einen vom Gemeinwollen abweichenden Sonderwillen entwickeln kann, ist die Zwangsgewalt des Staates bis zur Todesstrafe zum Zweck der Vollstreckung des Gemeinwillens Teil des Gesellschaftsvertrags.

Der Übergang des Menschen aus dem vorbürgerlichen in den bürgerlichen Zustand bedeutet eine sittliche Erhöhung. Vernunft und Gesetz als Zeichen staatsbürgerlicher Freiheit treten an die Stelle von Instinkt und Begierde. Der Mensch kann auf höherer Stufe zur Tugend des vorgeschichtlichen Naturzustandes zurückkehren.

Rousseau hat die Frage seiner Zeit nach der Legitimierung von Herrschaft mit letzter Konsequenz beantwortet und die antimonarchischen Denkmodelle zwingend zu Ende gedacht. Die Wirkung seiner Staatstheorie war revolutionär und entfaltete erstmals in der Französischen Revolution (siehe Seite 218 ff.) ihre ganze Sprengkraft.

Voltaire, Physiokraten und Enzyklopädisten – Toleranz, freie Wirtschaft, Fortschritt

Kritisierten die französischen Aufklärer den Absolutismus des Landes, dann rückten sie ihn in die Nähe der Despotie. Seinem Mangel an reformerischen Konzepten stellten sie ihre konkreten politischen Forderungen entgegen. Besonders klar und pointiert vorgetragen wurden sie von dem Philosophen *Voltaire*[1]). Er setzte sich mit Nachdruck ein für Gedankenfreiheit, soziale und politische Aufwertung des Bürgertums, Justizreformen mit Abschaffung der Folter usw. Zusätzlich nahm die aufklärerische Bewegung im katholischen Frankreich betont antiklerikalen Charakter an. Religion und Metaphysik wurden als spekulativ und vernunftfeindlich abgelehnt. Die Ethik der *Toleranz* wurde im Kampf gegen eine Religion, die für sich die absolute Wahrheit in Anspruch nahm, zu einer zentralen, weil vernünftigen Waffe. (In Deutschland schrieb *Gotthold Ephraim Lessing* 1779 die „Ringparabel" für sein Drama *„Nathan der Weise"*.)

Die desolate wirtschaftliche Situation in Frankreich gab Anlass zu ökonomischen Reformgedanken, die sich gegen die staatliche Eingriffswirtschaft des Merkantilismus richteten. Es entwickelte sich die Lehre der *Physiokratie*[2]) mit der zentralen Losung „laissez faire, laissez passer"[3]). Die Physiokraten waren als Aufklärer dem Naturrecht verpflichtet und sahen die Landwirtschaft als wichtigsten Produktionszweig an. Sie dürfte nicht an der Entfaltung ihrer „natürlichen Ordnung" gehindert, vielmehr solle sie als marktorientiertes System mit Freiheit von Produktion, Verkauf und Konsum der Erzeugnisse betrieben werden. Gegner erwuchsen den Physiokraten vor allem wegen ihrer Forderung nach Freigabe der Getreidepreise.

Ab Mitte des 18. Jahrhunderts (1751–1780) erschien ein Lexikonwerk in 35 Bänden, das alle philosophischen, wirtschaftlichen, politischen und ästhetischen Fragen und Probleme der Zeit im Sinne der Aufklärung zu behandeln versprach. Es war die *„Encyclopédie ou dictionnaire raisonné des sciences, des arts et des métiers"*. In ihr sollten das theoretische und praktische Wissen der Epoche umschrieben und Mittel wie Wege aufgewiesen werden, den Fortschritt der Menschheit zu fördern. Initiatoren und Hauptherausgeber der Enzyklopädie waren *Denis Diderot* (1713–1784) und *Jean le Rond d'Alembert* (1717–1783). Ein Kreis illustrer Gelehrter und Künstler, darunter Montesquieu, Rousseau und Voltaire, wirkte als Autoren mit. Die religionskritische Tendenz verschiedener Artikel ließ das Lexikon mancherorts in Konflikt mit der behördlichen Zensur geraten. 1762 wurde es in Österreich verboten.

---

[1]) François Marie Arouet, genannt Voltaire (1694–1778), geriet wegen seiner kritischen Veröffentlichungen häufig in Konflikt mit der Staatsgewalt.

[2]) (griech.), so viel wie Herrschaft der Natur

[3]) (franz.), hier so viel wie „freie Wirtschaft, freier Handel"

Die aufgeklärte Gesellschaft

Auch in Deutschland ließ der Geist der Aufklärung bürgerlich geprägte Zirkel und Sozietäten entstehen. Zahlreiche Gesellschaften setzten sich für die Pflege der deutschen Sprache ein. Immerhin dauerte es bis 1687, ehe der Staatsrechtslehrer *Thomasius* die erste Universitätsvorlesung auf Deutsch hielt. Lesegesellschaften, wie die berühmte Berliner *Mittwochsgesellschaft*, förderten die Lesekultur und die Diskussion über alle Fragen allgemeinen Interesses, also auch politische Themen. Studenten und Frauen blieb die Mitgliedschaft in diesen Zirkeln verwehrt.
Hingegen hatten an der aus Frankreich übernommenen *Salonkultur* zumindest wohlhabende Frauen regen Anteil. Häufig waren sie als Hausherrinnen der Mittelpunkt geistreicher Diskurse (◊ M 4). Allen (oft nur kurzlebigen) Journalen und Gesellschaften zum Trotz darf man sich die Aufklärung nicht als Massenbewegung vorstellen. Das gebildete Lesepublikum dürfte beispielsweise in Deutschland nur ungefähr 1 % der Bevölkerung ausgemacht haben.

Aufklärung als Reformbewegung des Übergangs

Wesentlich stärker als in Frankreich gewannen die Ideen der Aufklärung Einfluss auf die Monarchen in Deutschland. Der Absolutismus, der im Reich nie so verwurzelt war wie im Staat Ludwigs XIV., bewies in den deutschen Mittelstaaten durchaus die Kraft zur Erneuerung.
Eine Rolle spielte dabei auch, dass die deutschen Aufklärer häufig als Staatsdiener eine weniger entschiedene Kritik an den bestehenden Verhältnissen äußerten. Nicht der Umsturz von Staat und Gesellschaftsordnung sollte die gewünschten Veränderungen herbeiführen, sondern rationale Staatslenkung durch den Fürsten. Reformen wurden auf den Weg gebracht, nicht überall

Reformen im aufgeklärten Absolutismus

Gesellschaft:	religiöse Toleranz Tolerierung von Juden erste Ansätze zur Reduzierung der Leibeigenschaft auf dem Land
Justiz:	Abschaffung von Folter und grausamen Todesstrafen Schaffung von Rechtsgleichheit und Rechtseinheit innerhalb eines Staates
Verwaltung:	Ablösung ständischer Institutionen durch staatliche Organe Bindung der Beamten an das Gesetz Vereinheitlichung von Steuern und Zöllen
Bildung:	Einführung der allgemeinen Schulpflicht Ausbau der Universitäten, vor allem praxisbezogener Fachbereiche

Zweifelsohne dürfen die Erfolge einer aufgeklärten Gesetzgebung im 18. Jahrhundert noch nicht überschätzt werden. Beispielsweise drohte ledigen Müttern die Strafe der öffentlichen Auspeitschung. Trotz kirchlicher, gesellschaftlicher und staatlicher Sanktionen war die Zahl unehelicher Geburten Ende des 18. Jahrhunderts besonders in den Städten sehr hoch. In Berlin kamen auf elf eheliche Kinder ein uneheliches, in München betrug das Verhältnis sogar 4:1 (Kupferstich von Daniel Chodowiecki).

gleichzeitig und nicht immer erfolgreich, aber die Regenten akzeptierten das Wohl der Allgemeinheit als ihre monarchische Aufgabe.
Eine Schlüsselrolle im Reich spielten die Reformanstrengungen des preußischen Königs *Friedrich II.* (1712–1786, König seit 1740). Er setzte sich schon als Kronprinz mit aufgeklärtem Gedankengut auseinander und pflegte zeitlebens Kontakte mit den Geistesgrößen der Epoche. Unter Friedrich wurde Preußen in mehreren Kriegen zur europäischen Großmacht. Sein Satz: „Der König ist der erste Diener seines Staates“ zeigt das neue Selbstverständnis von der Rolle des Herrschers im *aufgeklärten Absolutismus* (⇨ M 5). Nicht mehr dem Gottesgnadentum verdankte der Herrscher seine Stellung, sondern Disziplin, Fleiß und Tüchtigkeit. Doch was sollte geschehen, wenn ein Monarch seiner Aufgabe nicht gewachsen war? Schneller als die aufgeklärten Reformer ahnten, geriet diese Frage auf die Tagesordnung europäischer Politik.

Gegenpositionen zur Aufklärung

Inmitten dieser auf den „Verstand“ fixierten Zeit war es Jean Jacques Rousseau, der als Erster der „philosophes“ die unbedingte Vernunfts- und Fortschrittsgläubigkeit gelehrter Kreise in Frage stellte. In einer 1750 erschienenen Abhandlung betete er: „Allmächtiger Gott, befreie uns von der Erleuchtung unserer Väter: Führe uns zurück zur Einfalt, Unschuld und Armut, den einzigen Gütern, welche unser Glück befördern . . .“ (⇨ M 6). Mit seiner Rückbesinnung auf die Natur, seiner Erkenntnis, die Welt nicht ausschließlich verstandesmäßig erklären zu können und seiner Betonung des „Gefühls“, gerade auch in Fragen der Religion, wies Rousseau, der Aufklärer, bereits kritisch über die Epoche hinaus.
Damit stimmte er in manchem mit den mystischen Frömmigkeitsbewegungen der Zeit überein, so dem kontemplativen, mitunter gar weltflüchtigen

protestantischen *Pietismus*[1]) in Deutschland. Das wieder erwachte Verlangen nach Natürlichkeit und Urwüchsigkeit erfasste auch die Schriftsteller. Die aus England stammende literarische Strömung der *Empfindsamkeit* traf genau das religiös gestimmte Naturgefühl des Pietismus. Ihre Steigerung fand die Entwicklung im deutschen *Sturm und Drang*. Junge Schriftsteller beriefen sich auf Gefühl, Phantasie und Natur und rebellierten gegen die aufgeklärte Generation der Väter. Am entschiedendsten postulierte *Johann Wolfgang von Goethe* (1749–1832) den unbedingten Anspruch der Einzelpersönlichkeit auf Autonomie gegenüber der Gesellschaft – bis hin zum Selbstmord. Goethes Briefroman *„Leiden des jungen Werthers"* (1774) wurde zum Kultbuch seiner Zeit.

M 1 Was ist Aufklärung?

Die bis heute gültige Definition von „Aufklärung" lieferte der Königsberger Philosoph Immanuel Kant (1724–1804). Sein Aufsatz erschien erstmals 1784 in der „Berlinischen Monatsschrift".

Aufklärung ist der Ausgang des Menschen aus seiner selbst verschuldeten Unmündigkeit. Unmündigkeit ist das Unvermögen, sich seines Verstandes ohne Leitung eines anderen zu bedienen. Selbstverschuldet ist diese Unmündigkeit, wenn die Ursache derselben nicht am Mangel des Verstandes, sondern der Entschließung und des Mutes liegt, sich seiner ohne Leitung eines anderen zu bedienen. Sapere aude! Habe Mut, dich deines eigenen Verstandes zu bedienen! ist also der Wahlspruch der Aufklärung.
Faulheit und Feigheit sind die Ursachen, warum ein so großer Teil der Menschen, nachdem sie die Natur längst von fremder Leitung freigesprochen (naturaliter majorennes), dennoch gerne zeitlebens unmündig bleiben; und warum es anderen so leicht wird, sich zu deren Vormündern aufzuwerfen. Es ist so bequem, unmündig zu sein. Habe ich ein Buch, das für mich Verstand hat, einen Seelsorger, der für mich Gewissen hat, einen Arzt, der für mich die Diät beurteilt, usw., so brauche ich mich ja nicht selbst zu bemühen. Ich habe nicht nötig zu denken, wenn ich nur bezahlen kann; andere werden das verdrießliche Geschäft schon für mich übernehmen. Dass der bei weitem größte Teil der Menschen (darunter das ganze schöne Geschlecht) den Schritt zur Mündigkeit, außer dem dass er beschwerlich ist, auch für sehr gefährlich halte: dafür sorgen schon jene Vormünder, die die Oberaufsicht über sie gütigst auf sich genommen haben. Nachdem sie ihr Hausvieh zuerst dumm gemacht haben und sorgfältig verhüteten, dass diese ruhigen Geschöpfe ja keinen Schritt außer dem Gängelwagen, darin sie sie einsperrten, wagen durften, so zeigen sie ihnen nachher die Gefahr, die ihnen drohet, wenn sie es versuchen, allein zu gehen. Nun ist diese Gefahr zwar eben so groß nicht, denn sie würden durch einige Mal Fallen wohl endlich gehen lernen; allein ein Beispiel von der Art macht doch schüchtern und schreckt gemeiniglich von allen ferneren Versuchen ab.

Norbert Hinske (Hrsg.), Was ist Aufklärung?: Beiträge aus der Berlinischen Monatsschrift, Darmstadt 1981, S. 452 f.

---

[1]) pietas (lat.): die Frömmigkeit

1. *Welche Ursachen macht Kant für die selbst verschuldete Unmündigkeit des Menschen verantwortlich?*
2. *Welcher Auftrag für Individuum und Gesellschaft lässt sich aus Kants Feststellungen ableiten?*

John Locke: Gesellschaftsvertrag und Teilung der Staatsgewalt

M 2

John Locke (1632–1704), Sohn eines englischen Gerichtsbeamten, hatte während seiner Jugend den englischen Bürgerkrieg, die Republik und schließlich die Restauration der Monarchie miterlebt. Als Parteigänger der parlamentarisch gesinnten Gruppe im Parlament floh er 1683 nach Amsterdam. Nach der Glorreichen Revolution 1689 mit dem Beginn der konstitutionellen Monarchie lebte er bis zu seinem Tod wieder in England.

134. Das große Ziel, mit welchem die Menschen in eine Gesellschaft eintreten, ist der Genuss ihres Eigentums in Frieden und Sicherheit, und das große Werkzeug und Mittel dazu sind die Gesetze, die in dieser Gesellschaft erlassen worden sind. Das erste und grundlegende positive Gesetz aller Staaten ist daher die Begründung der legislativen Gewalt – so wie das erste und grundlegende natürliche Gesetz, welches selbst über der legislativen Gewalt gelten muss, die Erhaltung der Gesellschaft und (soweit es vereinbar ist mit dem öffentlichen Wohl) jeder einzelnen Person in ihr ist. Diese legislative Gewalt ist nicht nur die höchste Gewalt des Staates, sondern sie liegt auch geheiligt und unabänderlich in jenen Händen, in die die Gemeinschaft sie einmal gelegt hat. [. . .]

135. Obwohl die Legislative – ob sie in den Händen eines Einzelnen oder mehrerer liegt, ob dauernd oder nur zeitweilig – die höchste Gewalt eines jeden Staates darstellt, ist sie doch:

Zum Ersten nicht – und kann es unmöglich sein – eine willkürliche Gewalt über Leben und Schicksal des Volkes. Sie ist nichts als die vereinigte Gewalt aller Mitglieder jener Gesellschaft, die derjenigen Person oder Versammlung übertragen wurde, die der Gesetzgeber ist, und kann folglich nicht größer sein als die Gewalt, die jene Menschen im Naturzustand besaßen, bevor sie in die Gesellschaft eintraten, und die sie an die Gemeinschaft abtraten. Denn niemand kann einem anderen größere Macht übertragen, als er selbst besitzt, und niemand hat absolut willkürliche Gewalt über sich selbst oder irgendeinen anderen Menschen, sein eigenes Leben zu zerstören oder einem anderen sein Leben oder Eigentum zu nehmen. Der Mensch kann sich nicht – wie schon bewiesen wurde – der willkürlichen Gewalt eines anderen unterwerfen. Da er im Naturzustand keine willkürliche Gewalt über Leben, Freiheit oder Besitz eines anderen hat, sondern nur so viel, wie ihm das Naturgesetz zur Erhaltung seiner selbst und der übrigen Menschen verlieh, ist dies auch alles, was er an das Staatswesen oder damit an die gesetzgebende Gewalt abtritt oder abtreten kann – so dass die Legislative folglich nicht mehr Macht als diese besitzt. [. . .]

143. [. . .] Bei der Schwäche der menschlichen Natur, die stets bereit ist, nach der Macht zu greifen, dürfte es jedoch eine zu große Versuchung darstellen, wenn dieselben Personen, die die Macht haben, Gesetze zu geben, auch die Macht in der Hand hätten, sie zu vollstrecken, wobei sie sich selbst von dem Gehorsam gegen die Gesetze, die sie erlassen, ausschließen und das Gesetz in seiner Gestaltung wie auch in der Vollstreckung auf ihren eigenen persönli-

chen Vorteil ausrichten könnten und damit schließlich von den übrigen Gliedern der Gemeinschaft gesonderte Interessen verfolgten, die dem Ziel von Gesellschaft und Regierung zuwiderlaufen. In wohl geordneten Staatswesen, in denen nach Gebühr das Wohl des Ganzen berücksichtigt wird, wird deshalb die legislative Gewalt in die Hände mehrerer Personen gelegt, welche nach ordnungsgemäßer Versammlung selbst oder mit anderen gemeinsam die Macht haben, Gesetze zu geben, sobald dies aber geschehen ist, wieder auseinander gehen und selbst jenen Gesetzen unterworfen sind, die sie geschaffen haben. [. . .]

222. [. . .] Wann immer deshalb die Gesetzgeber danach trachten, dem Volk sein Eigentum zu nehmen oder zu zerstören oder es als Sklaven in ihre willkürliche Gewalt zu bringen, versetzen sie sich dem Volk gegenüber in den Kriegszustand. Dadurch ist es jeden weiteren Gehorsams entbunden und der gemeinsamen Zuflucht überlassen, die Gott für alle Menschen gegen Macht und Gewalt vorgesehen hat. Wann immer daher die Legislative dieses grundlegende Gesetz der Gesellschaft überschreiten und aus Ehrsucht, Furcht, Torheit oder Verderbtheit den Versuch unternehmen sollte, entweder selbst absolute Gewalt über Leben, Freiheit und Besitz des Volkes an sich zu reißen oder sie in die Hände eines anderen zu legen, verwirkt sie durch einen solchen Vertrauensbruch jene Macht, die das Volk mit weit anderen Zielen in ihre Hände gegeben hatte, und die Macht fällt zurück an das Volk, das dann ein Recht hat, zu seiner ursprünglichen Freiheit zurückzukehren und durch die Errichtung einer neuen Legislative (wie sie ihm selbst am geeignetsten erscheint) für seine eigene Sicherheit und seinen Schutz zu sorgen – denn zu diesem Ziel befinden sie sich in der Gesellschaft. Was ich hier über die Legislative im Allgemeinen gesagt habe, gilt auch von dem höchsten Träger der Exekutive. Da man in ihn ein zweifaches Vertrauen gesetzt hat, einmal als Teil der Legislative und zum anderen durch die höchste Vollziehung der Gesetze, handelt er beidem zuwider, wenn er sich unterfängt, den eigenen Willen nach Belieben zum Gesetz der Gesellschaft zu erheben.

John Locke, Über die Regierung, Stuttgart 1983, S. 101 ff., 111 und 167

1. *Wie löst Locke die Gewaltenfrage im Staat? Was versucht er mit dieser Lösung zu gewährleisten?*
2. *Welche Grenzen setzt Locke den staatlichen Gewalten, und wie wird das Recht des Volkes auf politische Neuordnung im Einzelnen begründet?*
3. *Worin liegt die zeitgenössische Aktualität und Fortschrittlichkeit von Lockes Vorstellungen über die Staatsverfassung?*

M 3 Vom Geist der Gesetze

Baron Charles-Louis de Secondat de Montesquieu (1689–1755) schlug zunächst die Laufbahn eines Parlamentsjuristen in Bordeaux ein, wandte sich dann aber der Literatur und den Wissenschaften zu. 1729–1731 unternahm er eine Englandreise und informierte sich eingehend über die englische Regierungspraxis. Seine Erfahrungen liegen dem Buch „De l'esprit des lois" zugrunde.

Es gibt in jedem Staat drei Arten von Vollmacht: die legislative Befugnis, die exekutive Befugnis in Sachen, die vom Völkerrecht abhängen, und die exekutive Befugnis in Sachen, die vom Zivilrecht abhängen.

Auf Grund der Ersteren schafft der Herrscher oder Magistrat Gesetze auf Zeit oder für die Dauer, ändert geltende Gesetze oder schafft sie ab. Aufgrund der Zweiten stiftet er Frieden oder Krieg, sendet oder empfängt Botschaften, stellt die Sicherheit her, sorgt gegen Einfälle vor. Auf Grund der Dritten bestraft er Verbrechen oder sitzt zu Gericht über die Streitfälle der Einzelpersonen. Diese letztere soll richterliche Befugnis heißen, und die andere schlechtweg exekutive Befugnis des Staates. [. . .]
Sobald in ein und derselben Person oder derselben Beamtenschaft die legislative Befugnis mit der exekutiven verbunden ist, gibt es keine Freiheit. Es wäre nämlich zu befürchten, dass derselbe Monarch oder derselbe Senat tyrannische Gesetze erließe und dann tyrannisch durchführte.
Freiheit gibt es auch nicht, wenn die richterliche Befugnis nicht von der legislativen und von der exekutiven Befugnis geschieden wird. Die Macht über Leben und Freiheit der Bürger würde unumschränkt sein, wenn jene mit der legislativen Befugnis gekoppelt wäre, denn der Richter wäre Gesetzgeber. Der Richter hätte die Zwangsgewalt eines Unterdrückers, wenn jene mit der exekutiven Gewalt gekoppelt wäre.
Alles wäre verloren, wenn ein und derselbe Mann beziehungsweise die gleiche Körperschaft entweder der Mächtigsten oder der Adligen oder des Volkes folgende drei Machtvollkommernheiten ausübte: Gesetze erlassen, öffentliche Beschlüsse in die Tat umsetzen, Verbrechen und private Streitfälle aburteilen. [. . .]
In einem freien Staat soll jeder Mensch, dem man eine freie Seele zugesteht, durch sich selbst regiert werden: Daher müsste das Volk als Gesamtkörper die legislative Befugnis innehaben. Da dies in den großen Staaten unmöglich ist und in den kleinen Staaten vielen Nachteilen unterliegt, ist das Volk genötigt, all das, was es nicht selbst machen kann, durch seine Repräsentanten machen zu lassen. [. . .]
Die exekutive Befugnis muss in den Händen eines Monarchen liegen, weil in diesem Zweig der Regierung fast durchweg unverzügliches Handeln vonnöten ist, das besser von einem als von mehreren besorgt wird. Was hingegen von der legislativen Befugnis abhängt, wird oft besser von mehreren angeordnet als von einem.
Es gäbe keine Freiheit mehr, wenn es keinen Monarchen gäbe und die exekutive Befugnis einer bestimmten, aus der legislativen Körperschaft ausgesuchten Personenzahl anvertraut wäre, denn die beiden Befugnisse wären somit vereint. Dieselben Personen hätten an der einen und der anderen manchmal teil – und somit könnten sie immer daran teilhaben.
Es gäbe keine Freiheit mehr, wenn die legislative Körperschaft eine beachtliche Zeitspanne nicht zusammenberufen worden wäre.

Montesquieu, Vom Geist der Gesetze, Stuttgart 1984, S. 212 ff., 215 f., 218 f.

1. *Worin soll nach Montesquieu das Ziel der Staatsverfassung liegen?*
2. *Welchen Weg schlägt er vor, um dieses Ziel zu erreichen?*
3. *Überlegen Sie: Kann man Montesquieu als den „Retter" oder den „Totengräber" der Monarchie bezeichnen?*
4. *Lesen Sie im Grundgesetz die Artikel 20 II und 38 I. Inwieweit finden die Ideen Montesquieus ihren Niederschlag?*
5. *Vergleichen Sie die Staatstheoretiker Locke und Montesquieu. Arbeiten Sie Gemeinsamkeiten und Unterschiede heraus.*

Die Schauspieler Le Kain und Mademoiselle Clairon bei der ersten Lesung einer Tragödie von Voltaire 1755 im Salon der Madame Geoffrin (1699–1777). Unter der Büste Voltaires sind alle berühmten Köpfe der Aufklärung versammelt, die in den Pariser Salons verkehrten (1. Reihe, 3. von rechts Madame Geoffrin, rechts neben Le Kain d'Alembert). Gabriel Lemonnier (1743–1824) malte das Bild im Auftrag der Kaiserin Joséphine, Gemahlin Napoleons I., nach der Revolution.

M 4 Über den gesellschaftlichen Einfluss von Frauen

Die Rolle der gebildeten Frauen aus Adel und Bourgeoisie bei den Begegnungen in den so genannten „Salons", von Zeitgenossen auch als „Bureaux d'esprit" bespöttelt, würdigen die französischen Schriftstellerbrüder Edmond und Jules de Goncourt in ihrer berühmten zweibändigen Monografie „Die Frau im 18. Jahrhundert" (Paris 1862).

Diese Rolle, in der die intelligente Frau des achtzehnten Jahrhunderts Zuflucht sucht, ist übrigens recht bedeutend, sie ist vielleicht die bedeutendste, die eine Frau in dieser Gesellschaft spielen kann, die keinen anderen Gott kennt als den Geist und keine andere Liebe oder wenigstens keine andere Liebhaberei als die Literatur. Diese schöngeistigen Gesellschaften sind die Salons der öffentlichen Meinung. [. . .] Sie entwickeln sich zu Salons, die die Aufmerksamkeit Europas auf sich lenken, zu Salons, bei denen das Ausland eifrig um die Ehre nachsucht, zugelassen zu werden. Sie verteilen Ruhm, Gunst und Erfolg. Sie versprechen Glanz und Herrlichkeit und öffnen die Pforten der Akademie. Sie verschaffen den Autoren, die in ihnen verkehren, ein Publikum und verhelfen denen, die bisher noch unbekannt waren, zu einem Namen; die Frauen aber, die dort den Vorsitz führen, werden dabei unsterblich.

Edmond und Jules de Goncourt, Die Frau im 18. Jahrhundert, Band 2, München 1920,. S. 221 f.

1. *Warum bezeichnen die Goncourts die Rolle der Frauen in den Salons als „recht bedeutend"?*
2. *Auf welche Weise und mit welchen Mitteln konnten Frauen im 18. Jahrhundert Einfluss auf das gesellschaftliche und geistige Leben ausüben? Welche Möglichkeiten waren ihnen verschlossen?*

M 5

Der aufgeklärte Monarch

Johann Gottfried Herder räsonniert über den Preußenkönig Friedrich II.

Ein Monarch, dessen Namen unsre Zeit mehr trägt und zu tragen verdient, als das Zeitalter Ludwigs

– den uns sein Jahrhundert mit aufbewahrt!

Welche neue Schöpfung Europas hat er von seinem Flecke her in dreißig kurzen Jahren bewirkt! – In Kriegs- und Regierungskunst, in Behandlung der Religion und Einrichtung der Gesetze, als Apollo der Musen, und als Privatmann unter der Krone – dem allgemeinen Scheine nach das Muster der Monarchien – welch ein Gutes gestiftet! Aufklärung, Philosophischen Geist und Mäßigung vom Throne ringsum verbreitet! Orientalischen, dummen Pracht, Schwelgerei und Luxus, der vormals oft das einzige Goldgehege der Höfe war, wie erschrecklich zertrümmert und verjaget! Fette Unwissenheit, blinden Eifer und Aberglauben überall wie tief verwundet! Sparsamkeit und Ordnung, Regelmäßigkeit und Fleiß, schöne Künste und einen so genannten Geschmack frei zu denken – wie hoch erhoben! – Das Jahrhundert trägt sein Bild, wie seine Uniform: Jahrhundert ohne Zweifel die größte Lobrede seines Namens. – Indes wird auch eben die Münze, das Brustbild weggekehrt, und das bloße Resultat seiner Schöpfung als Menschenfreund und Philosoph betrachtet, ohne Zweifel einmal etwas mehr und anders zeigen! Zeigen vielleicht, wie durch ein natürlich Gesetz der Unvollkommenheit menschlicher Handlungen mit der Aufklärung, auch eben so viel luxurierende Mattigkeit des Herzens – mit Sparsamkeit, ihr Zeichen und Gefolge Armut – mit Philosophie, blinder kurzsichtiger Unglaube – mit Freiheit zu denken, immer Sklaverei zu handeln, Despotismus der Seelen unter Blumenketten – mit dem großen Helden, Eroberer und Kriegsgeist, Erstorbenheit, Römerverfassung, wie da Armeen alles waren, Verfall und Elend sich habe verbreiten müssen! Zeigen, was Menschenliebe, Gerechtigkeit, Mäßigkeit, Religion, Wohl der Untertanen – alle bis auf einen gewissen Grad als Mittel zum Erreichen behandelt – was alle das auf seine Zeit – auf Reiche ganz andrer Verfassung und Ordnung – auf Welt und Nachwelt für Folgen haben müssen! – Die Waage wird schweben? steigen – sinken – welche Schale? was weiß ich? –

Jost Hermand (Hrsg.), Von deutscher Republik 1775–1795. Texte radikaler Demokraten, Frankfurt a. M. 1975, S. 79 f.

1. *Welche Assoziation beim Leser will Herder mit dem Bild von der Münze hervorrufen?*
2. *Stellen Sie die verschiedenen Argumente Herders gegenüber. Arbeiten Sie daran die Widersprüchlichkeit des aufgeklärten Monarchen am Ende des 18. Jahrhunderts heraus.*

M 6 Grenzen der Aufklärung

Die beiden Hauptwerke Jean-Jacques Rousseaus (1712–1778) erschienen 1762: „Emile ou de l'éducation" und „Du contrat social ou principes du droit politique" (4 Bände). Seine schriftstellerische Karriere begann Rousseau mit einer kritischen Abhandlung über die Frage, „ob die Neubelebung der Wissenschaften und Künste dazu beigetragen habe, die Sitten zu läutern". Seine Schrift wurde 1750 von der Akademie zu Dijon preisgekrönt.

Es ist ein großartiges und erhabenes Schauspiel, wenn man mit ansieht, wie der Mensch aus eigener Kraft gewissermaßen aus dem Nichts heraustritt; wie er durch das Licht seines Verstandes die Finsternis auflöst, in die er von Natur aus gehüllt war; wie er den Blick über sich selbst hinaushebt; wie er im Geist bis in die Regionen des Weltenraumes empordringt; wie er, der Sonne gleich, mit Riesenschritten die gewaltige Weite des Alls durchmisst; und, großartiger und schwieriger noch, wie er in sich zurückkehrt, um über den Menschen nachzudenken und sein Wesen, seine Pflichten und seine Bestimmung zu ergründen. Alle diese Wunder haben sich seit wenigen Generationen erneut vollzogen. [. . .]
Wie viele Gefahren, wie viele Irrwege gibt es nicht in der wissenschaftlichen Forschung? Durch wie viele Irrtümer, die tausendmal gefährlicher sind als die Wahrheit nützlich ist, muss man nicht hindurch, um zu ihr zu gelangen? Der Nachteil liegt auf der Hand: Das Falsche nämlich kann in unendlich vielen Kombinationen auftreten, die Wahrheit aber hat nur eine Form. [. . .]
Was wird unser Kriterium sein, um bei dieser Fülle von unterschiedlichen Meinungen über die Wahrheit richtig zu urteilen? Und, was das Schwierigste ist, wer von uns wird einen rechten Gebrauch von ihr zu machen wissen, wenn wir sie am Ende glücklich finden? [. . .]
Man kann über die Sitten nicht nachdenken, ohne sich nicht mit Freuden das Bild der Einfachheit der ersten Zeiten in Erinnerung zu rufen. Es ist ein liebliches Gestade, nur von den Händen der Natur geschmückt, zu dem man unablässig zurückblickt und das man zu seinem Bedauern immer weiter in die Ferne rücken sieht. Als die Menschen, da sie unschuldig und tugendhaft waren, die Götter gerne zu Zeugen ihres Tuns hatten, lebten sie mit ihnen gemeinsam unter einem Dach; aber bald darauf böse geworden, wurden ihnen diese unbequemen Zuschauer lästig, und sie verbannten sie in prachtvolle Tempel. Schließlich vertrieben sie sie von dort, um sich selbst darin niederzulassen, oder zumindest unterschieden sich die Tempel der Götter nicht mehr von den Häusern der Bürger. Die Verderbtheit erreichte damit ihren Höhepunkt, und niemals wurden die Laster weiter getrieben als da man sie am Eingang der Paläste der Großen gleichsam hochgehalten sah von marmornen Säulen und eingemeißelt in korinthische Kapitelle. [. . .]
Schon in frühester Kindheit wird durch eine unsinnige Erziehung unser Geist zur Brillanz geschult und unsere Urteilskraft verdorben. Überall sehe ich großartige Lehranstalten, in denen man unter hohem Kostenaufwand die Jugend erzieht, um sie alles Mögliche zu lehren, nur nicht, was ihre Pflichten sind. Eure Kinder werden ihre eigene Sprache nicht kennen, aber sie werden andere Sprachen sprechen, die nirgendwo in Gebrauch sind; sie werden Verse zu dichten imstande sein, die sie kaum zu verstehen vermögen; ohne den Irrtum von der Wahrheit unterscheiden zu können, werden sie die Kunst beherrschen, sie durch Scheinbeweise so zu verschleiern, dass andere sie nicht mehr erkennen können: Was aber die Begriffe Großmut, Gerechtigkeit, Mäßi-

Das „Mustergut", Kupferstich von Daniel Chodowiecki, 1774. Ganz im Sinne Rousseaus entwirft der Künstler das Bild von einem Leben im Naturzustand ohne Privateigentum.

gung, Menschlichkeit und Mut bedeuten, das werden sie nicht wissen; jenes süße Wort Vaterland wird niemals an ihre Ohren dringen; und wenn sie von Gott sprechen hören, wird es weniger dazu angetan sein, dass sie ihn fürchten als vielmehr, dass sie Angst vor ihm haben. Mir wäre es genauso lieb, sagte einmal ein kluger Mann, wenn mein Schüler die Zeit in einem Ballhaus verbracht hätte, wenigstens wäre er dann körperlich in einer besseren Verfassung. Ich weiß, dass man die Kinder beschäftigen muss, und dass der Müßiggang für sie die größte Gefahr ist. Was sollen sie also lernen? Welch eine Frage! Sie sollen lernen, was sie tun müssen, wenn sie erwachsen sind, und nicht, was sie dann vergessen müssen.

Jean-Jacques Rousseau, Preisschriften und Erziehungsplan, Bad Heilbrunn 1967, S. 26 f., 36, 39, 41

1. *Vergleichen Sie das Verhältnis zwischen Menschheit und Göttern bei Rousseau und dem antiken Philosophen Kritias (M 3, Seite 43 f.).*
2. *Benennen Sie die Aufgaben, die Rousseau an Schule und Unterricht stellt.*
3. *Klären Sie die Haltung Rousseaus gegenüber der Aufklärung. In welchen Aussagen folgt er ihr, an welchen Stellen nimmt er Gegenpositionen ein?*
4. *Die Abhandlung setzt sich auseinander mit Problemen der Wissenschaft, der Moral und der Pädagogik. Diskutieren Sie die Frage, inwieweit Rousseaus Überlegungen heute überholt oder von andauernder Aktualität sind.*

Die Französische Revolution: Ursachen und Errichtung der konstitutionellen Monarchie

Ein anfangs der 90er-Jahre populärer Bilderbogen gibt den Verlauf der Ereignisse zwischen 1789 und 1791 wieder. Zu Beginn (Abbildung 1) wird der Dritte Stand fast erdrückt, weil er neben seinen eigenen Steuern auch noch die Lasten der beiden ersten Stände tragen muss. Das „Erwachen des Dritten Standes" in Abbildung 2 zeigt im Hintergrund die Bastille und soll den 14. Juli 1789 beschwören. Die Abschaffung der Wappen (Abbildung 3) verbildlicht die Beschlüsse der Nationalversammlung vom 19. Juni 1790: Abschaffung des Erbadels und adliger Titel. Auch kirchliche Insignien werden bei dieser Gelegenheit zerschlagen. In Abbildung 4 werden dank der Revolution die Lasten von den drei Ständen nun gemeinsam getragen. Doch nach wie vor erscheinen Adel und Klerus in engem Schulterschluss.

1789	Der Dritte Stand erklärt sich zur Nationalversammlung
	Bauernunruhen; die Große Furcht
	Sturm auf die Bastille (14. Juli)
	Abschaffung der feudalen Privilegien
	Erklärung der Menschen- und Bürgerrechte
1791	Verkündung der Verfassung: Frankreich wird konstitutionelle Monarchie

Die Krise des Absolutismus

Nach dem Tod Ludwigs XIV. wollte der Adel die Fesseln des absolutistischen Systems wieder abschütteln. Die Obersten Gerichtshöfe, Steuerhöfe und Rechnungskammern sowie die Landtage in den Provinzen versuchten, alte Machtpositionen im Bereich von Gesetzgebung, Rechtsprechung und Verwaltung zurückzuerobern. Ebenso agierte man gegen die Intendanten der Zentralregierung. Den rasch wechselnden Regierungen gelang es nicht, stabilisierende Maßnahmen durchzusetzen. Angeheizt wurde die permanente Krisenstimmung durch *außenpolitische Misserfolge,* durch *strukturelle Veränderungen innerhalb des Gesellschaftsgefüges* (siehe Seite 220) und durch die *weiterwachsende Staatsverschuldung* (siehe Seite 221 f.).
Frankreich erlitt im *Siebenjährigen Krieg* (1756–1763) gegen England zur See sowie auf den Schlachtfeldern in Amerika und Indien schwere Niederlagen. Am Ende war das Kolonialreich fast gänzlich eingebüßt, der Prestigeverlust der Krone war bitter. Auch die Unterstützung der *„amerikanischen Revolution"* (1776–1783) verhalf zwar den USA zur Unabhängigkeit, belastete aber den französischen Staatshaushalt außerordentlich. Hinzu kam, dass die aus Nordamerika zurückkehrenden Soldaten die demokratischen Ideen der neuen amerikanischen Verfassung im Lande verbreiteten.

Die vorrevolutionäre Gesellschafts- und Staatsordnung

Mit 28 Millionen Menschen (davon über 700 000 in der Metropole Paris) war Frankreich am Ende des 18. Jahrhunderts das am dichtesten besiedelte Land Westeuropas. Der Wohlstand des Königreichs basierte auf der landwirtschaftlichen Produktion und auf dem Kolonialhandel. Kulturell gehörte Frankreich zu den führenden Nationen. Rund ein Drittel der Bevölkerung war alphabetisiert, wobei natürlich zwischen den ländlichen und städtischen Regionen starke Unterschiede bestanden. Die Ordnung der Gesellschaft wurde von den drei Ständen, der Geistlichkeit *(la Clergé),* dem Adel *(la Noblesse)* sowie den Bauern und Bürgern *(Tiers État)* bestimmt.
Den Ersten Stand bildete der katholische *Klerus,* der von allen Steuern und vom Militärdienst befreit war. Dieser Stand umfasste nur ca. 0,5 % der Bevölkerung. Seine Einnahmen aus dem Grundbesitz – der Kirche gehörten rund 10 % des Grundeigentums – bildeten ein enormes Vermögen, das in erster Linie nur der hohen Geistlichkeit zugute kam.
Der *Adel* (1,4 % der Bevölkerung) bildete den Zweiten Stand. Er war ebenfalls zum größten Teil von Steuern befreit. Dem Zweiten Stand gehörten rund 20 % des Grundeigentums. Die Aristokratie besaß dazu bestimmte Ehrenvorrechte, Sonderrechte vor Gericht und Privilegien bei der Vergabe von hohen Kirchen-, Verwaltungs- und Militärämtern.
Dem *Dritten Stand* gehörten 98 % der Bevölkerung an, Bauern und Bürger. Dieser Stand finanzierte durch seine Abgaben an den Staat, an die Kirche *(Kirchenzehnt)* und die Grundherren den Hauptanteil des Staatshaushaltes und die Grundlage des Vermögens der privilegierten Stände.

Die Auflösung der alten Gesellschaftsordnung

Der Adel bildete ausgangs des 18. Jahrhunderts keineswegs einen geschlossenen sozialen Block. Zu groß waren die Unterschiede zwischen dem verarmten und dem wohlhabenden Provinzadel sowie dem Hofadel. Auch hatte die Krone – nicht zuletzt aufgrund der schlechten Finanzlage – zwischen 1774 und 1789 etwa 2500 Bürgerliche durch den Verkauf von Ämtern in den Amtsadel aufsteigen lassen – eine Zahl, die weit über den früheren Ergänzungen des Adels stand. Kulturell hatte der Adel seine Führungsfunktion eingebüßt und sie mit dem Großbürgertum teilen müssen. Gebildete und Gelehrte beider Stände formierten sich zu einer neuen, aristokratisch-bürgerlich gemischten, aufgeklärten Bildungselite. Ihre gesellschaftlichen und publizistischen Aktivitäten beschleunigten den Zerfall der alten Ordnung.

Eine weitere Annäherung zwischen Angehörigen beider Stände brachte der ökonomische Aufschwung Frankreichs in den ersten zwei Dritteln des 18. Jahrhunderts. Dank der Aufwertung des durch Handel und Gewerbe erlangten Reichtums konnten es Adelige nun durchaus mit ihrer Standeswürde vereinbaren, sich kommerziell zu betätigen. Sie beteiligten sich an Industrieunternehmen und wurden als Fernhändler und Reeder aktiv.

Auch in der Landwirtschaft waren Adel und Großbürgertum zu Konkurrenten und Partnern geworden. Hohe Grundrenten ließen den Landbesitz zum vorrangigen Investitionsobjekt für reiche Stadtbürger werden. Die bürgerlichen und adeligen Agrarunternehmer nutzten die alten feudalen Rechte der Grundherrschaft auf Kosten der Bauern voll aus: etwa Anspruch auf bäuerliche Fronarbeit und Feudalabgaben, das Jagd- und Fischereimonopol, die grundherrliche Gerichtsbarkeit.

Während sich die Lebensformen von Adel und Großbürgertum einander anglichen, waren die Gegensätze innerhalb des Dritten Standes besonders deutlich. So gehörte dem Großbürgertum (0,8 % der Bevölkerung) ein Drittel des Grundbesitzes und damit etwa genauso viel wie allen übrigen auf dem Lande lebenden Franzosen (80 % der Bevölkerung). Die Kleinbauern als stärkste Bevölkerungsgruppe besaßen durchschnittlich weniger als fünf Hektar Land. Sie waren deshalb auf zusätzliche Erwerbsquellen angewiesen. Zu den Kleinbauern kam noch eine große Anzahl von Menschen ohne Grundbesitz (Gesinde, Tagelöhner u. a.). Bei Missernten waren diese beiden Gruppen (in einigen Regionen bis zu zwei Drittel der Bevölkerung) von der Not unmittelbar betroffen.

Größte soziale und kulturelle Gegensätze bestanden zwischen Stadt und Land. In den Städten lebten bereits 15 % der Franzosen. Dort waren die kleine Gruppe des Großbürgertums (Rentiers, Bankiers und Unternehmer) und die aufgeklärte Bildungselite (Künstler, Anwälte, Ärzte, Beamte etc.) tonangebend. Die zahlenmäßig viel größere Gruppe der Arbeiter und Dienstboten sowie Ladenbesitzer, Gastwirte und Handwerker lebte hingegen oft am Rande des Existenzminimums.

Das „Austernfrühstück" malte Jean-François de Troy (1679–1752) um 1730 für das königliche Speisezimmer in Schloss Chantilly.

Finanz- und Wirtschaftskrise am Vorabend der Französischen Revolution

Die vorrevolutionäre Staatsverwaltung hatte sich vergeblich bemüht, Staat, Gesellschaft und Wirtschaft in Übereinstimmung mit den politischen Erfordernissen und den aufgeklärten Vorstellungen der Zeit zu modernisieren und zu reformieren. Hauptproblem des *Ancien régime*[1]) war die anhaltende Finanzkrise, die schließlich in eine politische Krise umschlug.
Als am Ende der 80er-Jahre nach einer langen Phase des Wirtschaftswachstums Missernten mit Absatzproblemen im industriell-gewerblichen Bereich

[1]) wörtlich: alte, ehemalige Regierung; Bezeichnung der Geschichtswissenschaft für die Gesellschafts-, Wirtschafts- und Staatsordnung Frankreichs vor Ausbruch der Französischen Revolution

zusammentrafen, stiegen die Lebenshaltungskosten drastisch, während gleichzeitig Aufträge ausblieben und das Lohnniveau fiel. Die eingeleiteten öffentlichen Hilfsprogramme, wie zum Beispiel der Bau von Chausseen, reichten nicht aus, die Notleidenden zu versorgen. Die Folgen waren eine vagabundierende Landbevölkerung, Zunahme der Stadtbevölkerung, Proteste, Plünderungen und Räubereien in ganz Frankreich. Die ökonomische Notlage schlug sich während der Regierungszeit *Ludwigs XVI.*[1]) in einem ständig wachsenden Haushaltsdefizit nieder und deckte schonungslos den Verfall des Ancien régime auf.

Regierungsbudget von 1788		
Einnahmen 503 Millionen Livres		Ausgaben 629 Millionen Livres
Defizit 126 Millionen (= 20 % der Ausgaben)		
Die Ausgaben des Haushalts verteilten sich folgendermaßen:		
Zivile Ausgaben	145 Mio.	23 %
Öffentliche Bildung und Fürsorge	12 Mio.	unter 2 %
Hof und Privilegierte	36 Mio.	6 %
Militärausgaben	165 Mio.	26 %
Zinsen für die Staatsschulden	318 Mio.	über 50 %

Der Machtkampf zwischen Adel und Krone

Alle Versuche, die Stände entsprechend ihren Einkommen gleichmäßig zur Deckung der öffentlichen Lasten heranzuziehen, waren jeweils am Widerstand von Klerus und Adel gescheitert. Ludwig XVI. versuchte eine gemeinsame Lösung der Probleme durch die Einberufung einer *Notabelnversammlung.* Die Vertreter der höheren Geistlichkeit, des Hofadels, der obersten Gerichtshöfe, der Provinzialstände und der Stadtmagistrate erarbeiteten aber keine Reformen, sondern forderten den Monarchen auf, eine Ständeversammlung *(Etats Généraux)* einzuberufen. Darauf hatte das absolutistische Königtum seit 1614 bewusst verzichtet. Erst der Ständeversammlung sollte das Recht eingeräumt werden, über eine neue Steuergesetzgebung zu beraten. Der Adel sah hier und jetzt seine Chance, die im Absolutismus verloren gegangene politische Macht zurückzugewinnen.

Schließlich musste Ludwig XVI. nachgeben, doch blieben wesentliche Fragen ungeklärt: Wie sollte das Wahlrecht zur Ständeversammlung aussehen, eingeschränkt oder allgemein? Wie hoch sollte die Zahl der Abgeordneten jedes Standes sein? Sollten die Stände getrennt, wie vor 175 Jahren, oder vereint abstimmen? Die Regierung stellte diese Probleme der Öffentlichkeit zur Diskussion. Alle „Gelehrte und andere gebildete Personen" Frankreichs wurden aufgefordert, zu den Fragen der „nationalen Erneuerung" Stellung zu neh-

[1]) Ludwig XVI. (geboren 1754), Enkel Ludwigs XV., seit 1770 mit der Erzherzogin Marie-Antoinette von Österreich verheiratet und seit 1774 König

men. Eine Flut von Zeitungsartikeln, Flugschriften, Streit- und Schmähschriften sowie gelehrten Abhandlungen folgte. Der absolutistische Staat hatte sich selbst zur Diskussion gestellt, und die daraus entstehende Auseinandersetzung war geprägt von den Vorstellungen der aufgeklärten Bildungselite.
Im Januar 1789 wurde die Wahlordnung zu den Generalständen veröffentlicht. Die Zahl der zu wählenden Abgeordneten des Dritten Standes war zwar verdoppelt worden, doch der künftige Abstimmungsmodus blieb weiter ungeklärt. Die Wahlordnung bestimmte, dass die gesamte männliche Bevölkerung über 25 Jahre (beim Adel auch die Frauen!), die in den Steuerlisten eingetragen war, wählen durfte. Adel und Klerus konnten ihre Vertreter direkt wählen, die Angehörigen des Dritten Standes dagegen durften ihre Abgeordneten nur indirekt, über Wahlmänner, bestimmen.
Der einsetzende Wahlkampf leitete eine nie gekannte Politisierung der Bevölkerung ein. Begriffe wie Freiheit, Gleichheit, Glück, Souveränität und Repräsentation wurden zu Schlagwörtern. Die Position der *„Patrioten"* fand ihren programmatischen Ausdruck in einer im Januar 1789 von dem dreißigjährigen Abbé *Emmanuel-Joseph Sieyès*[1]) veröffentlichten Flugschrift mit dem Titel „Was ist der Dritte Stand?" *(„Qu'est-ce que le Tiers Etat?")* (⇨ M 1).
Zusammen mit der Wahl der Abgeordneten konnten die Wähler der Regierung Klagen, Beschwerden und Wünsche nennen. Sie wurden in „Beschwerdeheften" *(Cahiers de doléances)* zusammengefasst. Die Monarchie stand bei dieser ersten modernen „Meinungsumfrage" der Geschichte nicht zur Diskussion.

Die Revolution der Deputierten

Die Sitzungsperiode der Generalstände wurde am 5. Mai 1789 in Versailles feierlich eröffnet. Die fast 300 Vertreter des Ersten Standes, in der Mehrzahl einfache Pfarrer, sympathisierten mit den Ansichten des Dritten Standes. Auch ein Drittel der rund 270 Deputierten aus dem Zweiten Stand schien reformwillig. Die fast 600 Abgeordneten des Dritten Standes, in erster Linie Anwälte, Notare, Beamte und Unternehmer, konnten also voller Zuversicht auf eine Verbesserung ihrer Verhältnisse hoffen.
Der königliche Auftakt enttäuschte: Die Stände tagten weiterhin getrennt, und die in Aussicht gestellten Reformen sollten, dies war rasch klar geworden, an die Aufrechterhaltung der traditionellen Ständeordnung gebunden sein. Unmut machte sich vor allem unter den Abgeordneten des Dritten Standes und damit auch in der Öffentlichkeit breit. Nachdem die Versammlung über einen Monat handlungsunfähig geblieben war, forderte der Deputierte Sieyès die Abgeordneten des Ersten und Zweiten Standes auf, gemeinsam mit dem Dritten Stand zu tagen. Dem Aufruf folgten einige reformwillige

[1]) Obwohl Angehöriger des Klerus, war Emmanuel-Joseph Sieyès (1748–1836) einer der einflussreichsten Wortführer des Dritten Standes. Er „überlebte" die gesamte Revolutionszeit, wurde 1792 Konventsabgeordneter und 1796 Präsident des „Rates der Fünfhundert", 1799 war er Mitglied im Direktorium.

Privilegierte, und am 17. Juni erklärten sich 491 gegen 90 Abgeordnete zur *Nationalversammlung (Assemblée Nationale).* Rousseaus Lehre von der Volkssouveränität aufgreifend, verkündete Sieyès, „... dass es der Versammlung – und nur ihr – zukommt, den Gesamtwillen der Nation auszudrücken und zu vertreten; zwischen dem Thron und dieser Versammlung kann kein Veto, keine Macht des Einspruchs stehen." Das war revolutionär! Die an Stand und Auftrag ihrer Wähler gebundenen Deputierten *(imperatives Mandat),* denen lediglich zustand, Standesinteressen zu vertreten und den Monarchen zu beraten, hatten sich eigenmächtig *(souverän)* zu Abgeordneten der gesamten Nation erklärt, die nur noch dem Allgemeinwillen *(Volonté générale)* dienen wollten. Damit hatte der Dritte Stand den ersten Schritt vom politisch unmündigen Untertanen *(Sujet)* zum mitbestimmenden Staatsbürger *(Citoyen)* vollzogen.
Die Krone schloss kurzfristig den Versammlungsraum der „Volksvertreter". Daraufhin zogen die Abgeordneten in eine nahe gelegene Sporthalle und beteuerten am 20. Juni in einer improvisierten Erklärung, dem *Ballhausschwur,* „... niemals auseinander zu gehen und sich überall zu versammeln, wo es die Umstände gebieten sollten, so lange, bis die Verfassung des Königreiches ausgearbeitet ist und auf festen Grundlagen ruht".
Erneut wich der König zurück. Sein alleiniges Recht, Ständeversammlungen einzuberufen, zu vertagen oder aufzulösen, musste er preisgeben. Feierlich erklärten sich daraufhin am 9. Juli 1789 die Deputierten der drei Stände zur *Verfassunggebenden Nationalversammlung (Assemblée Nationale Constituante),* mehrheitlich bereit, von nun an ihre „Souveränität" mit der des Königs zu teilen. Der Monarch herrschte nicht mehr absolut.

Der 14. Juli 1789: die städtische Volksrevolution

Mit der Genehmigung der Konstituante wollten sich Ludwig XVI. und seine Berater an die Spitze der Bewegung setzen, um so die Entwicklung bestimmen zu können. Als aber eine neue konservative Regierung einberufen wurde und Truppen um Paris und Versailles zusammengezogen wurden, befürchtete die Bevölkerung eine politische Wende. Hinzu kamen soziale Probleme: Die Brotpreise hatten einen Schwindel erregenden Höhepunkt erreicht. Überall in Paris wurden Volksreden gehalten und Demonstrationen durchgeführt. Die Forderung nach Brot und Waffen machte sich breit. Es galt, Paris und die Konstituante zu verteidigen. Die verhassten Zollstationen der Stadt wurden niedergerissen, und bei der Suche nach Munition und Kanonen wurde am 14. Juli auch die *Bastille* von der aufgebrachten Menge erstürmt. Das Staatsgefängnis in der Bastille hatte seit absolutistischer Zeit als Symbol der Unfreiheit gegolten. Jetzt wurden noch gerade sieben Gefangene von einer kleinen Besatzung dort bewacht. Die Eroberung der Bastille, bei der 98 Angreifer im Kampf fielen, gab der Bevölkerung jedoch ein nicht mehr zu nehmendes Bewusstsein ihrer Macht und Stärke. Das „Volk" hatte die „Ketten der Knechtschaft" gesprengt, und ganz Europa nahm dieses Ereignis staunend zur Kenntnis (⇨ M 2).

Der Ballhausschwur vom 20. Juni 1789 (Gemälde nach einer kolorierten Zeichnung des Revolutionsmalers Jacques-Louis David, 1748–1825). Ursprünglich hatte David seine Arbeit als Vorlage für ein riesiges Wandgemälde im Sitzungssaal der Nationalversammlung erstellt. Der Auftrag wurde nie ausgeführt, nicht zuletzt weil die gefeierten Helden von 1789 schon bald in Misskredit fielen.
Das Historienbild gibt nicht den tatsächlichen Hergang der Ereignisse wieder. Beispielsweise sind alle scheinbar spontanen Gesten so aufeinander abgestimmt, dass sie in der Bildmitte in der zum Schwur erhobenen Hand des Präsidenten der Versammlung zusammentreffen. Auch die Verbrüderung von Vertretern verschiedener Konfessionen im Vordergrund hat nachweislich nicht stattgefunden. Letztlich ging es David darum, die Geburtsstunde einer lebendigen und – trotz der sichtbar werdenden unterschiedlichen Gemütsäußerungen – geeinten Nation darzustellen. Der Vorhang links oben will den wehenden Atem der Geschichte in diesem historischen Augenblick verkörpern.

Hinter den Kulissen des Aufruhrs hatte sich das wohlhabende Bürgertum, vertreten durch die Wahlmänner der Pariser Distrikte, der Stadtverwaltung bemächtigt. Ein *Ständiger Ausschuss,* der zukünftige Gemeinderat, kümmerte sich von nun an um die Bürgerwehr, die Polizei, die Justiz und die Lebensmittelversorgung. An die Spitze der Verwaltung wurde ein Bürgermeister *(Maire)* berufen. Damit hatte die Selbstverwaltung von Paris begonnen, und weitere Städte des Landes folgten bald diesem Beispiel.

Die Revolution der Bauern

Die „Bauernrevolution" hatte ihre eigenständigen Ursachen und Ziele. Auch auf dem Lande hatte man Hoffnungen auf die Generalstände gesetzt. Als die Taten ausblieben, war man enttäuscht. Die Bauern protestierten mit friedlichen und gewaltsamen Mitteln gegen die Privilegien der Grundherren. Sie hatten zum Teil mit der Eröffnung der Generalstände ihre Abgaben verweigert und Getreidespeicher geplündert. Auch Herrensitze, Schlösser und Klöster hatten sie gestürmt und in Brand gesteckt, um unter anderem die Urkunden zu vernichten, die ihre Abgaben und Pflichten belegten. In vielen Dörfern entstand, wie in den Städten, eine Art Selbstverwaltung.
Das Leben der Bauern blieb noch lange unsicher. Und über das Land verbreitete sich eine, wie sich oft nachträglich heraustellte, unbegründete Große Furcht *(Grande Peur)* vor herumstreunenden Bettlergruppen, plündernden Räuberbanden und Rachefeldzügen der Aristokratie. In der Folge zwangen die Unruhen auf dem Lande die Abgeordneten der Nationalversammlung, konkrete Veränderungen einzuleiten, um die Situation zu beruhigen.

Revolution und Reform: Revolutionen und Reformen sind Formen des gesellschaftlichen Wandels. Revolutionen werden allgemein verstanden als rasche und radikale Umwälzungen bestehender Verhältnisse in Politik, Gesellschaft und Wirtschaft; Reformen gelten dagegen als allmählich fortschreitende (evolutionäre) Form der Veränderung.
Der aus der Astronomie stammende Revolutionsbegriff wird erst seit dem 17. Jahrhundert auf die Geschichte angewendet, zunächst im Sinne des Wortes als *„Wiederkehr"*, dann – nach der englischen *Glorious Revolution* von 1688 – als *„Umwälzung"* bzw. *„Wiederherstellung"* alter Rechte und Zustände. Erst mit der Französischen Revolution erfuhr der Begriff seine heutige Bedeutung.
Die Französische Revolution wurde in der Folgezeit zum Vorbild für alle Bemühungen, die bestehenden Herrschaftsverhältnisse abrupt zu verändern, so beispielsweise 1848. Fernwirkungen hatte sie auch auf die *Oktoberrevolution* von 1917 in Russland und die *Chinesische Revolution* von 1949. Die Gesellschafts- und Revolutionsanalyse von *Karl Marx* lieferte den kommunistischen Revolutionären eine Ideologie zur Planung von Revolutionen. Mit Ideologie und Gewalt errichteten sie in ihren Ländern Einparteienherrschaften. Von der Französischen Revolution leiteten sich aber auch die Gedanken her, die die Verhältnisse in den kommunistischen Diktaturen wieder verändern sollten. Unter Berufung auf die Menschenrechte setzten Bürger in Ost- und Mitteleuropa 1989 weitgehend gewaltfrei einen demokratischen Wandel durch.

Die „Augustbeschlüsse"

Während die ersten Adeligen ins Exil gingen, richteten sich die politischen Hoffnungen des Dritten Standes auf die Konstituante. Waren die Abgeordneten in der Lage, die ständische Gesellschaftsordnung in eine auf Freiheit und Gleichheit beruhende bürgerliche Ordnung umzuwandeln? Diese Aufgabe verlangte nicht nur eine neue Staatsverfassung, sondern auch eine Umwandlung der ständischen in eine zivile (bürgerliche) Rechtsordnung. Der erste Schritt dahin war die Abschaffung und Ablösung der Sonderrechte von Ständen, Provinzen und Städten. Die darauf basierenden Gesetze regelten erstmals die politische Gleichberechtigung aller Stände und – daraus resultierend – die rechtliche und steuerliche Gleichheit der Bürger. Feudalstaatliche Beschränkungen sollten entfallen, und der freie (ständisch ungebundene) Staatsbürger sollte von nun an frei über sein Eigentum (vor allem Grund und Boden) verfügen können. Eine Grundlage der „modernen" bürgerlichen Gesellschaft war geschaffen.
In einem zweiten Schritt wurde am 26. August 1789 der Rahmen der kommenden Verfassung in Form der *Erklärung der Menschen- und Bürgerrechte* in der Konstituante beschlossen. Die Erklärung verkündete die wirkungsmächtigsten Prinzipien der Französischen Revolution von 1789: die Freiheit des

Menschenrechte: Wo immer Menschen heute Freiheit und Gerechtigkeit fordern, berufen sie sich direkt oder indirekt auf die „Erklärung der Menschen- und Bürgerrechte" von 1789. Diese Erklärung ist das wirkungsmächtigste Vermächtnis der Französischen Revolution – eine Kampfansage gegen jede Form der Unterdrückung.
Vorbilder lieferten die *Virginia Bill of Rights* von 1776 und die amerikanische Verfassungsdiskussion von 1787/89. Im 19. Jahrhundert wurden die Menschenrechte Gegenstand nationaler Verfassungen und im 20. Jahrhundert auch Bestandteil internationaler Abkommen. Die *Vereinten Nationen,* der *Europarat,* die *Konferenz für Sicherheit und Zusammenarbeit in Europa* und die *Organisation für Afrikanische Einheit* haben Menschenrechtsvereinbarungen getroffen, die von ihren Mitgliedstaaten anerkannt wurden. Innerstaatliche Voraussetzungen für die Bewahrung der Menschenrechte sind demokratische Verhältnisse und ein unabhängiges Rechtssystem. Ihre zwischenstaatliche Unverbindlichkeit verloren die Menschenrechte erst, als sie zur internationalen Bedingung für die Aufnahme in internationale Organisationen bzw. zum Maßstab für die Unterstützung oder Ächtung von Regierungen gemacht wurden. Seither müssen sich alle Staaten an der Einhaltung der Menschenrechte messen lassen.
Die Verwirklichung und Sicherung der Menschenrechte bleibt auch in Zukunft eine ständige nationale und internationale politische Aufgabe. Sie steht und fällt mit dem Engagement der Bürger.

Individuums *(Liberté)*, die Gleichheit der Bürger *(Egalité)* sowie, weniger deutlich und wirksam, die Brüderlichkeit *(Fraternité)* aller Menschen. Die Prinzipien dieser „Charta der modernen Demokratie" (Furet) hatten auch Grenzen: In der Frage nach der Gleichberechtigung der Geschlechter, die bereits öffentlich diskutiert wurde, verhielt sie sich nicht eindeutig (⇨ M 3).
Von zentraler Bedeutung während der Verfassungsberatungen war die Frage, welche Kompetenzen dem Monarchen künftig zugestanden werden sollten. Seine Exekutivgewalt stand nicht zur Disposition, aber in der Gesetzgebung räumte die Mehrheit der Deputierten dem König nur noch ein aufschiebendes Einspruchsrecht *(suspensives Veto)* ein, mit dem er Gesetze zwar nicht generell verhindern, aber für vier Jahre (zwei Legislaturperioden) blockieren konnte. Ausgenommen von dem Vetorecht waren verfassungsrechtliche und fiskalische Beschlüsse der Konstituante. Ludwig XVI. stimmte allen Beschlüssen der Abgeordneten erst zu, nachdem es zu gewalttätigen Auseinandersetzungen zwischen einem Demonstrationszug von etwa 5000 Frauen und 500 Männern und der königlichen Leibgarde gekommen war.

Die Arbeit der Konstituante

Die Revolution ließ die Staatseinnahmen noch weiter zurückgehen. Zur Sanierung des Staatshaushalts beschlossen die Deputierten auf Vorschlag des Bischofs von Autun, *Talleyrand*[1]), die Verstaatlichung der Kirchengüter. Orden und Klöster wurden aufgelöst, und eine Versteigerung der kirchlichen Güter begann. Eine wesentliche Konsequenz aus der Nationalisierung der Kirchengüter war eine staatliche Kirchenverfassung. Der Staat übernahm die sozialen Aufgaben des Klerus, wie Schulen, Kranken- und Armenpflege, und machte aus Bischöfen und Geistlichen vom Volk wählbare Staatsdiener. Die Bezahlung der Priester übernahm ebenfalls der Staat. Ein Eid auf die neue Verfassung sollte den Klerus der Nation einverleiben.
Eine weitere spektakuläre Entscheidung der Abgeordneten war die Abschaffung des erblichen Adels am 19. Juni 1790, eine folgerichtige Konsequenz aus der Beseitigung aller Privilegien.
Bei den weiteren Bemühungen, Staat und Wirtschaft neu zu ordnen, konnten die Abgeordneten zum Teil auf die im Ancien régime begonnenen Reformen zurückgreifen. Die nun durchgeführten Verwaltungs-, Justiz-, Finanz-, Steuer- und Gemeindereformen griffen ineinander und wurden parallel zu einer Neueinteilung des Landes in 83 etwa gleich große Verwaltungsbezirke *(Départements)* durchgeführt. Die Binnenzölle fielen, und ein einheitlicher Wirtschaftsraum entstand. Zünfte, Gilden und Innungen wurden abgeschafft und die *Berufs- und Gewerbefreiheit* eingeführt.
Alle diese Maßnahmen formten das Land nachhaltig um. Damals ist, zu einem großen Teil, das moderne Frankreich entstanden.

---

[1]) Charles Maurice Talleyrand (1754–1838), seit 1789 als Vertreter des Ersten Standes Mitglied der Nationalversammlung, war von 1797–1807 Außenminister Napoleons und nach dessen Niederlage ab 1814 erneut Außenminister

Eine revolutionäre Kultur

Mit der Revolution entwickelte sich eine eigenständige und selbstbewusste politische Kultur der städtischen Massen, die ihren Ausdruck fand in unzähligen öffentlichen Reden, Zeitungen, Plakaten, Graphiken, Liedern und Volksfesten. Auch Theater, Dichtung, Musik, Malerei und Architektur beteiligten sich an der Darstellung der Revolution. Ein Zeichen dieser neuen Kultur, die antike und christliche Symbole aufnahm und umformte, wurden die Revolutionsfeiern. Sie waren spontan entstanden, wurden aber zunehmend bewusst als Instrument der Massenbeeinflussung genutzt. Zeitungen erzielten Rekordauflagen und wurden zum Sprachrohr der entstandenen und sich ständig wandelnden politischen Parteiungen, die sich wiederum in Klubs und Volksgesellschaften zu organisieren begannen.

Ausgangspunkt der Klubentwicklung war die Vereinigung der bretonischen Deputierten *(Club breton)* zur Zeit der Generalstände. Seit dem Umzug der Nationalversammlung nach Paris wurde der *Jakobinerklub,* benannt nach dem Dominikanerkloster Saint-Jacques, zum Sammelpunkt politisch interessierter Bürger und Mandatsträger. Die Jakobiner waren zumeist Akademiker und Angehörige des Besitzbürgertums. 1791 hatte ihr Klub bereits über 400 Tochtergesellschaften in der Provinz.

Seit 1790 wurden überall in Frankreich Freiheitsbäume gepflanzt als Sinnbild der Treue zur Revolution. Im Mai 1792 standen in ganz Frankreich etwa 60 000 solcher „Maibäume". Die Bäume wurden in feierlichen Zeremonien eingeweiht; sie symbolisierten unter anderem, dass ein Ort nicht länger Eigentum der Grundherren war und dass alle Einwohner der Nation als freie Bürger angehörten (Gemälde von Etienne Béricourt).

Neben dem Jakobinerklub ist der im April 1790 gegründete *Club des Cordeliers*[1]) zu nennen. In ihm und weiteren Volksgesellschaften – darunter auch reine Frauenklubs – sammelte sich die kleinbürgerliche städtische Volksbewegung, die *Sansculotten*[2]). In den Klubs und Volksgesellschaften wurde einerseits die Arbeit von Deputierten und Stadtverordneten diskutiert und vorbereitet, andererseits wurden von hier aus Petitionen und Demonstrationen in Gang gebracht.

Klubs und Volksgesellschaften

1789	20
1790	300
1791	1100
1792	1500
1793 (Sommer)	2000
1793/94	5100

Bis zum Sommer 1793 waren durchschnittlich 5 % der wahlberechtigten Bevölkerung organisiert, vom Herbst 1793 bis zum Herbst 1794 waren es sogar zum Teil 20 %.

Frankreich wird eine konstitutionelle Monarchie

Sein Ansehen bei der Bevölkerung verlor der König durch seinen gescheiterten Fluchtversuch ins Ausland (20./21. Juni 1791). Die meisten Abgeordneten wollten dennoch die nun fast fertiggestellte Verfassung retten. Sie wollten die Revolution beenden, um endlich wieder zu stabilen Verhältnissen zurückzukehren. Diese Haltung führte zur ersten Spaltung des Jakobinerklubs. Die verfassungsorientierten, monarchisch eingestellten Mitglieder (rund 1800 von 2400) gründeten am 16. Juli den *Club des Feuillants,* benannt nach dem ehemaligen Feuillantinerkloster. Die Gegner dieser pragmatischen Politik, die übrig gebliebenen Jakobiner und die Cordeliers nahmen für sich in Anspruch, über die „Reinhaltung" der revolutionären Prinzipien zu wachen.

Am 14. September 1791 leistete Ludwig XVI. seinen Eid auf die von der Konstituante verabschiedete Verfassung. Aus Frankreich war eine *konstitutionelle Monarchie* geworden. Der König stand nicht mehr „über dem Gesetz", sondern regierte „nur durch dieses", wie es die Verfassung bestimmte (⇨ M 4).

Die Menschenrechte wurden dem Verfassungstext vorangestellt. Die Verfassung hatte weder den Juden die rechtliche Gleichheit eingeräumt (dies wurde am 17. September 1791 nachgeholt) noch die Sklaverei in den Kolonien abgeschafft. Auch die Gleichheit der Bürger fand im *Zensuswahlrecht*[3]) und Männerwahlrecht (ein Frauenwahlrecht gibt es in Frankreich erst seit 1946) ihre Grenzen. Die Bevölkerung wurde in politisch berechtigte (steuerzahlende) Aktivbürger *(Citoyens actifs)* und schutzbefohlene Passivbürger *(Citoyens passifs)* geteilt. Von den 4,3 Millionen Aktivbürgern erfüllten nur etwa 45 000 die Voraussetzungen, Abgeordnete wählen zu dürfen (Wahlmänner). Abgeordneter konnte hingegen jeder Aktivbürger werden.

1) So benannt nach seinem ersten Tagungsort, einer Kirche der Franziskaner, die im Volksmund „cordeliers" genannt wurden.

2) Sans Culotten (franz.): ohne (die teueren Kniebund-)Hosen. Die Zahl der Aktivisten in dieser Bewegung schätzt man heute auf höchstens dreitausend.

3) Wahlrecht, das das Recht des Wählens oder das Gewicht der Stimme an den Nachweis eines bestimmten Besitzes, Einkommens oder einer bestimmten Steuerleistung (Zensus) bindet.

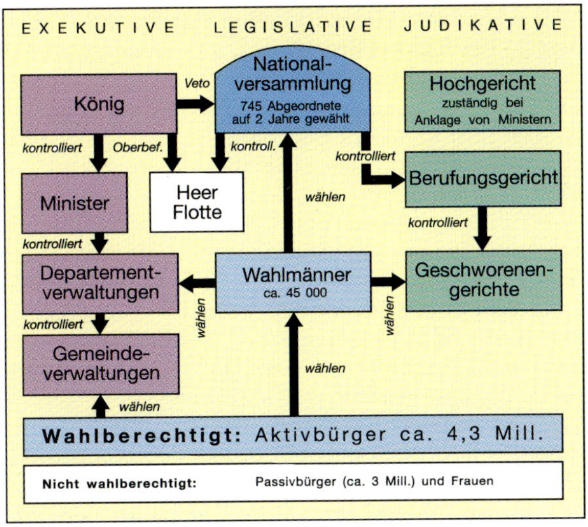

Die Verfassung der konstitutionellen Monarchie von 1791.

Qu'est-ce que le tiers état?

M 1

Die Flugschrift des Abbé Sieyès, eines Mitglieds des Ersten Standes, entstand Ende 1788 und wurde kurze Zeit später anonym veröffentlicht. Bald kursierten über 30 000 Exemplare. „Qu'est-ce que le tiers état" wurde zur maßgeblichen „Kampfschrift" des Dritten Standes.

Der Plan dieser Schrift ist ganz einfach. Wir haben uns drei Fragen vorzulegen.
1. Was ist der Dritte Stand? ALLES.
2. Was ist er bis jetzt in der politischen Ordnung gewesen? NICHTS.
3. Was verlangt er? ETWAS ZU SEIN. [. . .]

Die öffentlichen Funktionen lassen sich bei den gegenwärtigen Verhältnissen in gleicher Weise allesamt unter vier bekannte Bezeichnungen staffeln: der Degen, die Robe, die Kirche und die Administration. Es wäre überflüssig, sie im Einzelnen durchzugehen, um zu zeigen, dass der Dritte Stand hier überall neunzehn Zwanzigstel ausmacht, mit dem einen Unterschied, dass er mit allem, was wirklich mühsam ist, belastet ist, mit allen Diensten, die der privilegierte Stand sich weigert zu leisten. Die Mitglieder des privilegierten Standes nehmen nur die Stellen ein, die Gewinn und Ehre bringen. [. . .]

Also, was ist der Dritte Stand? Alles, aber ein gefesseltes und unterdrücktes Alles. Was wäre er ohne den privilegierten Stand? Alles, aber ein freies und blühendes Alles. Nichts kann ohne ihn gehen; alles ginge unendlich besser ohne die anderen. [. . .]

Unter dem Dritten Stand muss man die Gesamtheit der Bürger verstehen, die dem Stand der gewöhnlichen Leute (l'ordre commun) angehören. Alles, was durch das Gesetz privilegiert ist, einerlei auf welche Weise, tritt aus der gemeinschaftlichen Ordnung heraus, macht eine Ausnahme für das gemeinschaftliche Gesetz und gehört folglich nicht zum Dritten Stand. [. . .] Der Dritte Stand hat bis zur Stunde keine wahren Vertreter auf den Generalständen gehabt. Er hat also keinerlei politische Rechte. [. . .]

Was verlangt der Dritte Stand? Etwas zu werden.

[. . .] Man kann die wirklichen Forderungen des Dritten Standes nur nach den authentischen Beschwerden beurteilen, welche die großen Stadtgemeinden (municipalités) des Königreichs an die Regierung gerichtet haben. Was sieht man da? Dass das Volk etwas sein will, und zwar nur das Wenigste, was es sein kann. Es will haben 1. echte Vertreter auf den Generalständen, das heißt Abgeordnete, die aus seinem Stand kommen und die fähig sind, die Interpreten seines Willens und die Verteidiger seiner Interessen zu sein. Was nützt es ihm, an den Generalständen teilzunehmen, wenn das dem seinen entgegengesetzte Interesse dort dominierte? [. . .] Es verlangt weiter 2. eine Zahl von Vertretern, die derjenigen ebenbürtig ist, welche die beiden anderen Stände zusammen besitzen. Diese Gleichheit der Vertretung wäre indessen völlig illusorisch, wenn jede Kammer eine eigene Stimme besäße. Der Dritte Stand verlangt deshalb 3. dass die Stimmen nach Köpfen und nicht nach Ständen gezählt werden. [. . .]
Ich bitte zu beachten, welch gewaltiger Unterschied zwischen der Versammlung des Dritten Standes und den Versammlungen der beiden anderen Stände besteht. Ersterer vertritt fünfundzwanzig Millionen Menschen und berät über die Interessen der Nation. Die beiden letzteren haben, sollten sie zusammentreten, nur die Vollmacht von ungefähr zweihunderttausend Einzelpersonen und denken nur an ihre Vorrechte. Man wird sagen, der Dritte Stand allein könne keine „Generalstände" bilden. Nun, umso besser, dann wird er eben eine „Nationalversammlung" bilden!

Eberhard Schmitt und Rolf Reichardt (Hrsg.), Emmanuel Joseph Sieyès, Politische Schriften 1788–1790, München–Wien, 2. Auflage 1981, S. 119 ff. und 180

1. *Was macht die Ausführungen von Sieyès zu einer Kampfschrift?*
2. *Fassen Sie die Forderungen Sieyès stichwortartig zusammen.*
3. *Erörtern Sie, warum Sieyès' die beiden ersten Stände nicht mehr zur Nation zählt. Welche Legitimationsgrundlage hat der Dritte Stand?*
4. *Arbeiten Sie den Unterschied zwischen den „Generalständen" und einer „Nationalversammlung" heraus.*

M 2 „Die Hauptquelle der Revolution . . ."?

Der deutsche „Zeitzeuge " Konrad Oelsner (1764–1828), der von 1790 bis 1794 in Frankreich lebte und mit den führenden Politikern bekannt war, nennt in einem 1796 anonym veröffentlichten Beitrag folgende „Hauptquelle" der Revolution:

Dass die Hauptquelle der Revolution das Elend gewesen sei, ist ein Irrtum. Freilich hat das Elend der Unterdrückten mitgewirkt; aber es war vielleicht nicht ganz so groß, wie in früheren Zeiten. Die Regierung suchte *wenigstens* sich milder zu stellen, als ehemals, und die Bastille war für die Leute von Geist eben das geworden, was die Hölle für den großen Haufen ist: Ein Schreckbild, das, als man seine Tore sprengte, nicht viel mehr als den leeren Raum zeigte. Was also hat zunächst die Revolution veranlasst? – Der *Wohlstand* und die daraus entspringende *tätigere Ahndung des Bessern.* Es liegt in der Natur des menschlichen Geistes, fortzuschreiten. Dieser unveräußerliche Beruf, sich nach allen Seiten und Richtungen zu vervollkommnen, ist ein hinlänglicher Rechtsgrund der Revolution.

Friedens-Präliminarien. Herausgegeben von dem Verfasser des heimlichen Gerichts (Ludwig Ferdinand Huber), 1. Band, Berlin 1796, S. 103

1. *In welchen Aussagen decken sich die Darstellung des Lehrbuchs und die Bewertung Oelsners?*
2. *Welche Quellen Oelsners sind messbar, welche nur schwer überprüfbar? Welchen Wert hat Ihrer Meinung nach der Text Oelsners für den Historiker?*

M 3

Menschenrechte für alle?

Der späteren Verfassung von 1791 vorangestellt wurde die bereits am 26. August 1789 von der Konstituante feierlich verkündete „Erklärung der Menschen- und Bürgerrechte". In Anlehnung an dieses Dokument veröffentlichte 1791 die Schriftstellerin Olympe de Gouges (1748–1793, hingerichtet) die „Erklärung der Rechte der Frau und Bürgerin". Dieser Gegenentwurf (rechte Spalte) wurde jedoch weitgehend verspottet.

Da die Vertreter des französischen Volkes, als Nationalversammlung eingesetzt, erwogen haben, dass die Unkenntnis das Vergessen oder die Verachtung der Menschenrechte die einzigen Ursachen des öffentlichen Unglücks und der Verderbtheit der Regierungen sind, haben sie beschlossen, die natürlichen und unveräußerlichen und heiligen Rechte der Menschen in einer feierlichen Erklärung darzulegen, damit diese Erklärung allen Mitgliedern der Gesellschaft beständig vor Augen ist und sie unablässig an ihre Rechte und Pflichten erinnert; damit die Handlungen der Gesetzgebenden wie der Ausübenden Gewalt in jedem Augenblick mit dem Endzweck jeder politischen Einrichtung verglichen werden können und dadurch mehr geachtet werden; damit die Ansprüche der Bürger, fortan auf einfache und unbestreitbare Grundsätze begründet, sich immer auf die Erhaltung der Verfassung und das Allgemeinwohl richten mögen. Infolgedessen erkennt und erklärt die Nationalversammlung in Gegenwart und unter dem Schutze des Allerhöchsten folgende Menschen- und Bürgerrechte:

Wir, die Mütter, Töchter, Schwestern, Vertreterinnen der Nation, verlangen in die Nationalversammlung aufgenommen zu werden. In Anbetracht dessen, dass Unkenntnis, Vergessen oder Missachtung der Rechte der Frauen die alleinigen Ursachen öffentlichen Elends und die Korruptheit der Regierungen sind, haben wir uns entschlossen, in einer feierlichen Erklärung die natürlichen, unveräußerlichen und heiligen Rechte der Frau darzulegen, damit diese Erklärung allen Mitgliedern der Gesellschaft ständig vor Augen ist und sie unablässig an ihre Rechte und Pflichten erinnert; damit die Machtausübungen von Frauen ebenso wie jene von Männern jederzeit und somit auch mehr geachtet werden kann; damit die Beschwerden von Bürgerinnen, nunmehr gestützt auf einfache und unangreifbare Grundsätze, sich immer zur Erhaltung der Verfassung, der guten Sitten und zum Wohl aller auswirken mögen.
Das an Schönheit wie Mut im Ertragen der Mutterschaft überlegene Geschlecht anerkennt und erklärt somit, in Gegenwart und mit dem Beistand des Allmächtigen, die folgenden Rechte der Frau und Bürgerin:

Art. 1
Die Menschen sind und bleiben von Geburt frei und gleich an Rechten. Soziale Unterschiede dürfen nur im gemeinen Nutzen begründet sein.

Artikel I
Die Frau ist frei geboren und bleibt dem Manne gleich in allen Rechten. Die sozialen Unterschiede können nur im allgemeinen Nutzen begründet sein.

Art. 2 Das Ziel jeder politischen Vereinigung ist die Erhaltung der natürlichen und unveräußerlichen Menschenrechte. Diese Rechte sind Freiheit, Eigentum, Sicherheit und Widerstand gegen Unterdrückung. [. . .]	Artikel II Ziel und Zweck jedes politischen Zusammenschlusses ist der Schutz der natürlichen und unveräußerlichen Rechte sowohl der Frau als auch des Mannes. Diese Rechte sind: Freiheit, Sicherheit, das Recht auf Eigentum und besonders das Recht auf Widerstand gegen Unterdrückung. [. . .]
Art. 4 Die Freiheit besteht darin, alles tun zu können, was einem anderen nicht schadet. So hat die Ausübung der natürlichen Rechte eines jeden Menschen nur die Grenzen, die den anderen Gliedern der Gesellschaft den Genuss der gleichen Rechte sichern. Diese Grenzen können allein durch Gesetz festgelegt werden.	Artikel IV Freiheit und Gerechtigkeit besteht darin, den anderen zurückzugeben, was ihnen zusteht. So wird die Frau an der Ausübung ihrer natürlichen Rechte nur durch die fortdauernde Tyrannei, die der Mann ihr entgegensetzt, gehindert. Diese Schranken müssen durch Gesetz der Natur und Vernunft revidiert werden.
Art. 6 Das Gesetz ist der Ausdruck des allgemeinen Willens. Alle Bürger haben das Recht, persönlich oder durch ihre Vertreter an seiner Formung mitzuwirken. Es soll für alle gleich sein, mag es beschützen, mag es bestrafen. Da alle Bürger in seinen Augen gleich sind, sind sie gleicherweise zu allen Würden, Stellungen und Beamtungen nach ihrer Fähigkeit zugelassen ohne einen anderen Unterschied als den ihrer Tugenden und ihrer Talente.	Artikel VI Das Gesetz sollte Ausdruck des allgemeinen Willens sein. Alle Bürgerinnen und Bürger sollen persönlich oder durch ihre Vertreter an seiner Gestaltung mitwirken. Es muss für alle das gleiche sein. Alle Bürgerinnen und Bürger, die gleich sind vor den Augen des Gesetzes, müssen gleichermaßen nach ihren Fähigkeiten, ohne andere Unterschiede als die ihrer Tugenden und Talente, zu allen Würden, Ämtern und Stellungen im öffentlichen Leben zugelassen werden.
Art. 7 Jeder Mensch kann nur in den durch das Gesetz bestimmten Fällen und in den Formen, die es vorschreibt, angeklagt, verhaftet und gefangengehalten werden. [. . .]	Artikel VII Für Frauen gibt es keine Sonderrechte; sie werden verklagt, in Haft genommen und gefangen gehalten, in den durch das Gesetz bestimmten Fällen. Frauen unterstehen wie Männer den gleichen Strafgesetzen.
Art. 10 Niemand soll wegen seiner Meinung, selbst religiöser Art, beunruhigt werden, solange ihre Äußerungen nicht die durch das Gesetz festgelegte öffentliche Ordnung stört.	Artikel X Niemand darf wegen seiner Meinung, auch wenn sie grundsätzlicher Art ist, verfolgt werden. Die Frau hat das Recht, das Schafott zu besteigen. Sie muss gleichermaßen das Recht haben, die Tribüne zu besteigen, vorausgesetzt, dass ihre Handlungen und Äußerungen die vom Gesetz gewahrte öffentliche Ordnung nicht stören.

Art. 11 Die freie Mitteilung der Gedanken und Meinungen ist eines der kostbarsten Menschenrechte. Jeder Bürger kann also frei schreiben, reden, drucken unter Vorbehalt der Verantwortlichkeit für den Missbrauch dieser Freiheit in den durch Gesetz bestimmten Fällen. [. . .]	Artikel XI Die freie Gedanken- und Meinungsäußerung ist eines der kostbarsten Rechte der Frau, denn diese Freiheit garantiert die Vaterschaft der Väter an ihren Kindern. [. . .]
Art. 17 Da das Eigentum ein unverletzliches und heiliges Recht ist, kann es niemandem genommen werden, wenn es nicht die gesetzlich festgelegte, öffentliche Notwendigkeit augenscheinlich erfordert und unter der Bedingung einer gerechten und vorherigen Entschädigung.	Artikel XVII Das Eigentum gehört beiden Geschlechtern vereint oder einzeln. Jede Person hat darauf ein unverletzliches und heiliges Anrecht. Niemandem darf es als wahres Erbteil der Nation vorenthalten werden, es sei denn, eine öffentliche Notwendigkeit, die gesetzlich festgelegt ist, mache es augenscheinlich erforderlich, jedoch unter der Voraussetzung einer gerechten und vorher festgesetzten Entschädigung.

Ute Gerhard, Menschenrechte – Frauenrechte 1789, in: Viktoria Schmidt-Linsenhoff (Hrsg.), Sklavin oder Bürgerin? Französische Revolution und neue Weiblichkeit, Frankfurt a. M. 1989, S. 70 ff.

1. *Bestimmen Sie die Funktion der Präambel der Menschenrechtserklärung.*
2. *Welche Menschenrechte nennt das Grundgesetz? Vergleichen Sie mit der Erklärung der Französischen Nationalversammlung.*
3. *Stellen Sie fest, an welchen Stellen die Erklärung die traditionelle Gesellschaftsordnung überwinden will.*
4. *Inwieweit „übertrifft" die Erklärung der Olympe de Gouges die Menschenrechtserklärung? Welche „Defizite" werden deutlich?*
5. *Sind die Forderungen aus der „Erklärung der Rechte der Frau und Bürgerin" heute verwirklicht? Überprüfen Sie in Arbeitsgruppen die einzelnen Artikel.*

Die erste Verfassung

M 4

Am 13. September 1791 verabschiedete die Konstituante die erste Verfassung im Verlauf der Französischen Revolution.

Titel III. Von den öffentlichen Gewalten

Art. 1. Die Souveränität ist einheitlich, unveräußerlich und unverjährbar. Sie gehört der Nation. Kein Teil des Volkes und keine einzelne Person kann sich ihre Ausübung aneignen.

Art. 2. Die Nation, von der allein alle Gewalten ihren Ursprung haben, kann sie nur durch Übertragung ausüben.

Die französische Verfassung ist eine Repräsentativverfassung. Ihre Repräsentanten sind die gesetzgebende Körperschaft und der König.

Art. 3. Die gesetzgebende Gewalt ist einer Nationalversammlung übertragen, die aus Abgeordneten besteht, die durch das Volk frei und auf Zeit gewählt werden, um sie mit Billigung des Königs [. . .] auszuüben [. . .].

Eine zeitgenössische Allegorie (Sinnbild) verklärt die Annahme der Verfassung durch Ludwig XVI.

Art. 4. Die Regierung ist monarchisch. Die ausführende Gewalt ist dem König übertragen, um unter seiner Autorität durch die Minister und andere verantwortliche Beamte [. . .] ausgeübt zu werden [. . .].
Art. 5. Die richterliche Gewalt ist den durch das Volk auf Zeit gewählten Richtern übertragen.

Kapitel I. Von der gesetzgebenden Nationalversammlung

Art. 1. Die Nationalversammlung, welche die gesetzgebende Körperschaft bildet, ist immer während und ist nur aus einer Kammer zusammengesetzt.
Art. 2. Sie wird alle zwei Jahre durch Neuwahlen gebildet. Jeder Zeitraum von zwei Jahren bildet eine Legislaturperiode. [. . .]
Art. 5. Die gesetzgebende Körperschaft kann durch den König nicht aufgelöst werden. [. . .]

Kapitel II. Vom Königtum, der Regentschaft und den Ministern

Abschnitt I. Vom Königtum und dem König

Art. 1. Das Königtum ist unteilbar und dem regierenden Hause im Mannesstamm nach dem Rechte der Erstgeburt erblich übertragen unter dauerndem Ausschluss der Frauen und ihrer Nachkommenschaft. [. . .]
Art. 2. Die Person des Königs ist unverletzlich und heilig. Sein einziger Titel ist König der Franzosen.
Art. 3. Es gibt in Frankreich keine Autorität, die über dem Gesetze steht. Der König regiert nur durch dieses. Und nur im Namen des Gesetzes kann er Gehorsam verlangen.

Günther Franz (Hrsg.), Staatsverfassungen, München, 2. Auflage 1964, S. 315 ff.

1. *Arbeiten Sie Unterschiede zum absolutistischen Staatsaufbau heraus.*
2. *Wie ist die Balance zwischen Königtum und Nationalversammlung geregelt? Stellen Sie die einschlägigen Artikel der Verfassung fest und bewerten Sie das verfassungsrechtliche Kräfteverhältnis zwischen beiden Organen.*

Von der konstitutionellen Monarchie zur Schreckensherrschaft (1791–1794)

1792	Zweite Revolution: Entmachtung des Königs
	Ausrufung der Republik
1793	Hinrichtung Ludwigs XVI.
	Verfassung des Jahres I
	Robespierre an der Spitze des Wohlfahrtsausschusses – Höhepunkt der Schreckensherrschaft
1794	Hinrichtung Robespierres

Die Zweite Revolution

Die neue *Gesetzgebende Nationalversammlung (Assemblée Nationale Législative)* wurde von nicht mehr als 10 % der Stimmberechtigten gewählt. Sie trat am 1. Oktober 1791 zusammen.

Alle 745 Deputierten waren parlamentarische Neulinge. Über 340 Abgeordnete bildeten die – aus der Sicht des Parlamentspräsidenten – *Mitte.* Sie bezeichneten sich selbst als „Unabhängige" und besaßen keine direkten Bindungen zu bestimmten Klubs. Rund 260 Deputierte gehörten zur *Rechten,* sie waren oder wurden Mitglieder im Klub der Feuillants. Sie wollten die Revolution beenden. Die zahlenmäßig kleinste Gruppierung des Parlaments bildeten die ca. 140 Abgeordneten der *Linken.* Sie hatten sich in den Klubs der Jakobiner, Cordeliers und anderer Volksgesellschaften organisiert, forderten ein *allgemeines Wahlrecht* und waren gegen das Vetorecht des Königs. Diese Gruppe unterscheidet man noch in *Girondisten*[1]) und *Montagnards*[2]). Die Girondisten hatten ihren Rückhalt im mittleren und gehobenen Provinzbürgertum. Die „Bergpartei" verdankte ihren Aufstieg den Sansculotten.

Zwei Jahre nach dem Sturm auf die Bastille hatten über 40 000 Franzosen ihr Land verlassen. Als Österreich und Preußen mit militärischer Unterstützung der Emigrantenheere zu drohen schienen, eröffnete Frankreich den Krieg. Oppositionelle Kräfte befürchteten jetzt eine Zusammenarbeit des Königs mit den „Feinden des Vaterlandes". Die städtische Volksbewegung setzte die königstreue Stadtverwaltung ab und bildete die „Kommune des Aufstands", unter deren Führung am 10. August die *Zweite Revolution* ausbrach. Bürger und revolutionär gesinnte Truppen stürmten das königliche Schloss *(Tuilerien)* und massakrierten 600 Soldaten der königlichen Garde. Der Monarch wurde unter dem Druck der Aufständischen von seinem Amt suspendiert und mit seiner Familie gefangen genommen. Die konstitutionelle Monarchie war zerbrochen.

---

[1]) Die Bezeichnung geht auf Alphonse de Lamartines Werk „Histoire des Girondins" (1847/48) zurück, in dem die profiliertesten Vertreter nach ihrer Herkunft, dem Departement Gironde, benannt wurden.

[2]) Montagne (franz.): Berg; die Abgeordneten der „Bergpartei" saßen auf den oberen Bänken des Saales.

Im Schatten des Grauens ein Neuanfang: der Nationalkonvent

Von nun an wurden die königstreuen Politiker offen verfolgt. Willkürliche Verhaftungen waren an der Tagesordnung, erste politisch motivierte Hinrichtungen folgten. Grausamer Höhepunkt wurden die Gewalttaten zwischen dem 2. und 5. September 1792 *(Septembrisaden).* In einer Art Angstpsychose vor gegenrevolutionären Aktionen drangen Gruppen der städtischen Volksbewegung in die Gefängnisse ein und töteten wahllos alle Gefangenen, derer sie habhaft werden konnten.

Der Terror blieb nicht auf Paris beschränkt, aber allein hier wurden um die 1500 Menschen (Aristokraten, Eid verweigernde Priester und Strafgefangene) ermordet. Weder der von der Legislative ernannte *Provisorische Vollzugsrat,* dem *Danton*[1]) als Justizminister angehörte, noch die Führer der Pariser Kommune waren fähig oder willens gewesen, diese blutigen Aktionen zu unterbinden.

In dieser gewalttätigen Atmosphäre fanden die Wahlen zu einer neuen Verfassunggebenden Versammlung nach dem von den Sansculotten geforderten allgemeinen Wahlrecht statt. Die Unterscheidung zwischen Aktiv- und Passivbürgern war ebenso aufgehoben worden wie das Zensuswahlrecht. Alle Männer über 21 Jahre durften wählen. Obwohl die Unter- und Mittelschichten also Nutznießer des neuen Wahlrechts waren, stimmten nur etwa sechs Prozent der Berechtigten – zum Teil offen und mündlich – über die 754 Abgeordneten ab.

Am 21. September 1792 wurde die Republik ausgerufen, und der *Nationalkonvent (Convention Nationale)* trat zusammen. Er sollte eine republikanische Verfassung erarbeiten und bis dahin die Exekutivgewalt übernehmen. Formal blieb dieses Parlament bis Oktober 1795 bestehen, doch die maßgebliche Politik wurde zunehmend in den Ausschüssen gemacht.

Nachdem im Nationalkonvent die Feuillants fehlten, wurden die rund 200 Girondisten zur neuen „Rechten". Sie setzten sich ein für eine dezentrale Verwaltung des Landes, die Unverletzlichkeit des Eigentums, Wirtschaftsfreiheit und Rechtssicherheit. Aus ihrem Kreis stammten auch zunächst die wichtigsten Minister. Die neue „Mitte", auch „Ebene" *(Plaine)* oder abfällig „Sumpf" *(Marais)* bezeichnet, bildete mit fast 400 Abgeordneten die wankende Mehrheit. Zur radikalen „Linken" entwickelten sich die rund 120 Montagnards. Sie hatten ihre Hochburg in Paris, versuchten konsequent einen staatlichen Zentralismus durchzusetzen und sympathisierten mit den militant vorgetragenen Forderungen der städtischen Volksbewegung nach wirtschaftslenkenden Maßnahmen.

---

[1]) Georges Jacques Danton (1759–1794, hingerichtet) war Mitbegründer der Cordeliers. Er hatte während der Revolution Ämter in der Departementalverwaltung und in Paris inne, ab 1792 war er Abgeordneter des Nationalkonvents.

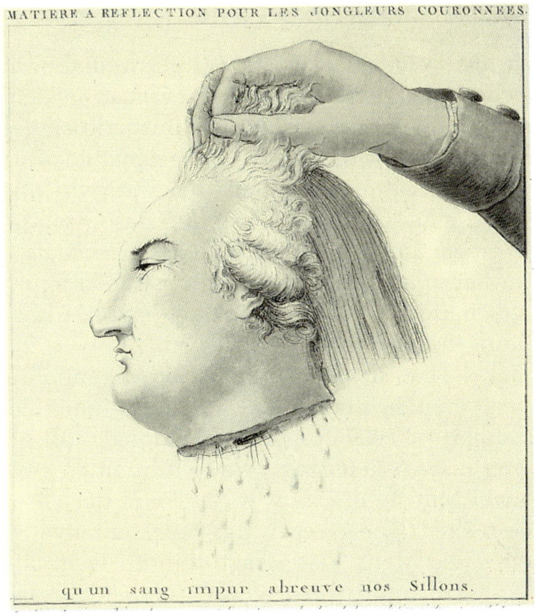

Das Haupt Ludwigs XVI. nach der Hinrichtung (Radierung des jakobinisch orientierten Stechers und Verlegers Villeneuve von 1793). Der obere Schriftzug richtet sich warnend an die europäischen Monarchen und lautet übersetzt: „Gegenstand zum Nachdenken für gekrönte Jongleure." Die untere Zeile stammt aus dem im April 1792 verfassten revolutionären Kriegslied, der Marseillaise, sie hat übersetzt folgenden Wortlaut: „Das unreine Blut tränke unserer Äcker Furchen!"

Die Republik macht dem König den Prozess

Das Jahr I der „einen und unteilbaren Republik" begann am 22. September 1792 (ein neuer Kalender wurde erst im Oktober 1793 rückwirkend beschlossen). Es wurde von militärischen Erfolgen eröffnet. In der *Schlacht von Valmy* (20. September 1792) vertrieben die Revolutionstruppen das von Preußen und Österreich angeführte Emigrantenheer. Nach dem Motto *„Krieg den Palästen, Friede den Hütten"*[1]) zogen jetzt die Revolutionstruppen in Speyer, Worms, Mainz und Frankfurt am Main ein. Hier wie in anderen besetzten Gebieten traten die selbst ernannten „Befreier" schon bald als Eroberer auf.

Innenpolitisch beherrschte im Winter 1792 der Prozess gegen den abgesetzten Monarchen die Schlagzeilen. Der Konvent hatte sich zum Gericht gemacht und den einstigen König angeklagt wegen „Verschwörung gegen die öffentliche Freiheit" und „Anschlägen gegen die nationale Sicherheit". Über 90 % der Abgeordneten stimmten für schuldig. Uneinigkeit entstand erst über das Strafmaß und den Zeitpunkt der Strafvollstreckung. Die außerparlamentarische Diskussion über das Todesurteil spaltete den Jakobinerklub. Die Girondisten waren knapp in der Minderheit und wurden ausgeschlossen, da sie gegen die Vollstreckung der Todesstrafe zu diesem Zeitpunkt waren. Am 21. Januar 1793 wurde Louis Capet[2]) vor den Augen des Volkes auf der Place de la Revolution, der heutigen Place de la Concorde, hingerichtet. In ganz Europa, nicht nur in den Fürstenhäusern, war man erschrocken über das gewaltsame Ende eines fast tausendjährigen, christlich legitimierten Königtums.

---

[1]) so der Abgeordnete Pierre Joseph Cambon am 15. Dezember 1792 in einem Bericht an den Konvent
[2]) so genannt nach dem französischen Herrschergeschlecht der Kapetinger

Die Revolution in der Krise

In den Wintermonaten 1792/93 weitete sich der Krieg gegen die europäischen Mächte aus. Zugleich brachen in den Städten Hungeraufstände und auf dem Land ein grausamer Bürgerkrieg gegen die Bauern der Vendée und der Bretagne aus. In dieser zugespitzten Situation wurden ein außerordentliches Gericht, das spätere *Revolutionstribunal,* und revolutionäre Überwachungsausschüsse gebildet, um das Gewaltmonopol des Staats zurückzugewinnen. Der *Wohlfahrtsausschuss (Comité de salut public)* erhielt weitgehende Ermächtigungen und stellte das Exekutivorgan des Konvents dar. Die neu geschaffenen Instanzen sollten erstmals seit 1789 wieder hin zu einer Stärkung der Zentralgewalt führen.
Für die katastrophale innen- und außenpolitische Lage wurden die Girondisten verantwortlich gemacht. Am 2. Juni 1793 zogen – von den Sansculotten initiiert – 80 000 Bürger und Nationalgardisten vor den Konvent und erzwangen die Auslieferung von 29 führenden girondistischen Abgeordneten und zwei Ministern. Das war das Ende der Girondisten, aber zugleich auch ein schwerer Schlag gegen das repräsentative System. Selbst den Montagnards ging die Macht der Straße nun zu weit, aber sie konnten die Führung im Konvent und in den, von Girondisten gesäuberten, Ausschüssen übernehmen. Die so genannte Jakobinerherrschaft begann. Die Reaktion auf diesen Pariser Aufstand waren weitere Erhebungen im ganzen Lande.
Mit der Verabschiedung einer neuen Verfassung am 24. Juni 1793 wollte der Konvent neues Vertrauen stiften. Doch die Verfassung, die ein erweitertes Wahlrecht verankerte (siehe M 1, Seite 248f.), die erstmals soziale Grundrechte (Recht auf Arbeit, öffentliche Unterstützung, Unterricht für alle) garantierte und alle Gesetze durch Volksabstimmungen beschließen lassen wollte, blieb Programm. Auf Druck des Wohlfahrtsausschusses beschlossen die Abgeordneten, sie erst nach Beendigung des Kriegs in Kraft zu setzen.

„Gesetzgeber! Setzt den Terror auf die Tagesordnung!"

In der Folgezeit bemühte sich der Konvent um weitere Zugeständnisse an die Bevölkerung: Kirchengüter wurden nationalisiert, und den Bauern wurde der Grundbesitz der Emigranten zum Kauf angeboten. Mittels Parzellierung und langer Zahlungsfristen konnten nun auch ärmere Bauern ihren Grundbesitz vergrößern. Rund ein Sechstel des Grundbesitzes wechselte seinen Eigentümer.
Schwieriger war es, gegen die Bedrohung von außen materielle und personelle Mittel zu finden. Die *allgemeine Wehrpflicht (Levée en masse)* wurde eingeführt, eine Neuerung gegenüber den üblichen Berufsheeren. Bis zum Sommer 1794 konnte so ein ca. 800 000 Mann starkes Heer aufgestellt werden.
Die Hauptprobleme der Bevölkerung von Paris, Teuerung und Hunger, waren jedoch geblieben (⇨ M 1). Nachdem es zu erneuten Unruhen gekommen

war, umstellten Sansculotten am 5. September 1793 den Nationalkonvent und forderten: „Gesetzgeber! Setzt den Terror auf die Tagesordnung!" Dies galt allen Wucherern, Spekulanten und Kriegsgewinnlern. Die Abgeordneten mussten die Forderung ernst nehmen, da nur mit Unterstützung der Sansculotten die Aufstellung der Volksarmee durchzuführen, die notwendigen Waffen, Kleider und Lebensmittel für das Heer zu beschaffen sowie die aufständischen Gebiete unter Kontrolle zu bringen waren. Die einjährige Herrschaft des Schreckens *(Terreur)* begann, wobei die Montagnards versuchten, die Sansculotten-Bewegung zu lenken.
Auf zwei Parlamentsausschüsse konzentrierte sich nun die Macht. Der zwölfköpfige Wohlfahrtsausschuss übernahm vollends die Leitung und Kontrolle über Kriegsführung, Ministerien, Polizei, Verwaltung und Wirtschaft; der ebenfalls zwölfköpfige *Sicherheitsausschuss (Comité de sûreté générale)* wurde zu einem Polizeiministerium, das die Überwachungsmaßnahmen im ganzen Land koordinierte. *Robespierre*[1]), der seit Juli 1793 an der Spitze des Wohlfahrtsausschusses stand, zeichnete verantwortlich für diesen „kontrollierten" Terror. Ganz entgegen den ursprünglichen Absichten hatte die revolutionäre Regierung damit wieder wesentliche Charakterzüge eines absolutistischen Staatswesens angenommen: Rückkehr zur staatlichen Wirtschaftslenkung, Aufbau eines starken Militärapparats, Monopol der staatlichen Strafgerichtsbarkeit, offizielle Staatsideologie statt freier Konkurrenz der politischen Ideen.

„Die Revolution frisst, gleich Saturn, ihre eigenen Kinder"[2])

Denunziantentum und Spitzelwesen stützten den einsetzenden Polizei- und Justizterror. Alle politischen Klubs, die nicht zu den Jakobinergesellschaften gehörten, wurden verboten. Zeugnisse der Staatsbürgertreue wurden obligatorisch (⇨ M 2). Zum Terror gehörten auch die Schändung von Kirchen oder der Abriss ganzer Häuserzeilen „als Wohnstätten des Verbrechens". Hausdurchsuchungen waren an der Tagesordnung, die Gefängnisse füllten sich, Prozesse wurden zur Farce, und die *Guillotine*[3]) stand nicht mehr still. Sie, die „Sense der Gleichheit", wie der Volksmund sie bald nannte, wurde zum Inbegriff der Schreckensherrschaft. Allerdings war nicht ganz Frankreich gleichermaßen betroffen. 90 % aller Hinrichtungen konzentrierten sich auf nur 20 Departements, neben Paris meist diejenigen Regionen, in denen der Bürgerkrieg tobte.

1) Maximilien de Robespierre (geb. 1758), Anwalt aus Arras, Abgeordneter der Generalstände und der Konstituante, Abgeordneter im Nationalkonvent und Mitglied im Generalrat der Pariser Kommune (ab dem 10. August 1792)

2) Aus einer Rede des girondistischen Konventsabgeordneten Pierre-Victurnien Vergniaud (1753–1793, hingerichtet) vom 13. März 1793

3) Hinrichtungsgerät, benannt nach dem Arzt Joseph-Ignac Guillotin (1738–1834), der sich als Abgeordneter in der Konstituante für einen humaneren und ständeübergreifenden Vollzug der Todesstrafe eingesetzt hatte.

„Hier ruht ganz Frankreich", steht auf der Grabpyramide. In der Amtstracht des Wohlfahrtsausschusses, die Verfassungen von 1791 und 1793 mit Füßen tretend, guillotiniert Robespierre, nachdem er alle Franzosen hat hinrichten lassen, auch noch den Henker (anonyme Kupfergravur, Ende 1794).

Ihre blutige Herrschaft ließen sich die Verantwortlichen durch das „Grundgesetz der Revolutionsregierung" legitimieren (4. Dezember 1793). Die Abgeordneten des Nationalkonvents stimmten aus Angst vor dem Terror der Schreckensherrschaft zu. Mit der neuerlichen Radikalisierung spalteten sich auch die Montagnards. Aber sowohl diejenigen, die sich gegen eine Fortsetzung des Terrors aussprachen, als auch die *Ultras*, die eine weitere Radikalisierung der Politik forderten, fielen nun selbst der Guillotine zum Opfer (⇨ M 3). Durch die Hinrichtung einstiger Gefährten verlor Robespierre jedoch seinen Rückhalt im Konvent. Am 27. Juli 1794 stürzte ihn eine Mehrheit und ließ ihn bereits am folgenden Tag mit 21 seiner Anhänger ohne Prozess hinrichten.

Die Zahl der Menschen, die der Schreckensherrschaft zum Opfer fielen, ist nicht genau bekannt, geschätzt werden maximal 40 000. Rund drei Viertel der in Paris verurteilten und hingerichteten Menschen gehörten dem Dritten Stand an.

Macht alle gleich!

M 1

Die Pariser Sektion Sans-Culottes beschloss am 2. September 1793 die nachfolgende Adresse. Sie sollte durch Beauftragte den übrigen 47 Sektionen der Hauptstadt und dem Nationalkonvent mitgeteilt werden.

Abgeordnete des Volkes!

[. . .] Beeilt euch, den Preis der Grundnahrungsmittel unverrückbar festzusetzen, ebenso den der Rohstoffe, den Arbeitslohn, die Industrieprofite und die Handelsgewinne; ihr habt dazu das Recht und die Macht . . . „Aber wie!" werden euch die Aristokraten, die Royalisten, die Gemäßigten, die Ränkeschmiede sagen. „Heißt das nicht Hand an das Eigentum legen, das heilig sein soll und unverletzlich?" . . . Zweifellos; aber wissen sie nicht, diese Schurken, wissen sie nicht, dass Eigentum nur so weit gut ist, als es den Bedarf des Einzelnen befriedigt? Wissen sie nicht, dass keiner das Recht hat, etwas zu tun, was dem anderen schaden kann? Was gibt es Schändlicheres, als willkürlich einen Preis für die Lebensmittel zu verlangen, den sieben Achtel der Bürger nicht aufbringen können? [. . .]

1. Die ehemaligen Adligen sollen keinerlei militärische Funktionen ausüben noch irgendein öffentliches Amt bekleiden dürfen, welcher Art es auch sei; die ehemaligen Priester, Parlamentsräte und Finanzleute sollen aus allen Verwaltungs- und Gerichtsämtern entfernt werden.

2. Alle Grundnahrungsmittel sind unveränderlich auf den Preis der so genannten „früheren Jahre" 1789 bis 1790 festzusetzen, jedoch in Ansehung ihrer unterschiedlichen Qualität.

3. Ebenso sollen die Rohstoffpreise festgesetzt werden, und zwar so, dass die Industrieprofite, die Arbeitslöhne und die Handelsgewinne durch Gesetz in Grenzen gehalten werden und den gewerblichen Arbeiter, den Bauer und den Kaufmann in die Lage versetzen, sich nicht nur die Dinge zu verschaffen, die er zum Leben braucht, sondern auch all das, was es ihm angenehm machen kann. [. . .]

5. Jedem Departement wird eine genügende Summe bewilligt, damit der Preis der Grundnahrungsmittel für alle Einwohner der Republik auf gleicher Höhe gehalten werden kann. [. . .]

8. Es soll ein Maximum für Vermögen festgesetzt werden. [. . .]

10. Keiner soll mehr Ländereien pachten dürfen, als für eine festgesetzte Anzahl von Pflügen gebraucht wird.

11. Ein Bürger soll nicht mehr als eine Werkstatt oder einen Laden besitzen dürfen.

12. Alle, die Waren oder Grund und Boden unter ihrem Namen innehaben, sollen als deren Eigentümer gelten.

Die Sektion Sans-Culottes meint, dass diese Maßnahmen Überfluss und Ruhm wieder herbeiführen, nach und nach die zu große Ungleichheit der Vermögen beseitigen und die Zahl der Eigentümer ansteigen lassen werden.

Walter Markov, Revolution im Zeugenstand. Frankreich 1789–1799, Band 2, Leipzig 1986, S. 489 ff.

1. *Welche Einstellung zum Eigentum wird aus den Forderungen der Sektion deutlich?*
2. *Hätte die Realisierung der Forderungen Ihrer Ansicht nach die Misere des Wirtschaftslebens beendet? Können Sie dazu Parallelen aus der Zeitgeschichte heranziehen?*

M 2 Gesinnungsschnüffelei?

Während der Schreckensherrschaft wurde über die Tochtergesellschaften der Jakobiner in den Departements eine ständige „Säuberung" der öffentlichen Einrichtungen durchgeführt. In Rochefort lautete ein Fragenkatalog wie folgt:

1. Was hast du 1789, 1791, 1792 gemacht?
2. Wie hast du dich 1793 während der föderalistischen Krise verhalten?
3. Wie groß war dein Vermögen 1789 und wie groß ist es 1793?
4. Wenn es angewachsen ist, wodurch?
5. Welches sind deine Verbindungen, und welche Reden führst du?
6. Hast du konterrevolutionäre Adressen unterschrieben?
7. Hast du einem literarischen Zirkel oder einem antipatriotischen Klub angehört?
8. Hast du für schlechte Zeitungen gearbeitet?
9. Was hast du eigentlich für die Revolution getan?

Susanne Petersen, Die Große Revolution und die Kleinen Leute. Französischer Alltag 1789/95, Köln 1988, S. 203

1. *Welche staatliche Funktion übernehmen die Mitglieder der Volksgesellschaften?*
2. *Welche Ereignisse der ländlichen und städtischen Volksbewegung können in der ersten Frage angesprochen sein?*
3. *Welche Artikel aus der Menschen- und Bürgerrechtserklärung von 1789 werden in dem Katalog in Frage gestellt?*
4. *Lässt sich Ihrer Meinung nach ein solcher Fragebogen rechtfertigen? Versuchen Sie es.*

M 3 Die Schreckensherrschaft – Rechtfertigung und Kritik

Robespierre rechtfertigt am 5. Februar 1794 vor dem Nationalkonvent das Ziel der Revolution und den Terror.

Welches Ziel streben wir an? Wir wollen den friedlichen Genuss der Freiheit und der Gleichheit [. . .]. Wir wollen die Dinge so ordnen, dass alle niedrigen und grausamen Leidenschaften im Zaum gehalten und alle wohltätigen und edlen Leidenschaften durch die Gesetze geweckt werden; wir wollen eine Ordnung schaffen, in der sich der Ehrgeiz auf den Wunsch beschränkt, Ruhm zu erwerben und dem Vaterland zu dienen; in der

Der am 21. Oktober 1793 geschriebene Brief des Pfarrers und Schriftstellers Johann Caspar Lavater (1741–1801) aus Zürich an den Konventsabgeordneten Marie-Jean Héraut de Séchelles (1760–1794, hingerichtet) zeigt exemplarisch die Abwendung des größten Teils der europäischen Revolutionssympathisanten.

Seitdem ihr euren guten König umgebracht und gemordet habet auf eine unerhörte Weise und auf die despotischste Art; seitdem ihr die Unverletzbarkeit verletzt habt, die ihr ihm versichert hattet; seitdem ihr auf seine Verteidigung keine Achtung mehr schluget; seitdem ihr im Geschmack der lissabonischen Inquisition handeltet; seitdem ihr, den Dolch in der Hand, zur Freiheit zwanget; seitdem ihr die bewegliche Köpfma-

Vornehmheit nur aus der Gleichheit entsteht; wo der Bürger dem Magistrat, der Magistrat dem Volke und das Volk der Gerechtigkeit unterworfen ist; eine Ordnung, in der das Vaterland das Wohlergehen eines jeden Einzelnen sichert und jeder Einzelne stolz das Gedeihen und den Ruhm des Vaterlandes genießt [. . .].
Wir wollen in unserem Lande die Moral gegen den Egoismus, die Rechtschaffenheit gegen die Ehre [. . .], ein großherziges, mächtiges und glückliches Volk gegen ein bloß liebenswürdiges, leichtfertiges und beklagenswertes Volk eintauschen, das heißt, alle Tugenden und alle Wunder der Republik gegen alle Laster und alle Lächerlichkeiten der Monarchie.
Mit einem Wort: Wir wollen den Willen der Natur erfüllen, das Schicksal der Menschheit vollenden, das Versprechen der Philosophie halten und die Vorsehung von der langen Herrschaft des Verbrechens und der Tyrannei befreien [. . .].
Welche Regierungsform kann diese Wunder vollbringen? Nur die demokratische oder republikanische Regierung! Denn diese beiden Wörter sind synonym[1]), trotz aller Missbräuche der volkstümlichen Sprache. Die Aristokratie ist ebenso wenig republikanisch wie die Monarchie. Die Demokratie ist kein Staat, in dem sich das Volk ständig versammelt und alle seine öffentlichen Angelegenheiten selbst regelt; sie ist noch weniger ein Staat, in dem hunderttausend Volksparteien durch isolierte, übereilte und widersprüchliche Maßnahmen über das Schicksal der gesamten Gesellschaft entscheiden. Eine solche Regierung hat niemals bestanden und sie könnte auch nur bestehen, um das Volk zum Despotismus zurückzuführen.
Die Demokratie ist ein Staat, in dem das souveräne Volk sich nach Gesetzen richtet, die sein eigenes Werk sind, indem es

1) sinnverwandt, gleichbedeutend

schine an die Stelle der zerstörten Bastille setzet; seitdem man nichts mehr sagen oder schreiben darf, was man unter den despotischsten Königen sagen und schreiben durfte, seitdem zittre ich, wenn ich euch von Freiheit reden höre. Monarchie oder Republik, das ist mir gleichgültig; aber Freiheit! Nicht das Wort jedoch, nicht die Ausrufungen, nicht die Marktschreierei gehaltener Reden werden Frankreich diese Freiheit geben. – Erlaubet mir, über diesen Gegenstand eurer (unbeschadet der Beredsamkeit) armseliger Reden frei zu sein:

Ein Zeitgenosse der Französischen Revolution, der Spanier Francisco de Goya (1746–1828), schuf 1797 die Radierung „Der Traum der Vernunft gebiert Ungeheuer."

von selbst alles tut, was es tun kann, und indem es durch seine Abgeordneten tun lässt, was es nicht selbst tun kann. [. . .]
Von außen werden wir von allen Tyrannen umzingelt; im Innern konspirieren alle Freunde der Tyrannen gegen uns: sie werden solange konspirieren, bis dem Verbrechen jede Hoffnung genommen ist. Man muss die inneren und äußeren Feinde der Republik beseitigen oder mit ihr untergehen. Deshalb sei in der gegenwärtigen Lage der erste Grundsatz eurer Politik, das Volk durch Vernunft und die Volksfeinde durch Terror zu lenken.
Wenn in friedlichen Zeiten der Kraftquell der Volksregierung die Tugend ist, so sind es in Zeiten der Revolution Tugend und Terror zusammen. Ohne die Tugend ist der Terror verhängnisvoll, ohne den Terror ist die Tugend machtlos. Der Terror ist nichts anderes als die unmittelbare, strenge und unbeugsame Gerechtigkeit: Er ist also eine Emanation[1]) der Tugend; er ist nicht so sehr ein besonderer Grundsatz als vielmehr die Folge des allgemeinen Grundsatzes der Demokratie: angewandt auf die dringenden Bedürfnisse des Vaterlandes.

Maximilien Robespierre, Ausgewählte Texte, Hamburg 1971, S. 582 ff.

wo ist die Freiheit, wo ist die Sicherheit der Ehre, des Eigentums, des Lebens? [. . .]
Glauben Sie mich nicht schwach genug, die Partie der Prinzen und der Royalisten von Frankreich zu nehmen; keineswegs. Ich habe nichts zu sagen als eine klare, einfache und niederschlagende Sache. Alle eure Könige und alle Könige der Erde zusammen gaben nie so viele Beispiele des abscheulichen Despotismus, wie ihr seit drei Jahren gebet. In Wahrheit, ihr treibet Spott mit uns andern, mit dem Universum und mit den künftigen Jahrhunderten. Ich erwähne nicht einmal der groben Unmenschlichkeiten eines verwilderten Pöbels. Ich bemerke die öffentlichen Akte, die Dekrete des Nationalkonvents, die unterstützten und privilegierten Grausamkeiten der größten so genannten Antidespoten.
Im Namen der Menschlichkeit beschwöre ich Sie auf den Knien, spottet nicht mehr dem Universum und den künftigen Jahrhunderten! Sprecht nie mehr das Wort Freiheit aus, indem Ihr den allerunerträglichsten Despotismus ausübt.

Gustav Landauer, Briefe aus der Französischen Revolution, Band 2, Berlin (Ost), 3. Auflage 1985, S. 104 ff.

1. *Wie beurteilen Sie die Ziele Robespierres?*
2. *Welche Gefahr bei der Verfolgung dieser Ziele wird deutlich? Interpretieren Sie in diesem Zusammenhang auch das Bild Goyas.*
3. *Hätte es Ihrer Ansicht nach andere Wege als den Terror gegeben, die Absichten Robespierres in die Tat umzusetzen?*
4. *Welche Prinzipien setzt Lavater der Politik des Konvents entgegen? Auf welchen Widerspruch macht er aufmerksam?*
5. *Nehmen Sie abschließend Stellung: An welche Grenzen stoßen Regierungen bei der Durchsetzung ihrer Maßnahmen?*

[1]) emanare (lat.): hervorgehen, herausfließen

Die letzte Phase der Revolution: das Direktorium (1795–1799)

1795	Verkündung der Direktorialverfassung (3. Verfassung seit 1791)
1799	Staatsstreich Napoleon Bonapartes

Nach der Schreckensherrschaft

Mit dem Ende der Terrorherrschaft machte sich im Bürgertum ein Gefühl der Befreiung breit. Etappenweise wurden der Polizei- und Justizterror, die Wirtschaftslenkung (Preisfestsetzungen) und der Meinungsdruck beseitigt. Die Gefängnisse wurden geöffnet und der Jakobinerklub einschließlich seiner Tochtergesellschaften geschlossen. Eine „Säuberung" des öffentlichen Dienstes begann.

Die Not der städtischen Kleinbürger, die von der anhaltenden Inflation und der Freigabe der Lebensmittelpreise besonders betroffen waren, hielt jedoch an. Die Sansculotten forderten im Mai 1795 *„Brot und die Verfassung von 1793"* und bedrohten den Konvent. Regierungstreue Truppen beendeten diese letzte große Aktion der Sansculotten blutig.

Im August 1795 veröffentlichte der Konvent eine neue Verfassung, es war die dritte seit 1791. Mit ihr wurde das Zensuswahlrecht wieder eingeführt (⇨ M 1). Nach diesem Wahlrecht erfüllten nur etwa 30 000 Franzosen die materiellen Voraussetzungen, um Wahlmänner zu werden und Abgeordnete wählen zu können.

Die Legislative wurde in zwei Kammern geteilt: Beim *Rat der Fünfhundert* lag die ausschließliche Gesetzesinitiative, während der *Rat der Alten* die Gesetze lediglich annehmen oder zurückweisen konnte. Die Exekutive übernahm ein fünfköpfiges *Direktorium (Directoire).* Die Direktoren wurden vom „Rat der Alten" gewählt. Jährlich sollten ein Mitglied des Direktoriums und ein Drittel der beiden Kammern neu gewählt werden.

Das Militär war jetzt der wichtigste innenpolitische Machtfaktor. Es unterdrückte die letzten royalistischen Aufstände und verhinderte im Mai 1796 einen Staatsstreich, den die Untergrundorganisation der „Gleichen" unter der Führung *Babeufs* geplant hatte (⇨ M 2).

Noch stärker als die vorhergehenden Revolutionsregierungen versuchte das Direktorium durch eine expansive und kriegerische Außenpolitik einen Ausgleich für die Rückschläge im Innern zu schaffen. Beseelt vom Glauben an die Revolution, kämpften französische *Volksheere* gegen die stehenden Heere der traditionellen Mächte Europas. Die nationale Leidenschaft der Soldaten erlaubte groß angelegte Angriffskriege, die der hinhaltenden Taktik von Söldnertruppen überlegen waren. Ein junges Offizierskorps konnte flexibel und mit kleinen Einheiten operieren, ohne befürchten zu müssen, durch Fahnenflüchtige dezimiert zu werden. Auf dieser Basis ließen sich neue, zunächst überraschende Kampfesweisen entwickeln.

Am Ende des *Ersten Koalitionskrieges* (1792–1797) hatte sich ein alter französischer Traum erfüllt: Das gesamte linksrheinische Gebiet wurde erobert, und der Rhein sollte fortan die natürliche Grenze Frankreichs bilden. Auch in Italien entstanden nach erfolgreichen Feldzügen zahlreiche Tochterrepubliken. Auf Dauer konnte die innenpolitische Misere jedoch allein mit Eroberungspolitik nicht überbrückt werden.

Napoleon oder das „amtliche" Ende der Revolution

Als sich militärische Rückschläge einstellten, brachen erneut innenpolitische Machtkämpfe aus. Das regierende Direktorium befürchtete im Sommer 1799 einen Rechtsrutsch im Parlament. Da rief Sieyès, der Mann der ersten Stunde, *Napoleon Bonaparte* auf den Plan. Der 1769 auf Korsika geborene Napoleon Bonaparte verdankte seine Karriere der Revolution. In ihren Diensten war er rasch zum General aufgestiegen. Bei der Niederschlagung innerer Unruhen und als siegreicher Oberbefehlshaber in Italien wurde er bald auch dem Direktorium zur unentbehrlichen Stütze.
Dies hinderte ihn nicht, die Regierung am 9./10. November 1799 zu stürzen und aufkeimenden Widerstand des Parlaments mit Waffengewalt zu brechen. Ein Kollegium von drei Konsuln trat an die Stelle des Direktoriums, und Bonaparte wurde *Erster Konsul.* Sogleich ließ er seine neue Position vom Volk bestätigen. Von über drei Millionen Stimmen wurden nur 1562 gegen ihn abgegeben – bei allerdings vier Millionen Enthaltungen. Zu diesem Erfolg hatte ihm in erster Linie sein großes Prestige als genialer militärischer Führer verholfen. Um aber seine Stellung im Staat dauerhaft zu sichern, musste Bonaparte die Interessen der sozialen Führungsschichten zu einem Ausgleich mit den Prinzipien der Revolution bringen. Er versuchte deshalb nicht, die revolutionären Erfolge wieder abzuschaffen, sondern erklärte die Revolution lediglich für „amtlich beendet" (⇨ M 3).
Die Bewertung der Französischen Revolution ist bei Zeitgenossen wie Historikern umstritten wie nur wenige andere historische Ereignisse. Unstrittig ist hingegen ihr Einfluss auf die Öffentlichkeitswirkung des politischen Lebens. Politik war hinfort nicht mehr die ausschließliche Sache absolutistischer Kabinette. Die Regenten mussten künftig der Wechselwirkung ihrer Entscheidungen Rechnung tragen und sich um öffentliche Anerkennung bemühen. Der aufgeklärte Bürger hatte sein politisches Bewusstsein entdeckt (⇨ M 4).

M 1 Staatsform und Wahlrecht von 1789–1795

Zwischen 1789 und 1799 wurden in Frankreich vier Verfassungen verabschiedet. Sie alle dokumentieren unterschiedliche Stadien der Revolution und sind Ausdruck eines intensiven Erfahrungs- und Lernprozesses. Die Festlegung der Regierungsform und die Wahlrechtsbestimmungen zeigen die Spannbreite der Bemühungen auf, die Ausübung und die Beteiligung der Bevölkerung an der Macht zu regeln.

	Ancien régime (Wahlordnung von 1789)	*Verfassung von 1791*	*Verfassung von 1793* (trat nicht in Kraft)	*Verfassung von 1795*
Regierungsform	absolutistische Monarchie	konstitutionelle Monarchie	Republik	Republik
Staatsoberhaupt	König	König		5 Direktoren
Vertretungssystem	Generalstände (beratende Funktion) 1. Stand: ca. 300 Vertreter 2. Stand: ca. 300 Vertreter 3. Stand: ca. 600 Vertreter	Nationalversammlung (745 Vertreter aus 83 Departements)	Nationalrepräsentation (je 1 Abgeordneter auf 40 000 Einwohner, etwa 750 Abgeordnete)	– Rat der Alten (250 Mitglieder) – Rat der Fünfhundert
Wahlverfahren	nach Ständen	indirekt	direkt	indirekt
Wahlberechtigung (in den Urversammlungen)	– Männer (beim Adel auch Frauen) – 25 Jahre – Eintragung in die Steuerliste	– Männer – 25 Jahre – fester Wohnsitz seit einem Jahr – weder Tagelöhner noch Dienstleute – Steuerleistung im Wert von 3 Arbeitstagen – Mitglied der Nationalgarde – Bürgereid	– Männer – 21 Jahre – ein Jahr in Frankreich	– Männer – 21 Jahre – ein Jahr in Frankreich und / oder (ehemaliger) Soldat – Jungwähler sollten lesen und schreiben können und einer qualifizierten Arbeit nachgehen
Voraussetzungen, um als Wahlmann bestellt zu werden		– aktives Bürgerrecht – 25 Jahre		– aktives Bürgerrecht – 25 Jahre
Eigentum / Einkommen im Wert von – in Städten über 6000 Einwohner – in Städten unter 6000 Einwohner – auf dem Land		 – 200 Arbeitstagen – 100–150 Arbeitstagen – ca. 150 Arbeitstg.		 – 100 Arbeitstagen – 150 Arbeitstagen – 150-200 Arbeitstg.
Zahl der Wahlmänner		etwa 45 000		etwa 30 000
Voraussetzungen, um als Abgeordneter gewählt zu werden		aktives Bürgerrecht	aktives Bürgerrecht	Rat der Fünfhundert: – 30 Jahre – fester Wohnsitz seit 10 Jahren Rat der Alten: – 40 Jahre – fester Wohnsitz seit 15 Jahren

1. *Erläutern Sie die in den Verfassungen aufgeführten Begriffe und Stichwörter.*
2. *Bestimmen Sie die gesellschaftlichen Interessen, die in den Verfassungen ihren Niederschlag gefunden haben.*

M 2 Manifest der Gleichen

François Noël Babeuf (1760–1797, hingerichtet) kritisierte sowohl Robespierre als auch das Direktorium. Im November 1795 veröffentlichte er in seiner Zeitschrift „Tribun du Peuple" das „Manifest der Gleichen".

Es ist Zeit, dass das mit Füßen getretene und gemeuchelte Volk großartiger, feierlicher, allgemeiner als es je getan, seinen Willen kundgibt, auf dass nicht nur die Symptome, die Begleiterscheinungen des Elends, sondern die Wirklichkeit, das Elend selbst, ausgerottet werden. Möge das Volk sein Manifest erlassen! [...] Möge es darin aufzeigen, dass die Demokratie solchen, die zu viel haben, Verpflichtung ist, diejenigen, die nicht genug haben, mit allem, was ihnen fehlt, zu versehen! [...]

Wir werden zeigen, dass beim Übergang aus dem Naturzustand zum gesellschaftlichen Zustand das Los keines Einzigen sich hätte verschlechtern dürfen.

Wir werden die Grenzen des Eigentumsrechts festsetzen.

Wir werden beweisen, dass Grund und Boden nicht Einzelnen, sondern allen gehört.

Wir werden beweisen, dass alles, was sich jemand mehr davon aneignet als er zu seiner Ernährung braucht, Diebstahl an der Gesellschaft ist. [...]

Dass Überlegenheit der Talente und des Fleißes nur ein Märchen, ein blendender Betrug ist, der zu allen Zeiten den Komplotten der Verschwörer gegen die Gleichheit einen Schein von Rechtfertigung verschafft hat.

Walter Grab (Hrsg.), Die Französische Revolution. Eine Dokumentation, München 1973, S. 278 ff.

1. *Für welche Ideologie des 19. und 20. Jahrhunderts ist dieses Manifest von Bedeutung?*
2. *Rufen Sie sich die verschiedenen Bevölkerungsgruppen in Stadt und Land in Erinnerung. Welche Reaktionen mögen Babeufs Vorstellungen bei ihnen hervorgerufen haben?*

M 3 Die amtliche Beendigung der Revolution

Am 15. Dezember 1799 erließen die drei Konsuln folgende Proklamation:

Franzosen, es wird euch eine Verfassung vorgelegt.

Sie setzt den Ungewissheiten, die die Provisorische Regierung in den auswärtigen Beziehungen, in der inneren und in der militärischen Lage der Republik aufkommen ließ, ein Ende. [...]

Die Verfassung gründet sich auf die wahren Prinzipien der parlamentarischen Regierung und auf die geheiligten Rechte des Eigentums, der Gleichheit und der Freiheit.

Die Gewalten, die sie einsetzt, werden stark und dauerhaft sein, wie sie es sein müssen, wenn sie die Rechte der Bürger und die Interessen des Staates schützen sollen.

Bürger, die Revolution ist den Grundsätzen, von denen sie ihren Ausgang nahm, fest verbunden; sie ist beendet.

Walter Markov, Revolution im Zeugenstand. Frankreich 1789–1799, Band 2, Leipzig 2. Auflage 1986, S. 698 f.

1. *An welche Gefühle der Bürger wird die Proklamation wohl appelliert haben?*
2. *Welche Gruppen der Gesellschaft dürften mit der „Beendigung der Revolution" am meisten zufrieden sein?*

Zwei Bilanzen der Revolution

M 4

Der marxistisch orientierte Historiker Michel Vovelle ist Leiter des Instituts für die Geschichte der Französischen Revolution in Paris.

Innerhalb von zehn Jahren markiert die Französische Revolution eine entscheidende und im Wesentlichen irreversible Wende nicht nur in der Geschichte Frankreichs, sondern auch der Welt; und zwar nicht nur durch das, was sie zerstört, sondern auch durch das, was sie aufbaut oder ankündigt. [. . .] Ihre Bedeutung hängt zunächst mit den von ihr erlassenen neuen Proklamationen zusammen: Sie ist die Revolution der Freiheit und der Gleichheit, und sie begründet am Ende des Jahrhunderts der Aufklärung eine neue Gesellschaftsordnung. [. . .]

Die dauerhafteste Nachwirkung erlangte die Revolution zweifellos über Proklamationen und Experimente. Aber jenseits der Proklamationen wurde auch das Land selbst nachhaltig transformiert[1]). [. . .]

Mit der Nationalisierung der Kirchengüter (vermutlich 6 bis 10 % des Grund und Bodens), dann dem Verkauf der Emigrantenbesitzungen wechselt ein Sechstel des nationalen Territoriums den Besitzer. [. . .] Mit sehr großen örtlichen Unterschieden hat die Bauernschaft vielleicht zwischen einem Drittel und der Hälfte der Nationalgüter aufgekauft. Auch die städtische oder dörfliche Bourgeoisie hat ihren Grundbesitz vergrößert. Vor allem aber konnten die mittleren und kleinen Bauern ihre wirtschaftliche Situation erheblich verbessern, da sie nun keine seigneurialen Abgaben mehr

Die amerikanische Historikerin Lynn Hunt (Berkeley) setzt bei der Beurteilung der Französischen Revolution gegenüber der marxistisch geprägten Geschichtsschreibung andere Prämissen.

In meinen Augen waren die sozialen und ökonomischen Veränderungen im Gefolge der Französischen Revolution nicht revolutionär. Die Adligen erhielten ihre Titel und ein Gutteil ihres Landbesitzes zurück. Obwohl beträchtliche Mengen Land während der Revolution den Besitzer wechselten, blieb die Struktur des Grundbesitzes im Wesentlichen dieselbe; die Reichen wurden noch reicher und die Kleinbauern festigten ihre Position dank der Aufhebung der Feudalabgaben. Der industrielle Kapitalismus wuchs nach wie vor im Schneckentempo. Im Bereich der Politik dagegen änderte sich fast alles. Tausende von Männern und auch viele Frauen sammelten unmittelbare Erfahrungen in der politischen Arena; sie redeten, lasen und hörten auf neue Weise; sie wählten; sie traten in neue Organisationen ein; und sie gingen für ihre politischen Ziele auf die Straße. Die Revolution wurde zur Tradition, und die Republik blieb eine fortdauernde Möglichkeit. Danach konnten Könige nicht mehr ohne Versammlungen regieren, und die Beherrschung der öffentlichen Angelegenheiten durch den Adel provozierte neue Revolutionen. Folglich betrieb Frankreich im neunzehnten Jahrhundert die bürgerlichste Politik in ganz Europa, obwohl es zu keiner Zeit die führende Industriemacht war. Erklärungsbedürftig ist daher nicht die Entstehung einer neuen Produktionsweise oder einer ökonomischen Modernisierungsbewegung,

[1]) transformatio (lat.): Umwandlung, Umformung

zu leisten und keine Feudallasten mehr zu tragen hatten. [. . .]
Der Adel hat unter der Revolution zwar gelitten, aber er ist keineswegs verschwunden. Vielmehr ist er mit den *bourgeois* und den *rentiers* zur damals neu entstehenden Gruppe der *propriétaires* (Grundbesitzer) verschmolzen, die mehr als ein halbes Jahrhundert des Wohlstands vor sich hat. Diese Neugruppierung der „Welt der Grundrente" wird Frankreich vom Kaiserreich bis zur zensitären[1]) Monarchie beherrschen. Daneben kann man die Entstehung einer neuen Gruppe von Beamten und öffentlichen Bediensteten vermuten, die die Gruppe der königlichen Offiziere ablöst, welche nur noch ein Rentnerdasein führt. [. . .]
Derartige Verschiebungen oder Migrationen[2]) mögen am Ende begrenzt erscheinen, denn sie bleiben durch die Disproportion zwischen zwei Revolutionen gekennzeichnet: zwischen der Französischen Revolution als politischem und gesellschaftlichem Umsturz zu Gunsten der Bourgeoisie, die die objektive Grundlagen neuer gesellschaftlicher Verhältnisse errichtet; und der industriellen Revolution der Jahre nach 1830, die diese Ansätze fortsetzen wird.
Aber dies bedeutet noch lange nicht, dass das revolutionäre Ereignis von 1789 begrenzt oder gar belanglos war: [. . .] [Es] ist der Prototyp und das begeisternde Vorbild aller großen nationalen Revolutionen des 19. Jahrhunderts.

Michel Vovelle, Die Französische Revolution. Soziale Bewegungen und Umbruch der Mentalitäten, Frankfurt a. M. 1985, S. 51 ff.

sondern die Herausbildung einer politischen Kultur der Revolution. [. . .]
Die Französische Revolution verwirrt uns noch heute, weil sie so viele zentrale Merkmale moderner Politik hervorgebracht hat. Sie war nicht lediglich ein Beispiel für die Gewalt und Instabilität, die durch den Modernisierungsprozess ausgelöst werden können, oder ein wesentlicher Schritt auf dem Weg zum Kapitalismus oder ein Glied im Prozess der Herausbildung des autoritären Staates, obwohl sie zu alledem beigetragen haben dürfte. Wichtiger ist die Tatsache, dass sie den Augenblick kennzeichnet, da die Politik als eine Tätigkeit mit gewaltigen Möglichkeiten, als Agent zielstrebiger Veränderung, als Gussform für Charakter, Kultur und soziale Beziehungen erkannt wurde.

Lynn Hunt, Symbole der Macht, Macht der Symbole. Die Französische Revolution und der Entwurf einer politischen Kultur, Frankfurt a. M. 1989, S. 264 und 282

1. *Michel Vovelle unterscheidet zwei große Bereiche der Revolution. Wie gewichtet er diese Teile im Vergleich zu seiner Kollegin Lynn Hunt?*
2. *Welche Bedeutung haben Ihrer Meinung nach die sozialen und ökonomischen Faktoren für die Entstehung und Veränderung von politischen Vorstellungen und Einrichtungen?*
3. *Nach Lynn Hunt hat die Revolution „viele zentrale Merkmale moderner Politik hervorgebracht". Belegen sie die von ihr genannten Beispiele.*

---

[1]) Anspielung auf das Zensuswahlrecht im Kaiserreich Napoleons III.
[2]) Wanderungen/Veränderungen innerhalb der Gesellschaft

„Revolution von oben“ und Restauration

Napoleon überschreitet den großen St.-Bernhard-Pass (Gemälde von Jacques-Louis David). Das Bild Davids, eines Begründers der klassizistischen Malerei, symbolisiert den steilen Aufstieg Napoleon Bonapartes. Eingemeißelt in den Stein zu Füßen des Ersten Konsuls steht der Name Karls des Großen (Karolus Magnus). Das Repräsentationsbild entstand 1799.

Die Napoleonische Herrschaft verändert Frankreich

1799	Konsulatsverfassung Napoleon Bonapartes
1804	Veröffentlichung des Code Civil
	Napoleon krönt sich zum Kaiser

Die Konsulatsverfassung

Napoleon Bonaparte, der Erste Konsul, nutzte die Sehnsucht der Bürger nach Ruhe, um eine straffe innere Ordnung herzustellen. Die Verfassung, die er dem Volk vorlegte, wahrte den Schein der Gewaltenteilung, in Wahrheit gab sie alle Macht in die Hände der Exekutive. So hatte der *Staatsrat,* dessen Vorsitzender Napoleon war, das alleinige Recht der Gesetzesinitiative. Die Legislative konnte nur über die Vorlagen der Regierung abstimmen, von sich aus durfte sie keine Gesetze vorschlagen oder ändern. Die Vertreter der Volksversammlung wurden überdies in einem indirekten Wahlverfahren zwar vom Volk gewählt, die Berufung der Kandidaten des Wahlvorgangs nahm jedoch ein von Napoleon ernannter Senat unter den 500 Höchstbesteuerten jedes Departements vor. Gegner der Regierungspolitik hatten dadurch kaum eine Gelegenheit, ins Parlament zu gelangen. Propagandistisch geschickt vorbereitete Volksentscheidungen (Plebiszite) sorgten dennoch für den Anschein demokratischer Mitwirkung des Volkes an politischen Grundsatzfragen.
Auch auf die dritte Gewalt, die Judikative, übte Napoleon Einfluss aus, indem er alle Richter selbst einsetzte. Ablösen konnte er sie danach allerdings nicht mehr.
Diese Regelungen bildeten den verfassungsrechtlichen Grundstein der ersten Diktatur in der Neuzeit, die sich des Mantels der Demokratie bediente.

Die innere Befriedung Frankreichs

Napoleons Umgestaltung der Verwaltung vollendete, was der Absolutismus seit Ludwig XIV. und die Revolutionsregierungen vorbereitet hatten und was bis heute die französische Binnenstruktur kennzeichnet. Von der Zentrale Paris aus wurde das ganze Land durch staatlich besoldete, von Napoleon ernannte (also nicht mehr gewählte) Berufsbeamte verwaltet. Eine lückenlose Befehlskette führte von der Regierung über die Präfekten der ursprünglich 83 Departements und die Unterpräfekten der *Arrondissements*[1]) zu den Bürgermeistern der Gemeinden. Mit dieser straff organisierten Bürokratie verfügte Napoleon über ein Instrument zur raschen Durchsetzung seiner Pläne.
Pragmatisch bemühte sich der Erste Konsul um eine Einigung der Nation und einen Ausgleich zwischen den von der Revolution aufgerissenen Fronten. Der zuvor bekämpfte katholische Glaube wurde in einem *Konkordat*[2]) mit Papst *Pius VII.*[3]) wieder als Religion der großen Mehrheit der Franzosen anerkannt. Die Regierung behielt sich aber weiterhin die Einsetzung der Bischöfe vor und sicherte sich durch Treueid und Übernahme der Besoldung die Loyalität der Priester. Die Gefahr einer Gegenrevolution aus kirchlichen Kreisen war damit gebannt.

[1]) den Departements untergeordnete Verwaltungseinheiten

[2]) Völkerrechtlicher Vertrag zwischen Staat und katholischer Kirche zur Regelung kirchlich-staatlicher Angelegenheiten

[3]) Pius VII. (1740–1823), Papst seit 1800. Pius wurde von 1809–1814 von Napoleon gefangen gehalten; auf dem Wiener Kongress 1815 erreichte er die Neubegründung des Kirchenstaates.

Diskriminierende Gesetze gegen den Adel wurden aufgehoben sowie die Rückkehr von Emigranten gestattet. Eine neue Führungsschicht entstand. Zu ihr zählten Angehörige des alten Adels ebenso wie Aufsteiger aus dem Bürgertum. Nicht mehr Geburt und ständische Privilegien entschieden über die Zugehörigkeit, sondern Leistung und Funktion. Ein zentral reglementiertes, auf Effizienz bedachtes Bildungswesen schuf die Grundlagen für eine anschließende Karriere in Staat und Gesellschaft. Voraussetzung dafür war jedoch, dass man die Mittel für eine teuere Ausbildung aufbringen konnte.
Von zentraler Bedeutung war die Schaffung eines neuen bürgerlichen Gesetzbuches, des *Code Civil*[1]), der bald Vorbild für die Rechtsentwicklung in Europa wurde. Die 1804 veröffentlichte Gesetzessammlung bildete die rechtliche Grundlage der bürgerlichen Gesellschaftsordnung und sicherte die Errungenschaften der Revolution: Freiheit der Person und des Gewissens, Gleichheit vor dem Gesetz, Freiheit der wirtschaftlichen Betätigung und Garantie des Privateigentums.
Die eingeleiteten Reformen entsprachen der Grundhaltung des Bürgertums. Zusammen mit einer wachsenden Wirtschaft verhalfen sie Napoleon zu ungeheurer Popularität. Die Aufrechterhaltung der persönlichen Freiheit konnte allerdings nicht darüber hinwegtäuschen, dass eine weitere Errungenschaft der Revolution wieder verloren gegangen war: Die politischen Freiheitsrechte setzte Napoleon außer Kraft. Ein wertloses Wahlrecht, strenge Pressezensur, eingeschränkte Versammlungsfreiheit, Bespitzelung und politische Morde zeigten das andere Antlitz seiner Herrschaft. Ende 1804 ließ Napoleon sich in einem Plebiszit von der überwältigenden Mehrheit der Bevölkerung als „Kaiser der Franzosen" bestätigen (⇨ M 1).

Code Civil: Der Code Civil regelte in knapp 2300 Artikeln das gesamte Zivilrecht und hat in Frankreich in seinen Grundzügen bis heute Gültigkeit behalten. Mit seinem Gesetzeswerk schuf Napoleon ein Rechtssystem, das sowohl überregional handhabbar war als auch in besonderem Maße die gesellschaftliche Situation des beginnenden 19. Jahrhunderts widerspiegelte. Aus diesen Gründen erwies sich der Code Civil anderen Gesetzesbüchern seiner Zeit überlegen und fand im Gefolge der französischen Truppen Eingang in das deutsche Rechtssystem. Neu für die deutschen Staaten war auch die Übernahme der französischen Gerichtsverfassung, die Verwaltung und Justiz weitgehend trennte und die Gerichte zur unabhängigen dritten Gewalt machte.
Der Einfluss des Code Civil reicht in Deutschland bis in unsere Tage. Das 1900 in Kraft gesetzte *Bürgerliche Gesetzbuch (BGB)* hatte seine Vorbilder neben dem Römischen Recht, im preußischen und sächsischen Rechtskreis sowie im Badischen Landrecht von 1809, einer Bearbeitung des Code Civil. Parallele Entwicklungen lassen sich auch in anderen südeuropäischen Ländern und den Benelux-Staaten feststellen.

[1]) Code: Kodex, Gesetzessammlung

Wie sehr Napoleon auf antike Vorbilder zurückgriff, zeigt der Bau des Arc de Triomphe, den er ab 1806 als nationale Gedenkstätte zur Verherrlichung der kaiserlichen Armeen bauen ließ. Napoleon imitierte damit die zur Ehrung siegreicher römischer Feldherren errichteten Triumphbögen, auf denen die ruhmreichen Taten der Eroberer eingemeißelt waren (zeitgenössischer Stich von Reiss).

Rückgriff auf antike Vorbilder

Als Napoleon am 2. Dezember 1804 in der Kirche Notre Dame in Paris sich die Kaiserkrone selbst aufs Haupt setzte, knüpfte er damit bewusst an antike und mittelalterliche Traditionen an. Nicht das französische Königtum wollte er neu errichten, sondern der mächtigste Herrscher Europas stellte sich in eine direkte Verbindungslinie zu den Kaisern Roms und deren Nachfolgern im Mittelalter. Als bürgerlicher Emporkömmling empfand er den Makel seiner Herkunft gegenüber den etablierten Fürstenhäusern. Die Kaiserkrone und – nach Möglichkeit — die Gründung einer eigenen Dynastie sollten die fehlende monarchische Legitimität vergessen machen. Diesem Zweck diente auch Napoleons zweite Ehe mit der Habsburgerin *Marie Louise,* der Tochter des österreichischen Kaisers (1810). Die Hochzeit sollte seinen Aufstieg in den Kreis der traditionellen Monarchien besiegeln.
Die Rückbesinnung auf antike Herrschaftsmentalitäten entsprach aber nicht nur dem Legitimitätsbedürfnis Napoleons, sie hatte ihre tiefere Wurzel im Zeitgeist des *Klassizismus.* Ein Zeitalter, das sich als aufgeklärt und vernunftbetont verstand, nahm Abschied von der Sinnesfreude des Barock und Rokoko. Die Künstler Europas besannen sich in der zweiten Hälfte des 18. Jahrhunderts zurück auf die einfachen, gesetzmäßigen Formen der Antike. „Malen wie man in Sparta sprach“, lautete bereits 1781 eine Losung junger französischer Maler.

Während der Französischen Revolution beherrschten die antiken Vorbilder alle Formen der Kunst. Pathos und unbeugsames heroisches Verhalten entsprachen dem Selbstverständnis der Revolutionäre. Im *Empire* (Kaiserreich) Napoleons beeinflusste der Klassizismus Kunst und Alltagsleben: Architektur, bildende Kunst, Literatur, Mode und Kunstgewerbe, alle Lebensbereiche bis hin zur Haartracht ahmten antike Vorbilder nach. Von Frankreich aus trat der Empire-Stil seinen Siegeszug durch ganz Europa an.

Verdienste Napoleons

M 1

François de Jaubert (1758–1822) war Präsident der Gesetzgebenden Versammlung (Tribunat). Am 2. Mai 1804 trat er in einer Rede für die Errichtung einer erblichen Monarchie unter Napoleon ein.

Eine Wahrheit, die die Geschichte bestätigt hat, ist, dass ein großer Staat Spaltungen nur mit einer erblichen Exekutivgewalt vermeiden kann.
Das Wahlsystem ist nur eine fürchterliche revolutionäre Theorie. Jede Änderung lässt den persönlichen Ehrgeiz ausbrechen, nährt den Parteiengeist, eröffnet Möglichkeiten für Intrigen, liefert den Neuerern Vorwände, schmeichelt der Eifersucht des Auslands, weckt dessen Hoffnungen. [. . .]
Ah, wie ergriffen waren wir, als am 10. November 1799 der Retter Frankreichs die denkwürdigen Worte vernehmen ließ: „Die Revolution ist an die Grundsätze gebunden, mit denen sie begonnen hat." Was wollten wir 1789? Das Eingreifen unserer Vertreter bei der Festlegung der Steuern, die Abschaffung des Feudalsystems, die Vernichtung jeglicher für die moralischen und intellektuellen Kräfte beleidigenden Unterscheidungen, die Beseitigung der Missbräuche, die Pflege aller liberalen Gedanken, die Garantie für den Wohlstand im Inneren und für unsere Achtung im Ausland, das sind die wahren Wünsche der Nation gewesen, und alle Franzosen hatten deutlich gespürt, dass sich diese Wünsche nur mit einer Erbdynastie und mit Einrichtungen verwirklichen ließen, die die Bürger gegen die Irrtümer der Regierung schützen. [. . .]
Das französische Volk will die Quelle der politischen Unruhen austrocknen, aber es will auch die Früchte seiner langen und mühseligen Arbeit bewahren, es will sie der fernsten Nachwelt sichern. [. . .]
Napoleon Bonaparte hatte durch seine Heldentaten jenes Italien in Erstaunen versetzt, das seit Jahrhunderten gewohnt war, nur von römischen Heeren zu sprechen. Er gibt dem Kontinent den Frieden, Afrika ist Zeuge neuer Wundertaten, sein Ruhm durchstrahlt Asien, er erfüllt die Welt. [. . .] Ja, wer könnte all die Wunder nennen, die er seit seinem Aufstieg zum Konsulat vollbracht hat! Betrachten Sie, was vier Jahre hervorgebracht haben: Die Grundlagen der Verwaltung sind festgelegt, in die Finanzen ist Ordnung gebracht, die Armee ist organisiert; [. . .] Europa ist befriedet, der Handel ist in Gang gebracht, die Industrie ermutigt, so auch die Künste und die Wissenschaften; die Altäre sind wieder aufgerichtet, Friede wird den Gewissen zuteil, die Zufluchtsstätten der leidenden Menschheit erhalten Zuwendungen, das staatliche Unterrichtswesen ist neu aufgebaut; gewaltige Arbeiten werden angeordnet und vollendet; Frankreich erhält ein einheitliches bürgerliches Gesetzbuch, dem er den Stempel seines Genius aufgedrückt hat; jeglicher

Die Kaiserkrönung Napoleons in der Pariser Kathedrale Notre Dame (Ausschnitt aus einem Gemälde von Jacques-Louis David). Um an das mittelalterliche Zeremoniell bei solchen Anlässen anzuknüpfen, lud Napoleon eigens Papst Pius VII. nach Paris ein. Der Papst segnete und salbte den neuen Kaiser, doch die Krönung des Kaiserehepaars vollzog Napoleon selbst.
Das Gemälde veranschaulicht zugleich die widersprüchliche Entwicklung des Künstlers David. 1789 hatte er den historischen Augenblick des Ballhausschwurs verherrlicht (siehe Seite 225), 15 Jahre später glorifiziert er die Einsetzung einer neuen Erbmonarchie.

Parteiengeist ist ausgelöscht, alle Verbitterung beruhigt; alle Interessen sind in Übereinstimmung miteinander gebracht, alle Opfer unglücklicher Zeiten zurückgerufen [. . .].
All diese Leistungen werden den kommenden Jahrhunderten die tiefe Ergebenheit erklären, von der die Franzosen für Napoleon Bonaparte durchdrungen sind, so auch die Zeugnisse der Liebe, die ihm die Nation entgegenbringt, diesen so stark ausgesprochenen Wunsch: dass jener, dem die Republik so großen Ruhm und so große Wohltaten verdankt, einwilligen möge, ihr Kaiser genannt zu werden und die ausführende Gewalt in seiner Familie festzulegen.

Irmgard und Paul Hartig, Die Französische Revolution, Stuttgart 1985, S. 116 ff.

1. *Welche Ursachen für die Revolution von 1789 werden genannt? Stimmen Sie in allen Punkten mit dem Redner überein?*
2. *Nennen Sie die Gründe, die für eine Abschaffung der Republik genannt werden.*
3. *Vergleichen Sie die Argumente Jauberts mit der Diskussion über monarchistische Herrschaft im Absolutismus und in der Aufklärung. Welche alten, welche neue Begründungen werden deutlich?*
4. *Diskutieren Sie anhand der Rede und des darstellenden Teils (Seite 254 ff.) die Frage, inwieweit Napoleon Vollender oder Überwinder der Französischen Revolution war.*

Reformen in den deutschen Staaten – die Antwort auf Napoleon

1803	Reichsdeputationshauptschluss: Neuerung des Reichs durch Mediatisierung und Säkularisation weltlicher und geistlicher Herrschaften
1806	Bayern und Württemberg werden Königreiche
	Gründung des Rheinbundes
	Ende des Heiligen Römischen Reichs Deutscher Nation
1807	Gebietsverluste Preußens im Frieden von Tilsit
	Die Bauernbefreiung leitet in Preußen die „Revolution von oben“ ein

Der Frieden von Lunéville

Napoleon Bonaparte war sich bewusst, dass seine aus der Revolution geborene Herrschaft eine Provokation des alten Europa war. Sicher konnte er sich nur fühlen, wenn er die traditionellen Mächte Europas in seine Abhängigkeit zwang. Den Anlass dazu bot ihm der 1799 ausgebrochene *Zweite Koalitionskrieg,* zu dem England die Großmächte Russland, Österreich, Portugal und die Türkei angestachelt hatte. Napoleon siegte und sicherte die Eroberungen der Revolutionskriege im *Frieden von Lunéville* (1801). Bereits 1795/97 hatten das mit der Teilung des Königreichs Polen beschäftigte Preußen und Österreich insgeheim die Abtretung des linken Rheinufers anerkannt. Gebietsverluste weltlicher Reichsfürsten sollten mit Territorien rechts des Rheins ausgeglichen werden. Diese Zugeständnisse musste jetzt Kaiser *Franz II.*[1]) offiziell für das Reich anerkennen.

Der Reichsdeputationshauptschluss

Die Grundzüge des Entschädigungsplans regelten Frankreich und das mittlerweile mit ihm verbündete Russland als Vormächte Europas unter sich. Die von einer *Deputation*[2]) des rechtlich zuständigen Reichstags in Regensburg ausgearbeitete Vorlage wurde schließlich als *Reichsdeputationshauptschluss* vom Kaiser gebilligt (1803).
Grundgedanke der neuen Ordnung im Reich sollten *Säkularisation* und *Mediatisierung* sein. Säkularisation bedeutete die Herrschaftsübernahme in kirchlichen Territorien durch weltliche Fürsten[3]). Zwei geistliche Kurfürstentümer, 19 Bistümer und 44 Abteien wurden als selbständige Reichsstände aufgelöst und anderen Ländern des Reiches zugeschlagen.
Auch kleinere weltliche Herrschaftsgebiete und die meisten selbständigen Reichsstädte verloren ihre Reichsunmittelbarkeit, wurden mediatisiert. Sie unterstanden nicht mehr direkt dem Reich, sondern mussten sich der Landeshoheit eines anderen weltlichen Reichsstandes unterwerfen.

[1]) Franz. II., Joseph Karl (1768–1835), Kaiser seit 1792
[2]) Ausschuss
[3]) Von dieser „Herrschaftssäkularisation“ ist die so genannte „Vermögenssäkularisation“ zu unterscheiden, siehe Seite 264.

Alles in allem blieben von knapp 300 selbständigen Reichsständen noch 41 Flächen- und Stadtstaaten übrig. Ein Siebtel der deutschen Bevölkerung (über drei Mio. Menschen) und eine Fläche von mehr als 10 000 qkm wurden jetzt von neuen Herrschern regiert. Die Stützen des Kaisers – Reichskirche, Reichsadel und die meisten Reichsstädte – waren entmachtet, das Reich in seinem Lebensnerv getroffen. Preußen und die süddeutschen Mittelstaaten waren die großen Gewinner. Preußen erhielt das Fünffache seiner linksrheinischen Verluste, Württemberg das Vierfache und Baden mehr als das Siebenfache. Ganz im Sinne Napoleons ging das bisher neutral gebliebene Preußen aus dem „Länderschacher“ als gestärktes Gegengewicht zu Österreich hervor.
Im deutschen Südwesten waren mit Bayern, Baden und Württemberg entsprechend Napoleons Zielen drei mittelgroße Flächenstaaten entstanden, groß genug, um den Anforderungen an ein modernes, leistungsfähiges Staatswesen gewachsen zu sein, stark genug, um zu einem dritten Machtfaktor in Deutschland zu werden, aber auch begrenzt genug, um auf ihren französischen Schutzherrn angewiesen zu bleiben.

Das Ende des Heiligen Römischen Reiches Deutscher Nation

1805 brach der *Dritte Koalitionskrieg* aus. Gegen das andauernde Expansionsstreben Frankreichs schlossen sich erneut England, Österreich und Russland zusammen. Die süddeutschen Mittelstaaten kämpften auf französischer Seite gegen den Habsburger Kaiser, um ihren Besitzstand zu wahren und das alte Ziel der Territorialfürsten zu erreichen: die vollständige Souveränität.
Nach Napoleons Sieg in der *Dreikaiserschlacht von Austerlitz* und dem *Frieden von Preßburg* (1805) zeigte sich, dass der französische Kaiser die Politik der „natürlichen Grenzen“ Frankreichs längst verlassen hatte. Er diktierte eine neue Hegemonialordnung. Im Reich beschränkte er sich zunächst darauf, die Mittelstaaten nochmals zu stärken. Diese rundeten in umfassender Mediatisierung der Reichsritterschaft ein weiteres Mal ihre Gebiete ab.
Dem entsprachen Standeserhöhungen der süddeutschen Regenten: Mit Beginn des Jahres 1806 nahmen die Kurfürsten von Bayern und Württemberg als *Max I. Josef* und *Friedrich I.* die Königswürde an; *Karl Friedrich von Baden* wurde Großherzog.
Im Juli desselben Jahres sagten sich dann 16 süd- und südwestdeutsche Staaten unter dem Protektorat[1]) Napoleons endgültig vom Reich los und bildeten den *Rheinbund* (◊ M 1). Kaiser Franz II. legte unter französischem Druck die Kaiserkrone nieder und führte fortan nur noch den schon 1804 angenommenen Titel eines erblichen Kaisers von Österreich (Franz I.). Das Heilige Römische Reich Deutscher Nation war nach fast tausendjähriger Geschichte erloschen (◊ M 2).

[1]) Schutzherrschaft auf der Basis völkerrechtlicher Ungleichheit

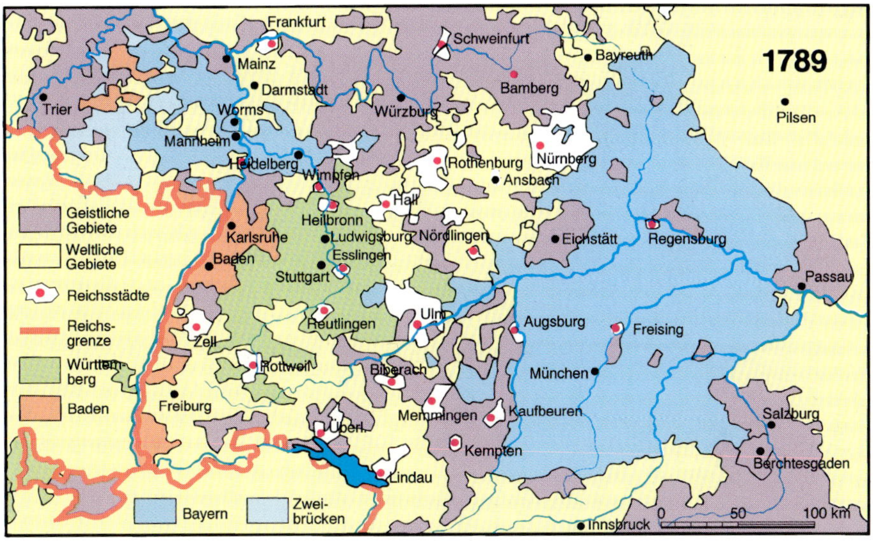

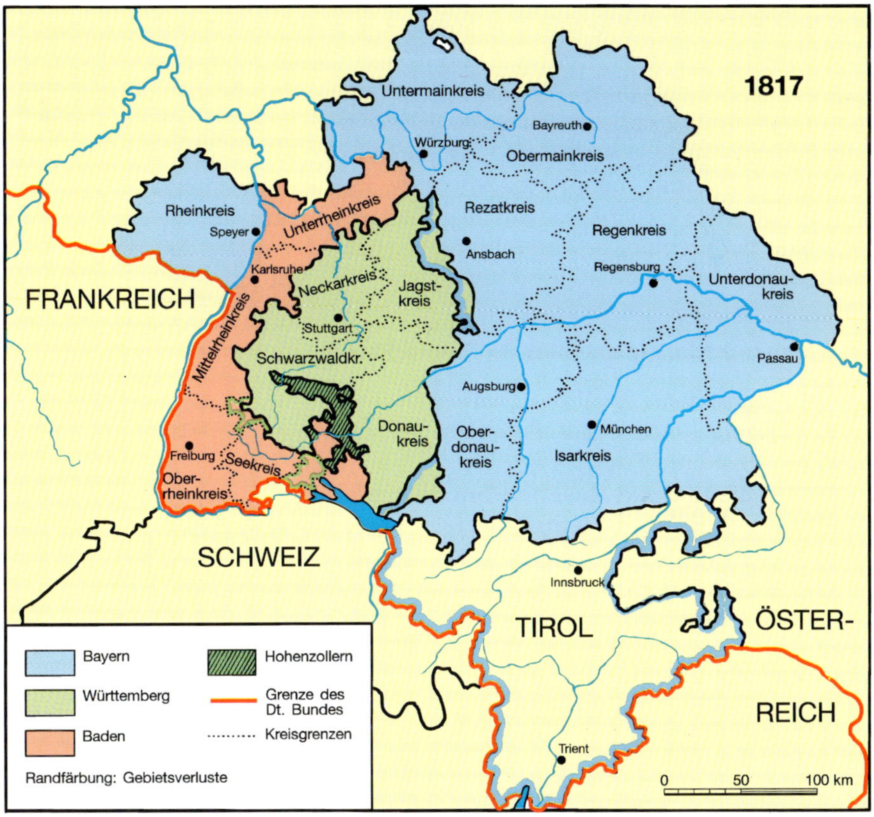

Gebietsveränderungen in Süddeutschland zwischen 1789 und 1817.

Der Mythos des Mittelalters

Angesichts der Auflösung des alten Reichs in machtlose Einzelstaaten und der Unterdrückung durch einen ausländischen Potentaten versenkten Künstler und gebildete Kreise sich in die idealisierte Welt längst vergangener Zeiten. Schon seit der Mitte des 18. Jahrhunderts hatte ein kleiner Kreis von Literaten die Beschäftigung mit dem Mittelalter wieder entdeckt. Aber erst um 1800, mit dem Einsetzen der *Romantik*[1]) verstärkte sich diese Bewegung schlagartig. Zweifellos war sie nicht zuletzt eine Flucht aus der Gegenwart. Man sammelte alte Märchen, Sagen und Volkslieder (*Achim von Arnim* und *Clemens Brentano* gaben ab 1805 *„Des Knaben Wunderhorn"* heraus) oder träumte von einer ruhmvollen Vergangenheit. Vorbild des Zeitgeistes war nicht mehr die klassische, rationalistische Antike, die noch die Aufklärung bestimmt hatte; die Romantiker strebten zurück zu der dunklen, mythisch gefärbten Welt des Mittelalters, die noch einer ganzheitlichen religiösen Sinngebung unterworfen schien.
Besonders das mächtige Kaisergeschlecht der Hohenstaufen und sein tragischer Untergang übten eine magische Anziehungskraft auf die Schriftsteller aus. Allein über *Konradin,* den letzten Staufer, der 16-jährig nach verlorener Schlacht enthauptet wurde, wurden über 100 Dramen geschrieben. Ein blühender königlicher Jüngling, der dem „welschen Verrat" zum Opfer fiel, entsprach ganz dem Geschmack des Publikums. Vor allem aber an Friedrich Barbarossa und Friedrich II. entzündete sich die Phantasie. Kaiser Rotbart sollte der Sage nach im Kyffhäuser[2]) seiner Wiederkunft entgegenharren, um das Reich einer neuen glänzenden Zukunft zuzuführen. So wurde Barbarossa während des gesamten 19. Jahrhunderts zu einer mythischen Gestalt stilisiert, die das Streben nach Befreiung von fremder Bevormundung beleben oder später den Wunsch nach nationaler Einheit und Größe rechtfertigen sollte (⇨ M 3).

Französische Machtexpansion in Deutschland

Preußen hatte den Zerfall des Deutschen Reiches bisher als neutraler Beobachter verfolgt, war dabei aber zum Juniorpartner Napoleons degradiert worden. Als König *Friedrich Wilhelm III.*[3]) auf einer selbständigen Politik beharren wollte und mit Russland Bündnisgespräche führte, wurde seine Armee bei Jena und Auerstedt Ende 1806 vernichtend geschlagen. Im *Frieden von Tilsit* (1807) trennte Napoleon alle westlich der Elbe gelegenen preußischen Gebiete ab und fügte sie mit anderen norddeutschen Staaten zum Königreich Westfalen zusammen. Die preußischen Erwerbungen aus drei polnischen Teilungen wurden in ein neu gegründetes Großherzogtum Warschau eingebracht. Preußen verlor fast die Hälfte seines Staatsgebiets und seiner Bewohner; es war zu einem Mittelstaat herabgesunken.

---

[1]) Geistesgeschichtliche Epoche, die um die Wende zum 19. Jahrhundert aufkommt; die Welt wird häufig gefühlsbetont und phantastisch empfunden und dargestellt.
[2]) Bergrücken südlich des Harzes bei Bad Frankenhausen in Thüringen
[3]) Friedrich Wilhelm III. (1770–1840), König von Preußen seit 1797

Seine militärische Vorherrschaft auf dem Festland nutzte Napoleon zum Wirtschaftskrieg gegen die immer noch unbesiegte Seemacht England. Die *Kontinentalsperre* verbot praktisch den gesamten Handel mit der Insel. Tatsächlich kam es in Großbritannien zu einer ernsten Wirtschaftskrise. Auf dem Kontinent traf die Blockade hauptsächlich die Küstenländer und exportorientierte Branchen wie die Landwirtschaft. Die neu aufkommenden Industrien profitierten hingegen vom Wegfall der überlegenen englischen Konkurrenz.
Neben der Kontinentalsperre führte Napoleon das *Kontinentalsystem* ein: Hohe Schutzzölle sollten das französische Gewerbe vor der Konkurrenz schützen; umgekehrt mussten die abhängigen Staaten ihre Märkte für Waren aus Frankreich öffnen. Überraschenderweise überstand die deutsche Wirtschaft Kontinentalsperre und -system besser als die französische, weil sich die Maßnahmen des Kaisers hier besser umgehen ließen als in Frankreich selbst. Die Wirtschaftspolitik des Eroberers schürte überall in Europa den Widerstand der Völker und verwickelte Napoelon so in immer neue militärische Abenteuer.
Doch zunächst stand das Grand Empire noch auf dem Höhepunkt seiner Macht: Die deutsche Staatenwelt war vollständig unter Napoleons Kontrolle; Österreich konnte nach einer neuerlichen Niederlage und einem von den Besatzern niedergeschlagenen antifranzösischen Bauernaufstand in Tirol (1809) keine unabhängige Politik mehr betreiben; in Südeuropa saßen meist Verwandte Napoleons auf dem Thron. Selbst der Zar schien bereit, sich dem Krieg gegen England anzuschließen.

Das Empire auf dem Höhepunkt seiner Macht (1812).

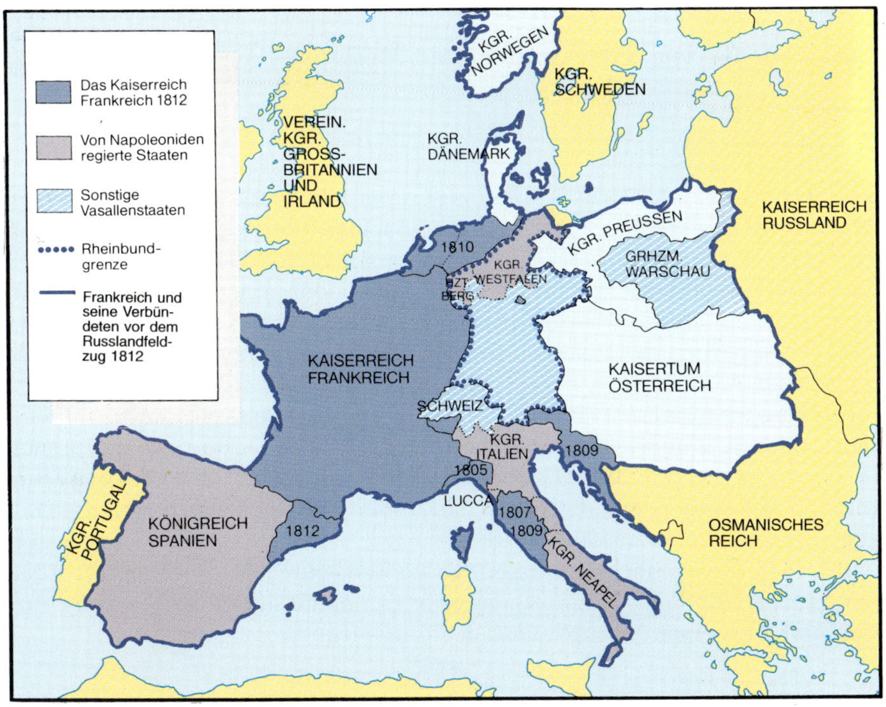

Ziele französischer Besatzungspolitik

Der 1806 gegründete Rheinbund umfasste mit Ausnahme Preußens und Österreichs bald nahezu alle deutschen Staaten. Napoleon verfolgte mit seinem Protektorat gleich mehrere Ziele. Wichtig war ihm in erster Linie die Schaffung eines schlagkräftigen Militärbündnisses, das jährlich Soldaten zu stellen hatte und als Aufmarschgebiet für künftige Kriege diente. Daneben wollte er aber auch die Errungenschaften der Französischen Revolution „exportieren" und allmählich die Binnenstrukturen des „dritten Deutschland" an französische Verhältnisse angleichen. Fernziel war schließlich ein harmonisiertes Europa unter der Kontrolle des Grand Empire.

Dabei verlief die Entwicklung in den französisch beeinflussten Gebieten durchaus unterschiedlich. Das linksrheinische Gebiet organisierte Napoleon völlig nach französischem Muster, sollte es doch für immer bei Frankreich verbleiben. Innerhalb des Rheinbunds war das neu geschaffene Königreich Westfalen als Vorbild gedacht. Es erhielt Ende 1807 die erste geschriebene Verfassung auf deutschem Boden, die bürgerliche Rechtsordnung des Code Civil sowie ein zentralistisches Verwaltungs- und Finanzsystem. Doch alle Reformen standen letztlich unter dem Primat französischer Militärpolitik. Grundsätze der Revolution wurden fallen gelassen, wenn sie mit machtpolitischen Zielsetzungen nicht vereinbar waren. So begünstigte Napoleon weiterhin den Adel, den er zur Konsolidierung seiner Herrschaft benötigte, und nahm die Aussaugung des Landes und Bauernunruhen in Kauf.

Auswirkungen von Säkularisation und Mediatisierung in den Rheinbundstaaten

Alle Gebietsgewinne halfen der akuten Finanznot, in der sich die durch die Kriege geleerten Staatskassen der deutschen Staaten befanden, nicht ab. Ermächtigt durch den Reichsdeputationshauptschluss, schlossen die Regierungen deshalb an die *Herrschaftssäkularisation* selbständiger kirchlicher Territorien die *Vermögenssäkularisation* von Kirchengut an. Radikal hoben sie die wohlhabenden Abteien, Klöster und Stifte auf und übernahmen deren Eigentum (⇨ M 4). Arme Orden wurden geschont, um die Pensionen zu sparen. Man ließ sie aussterben. Nur wenige Klöster überlebten als Lehr- oder Krankeninstitute.

Die Kirchengutsäkularisation veränderte vor allem das Gesicht der süddeutschen Bildungs- und Kulturlandschaft nachhaltig. Sie verlor ihre traditionellen Zentren. Riesige Vermögenswerte an Grund und Boden, Gebäuden, Kunstgegenständen, Handschriften, Urkunden und Büchern gingen in staatlichen Besitz über. Wertvolles Kirchengut wanderte – wenn es nicht zerstört wurde – in die staatlichen Museen. So konnte München durch den Ausbau der Staatsbibliothek, Hauptstaatsarchiv, Gemäldesammlung und Münzsammlung zu einem europäischen Kulturzentrum aufsteigen.

Die Säkularisation durch den bayerischen Staat in einer um 1803 erschienenen anonymen satirischen Zeichnung. Mönche verschiedener Orden liefern klösterliches Vermögen bei einem staatlichen Aufhebungskommissar ab. Über allem thront der bayerische Löwe, der den Reichsadler verdrängt – Symbol für das Ende des Heiligen Römischen Reichs Deutscher Nation und die neu gewonnene Souveränität der Partikularstaaten.

Im Gegensatz zur Kirche mussten die mediatisierten Ritter und kleineren weltlichen Herrschaften keine Enteignung hinnehmen. Sie verloren zwar ihre kaiserlichen Privilegien wie das Steuereintreibungsrecht oder ihre kirchlichen Pfründen, ihre Grundherrschaftsrechte wurden hingegen nicht beseitigt.

Säkularisation: Säkularisation bedeutet die Verstaatlichung geistlichen Besitzes. Umwandlungen kirchlichen oder klösterlichen Eigentums hatte es schon während der Reformation und nach dem 30-jährigen Krieg (1648) gegeben, ebenso 1798, als in Bayern mit päpstlicher Einwilligung der Staat kirchliches Gut einzog, um Kriegsausgaben zu finanzieren. Die Säkularisation von 1803 steht damit in einer jahrhundertelangen Entwicklung der Loslösung von kirchlichen Bindungen *(Säkularisierung).* Der Prozess der Verweltlichung dauerte im Verlauf des 19. Jahrhunderts an, als die europäischen Staaten die Einrichtung der Zivilehe oder die Trennung von Kirche und Schule durchsetzten. Im „säkularisierten" 20. Jahrhundert scheint der Einfluss der Kirche in der öffentlichen Diskussion weiter zu schwinden – ganz anders in vom Islam geprägten Staaten: Hier reglementieren die politisch-religiösen Oberhäupter nach wie vor das gesamte gesellschaftliche Leben bis hin zu privaten Gepflogenheiten der Ernährung oder Kleidung.

Reformen in den Rheinbundstaaten

Die Regierungen der Rheinbundstaaten waren sich bewusst, dass die Anforderungen des revolutionären Zeitalters und das Aufkommen einer bürgerlichen Gesellschaft eine Modernisierungswelle zwingend erforderte. Vorrangiges Problem war aber die Notwendigkeit, die neu gewonnenen, bunt zusammengewürfelten, mediatisierten und säkularisierten Herrschaftsgebiete mit den Kernländern zu verschmelzen. Mit einem radikalen Schnitt wurden einheitliche Wirtschafts- und Rechtsgebiete geschaffen und die Verwaltungen nach französischem Vorbild völlig neu organisiert. Wichtige, aus feudaler Zeit stammende Sonderrechte und -kompetenzen wurden abgeschafft. An ihre Stelle trat der nach Ressorts gegliederte und effizient arbeitende Staatsapparat, der seine Aufgaben mit einem leistungsfähigen Berufsbeamtentum bewältigte.

An seiner Spitze standen akademisch geschulte, nach dem Leistungsprinzip ausgewählte Kräfte, während der Adel sein Ämtermonopol verlor. Für die Fürsten bedeutete die neue Herrschaftselite der Beamtenschaft das entscheidende Instrument bei der Durchsetzung der Zentralgewalt gegen den Widerstand traditioneller Kräfte, vor allem des Adels.

Neben dem Ämtermonopol büßte der Adel seine Steuerprivilegien ein; vielerorts wurden grundherrliche Gerichtsbarkeit und lokale Polizeihoheit aufgehoben. Dennoch blieben zahlreiche Privilegien in Kraft. Die Auseinandersetzung zwischen der neuen und der alten staatstragenden Schicht, zwischen Bürokratie und Adel, blieb in der Schwebe.

Wie der Adel, so verloren auch die Kirchen ihre Sonderrechte. Der Staat nahm Einfluss auf die Kirchenverwaltung sowie die Besetzung kirchlicher Stellen und ließ sich kirchliche Bildungsstätten und Fürsorgestellen übergeben. Die Kirchen wurden auf ihre seelsorgerische Arbeit beschränkt, während die Verwaltung erste Schritte in Richtung Wohlfahrtsstaat wagte. Da in allen Ländern jetzt Untertanen unterschiedlicher Konfessionen lebten, wurden ganz im Sinne der Aufklärung fast überall Toleranz und Gleichberechtigung zwischen den Religionen garantiert. Auch die Rechtsstellung der Juden wurde verbessert.

Das französische Beispiel eines konstitutionellen Staats mit einer Verfassungsurkunde fand in den deutschen Staaten – mit Ausnahme Westfalens und Bayerns – vorläufig keine Nachahmung. Das städtische Bürgertum war von seiner Zahl, seiner wirtschaftlichen Bedeutung und seinem Bildungsstand noch nicht stark genug, eine die Staatsgewalt bindende Verfassung durchzusetzen. Reformen waren bis auf weiteres nur durch die Bürokratie, das heißt *von oben* zu erwarten.

Reform in Preußen: Modernisierung zwischen Zwang und Idealismus

Angleichung an die politischen Ideen der französischen Hegemonialmacht und Konsolidierung der neu entstandenen, vergrößerten Staatsgebiete, das waren die Aufgaben der Modernisierung in den Rheinbundstaaten. Mit gänzlich anderer Zielsetzung gingen die Reformer in Preußen ans Werk. Riesige Gebietsverluste, erdrückende Tributzahlungen an den militärischen Eroberer, letztlich aber auch das Bestreben, sich bald wieder im Kreis der Großmächte zu behaupten, zwangen den Staat zu einer Mobilisierung aller Kräfte. Es war „eine Politik der defensiven Modernisierung, nicht *mit,* sondern *gegen* Napoleon" (Elisabeth Fehrenbach).

Manche Reform verlief durchaus parallel zur Entwicklung im Süden und Westen: Erklärtes Ziel war überall der effiziente Staat mit einer rationalen Verwaltung und einem Abbau hinderlicher feudaler Privilegien. Doch die preußische Reformpolitik unter *Freiherr vom und zum Stein*[1]) und Staatskanzler *Karl August von Hardenberg*[2]) ging weiter: Nur wenn alle individuellen Kräfte sich ungehindert entfalten könnten, werde das Gemeinwohl und damit der Staat gefördert. Freiheit nicht nur als Abwehrrecht des Untertanen gegen Eingriffe des Staates, sondern als Beteiligungsgarantie am öffentlichen Leben (➪ M 5).

Erfolge und Versäumnisse der preußischen Reformpolitik

Eingeleitet wurden die preußischen Reformen durch das *Oktoberedikt* Freiherr vom Steins im Jahr 1807. Mit ihm wurden die Bauern befreit. Die meisten Bauern hatten bis dahin in *Erbuntertänigkeit* gelebt, einer Art Leibeigenschaft, in der sie ihrem Gutsherrn unterstanden. Von nun an waren sie persönlich frei und eigentumsfähig. Grund und Boden konnten sie selbständig erwerben. Dies galt aber auch für jeden Adeligen oder Bürger, denn das Edikt proklamierte gleichzeitig die freie Berufswahl für alle Stände. Präzisiert wurde diese Reform 1811 durch die Einführung der *Gewerbefreiheit.* Damit waren alle Beschränkungen für eine freie wirtschaftliche Betätigung in Landwirtschaft, Handwerk und Industrie gefallen. Die ökonomischen Kräfte konnten sich nun vergleichsweise ungestört entfalten, verbesserten die angeschlagenen Staatsfinanzen und schufen die Basis für die bald sichtbar werdende wirtschaftliche Überlegenheit Preußens in Deutschland.

Zugleich war aber auch das „soziale Netz" auf dem Land zerrissen. Die zu geringe Betriebsgröße vieler Bauernhöfe und das starke Ansteigen der Gebur-

---

1) Heinrich Friedrich Karl Freiherr vom und zum Stein (1757 – 1831), aus reichsritterlichem Geschlecht, bemühte sich bereits als preußischer Finanz- und Wirtschaftsminister von 1804 bis Anfang 1807 um eine Reform der Regierungsarbeit; er scheiterte, wurde aber auf Wunsch Napoleons im September 1807 als leitender Minister berufen; im November 1808 wurde Stein auf Druck Napoleons wieder entlassen und war bis 1815 politischer Berater des Zaren.

2) Karl August Fürst von Hardenberg (1750 – 1822) stammte aus hannoverschem Adel; als leitender Minister Preußens 1807 auf Befehl Napoleons entlassen; seit 1810 bis zu seinem Tod wieder Staatskanzler, steuerte eine pragmatische Reformpolitik.

tenrate nach Wegfall aller feudalrechtlichen Heiratsbeschränkungen ließen in der Folge das „ländliche Proletariat" zunehmen.

Aus dem Menschenbild der preußischen Reformer erwuchs für den Staat die Aufgabe, seine Landeskinder zu selbstverantwortlich handelnden Bürgern zu erziehen. In diesem Sinne schuf Stein 1808 eine *Städteordnung,* die größeren Gemeinden weitgehende *Selbstverwaltung* und der Bevölkerung ein erweitertes Wahlrecht brachte. Nach wie vor blieb das Wahlrecht an den (Grund-) Besitz gebunden, konnte jedoch gegen eine Gebühr beantragt werden.

In der *Schulpolitik* waren nicht mehr die Nützlichkeitserwägungen der Aufklärung bestimmend, sondern die Ideale des Humanismus und der universalen zweckfreien Bildung. Verbreitet wurden diese mit Hilfe des *Humanistischen Gymnasiums,* das für alle Stände offen war (fast die Hälfte der Schüler stammte aus dem Kleinbürgertum).

Im Dienste des Wiederaufstiegs Preußens stand vor allem die *Heeresreform.* Das überkommene, aus fremdländischen Söldnern und zwangsweise verpflichteten Untertanen zusammengesetzte Militär wurde umgewandelt in ein Volksheer. General *von Scharnhorst,* der Chef des neu geschaffenen Kriegsministeriums, führte die *allgemeine Wehrpflicht* für alle Männer ein. Entehrende Strafen wurden abgeschafft; die Armee sollte künftig von patriotischer Gesinnung getragen werden. Konsequenterweise fiel das Adelsmonopol für Offizierstellen. Das bürgerliche Leistungsprinzip war damit zumindest im Grundsatz anerkannt.

Der Toleranzgedanke der Aufklärung und staatspolitische Überlegungen spielten auch zusammen bei der *rechtlichen Gleichstellung der Juden* (etwa 1 % der Bevölkerung). Zum „Wohle des Ganzen", d. h. um der Einheit der Nation willen, sollte es keine abgesonderten Gruppen im Staate mehr geben. Im *Emanzipations-Edikt* von 1812 wurden die jetzt umfassenden staatsbürgerlichen Rechte der Juden nur noch durch die Nichtzulassung zu öffentlichen Ämtern in Justiz und Verwaltung sowie zur Offizierslaufbahn eingeschränkt. Die von den Reformern beabsichtigte Beteiligungsgarantie am öffentlichen Leben geriet im Falle des Judentums eher zur Beteiligungspflicht. Denn ein zunächst nur kleiner Teil aufgeklärter und liberal gesinnter Juden erstrebte die Assimilation, während die orthodoxe Mehrheit sich heftig dagegen wehrte.

Wichtiger Bestandteil der Reformpolitik war nicht zuletzt eine von König und Regierung wiederholt in Aussicht gestellte *Verfassung.* Die gewünschte Mitwirkung des Bürgers am Gemeinwesen sollte sich nach den Plänen Steins und Hardenbergs jedoch nicht in gewählten Parlamenten vollziehen. Man dachte an eine ständische Organisation, in der Abgesandte von Adel, Bürgertum und Bauern beratend auf die Willensbildung der Staatsbürokratie Einfluss nahmen. Zeitweilige Versuche Hardenbergs, mit ständischen Vertretungen zusammenzuarbeiten, scheiterten. Die Repräsentanten der alten Gesellschaftsordnung verweigerten jegliche Zustimmung zu der Modernisierungspolitik der Regierung. Erst Mitte des Jahrhunderts brach die Verfassungsdebatte wieder auf (⇨ M 6).

Die Rheinbundsakte

M 1

In der Rheinbundsakte vom 12. Juli 1806 gingen 16 deutsche Fürsten die Verpflichtung ein, sich vom Reich loszusagen und eine Allianz mit dem französischen Kaiser zu schließen.

Art. 1. Die (im Folgenden aufgeführten) Staaten werden auf ewig von dem Territorium des deutschen Reichs getrennt und unter sich durch eine besondere Konföderation unter dem Namen: „Rheinische Bundesstaaten" vereinigt.
Art. 2. Jedes deutsche Reichsgesetz, welches Ihre Majestäten und Durchlauchten die Könige, Fürsten und den Grafen, die in dem vorhergehenden Artikel benannt sind, Ihre Untertanen, Staaten oder Teile derselben bisher betraf, oder verband, soll künftig [. . .] null und nichtig, und von keiner Wirkung sein. [. . .]
Art. 12. Seine Majestät der Kaiser der Franzosen wird zum Protektor des Bundes proklamiert, und ernennt in dieser Eigenschaft beim Absterben eines Fürsten Primas[1]) dessen Nachfolger.
Art. 35. Zwischen dem Kaiser der Franzosen und den Staaten des rheinischen Bundes insgesamt und einzeln genommen, soll eine Allianz Statt haben, kraft welcher jeder Kontinental-Krieg, welchen einer der kontrahierenden[2]) Teile zu führen hätte, für alle Anderen zur gemeinsamen Sache wird.

Königlich-Baierisches Regierungsblatt, 17. 1. 1807, S. 97 ff.

1. *Welche Zielsetzung des neugeschlossenen Bundes wird festgeschrieben? Welche Konsequenz hat dies für den Bestand des Reiches?*
2. *Untersuchen Sie Artikel 35. Wer bestand wohl auf dieser sehr allgemein gehaltenen Formulierung? Erörtern Sie die konkrete Bedeutung des Artikels.*
3. *Stellen Sie die Hintergründe für das Bündnis der 16 Fürsten mit Frankreich fest. Gab es für die Rheinbundstaaten eine realistische Alternative?*

Das Ende des Heiligen Römischen Reiches

M 2

Die Saarbrücker Historikerin Elisabeth Fehrenbach beschäftigt sich vor allem mit der Geschichte des 18. und 19. Jahrhunderts. Sie geht der Frage nach, worin die politische und soziale Bedeutung der Reichsauflösung lag.

Die Gründe für den Zusammenbruch des alten Reiches liegen sozusagen auf der Hand. Die schwerfällige Verfahrensweise des Regensburger Reichstages, die Schwäche der Reichsarmee und der Reichsfinanzen, die Lähmung der Reichsinstitutionen, die Rivalität der Reichsstände untereinander, der entstehende Dualismus zwischen Österreich und Preußen, das Souveränitätsstreben der Landesfürsten gegenüber dem Reich – dies alles war der Herausforderung durch das revolutionäre und napoleonische Frankreich nicht mehr gewachsen. Andererseits wurde jedoch das Reich [. . .] nach wie vor nicht in erster Linie als eine machtstaatliche, sondern als eine Rechts- und Friedensordnung aufgefasst. Das Reich war mehr als ein Gefüge nur staatlicher Institutionen. Durch seinen Rechtsschutz bewahrte es jene alten Freiheiten im Sinne der ständischen und korporativen „Libertät", die in den absolutistisch

---

[1]) Der Erzkanzler des Deutschen Reiches übernahm im Rheinbund den Titel eines Fürst-Primas.
[2]) vertragsschließenden

regierten Einzelstaaten längst in Frage gestellt worden waren. Da, wo die Gesellschaft noch ständisch eingebunden war, konnte das Reich immer noch konfliktregelnd eingreifen: bei reichsstädtischen Unruhen, bei Auseinandersetzungen zwischen Landesherr und Ständen, bei Bauernrebellionen. [. . .] Aber auch für die internationalen Beziehungen und für das europäische Staatensystem erfüllte das Reich eine wichtige Funktion. [. . .] Das Reich stabilisierte lange Zeit ein Gleichgewicht, das zugleich als unabdingbar für das europäische Gleichgewicht angesehen wurde. [. . .] Die Kehrseite der stabilisierenden Reichspolitik lag darin, dass das Reich untrennbar mit der Adelsherrschaft und der Privilegiengesellschaft verbunden blieb, gerade weil es die alten Freiheiten (mit denen nicht die individuelle Freiheit gemeint war, die zum Losungswort der Revolution wurde) schützte und weil es dadurch die kleinräumig verworrenen, in alten Formen erstarrten Verhältnisse bewahrte. Schon während des Rastatter Kongresses schrieb der Moniteur, das offizielle Presseorgan der französischen Regierung: „Da die deutsche Reichsverfassung der Zentralpunkt aller Adels- und Feudalvorurteile von Europa ist, so muss es das einzige Ziel der französischen Republik sein, sie zu vernichten."

Elisabeth Fehrenbach, Vom Ancien Régime zum Wiener Kongress, München-Wien, 2. überarbeitete Auflage 1986, S. 77 f.

1. *Welche Traditionen enden mit dem Untergang des Deutschen Reiches?*
2. *Arbeiten Sie die unterschiedlichen Freiheitsbegriffe im alten Reich und im nachrevolutionären Frankreich heraus.*

M 3 „Barbarossa"

Ein Ausdruck der romantischen Sehnsucht nach einem neuen Reich ist die Ballade „Barbarossa" des fränkischen Orientalisten, Übersetzers und Dichters Friedrich Rückert (1788 – 1866). Das Gedicht entstand zwischen 1814 und 1817 und bildete den Auftakt zu einer großen Zahl von Barbarossa-Gedichten anderer Poeten des 19. Jahrhunderts.

Der alte Barbarossa,
Der Kaiser Friederich,
Im unterird'schen Schlosse
Hält er verzaubert sich.

Er ist niemals gestorben,
Er lebt darin noch jetzt;
Er hat im Schloss verborgen
Zum Schlaf sich hingesetzt.

Er hat hinabgenommen
Des Reiches Herrlichkeit
Und wird einst wiederkommen
Mit ihr zu seiner Zeit. [. . .]

Friedrich Rückert, Ausgewählte Werke, herausgegeben von A. Schimmel, Frankfurt a. M. 1988, S. 51 f.

1. *Informieren Sie sich über Stilmerkmale der literarischen Romantik und versuchen Sie, diese in den drei Strophen des Gedichts zu belegen.*
2. *Stellen Sie fest, inwieweit dem Rückgriff auf den Staufermythos eine politische Wirkung beizumessen ist.*

In seinem Gemälde „Konradin von Schwaben im Gefängnis" (1784) zeigt der Maler Johann Heinrich Wilhelm Tischbein (1751 – 1829) den Augenblick, in dem Konradin der Sage nach sein Todesurteil beim Schachspiel überbracht wird.

Die Säkularisation des Klosters Banz

M 4

Im Jahre 1980 fand in Landshut und München eine große Ausstellung zur Geschichte des Hauses Wittelsbach statt. In einem Katalogbeitrag erzählt Wilhelm Forster über die Säkularisation des im Fürstbistum Bamberg gelegenen Benediktinerklosters Banz.

Der Auflösung des Klosters ging die Säkularisation des Fürstbistums Bamberg voraus. Am 6. September 1802 [. . .] besetzten die Truppen des Kurfürsten Max Joseph von Pfalz-Bayern die Stadt Bamberg. Am 22. November erfolgte die feierliche Bekanntgabe der Besitzergreifung der fränkischen Lande durch den Kurfürsten, und am 29. November entband der letzte Fürstbischof von Bamberg, Christoph Franz von Buseck, seine bisherigen Untertanen der Pflichten gegen ihn.

Bereits am Tage darauf erschien der durch das Generallandeskommissariat bestellte bisherige fürstbischöfliche Hof- und Regierungsrat Georg Friedrich Merz mit einem Aktuar[1]) in Banz, „um den Abt, die Mönche und das untergeordnete Personal in kurfürstliche Pflicht zu nehmen". Alle vorhandenen Sachen von Wert wie Kirchensilber und sonstige Pretiosen[2]) „nahm er unter Verschluss". Die Inventarisierung der Kassen und aller in den Klosterämtern liegenden Bestände an Getreide und anderen Früchten geschah vom 22. Dezember an durch den Amtsrichter Brückner von Lichtenfels. [. . .]

Am 19. April 1803 wird eine neue Situation geschaffen. Der Landrichter Brückner wird von der inzwischen errichteten kurfürstlichen Spezialkommission beauftragt, die Administration der Klostergüter, Domänen und Besitzungen zu übernehmen und sie provisorisch dem bisherigen Verwaltungssekretär H. Geiger zu übertragen. Den Banzischen Lehens- und Zinsleuten wird untersagt, die bisher an die Klosterämter abgelieferten Gefälle[3]) weiterhin dort abzuliefern. Zuständig für diese Gefälle ist nun der kurfürstliche Administrator H. Geiger. [. . .]

Mit einem Schreiben des Kurfürsten an die Spezialkommission vom 24. Oktober 1803 wird der Schlussstrich unter die Aufhebung des Klosters gezogen. [. . .] Der Abt erhält eine jährliche Pension von 6000 fl.[4]), lebenslängliche freie Wohnung im Schloss zu Buch am Forst mit dem Genuss des darin liegenden

---

[1]) Gerichtsangestellter
[2]) Kostbarkeiten
[3]) (Natural-)Abgaben
[4]) Gulden

Gartens zugesprochen, jedoch unter Ausschluss der angebauten Brauerei. Dazu kommt noch eine eines Prälaten würdige Ausstattung, die es ihm ermöglichte, fünf Bedienstete zu halten. Die Pension der übrigen Konventualen[1]) wird nach der Zeit ihres klösterlichen Lebens bemessen. Jene mit 30 Klosterjahren erhalten 600 fl., jene mit 20 Jahren 500 fl. und die Übrigen 400 fl. jährlich. Dazu kommen noch einige für den täglichen Bedarf benötigte Utensilien sowie das, was der Mönch sich aus privaten Mitteln erworben hat. [...]
Seit dem 19. April 1803 war auch die von der Spezialkommission bestellte Versteigerungskommission, bestehend aus dem vormaligen fürstbischöflichen Hofkammerrat Hanauer und einem Schreiber, in Banz tätig. „Von diesem Zeitpunkt an glich das Kloster einer Krambude oder dem Tempel im Evangelium, wo Käufer und Verkäufer sich haufenweise drängten.“ Bereits am 21. Juni konnte Hanauer der Spezialkommission melden, dass die Versteigerung der Banzer Mobilien 7000 fl. ergeben habe. Am 11. Oktober erhält Hanauer den Auftrag, das ganze Küchengeschirr von Metall und Holz „wohl verwahrt unter guter Aufsicht binnen drei Tagen“ an den Spitalökonomieverwalter [...] abgeben zu lassen. Der Schätzwert betrug 187 fl. 34 Kr.[2]) Im November kam der beträchtliche Weinvorrat des Klosters zur Versteigerung. Der Eimer wurde an den Meistbietenden zu 18 fl. 39 Kr. verkauft. Auch die im Kloster vorhandenen Gemälde und Kupferstiche – der von P. Dominikus Schram um 1760 erstellte Katalog umfasste 1133 Nummern – sowie nach der Auffassung der Zeit nicht benötigtes Kirchengerät aus Messing, Kupfer und Zinn wurden versteigert. [...] Die sehr wertvolle Münzsammlung wurde der kurfürstlichen Sammlung in München einverleibt.
Menschliche, aber auch den Geist der Zeit offenbarende Züge zeigt das Vorgehen bei der Auflösung der Bibliothek. Sie wurde, solange noch Mönche in Banz waren, nicht versiegelt. Hanauer bestimmte sogar, „dass jeder Geistliche, die aus der Bibliothek entlehnten Bücher weiter benutzen und ganz eigentümlich betrachten dürfe“. Dies hatte allerdings zur Folge, dass der von P. Dominikus Schram 1760 erstellte, 14 500 Bände umfassende Katalog unbrauchbar geworden war. Der von P. Ambrosius Seyfried im Auftrag der Spezialkommission erstellte Katalog umfasste nur noch 8047 Bände. Auf dem Transport und durch die sorglose Lagerung und Behandlung in der Nagelkapelle des Bamberger Domes wurden viele dieser Bücher zerstört und gestohlen. Andere betrachtete man als wertlos und verkaufte sie als Makulatur[3]) an den Meistbietenden. So wurden noch 1809 10 Zentner und 16 Pfund alter Bücher um 2 fl. 30 Kr. der Zentner abgestoßen.
Schwieriger und langwieriger war die Veräußerung der Höfe und Güter des Klosters. Zunächst wurden die vom Kloster in eigener Regie bearbeiteten Höfe verkauft. Bei den Lehensgütern verlängerte man zunächst die Pachtzeit. Da aber das Kloster einen geringen Pachtzins festgelegt hatte und dafür Naturalien verlangte, wurde angeordnet, dass für die Naturalien künftig der entsprechende Geldwert zu entrichten sei. Das Gleiche sollte für den Zehnten gelten. Selbst die bisher dem Kloster zu leistenden Frondienste ließ man sich in Geld bezahlen. Im Laufe der folgenden Jahre fielen auch die Lehensgüter an die Meistbietenden. Gewiss kamen damit die bisherigen Lehensinhaber

[1]) Ordensmitglieder
[2]) Kreuzer
[3]) eigentlich Fehldruck, hier im Sinne von: Altpapier

in den Besitz eines kleineren oder größeren Grundstückes, aber auch Ortsfremde beteiligten sich an den Versteigerungen. So ersteigerte der Bamberger Jude Samuel Heßlein sechs Höfe [. . .] um 53 474 fl.

Wilhelm Forster in Hubert Glaser (Hrsg.), Wittelsbach und Bayern. Krone und Verfassung (Teilband III/1), München 1980, S. 97 ff.

1. *Stellen Sie fest, welche sozialen Einschnitte die Säkularisation für die Betroffenen mit sich bringen konnte.*
2. *Welche Folgen der Säkularisation werden deutlich? Diskutieren Sie negative und positive Auswirkungen.*

„Revolution von oben“ M 5

In seiner „Rigaer Denkschrift“ (12. September 1807) an den preußischen König Friedrich Wilhelm III. skizzierte Hardenberg die Grundlagen einer Reorganisation des preußischen Staates.

Der Staat, dem es glückt, den wahren Geist der Zeit zu fassen und sich in jenen Weltplan durch die Weisheit seiner Regierung ruhig hinein zu arbeiten, ohne dass es gewaltsamer Zuckungen bedürfe, hat unstreitig große Vorzüge, und seine Glieder müssen die Sorgfalt segnen, die für sie so wohltätig wirkt. Die Französische Revolution, wovon die gegenwärtigen Kriege die Fortsetzung sind, gab den Franzosen unter Blutvergießen und Stürmen einen ganz neuen Schwung. Alle schlafenden Kräfte wurden geweckt, das Elende und Schwache, veraltete Vorurteile und Gebrechen wurden – freilich zugleich mit manchem Guten – zerstört. Die Benachbarten und Überwundenen wurden mit dem Strome fortgerissen.
Unkräftig waren alle die Dämme, welche man diesem entgegensetzte, weil Schwäche, egoistischer Eigennutz und falsche Ansicht sie bald ohne Zusammenhang aufführte, bald diesen im gefährlichen Irrtum unterbrach und dem verheerenden Strome Eingang und Wirkung verschaffte.
Der Wahn, dass man der Revolution am sichersten durch Festhalten am Alten und durch strenge Verfolgung der durch solche geltend gemachten Grundsätze entgegenstreben könne, hat besonders dazu beigetragen, die Revolution zu befördern und derselben eine stets wachsende Ausdehnung zu geben. Die Gewalt dieser Grundsätze ist so groß, sie sind so allgemein anerkannt und verbreitet, dass der Staat, der sie nicht annimmt, entweder seinem Untergange oder der erzwungenen Annahme derselben entgegensehen muss. [. . .]
Also eine Revolution im guten Sinn, gerade hinführend zu dem großen Zwecke der Veredelung der Menschheit, durch Weisheit der Regierung und nicht durch gewaltsame Impulsion[1]) von innen oder außen, – das ist unser Ziel, unser leitendes Prinzip. Demokratische Grundsätze in einer monarchischen Regierung: dieses scheint mir die angemessene Form für den gegenwärtigen Zeitgeist[2]). Die reine Demokratie müssen wir noch dem Jahre 2440 überlassen[3]), wenn sie anders je für den Menschen gemacht ist.

[1]) Anstoß, Anregung
[2]) Offenbar nach dem Philosophen Immanuel Kant, der mit Blick auf die Französische Revolution sagte: „Autokratisch herrschen und dabei doch republikanisch [. . .] regieren, ist das, was ein Volk mit seiner Verfassung zufrieden macht.“
[3]) Anspielung auf den utopischen Roman von L. S. Mercier (1740-1814), L'an 2440. Rêve s'il en fût jamais

Mit eben der Kraft und Konsequenz, womit Napoleon das französische revolutionäre System verfolgt, müssen wir das unsrige für alles Gute, Schöne, Moralische verfolgen, für dieses alles, was gut und edel ist, zu verbinden trachten. Ein solcher Bund, ähnlich dem der Jakobiner, nur nicht im Zweck und in der Anwendung verbrecherischer Mittel, und Preußen an der Spitze könnte die größte Wirkung hervorbringen und wäre für dieses die mächtigste Allianz. [...]

Man schrecke ja nicht zurück vor dem, was er als Hauptgrundsatz fordert[1]), möglichste Freiheit und Gleichheit. – Nicht die regellose, mit Recht verschriene: die die blutigen Ungeheuer der Französischen Revolution zum Deckmantel ihrer Verbrechen brauchten oder mit fanatischer Wut statt der wahren, im gebildeten gesellschaftlichen Zustande möglichen, ergriffen, sondern nur diese nach weisen Gesetzen eines monarchischen Staats, die die natürliche Freiheit und Gleichheit der Staatsbürger nicht mehr beschränken, als es die Stufe ihrer Kultur und ihr eigenes Wohl erfordern.

Georg Winter (Hrsg.), Die Reorganisation des Preußischen Staates unter Stein und Hardenberg, Band 1, Leipzig 1931, S. 305 ff.

1. *Klären Sie die Einstellung Hardenbergs zur Französischen Revolution und zu Napoleon.*
2. *Welches Ziel stellt der preußische Politiker den Gedanken der Revolution entgegen? Wie will er es erreichen?*

M 6 Der große Umbruch im Spiegel der Geschichtswissenschaft

Die Bedeutung der Reformen im Rheinbund und in Preußen für die weitere deutsche Geschichte hat die Historiker seit jeher zu unterschiedlichen Interpretationen herausgefordert. Über den gegenwärtigen Stand der Forschung schreibt der Bielefelder Geschichtswissenschaftler Hans-Ulrich Wehler:

Angesichts der umfassenden Ansprüche, die mit den anstehenden Aufgaben verbunden waren, hielten die Entscheidungsgremien einen straffen Zentralismus für unumgänglich. Daraus entwickelte sich die zeitweilig „staatsomnipotente Grundnatur" der großen Rheinbundstaaten. Ihnen stand die überlegene Leistungsfähigkeit des napoleonischen Frankreich, das ganz Europa in seinen Bann geschlagen hatte, als Vorbild vor Augen, schien doch die Mobilisierung und Bündelung der Kräfte erst durch ein einziges Willenszentrum und die ihm gemäße administrative Organisation erreichbar zu sein. Der „Monopolstaat" entsprach zudem politischen Zielen auch der deutschen Aufklärung, die an die Stelle der barocken Vielfalt überlieferter Herrschaftsverhältnisse das überschaubare Gefüge von Staatsbürgerschaft, Repräsentativorgan und Fürst setzen wollte. Mit dem, wie man in den Amtsstuben glauben durfte, zeitgemäßen Zentralismus verschwisterte sich ein rigoroser Etatismus[2]), denn Machtausdehnung der zentralstaatlichen Gewalt – das bildete die unverzichtbare Bedingung der Möglichkeit, einen derartigen gesamtgesellschaftlichen Umwandlungsprozess gegen die Kräfte der Beharrung und relativen Rückständigkeit von oben her voranzutreiben.

---

1) Hardenberg bezieht sich hier auf eine Denkschrift seines Mitarbeiters Karl Freiherr von Stein zum Altenstein.

2) ein ausschließlich auf das Staatsinteresse eingestelltes Denken

Als notwendige Folge des Zentralismus und Etatismus ergab sich der viel geschmähte Bürokratismus. Wer anders jedoch als die rasch aufgebaute, zeitweilig übermächtige Verwaltung konnte den Regierungen die effektive politische Durchsetzungsfähigkeit und zuverlässige Staatsorganisation gewährleisten? Zentralismus, Etatismus und Bürokratismus wirkten zusammen auf die Zerstörung zahlreicher überkommener, überlebter, aber auch vertrauter Einrichtungen hin; sie gängelten den Untertanen auf seinem Weg in die vorweg geplante bessere Zukunft als Staatsbürger; sie lähmten durch zahllose Vorschriften die ohnehin zaghafte Initiative von einzelnen und Gruppen, die mit der obrigkeitlich verordneten Eigentätigkeit noch nicht viel anzufangen wussten. [. . .]

Eine Alternative ist da nirgendwo zu erkennen. Landadel und Stadthonoratioren fielen als Träger dieser Modernisierung aus. Dass eine deutsche Revolution von unten in Süddeutschland möglich gewesen sei, ist pures Wunschdenken. [. . .]

Ganz anders als in den Rheinbundstaaten stellte sich die Ausgangslage für Preußen dar. Hier ging es um die Behauptung als Staat, ums Überleben schlechthin, um Regeneration auf kurze und längere Sicht anstatt um das Zusammenschweißen von Staaten, die sich äußerst erfolgreich vergrößert hatten. [. . .]

Allgemein beweisen die Jahrzehnte nach 1807/1821[1]), dass statt einer Revolution, die 1789 in Frankreich und 1917 in Russland eine auffällige Ausnahme blieb, die Reformpolitik als die gemeineuropäische vorherrschende Lösung [. . .] für den Umbau der Agrargesellschaft und -wirtschaft auch in Preußen relativ erfolgreich war. Die unleugbaren sozialen Kosten der Reform erreichten nicht von ferne dasjenige Ausmaß, das diese Revolutionen zur Folge hatten. Und an ökonomischer Effizienz war die unblutige Entwicklung in England, Holland und Skandinavien, in den Rheinbundstaaten und Preußen den Resultaten der revolutionären Neuordnung allemal überlegen. [. . .]

Unleugbar liegt das große Manko der preußischen Reformen im Scheitern der Verfassungspolitik. An dieser Last hat das Land bis 1848 schwer zu tragen gehabt. [. . .]

(Der) Verfassungsrückstand wurde in gewissem Maße durch die erfolgreicheren Wirtschaftsreformen, die am ehesten die Gleichheit der Staatsbürger und Wirtschaftssubjekte ermöglichten, ausgeglichen. Politische und ökonomische Verfassung traten dadurch aber auch umso auffälliger auseinander. [. . .]

Ohne diese zum Teil radikale „Veränderung des institutionellen Rahmens für Wirtschaften und Handeln der Bewohner der Monarchie" lassen sich die Erfolge der preußischen Industrialisierung, der preußischen Universitäten, der preußischen Staatsideologie und – last not least – der preußischen Hegemonialpolitik in Deutschland kaum vorstellen.

Hans-Ulrich Wehler, Deutsche Gesellschaftsgeschichte 1700-1815, München 1987, S. 535 ff.

1. *Arbeiten Sie die Unterschiede zwischen den Reformen in den Rheinbundstaaten und in Preußen heraus.*
2. *Inwieweit erkennen Sie in der heutigen Politik und Verwaltungspraxis der deutschen Bundesländer ein Erbe der Reformwelle des frühen 19. Jahrhunderts? Denken Sie dabei beispielsweise auch an die Schulpolitik.*

---

[1]) Markierungsjahre der preußischen Agrarreformen

Restauration und Neuordnung auf dem Wiener Kongress

1813	Völkerschlacht von Leipzig: Die verbündeten Monarchen besiegen Napoleon
1814/15	Wiener Kongress: Neuordnung des europäischen Staatensystems
1815	Schlacht bei Waterloo: endgültige Niederlage Napoleons
	Gründung des Deutschen Bundes
	Die Gründung der Heiligen Allianz leitet die Restauration ein

Volkskrieg oder Kabinettskrieg?

Alle Erfolge Napoleons konnten nicht darüber hinwegtäuschen, dass sich die Völker Europas nicht auf Dauer unterdrücken lassen wollten. Nachdem die „Grande Armée" 1812 in Russland eine halbe Million Menschen verloren hatte, beschloss der russische Zar *Alexander* (1801 – 1825), den Kampf zur Befreiung Europas fortzusetzen. Doch erst als der preußische General *Yorck* gegen den Willen seines Königs Ende 1812 in der *Konvention von Tauroggen* den Russen den Weg nach Ostpreußen freigab, folgte die Regierung unter dem Druck von Adel und Bürgertum diesem Signal zum nationalen *Befreiungskrieg*: Preußen erklärte Frankreich den Krieg. Eine „nationale Erhebung" brach aus. Das Volk, vor allem die Jugend, wollte den „Kreuzzug" für Glück und Freiheit der deutschen Nation.

Doch das war nicht der Krieg, den der konservativ denkende *Metternich*[1]) wollte. Zwar hatte der österreichische Außenminister schon lange zielstrebig auf einen Kriegsanlass gegen Napoleon hingearbeitet, doch der Vielvölkerstaat konnte sich einen Volkskrieg mit einem Aufbrechen nationaler Leidenschaften und einer ungewissen Nachkriegsordnung nicht leisten. Nicht Freiheit und nationale Einheit hießen die Kriegsziele Metternichs, sondern Begrenzung der Ansprüche und Wiederherstellung des alten Gleichgewichts. Erst als Russland und Preußen dem zustimmten, trat Österreich in den Krieg ein.

Die Entscheidung fiel in der *Völkerschlacht bei Leipzig* im Oktober 1813. Die drei konservativen Monarchien standen in Allianz mit England und Schweden. Die meisten Rheinbundstaaten kämpften zunächst noch auf französischer Seite. Nur Bayern hatte im letzten Augenblick einen Bündniswechsel vollzogen und sich der neuen Übermacht angeschlossen. Napoleon wurde geschlagen, zum Rückzug gezwungen und nach der Eroberung von Paris auf die Insel Elba verbannt.

Ein Jahr später, im März 1815, suchte er noch einmal die Herrschaft an sich zu reißen. Er landete in Frankreich, sammelte Truppen um sich, wurde aber in der Schlacht bei Waterloo endgültig geschlagen. 1821 starb Napoleon Bonaparte auf der Atlantikinsel St. Helena. 25 Jahre nach der Französischen Revolution hatten die alten Monarchien über Frankreich gesiegt. Europa musste neu geordnet werden.

---

[1]) Klemens Wenzel Lothar Fürst von Metternich (1773 – 1853), österreichischer Außenminister und Staatskanzler (ab 1821) von 1810 – 1848

Die gekrönten Häupter auf dem Wiener Kongress: In der Mitte in weißer Uniform Kaiser Franz I. von Österreich, umrahmt vom preußischen König Friedrich Wilhelm III. (stehend) und Zar Alexander von Russland (sitzend). Vorne links stehend König Friedrich I. von Württemberg, halb links hinter ihm König Max Josef von Bayern.
Bei allen Diskussionen über die politische Neuregelung des Kontinents war der Kongress auch ein gesellschaftliches Ereignis. Bald kursierte unter den Wienern ein Spottvers über die versammelten Herrscher:
Er liebt für alle: Alexander – Er denkt für alle: Friedrich Wilhelm –
Er spricht für alle: Friedrich von Dänemark – Er trinkt für alle: Maximilian von Bayern
Er frisst für alle: Friedrich von Württemberg – Er zahlt für alle: Kaiser Franz.

Restauration und Legitimität als Prinzipien der Neuordnung

Um die Grundlagen einer europäischen Friedensordnung festzulegen, versammelten sich Herrscher und Diplomaten fast aller Staaten Europas vom September 1814 bis Juni 1815 in Wien. Die führenden Diplomaten waren der englische Außenminister *Castlereagh,* der Vertreter Frankreichs, Außenminister Talleyrand, und der österreichische Außenminister Fürst Metternich, der die Verhandlungen virtuos zu lenken verstand.
Der Schweizer Staatswissenschaftler *Carl Ludwig von Haller* lieferte mit seinem Werk *„Restauration[1]) der Staatswissenschaft"* (erschienen ab 1816) das Stichwort zur Bezeichnung einer ganzen Epoche (⇨ M 1).

[1]) Restauration: Wiederherstellung (vorrevolutionärer Verhältnisse)

Die Französische Revolution hatte das Prinzip der Volkssouveränität propagiert, wonach das Volk der wahre Souverän im Staate sei und alle Staatsgewalt von ihm ausgehen müsse. Man hatte gesehen, so die konservative Staatslehre, wohin das führte: Recht und Ordnung, innere und äußere Stabilität waren erschüttert worden. Deshalb könne wahrer Souverän nur der Monarch sein, der sich auf einen göttlichen, jedenfalls nicht von Menschen abgeleiteten Auftrag berufen könne. In diesem Sinne sah es der Kongress als seine Aufgabe, nach 25 Jahren revolutionärer Entwicklung die wahren Souveräne wieder einzusetzen als Garanten für Sicherheit und Frieden.

Und dennoch blieb nicht alles beim Alten: Immerhin herrschte in Frankreich König *Ludwig XVIII.*[1]), aus der Dynastie der Bourbonen, nun nach einer neuen Verfassung. Diese ließ die innenpolitischen Verhältnisse, wie sie sich unter Napoleon entwickelt hatten, weitgehend unverändert. In Deutschland wurden die Kirchen und die zahlreichen kleinen Landesherren, die in Säkularisation und Mediatisierung ihre Territorien verloren hatten, nicht mehr in ihre früheren Herrschaftsrechte eingesetzt. Der Gedanke der Restauration wurde somit ergänzt durch das Prinzip der *Legitimität.* Legitim, das heißt rechtmäßig, war aber nicht nur diejenige Staatsgewalt, die auf unbestrittener monarchischer Autorität alter Dynastien beruhte. Legitimiert waren jene Staaten, die in den Wirren der napoleonischen Ära überlebt und sich dadurch einen Anspruch auf völkerrechtliche Anerkennung erworben hatten. So bestätigte der Kongress manch revolutionäre Veränderung der europäischen Landkarte im Nachhinein und legitimierte sie damit für das neu entstehende Ordnungssystem. Die innere Struktur und die Gesellschaftspolitik der europäischen Staaten wurden allerdings aus den Verhandlungen völlig ausgeklammert und sollten der künftigen Entwicklung vorbehalten bleiben.

Das Ziel der Großmächte in Wien war also Beendigung der Revolution und Schaffung einer zwischenstaatlichen Friedensordnung, die künftigen Wandel nicht ausschließen sollte, ihn aber von allgemeiner Billigung abhängig machte. Wenn die sich an den Wiener Kongress anschließende Epoche mit „Restauration" umschrieben wird, so ist dies vor allem einem Vertrag zuzuschreiben, der von den Siegermächten nach der endgültigen Niederwerfung Napoleons im Herbst 1815 unterzeichnet wurde: die *Heilige Allianz.*

Metternich griff einen Vorschlag des Zaren auf, die Monarchen feierlich auf eine christliche Staatsordnung zu verpflichten. Die Brüderlichkeit der Monarchen sollte Grundlage der neuen alten Ordnung in Europa werden und die gegenseitige Unterstützung bei Abwehr revolutionärer Angriffe garantieren. Aus der Kriegsallianz der Sieger war ein Bollwerk gegen innere und äußere Störungen der Nachkriegsordnung geworden. Außer dem englischen König, dem türkischen Sultan und dem Papst traten alle Regenten Europas der Heiligen Allianz bei. Zeitgenossen sahen in ihr das Symbol der Reaktion.

---

[1]) Ludwig XVIII. (1755 – 1824), Bruder und legitimer Thronfolger des während der Französischen Revolution hingerichteten Ludwig XVI.

Allegorie auf die Stiftung der Heiligen Allianz durch die Herrscher von Österreich, Russland und Preußen (Gemälde von Heinrich Olivier aus dem Jahre 1815).

Das Gleichgewicht der Mächte – Ziel der territorialen Neuordnung

So sehr die Prinzipien der Neuordnung Europas allgemein anerkannt waren, so schwierig war doch die Lösung territorialer Machtfragen im Einzelnen. Keine Diskussionen gab es lediglich über die Auflösung der von Napoleon neu gebildeten Satellitenstaaten.

Russland: Der Zar erhielt neben Finnland das um Teile des ehemaligen preußischen Besitzes vergrößerte so genannte „Kongresspolen". Es wurde in Personalunion mit Russland verbunden, das heißt der russische Zar war gleichzeitig König von Polen. Nach einem Aufstand (1830) verlor Polen wieder seine relative Unabhängigkeit.

Preußen: Als Kompensation für seine Verluste in Polen erhielt Preußen etwa zwei Fünftel Sachsens, dazu Gebiete im Rheinland und in Westfalen. Diese Territorien blieben ohne direkte Verbindung mit dem preußischen Stammland und wiesen damit der künftigen Politik Preußens in Deutschland den Weg.

Österreich: Die Habsburger Monarchie vervollständigte ihr Territorium im Osten (Ergänzungen in Galizien), Süden (Dalmatien, Istrien, Norditalien) und Westen (Salzburg). Andererseits gab sie ihre Exklaven[1]) am Rhein und vor allem den habsburgischen Teil der Niederlande ab. Dank dieses Länder-

[1]) von fremdem Staatsgebiet eingeschlossene Teile des eigenen Staatsgebiets

tauschs erhielt Österreich ein zusammenhängendes Staatsgebiet, wuchs aber aus Deutschland heraus.
England: Die gesamte europäische Neuordnung entsprach in besonderer Weise den Interessen Englands. Es hatte gemeinsam mit Österreich ein System des europäischen Mächtegleichgewichts durchgesetzt, und seine zur Zeit Napoleons gefestigte Seeherrschaft blieb unangetastet. Es behielt seine Eroberungen Helgoland, Malta, die Kapkolonie und Ceylon; seine Souveränität über Indien wurde von Frankreich bestätigt. Die Gegenküste auf dem Kontinent kam in den Besitz des vergrößerten Königreichs der Niederlande, das auf England angewiesen blieb und zusammen mit dem nach Westen verschobenen Preußen ein Gegengewicht gegen französisches Expansionsstreben darstellte. Die Ausbalancierung der Kräfte auf dem Kontinent stellte sicher, dass die Briten ungefährdet in anderen Erdteilen Weltmachtpolitik treiben konnten.
Frankreich: Obwohl von Frankreich die revolutionäre Störung Europas ausgegangen war, sollte es im Sinne der Gleichgewichtspolitik – und neu legitimiert nach Rückkehr der Bourbonen – als Großmacht erhalten bleiben. Im *Zweiten Pariser Frieden* (1815) verlor es lediglich seine Eroberungen seit 1789.
Insgesamt war die Neuordnung von pragmatischen Kompromissen bestimmt. Vor allem gelang es, jedes neue Hegemonialmachtstreben im Ansatz zu unterbinden. Deshalb wurden die Verhältnisse in Deutschland und Italien auch so eingerichtet, dass die Zusammenfassung der Kräfte dieser Räume verhindert war, von dort also keine Störung des Gleichgewichts erfolgen konnte.
Es herrschte in Wien der Wille zu einem vernünftigen Ausgleich und zur Mäßigung. Die Politik der Monarchen machte einen Versöhnungsfrieden möglich, was 100 Jahre später den demokratisch gewählten Regierungen am Konferenztisch von Versailles nicht gelingen sollte. Die Ergebnisse des Wiener Kongresses blieben Grundlage der europäischen Staatenordnung über die Revolutionen von 1830 und 1848, den Krimkrieg (1854 – 56) und die deutschen Einigungskriege 1866 und 1870/71 hinweg bis 1914 (⇨ M 2).

Der Deutsche Bund – kein neues Reich in Europas Mitte

Ebenso schwierig wie die territoriale Neuordnung war die Regelung der deutschen Verfassungsfrage. Ein Mächtegleichgewicht, wie es sich die Staatsmänner in Wien vorstellten, ging von einer Pufferzone in Mitteleuropa aus. Diese sollte stark genug sein, um Begehrlichkeiten Frankreichs oder Russlands abzuwehren, sie sollte andererseits nicht die Möglichkeit einer eigenen Hegemonialpolitik in sich bergen. Diese Tendenz unterstützten die 1806 zu völkerrechtlicher Eigenständigkeit gelangten deutschen Mittelstaaten, die sich nicht wieder einer neuen Zentralgewalt beugen wollten. Auch Metternich schreckte vor einer Zusammenfassung der nationalen Kräfte zurück. Ihm genügte ein indirekter Einfluss, damit kam er den Mittelstaaten entgegen. Vor diesem Hintergrund hatten alle Bemühungen deutscher Patrioten, die sich ein neues starkes „Reich“ erhofft hatten, keine Aussicht auf Erfolg. Intellektuelle Kreise blieben mit ihrem Traum von einem ganz Deutschland umfassenden Verfassungsstaat weitgehend allein (⇨ M 3). Nicht nur die monarchischen Kabinette, auch Adel, Geistlichkeit und Landbevölkerung beharrten auf einem einzelstaatlichen Landespatriotismus.

Die Verfassung des Deutschen Bundes

Ein Ausgleich der Interessen wurde schließlich in der *Deutschen Bundesakte* vom 8. Juni 1815 gefunden, die als Teil der *Wiener Kongressakte* 1820 bestätigt wurde. 37 souveräne Fürsten und die vier freien Städte Bremen, Frankfurt, Hamburg und Lübeck schlossen sich zum *Deutschen Bund* zusammen (⇨ M 4). Für den Deutschen Bund galten die Grenzen des 1806 untergegangenen Deutschen Reiches. Große Gebiete Preußens und Österreichs waren somit nicht Bestandteil seines Territoriums, andererseits gehörten die Könige Englands, Dänemarks und der Niederlande ihm als deutsche Fürsten in Hannover, Holstein und Luxemburg an.

Der Deutsche Bund beruhte in mehrfacher Hinsicht auf einem Minimalkonsens. Es gab keine Regierung und damit keine handlungsfähige Exekutive, es gab keine Kreiseinteilung und damit keine Grundlage einer gemeinsamen Militärverfassung. Der Plan eines für alle Staaten verbindlichen Bundesgerichts wurde auf Bayerns Einspruch hin fallen gelassen. Jeder Mitgliedsstaat war innenpolitisch unabhängig. Und schließlich wurde für alle Beschlüsse über Verfassung und Institutionen des Bundes Einstimmigkeit festgeschrieben, um ein Erstarken der Bundesgewalt von vornherein auszuschließen.

Das einzige gemeinsame Organ war die *Bundesversammlung,* die in Frankfurt am Main tagte. Dieser Bundestag war ein ständiger Gesandtenkongress, ähnlich dem alten Reichstag in Regensburg. Österreich hatte den geschäftsführenden Vorsitz inne. Die größeren Staaten besaßen maximal vier von insgesamt 69 Stimmen. Entscheidungen wurden mit Zwei-Drittel-Mehrheit getroffen. Ein engerer Rat, in dem die elf größeren Staaten je eine und die übrigen 30 insgesamt sechs Stimmen hatten, bereitete alle Entscheidungen zur Abstimmung vor.

Als Bürgerrechte gewährleistet wurden lediglich Religionsfreiheit, Freiheit des Grunderwerbs und eine gewisse Freizügigkeit. Die Ankündigung „landständischer Verfassungen“ in den Bundesstaaten wurde nur von Sachsen-Weimar, Bayern, Baden, Württemberg und Hessen verwirklicht.

Ohne souveräne eigenständige Staatsgewalt war der Deutsche Bund kein *Bundesstaat.* Er war gedacht als wenig handlungsfähiger *Staatenbund,* dessen Mitglieder sich lediglich zur Friedenswahrung nach innen und gegenseitigem Beistand nach außen verpflichteten. Diese Aufgabe erfüllte er zumindest so lange, bis der Nationalstaatsgedanke die alte Ordnung überwand. Bis dahin blieb der Deutsche Bund ein Element der Stabilisierung Europas und in besonderem Maße Ausdruck dessen, was der Wiener Kongress erstrebte.

M 1 Restaurative Staatstheorie

Carl Ludwig von Haller (1768–1854) aus Bern in der Schweiz war der bedeutendste deutschsprachige Staatsrechtslehrer seiner Zeit. Den Ideen der Französischen Revolution stellte er eine altständische, legitimistische und klerikale Staatsauffassung entgegen.

Das erste und wesentliche Recht eines Fürsten [. . .] ist das seiner *Unabhängigkeit* oder *vollendeten Freiheit.* Kraft derselben ist er auf seinem Gebiet der einzige ganz Freie und niemandem auf Erden dienstbar; [. . .] er hat also nicht menschliche Befehle, die niemand ihm zu geben befugt ist, niemand gegen ihn zu vollziehen vermöchte, sondern nur allein Gott oder die göttlichen Gesetze über sich zu erkennen, das heißt die Gesetze der Naturnotwendigkeit, deren Einsicht und kluge Befolgung Weisheit genennt wird, und die Gesetze der ins Herz geschriebenen Pflicht, die in Gerechtigkeit und tätigem Wohlwollen besteht. Verträge sind die einzige positive Vorschrift, denen die Fürsten unterworfen sind, und diese sollen sie halten, nicht weil ihr Wille sie geschlossen hat – denn dieser Wille könnte geändert werden –, sondern weil durch solchen Vertrag der andere Teil ein Recht erworben hat, was ihm ohne Beleidigung nicht entrissen werden kann, und mithin die Pflicht, Verträge zu halten, schon aus dem göttlichen Gesetze fließt.

Die Könige stehen also freilich unter einem Gesetz, aber nicht unter einem menschlichen, sondern nur unter dem göttlichen oder natürlichen. Gott ist der König der Könige, sein Gesetz das höchste aller Gesetze. [. . .] Es legt den Fürsten mehrere und zweckmäßigere Pflichten auf, als alle Menschensatzungen es tun könnten. Denn die menschlichen Gesetze haben immer viele Lücken, die natürlichen keine; [. . .] jene sind wandelbar wie der Wille und die Launen der Menschen, diese ewig die gleichen. [. . .] Also ist für die Völker nichts zu besorgen, wenn auch die Fürsten nicht unter menschlichen Gesetzen stehen, die man ohnedem nicht gegen sie zu vollziehen vermöchte. [. . .] Und wenn man also die Fürsten in älteren Zeiten Statthalter Gottes nannte, so lag diesem Ausdruck gar kein Stolz, sondern ein schöner und tiefer Gedanke zum Grund. Denn die Macht oder die Glücksgüter [. . .] haben sie doch nur von ihm. [. . .] Tun sie aber seinen Willen nicht, üben sie weder Gerechtigkeit noch Liebe, so sind sie auch nicht mehr seine Statthalter, sondern undankbare Söhne, die sich gegen den obersten Herren und Gesetzgeber auflehnen. Jener Titel, weit entfernt, den Hochmut zu begünstigen, legt also den Fürsten eine schwere, ja Demut erweckende Last auf, und die neueren Sophisten[1]), welche ihn verwerfen, die Religion abschaffen, für schädlich ausgeben oder wenigstens als eine dem Staat gleichgültige Privatmeinung betrachten wollten, haben auch hierdurch der Welt unglaublich geschadet, und statt der milden, jedermann schützenden göttlichen Gesetze nur physische Gewalt, menschliche Willkür und grenzenloses Unrecht herbeigeführt.

Carl Ludwig von Haller, Restauration der Staatswissenschaft oder Theorie des natürlich-geselligen Zustands, der Chimäre des künstlich-bürgerlichen entgegengesetzt, Band 2, Winterthur, 2. Auflage 1820, S. 64 ff.

1. *Wie umreißt Haller die Stellung des Fürsten in Gesellschaft und Staat?*
2. *Vergleichen Sie Hallers Aussagen mit den Zielen der Heiligen Allianz. Welche Übereinstimmungen erkennen Sie?*

---

[1]) Als „neuere Sophisten“ bezeichnet Haller die aufgeklärten Philosophen.

Europa 1815

M 2

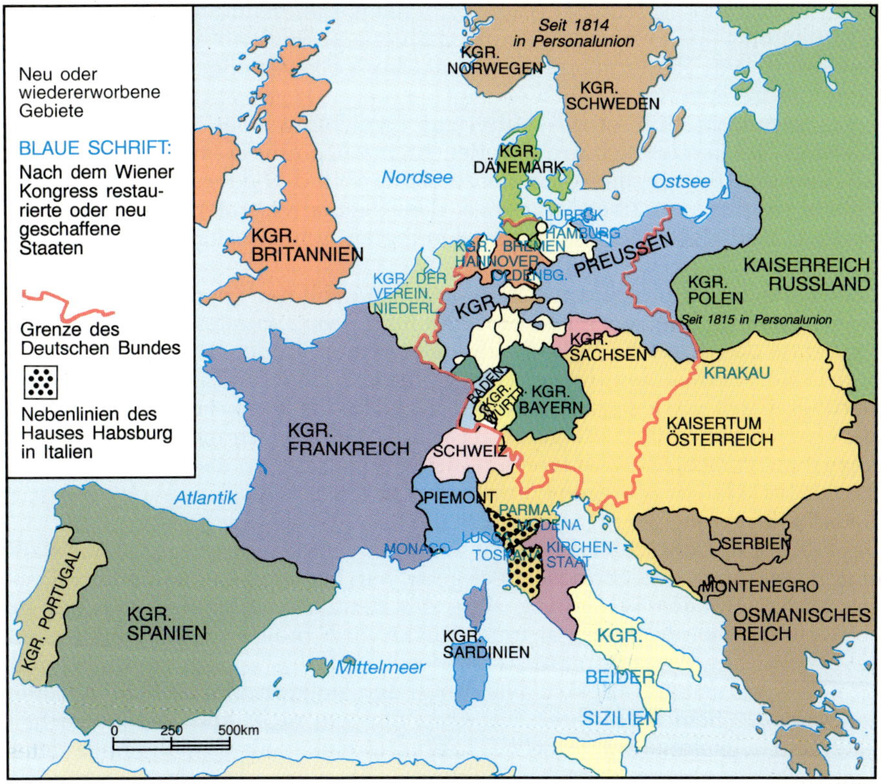

1. *Versuchen Sie anhand der Karte nachzuvollziehen, welche territorialen Verschiebungen das Gleichgewicht in Europa sichern sollen.*
2. *Diskutieren Sie, inwieweit Gebietserwerbungen oder -verluste die Geltung eines Staates verändern. Welche Kriterien können den Großmachtstatus eines Landes berühren?*

Ein zeitgenössisches Urteil über die deutsche Bundesverfassung

M 3

Nachdem bekannt geworden war, welche Verfassung der Deutsche Bund erhalten sollte, erschien am 7. Mai 1815 im angesehenen „Rheinischen Merkur“ des katholischen Publizisten Joseph Görres (1776–1848) ein anonymer Artikel. Der Aufsatz stammt wahrscheinlich von Görres selbst.

Man hat die Völker bei seiner Errichtung nicht um Rat gefragt, man scheint auf sie und ihre Stimme nicht hören zu wollen. Dennoch ist es unsere Pflicht, uns zu erheben gegen das Verderbliche, damit wir ohne Schuld seien an des Vaterlandes Unglück. [. . .]

Unsere Zeit ist endlich zu der Einsicht gelangt, dass ein Staat nur dann mächtig sei, wenn Volk und Regierung gegenseitig auf ihre Stimmen hören; wenn die Regierung nichts tut, wogegen die öffentliche Meinung sich entschieden hat; wenn auf den Ruf der Regierung das Volk Gut und Blut willig hingibt; wenn Volk und Regierung einstimmig denken, fühlen und handeln. Dadurch hat Preußen seine Freiheit erkämpft, dadurch ist England groß und mächtig geworden. Was Regierungen aber ohne das Volk vermögen, das haben die letzten Jahre auch hinlänglich gezeigt.

Volks-Repräsentation ist das Mittel zur Erreichung jenes Zweckes, wo die Edelsten des Landes sich um den Regenten versammeln, mit ihm sich beraten, ihm den Beifall seines Volkes zu sichern, und wiederum seine Schritte lenken; wo das Volk überzeugt wird, dass die Stellvertreter über sein Bestes wachen, und dass die von ihnen gebilligten Schritte der Regierung sein Wohl bezwecken. [...]

Deutschland, das gemeinsame Vaterland, aber soll nach dem Plane der Bundes-Verfassung nur von einer Versammlung seiner Fürsten regiert werden, ohne dass das deutsche Volk durch Stellvertreter an der Bestimmung seiner Schicksale Teil nehmen dürfte. Warum dieses? Haben unsere einzelnen Regierungen sich etwa so patriotisch erzeigt, dass in ihren Händen das Wohl des Ganzen von jeder Seite gesichert wäre? Werden sich nicht vielmehr ihre einzelnen, verschiednen Interessen also durchkreuzen, dass sie zu keinem Beschlusse werden gelangen können, der für das gemeinsame Wohl Deutschlands heilbringend wäre?

Die Hoffnung Deutschlands beruht auf dem Geiste seines Volkes, der stark und mächtig sich geregt und Großes getan hat. Das aber ist das Verderblichste an jener Bundes-Verfassung, dass der deutsche Gemeingeist durch sie notwendig gehemmt oder gar unterdrückt wird, indem sie alle Möglichkeit des öffentlichen Wirkens nimmt. Der Mensch interessiert sich vorzüglich nur für den Kreis seiner Tätigkeit: Wenn nun den Völkern nur Einfluss gestattet wird auf die Schicksale ihrer einzelnen Staaten, nicht aber des deutschen Vaterlandes, welche andere Folgen kann dies haben, als dass der hohe deutsche Enthusiasmus in einen kümmerlichen, hannöverschen, hessischen usw. zersplittert wird? Hat endlich das deutsche Volk nicht dasselbe Recht auf National-Repräsentation, welches dem hannöverschen, hessischen zusteht?

Es lässt sich nicht denken, dass von den Entwerfern der Bundes-Verfassung dies alles übersehen sei. Man wird zur Vermutung gezwungen, dass man Deutschland nicht als ein organisches Ganzes, als einen Staat betrachte, sondern nur als einen Staatenbund, [...] über dessen Bestimmung daher auch lediglich die Fürsten ohne Zuziehung ihrer Völker zu entscheiden haben. Aber man höre doch nur den Ruf aller deutschen Volksstämme. Einmütig erklären sie: „Wir wollen nicht länger bloß Preußen, Hannoveraner, Hessen bleiben, wir wollen Deutsche werden!" Der künstliche Bund aber, der nicht gestützt ist auf die Liebe und den Gemeingeist des deutschen Volkes, wird bald durch seine eigene Schwäche zusammenfallen!

[...] Oh, ihr Fürsten, hört auf unser Wort! Gebt außer den Landständen uns auch Reichsstände. Lasst uns ein Volk und ein Staat werden, stark durch den Gemeingeist, der uns alle belebt; lasst uns nicht in unzählige kleine Reiche zerfallen, die ein künstlich gewebtes Band nur lose verbindet! Das Volk aber erhebe seine Stimme laut, und verkünde, was es sehnlich wünscht und was es zu fordern berechtigt ist!

Manfred Botzenhart, Die deutsche Verfassungsfrage 1812 – 1815, Göttingen 1968, S. 67 f.

1. *Arbeiten Sie die einzelnen Vorwürfe heraus, die der Schreiber des Artikels erhebt.*
2. *Die Verfassung des Deutschen Bundes rief bei vielen Intellektuellen tiefe Enttäuschung hervor. Diskutieren Sie die Frage, wie realistisch 1815 die Chance auf eine nationale Volksrepräsentation war.*

Die Deutsche Bundesakte

M 4

Nach zähen Verhandlungen seit dem Herbst 1814 wurde die Deutsche Bundesakte auf dem Wiener Kongress am 8. 6. 1815 abgeschlossen.

Im Namen der allerheiligsten und unteilbaren Dreieinigkeit.
Die souveränen Fürsten und freien Städte Deutschlands [. . .], von den Vorteilen überzeugt, welche aus ihrer festen und dauerhaften Verbindung für die Sicherheit und Unabhängigkeit Deutschlands, und die Ruhe und das Gleichgewicht Europas hervorgehen würden, sind übereingekommen, sich zu einem beständigen Bunde zu vereinigen [. . .].

Art. 1. Die souveränen Fürsten und freien Städte Deutschlands mit Einschluss Ihrer Majestäten des Kaisers von Österreich und der Könige von Preußen, von Dänemark und der Niederlande, und zwar
Der Kaiser von Österreich, der König von Preußen, beide für ihre gesamten vormals zum deutschen Reich gehörigen Besitzungen,
der König von Dänemark für Holstein, der König der Niederlande für das Großherzogtum Luxemburg,
vereinigen sich zu einem beständigen Bunde, welcher der deutsche Bund heißen soll.

Art. 2. Der Zweck desselben ist Erhaltung der äußeren und inneren Sicherheit Deutschlands und der Unabhängigkeit und Unverletzbarkeit der einzelnen deutschen Staaten.

Art. 3. Alle Bundes-Glieder haben als solche gleiche Rechte; sie verpflichten sich alle gleichmäßig die Bundes-Akte unverbrüchlich zu halten.

Art. 4. Die Angelegenheiten des Bundes werden durch eine Bundesversammlung[1]) besorgt, in welcher alle Glieder desselben durch ihre Bevollmächtigten teils einzelne, teils Gesamtstimmen folgendermaßen, jedoch unbeschadet ihres Ranges führen:

(Es folgen die Mitgliedstaaten des Bundes.)
[. . .]
Art. 6. Wo es auf Abfassung und Abänderung von Grundgesetzen des Bundes, auf Beschlüsse, welche die Bundes-Akte selbst betreffen, auf organische Bundes-Einrichtungen und auf gemeinnützige Anordnungen sonstiger Art ankommt, bildet sich die Versammlung zu einem Plenum, wobei jedoch mit Rücksicht auf die Verschiedenheit der Größe der einzelnen Bundesstaaten folgende Berechnung und Verteilung der Stimmen verabredet ist:

(Es folgt die Verteilung der Stimmen auf die Mitgliedstaaten.)

---

[1]) Gemeint ist der engere Rat.

Art. 7. [. . .] Wo es aber auf Annahme oder Abänderung der Grundgesetze, auf organische Bundes-Einrichtungen, auf jura singulorum[1]) oder Religions-Angelegenheiten ankommt, kann weder in der engern Versammlung noch in Pleno ein Beschluss durch Stimmenmehrheit gefasst werden.
Die Bundesversammlung ist beständig [. . .].

Art. 11. Alle Mitglieder des Bundes versprechen sowohl ganz Deutschland als jeden einzelnen Bundesstaat gegen jeden Angriff in Schutz zu nehmen und garantieren sich gegenseitig ihre sämtlichen unter dem Bunde begriffenen Besitzungen.
Bei einmal erklärtem Bundeskrieg darf kein Mitglied einseitige Unterhandlungen mit dem Feinde eingehen, noch einseitig Waffenstillstand oder Frieden schließen.
Die Bundes-Glieder behalten zwar das Recht der Bündnisse aller Art; verpflichten sich jedoch, in keine Verbindungen einzugehen, welche gegen die Sicherheit des Bundes oder einzelner Bundesstaaten gerichtet wären.
Die Bundes-Glieder machen sich ebenfalls verbindlich, einander unter keinerlei Vorwand zu bekriegen, noch ihre Streitigkeiten mit Gewalt zu verfolgen, sondern sie bei der Bundesversammlung anzubringen. [. . .]

Art. 13. In allen Bundesstaaten wird eine Landständische Verfassung stattfinden.

Ernst Rudolf Huber (Hrsg.), Dokumente zur deutschen Verfassungsgeschichte, Band 1, Stuttgart, 3. Auflage 1978, S. 84 ff.

1. *Welche Absichten drückt die Präambel aus? Durch welche Bestimmungen der Bundesakte sollen diese erreicht werden?*
2. *Bewerten Sie Artikel 7 im Hinblick auf Minderheitenschutz und Handlungsfähigkeit des Bundes.*

[1]) Rechte einzelner (Staaten)

Der restaurative Staat und seine Gegenkräfte

Ausdruck des neuen Verhaltnisses zwischen Fürst und Untertan sind die Schlossanlagen und Landschaftsparks, die seit Ende des 18. Jahrhunderts entstanden sind. Der Monarch bewegt sich nicht mehr innerhalb einer geschlossenen aristokratischen Gesellschaft, sondern zeigt sich gewillt, dem Bürgertum als Partner zu begegnen. Dies bedeutet allerdings noch nicht den Verzicht auf die nahezu uneingeschränkte Machtausübung im Staat. Beispielhaft sind die Anlagen des Fürsten Hermann von Pückler-Muskau.

1817	Wartburgfest der deutschen Burschenschaften
1819	Karlsbader Beschlüsse: Unterdrückung der Meinungsfreiheit in den Staaten des Deutschen Bundes
1830	Juli-Revolution in Frankreich: Errichtung eines Wahlkönigtums
1832	Das Hambacher Fest der nationalen und liberalen Bewegung führt zu verschärften Maßnahmen der deutschen Regierungen

Nationale und liberale Ideen fordern die Regierungen des Deutschen Bundes heraus

Die Französische Revolution und der Freiheitskampf gegen Frankreich hatten den individuellen Freiheitsbegriff und das nationale[1]) Selbstbestimmungsrecht der Völker geweckt. Im deutschen *Frühliberalismus* (siehe Seite 289) verbanden sich diese beiden Ideen zu folgenden zentralen Forderungen:
- nationale Einheit
- Abschaffung der feudalen Gesellschaftsordnung
- Errichtung eines Verfassungsstaates mit Anerkennung von Grund- und Menschenrechten sowie Teilung und Kontrolle der staatlichen Gewalten (Gesetzgebung, Rechtsprechung und Verwaltung)
- Mitwirkung der Bürger am Staat durch gewählte Vertreter
- freie Entfaltung der Wirtschaft.

Nationalismus: Die Grundlage jeder Nation ist das allgemeine Bewusstsein der Bevölkerung, einer bestimmten Kultur sowie einer gemeinsamen Staats-, Rechts- und Wirtschaftsordnung anzugehören. Die Französische Revolution hatte dieses Nationalbewusstsein zum Ausgangspunkt des politischen und militärischen Lebens im eigenen sowie in den besetzten Ländern gemacht.
In den deutschen Staaten wurde die Entwicklung des Nationalbewusstseins durch drei parallel verlaufende und sich zum Teil überschneidende Prozesse geprägt:
1. durch das breiter werdende Bewusstsein, einer Kulturnation[2]) anzugehören,
2. durch den „gemeinsamen“ Kampf gegen die Fremdherrschaft und
3. durch den Aufstieg des Bürgertums zu einer politischen Macht.

Der frühe deutsche Nationalismus war insofern eine „liberale Emanzipations- und Oppositionsideologie, die sich gegen die spätabsolutistischen Territorialstaaten, gegen die Vorrechte des Adels, gegen das Gottesgnadentum richtete, aber für die souveräne Nation, für die allgemeine Staatsbürgergesellschaft, auch für die harmonische Kooperation aller Nationalstaaten“ *(Hans-Ulrich Wehler)* stritt.
In Deutschland und anderen Staaten führte die Überbewertung der eigenen Nation (und Rasse) zu der überheblichen Ideologie, anderen Völkern überlegen zu sein. Dieser intolerante Nationalismus gehörte zu den Ursachen des Ersten und Zweiten Weltkrieges. Erst nach 1945 wurde in Europa allmählich deutlich, dass eine enge internationale politische, wirtschaftliche und kulturelle Zusammenarbeit die Grundlage für einen positiven Nationalismus darstellt.

[1]) natio (lat.): Geburt, Abstammung, Herkunft

[2]) In Deutschland wurde der Gedanke, einer Nation anzugehören, von *Johann Gottfried Herder* (1744–1803) verbreitet. In seiner *„Abhandlung über den Ursprung der Sprache“* von 1772 stellte er fest, dass ein Volk durch seine Sprache, Religion und Tradition eine Nationalidentität besitze.

Die Schlüsselbegriffe für diese Forderungen lauteten „Freiheit" und „Einheit". Die zwischen dem Ende des „Heiligen Römischen Reichs Deutscher Nation" und der „Wiener Schlussakte" von 1820 einsetzende erste Phase von Verfassungsgebungen[1]) war die Antwort einiger deutscher Regenten auf die liberalen Forderungen der Zeit, die napoleonische Fremdherrschaft und den Versuch der Vormacht Österreich, auf die inneren Verhältnisse in den deutschen Staaten Einfluss zu nehmen. Diese ersten Verfassungen waren auf unterschiedliche Weise zustande gekommen, in Bayern und Baden zum Beispiel kraft landesherrlicher Machtvollkommenheit, in Württemberg durch einen Vertrag zwischen dem König und den Ständen. Diese ersten deutschen Konstitutionen enthielten nach französischem Vorbild einen Grundrechtekatalog

Frühliberalismus: Die geistesgeschichtliche Grundlage des *Liberalismus*[2]) ist in der europäischen Aufklärung, die politische in der Französischen Revolution zu suchen. Der Frühliberalismus entwickelte eine Staats-, Gesellschafts- und Wirtschaftslehre, in der das Verhältnis zwischen Individuum und Staat neu bestimmt wurde.
Ausgangspunkt aller liberalen Überlegungen war der Glaube an die Bestimmung des Menschen als einer freien, vernunftgeleiteten, selbstverantwortlich handelnden Person. Die größtmögliche Freiheit für den Einzelnen – auch und gerade gegenüber der Übermacht des Staates – wurde zum grundlegenden Prinzip erklärt. Folglich musste die staatliche Gewalt ihre Macht gegenüber dem Individuum beschränken, um ihm seine ungehinderte Entfaltung zu ermöglichen. Dazu war es auch notwendig, dass sich der Staat an bestimmte Regeln (Verfassungen) band. In der französischen Verfassung von 1793 wurden die Bedingungen für die Freiheit folgendermaßen zusammengefasst: „[die Freiheit] hat als Grundlage die Natur, als Maßstab die Gerechtigkeit, als Schutzwehr das Gesetz." Der deutsche Philosoph Kant formulierte die moralische Verpflichtung der Freiheit so: „Jeder darf seine Glückseligkeit auf dem Wege suchen, welcher ihm selbst gut dünkt, wenn er nur der Freiheit anderer, einem ähnlichen Zwecke nachzustreben, [. . .], nicht Abbruch tut."
Kennzeichnend für die liberale Bewegung war unter anderem der historische Entwicklungs- bzw. Fortschrittsgedanke. Der Fortschritt sollte aber evolutionär und nicht revolutionär stattfinden. Der Frühliberalismus nahm deshalb eine Position zwischen Revolution und Restauration ein. Diese grundsätzliche Position zeichnet noch heute liberale Vorstellungen aus. Gültige Prinzipien sind weiterhin: die Begrenzung der Staatsmacht sowie die freie marktwirtschaftliche Betätigung.

---

[1]) In Nassau trat 1814, in Sachsen-Weimar 1816, in Weimar-Eisenach 1818, in Bayern und Baden 1819, in Württemberg 1820 und in Hessen-Darmstadt 1821 eine Verfassung in Kraft.

[2]) liberalis (lat.): freiheitlich, eines freien Mannes würdig

und führten die Gewaltenteilung ein. Die Exekutive unterstand weiterhin allein den Landesherren. In der Gesetzgebung behielten die monarchischen „Souveräne“ sich zwar das alleinige Initiativrecht vor, machten sich aber abhängig von der Mitwirkung der Ständevertretungen. Immerhin waren die Regenten künftig an ihre Verfassungen gebunden und konnten sie nicht mehr einseitig ändern.

Nach 1820 wurde die Verfassungsentwicklung durch Artikel 57 der „Wiener Schlussakte“ weiter eingeengt. Dieser Artikel legte fest, dass „die gesamte Staatsgewalt [...] in dem Oberhaupte des Staates vereinigt [bleibt], und der Souverän [...] durch eine landständische Verfassung nur in der Ausübung bestimmter Rechte an die Mitwirkung der Stände gebunden“ war. Damit wurde das *monarchische Prinzip* für die Staaten des Deutschen Bundes festgeschrieben. Eine nationale und liberale Verfassungsentwicklung war dauerhaft verhindert. Und die beiden Großmächte Preußen und Österreich blieben – trotz Versprechungen – auch in der Folgezeit ohne Verfassungen. Wie sich bald zeigen sollte, nutzte vor allem der österreichische Kanzler Metternich den Deutschen Bund nur, um die bürgerlichen Grundrechte, wie Pressefreiheit, Versammlungsfreiheit und Rechtsgleichheit, in den Mitgliedstaaten einzuschränken, zu behindern und zu verbieten.

Das Wartburgfest – Blick zurück nach vorn

Der erste öffentliche Auftritt der nationalen und liberalen Bewegung in Deutschland war das *Wartburgfest* von 1817. Die Studenten hatten sich vor

Wartburgfest am 18./19. Oktober 1817 (Zeichnung von L. Burger). Am Ende der offiziellen Feierlichkeiten verbrannten einige radikale Anhänger der Turnerbewegung deutschfeindliche und „reaktionäre“ Schriften (darunter die Bundesakte und Hallers „Restauration der Staatswissenschaft“) sowie militärische Symbole der stehenden Heere: einen hessischen Zopf, einen preußischen Ulanenschnürleib und einen österreichischen Korporalstock.

den Freiheitskriegen an den Universitäten je nach Herkunft in landsmannschaftlichen Verbindungen zusammengeschlossen. Dies galt jetzt nicht mehr als zeitgemäß. Nach dem Vorbild der 1815 in Jena gegründeten *Ur-Burschenschaft* trat rund ein Fünftel der Studenten den überall entstehenden national gesinnten Burschenschaften bei, deren Mitglieder aus allen Gegenden Deutschlands kamen.
Am 18./19. Oktober 1817 feierten die Burschenschafter das Gedenken an die Völkerschlacht von Leipzig und das 300-jährige Reformationsjubiläum in einem nationalen Fest auf der traditionsreichen Wartburg bei Eisenach. Es kamen rund 500 Studenten aus 13 Universitäten. Rückblickend wurden die militärische Befreiung des Vaterlandes und die geistig-religiöse Befreiung durch die Reformation beschworen, um daraus die zukunftsweisenden Forderungen nach nationaler Einheit und Freiheit abzuleiten. Die gegenwärtigen nationalen, konstitutionellen und militärischen Verhältnisse wurden kritisiert und ein nationaler Zusammenschluss aller Burschenschaften gefordert.

Wirkungen und Reaktionen

Während das Fest bei dem liberal und national eingestellten Bürgertum eine wohlwollende Aufnahme fand, empfand es der preußische König als offene Aufforderung zum Aufstand. In Preußen wurden Teilnehmer verhört und verfolgt, und im Dezember 1817 schließlich die Burschenschaften verboten. Trotzdem wurde auf dem Burschentag im sächsischen Jena am 18. Oktober 1818 die *Allgemeine deutsche Burschenschaft* gegründet. Ihr Symbol wurde die rot-schwarz-rote Fahne mit einem goldenen Eichenzweig. Zum Wahlspruch wählten die Studenten die Worte „Ehre, Freiheit, Vaterland".
Vom Herbst 1818 an verstärkten sich die Bemühungen der konservativen Regierungen, Maßnahmen gegen die bürgerliche Opposition zu finden. Der politisch motivierte Mord an dem Schriftsteller *Kotzebue*[1]) vom 23. März 1819 durch den 23jährigen Studenten *Sand*[2]) sowie ein weiterer Attentatsversuch auf einen nassauischen Staatsrat boten dann den Anlass, um bundesweite Repressionsmaßnahmen gegen die liberale und nationale Bewegung durchzusetzen.

Die Karlsbader Beschlüsse

Auf Betreiben Metternichs kamen die Minister von zehn ausgewählten Staaten im böhmischen Karlsbad zu einer Konferenz zusammen (6.–31. August

[1]) Karl August von Kotzebue (1761–1819) war ein bekannter Lustspieldichter, der neben seinen schriftstellerischen Arbeiten auch politische Missionen übernommen hatte. 1813 wurde er zum russischen Staatsrat ernannt, und ab 1817 arbeitete er als politischer Beobachter und Berichterstatter für den Zaren. In seinem 1818 gegründeten „Literarischen Wochenblatt" verspottete er die liberalen und patriotischen Ideale der Burschenschafter.

[2]) Karl Ludwig Sand (1795–1820) aus Wunsiedel gehörte in Jena einem Kreis radikal gesinnter Studenten an, für ihn war Kotzebue ein „Verräter des Vaterlandes"; Sand wurde am 20. Mai 1820 öffentlich hingerichtet.

1819). Die erarbeiteten Beschlüsse wurden anschließend als Bundesgesetze vom Frankfurter Bundestag offiziell in Kraft gesetzt.
Das „Bundes-Universitätsgesetz“ stellte Professoren, Studenten und den gesamten Lehrbetrieb in jeder Universität unter Staatsaufsicht. Die Behörden konnten kritische Hochschullehrer jederzeit entlassen. Die Burschenschaften wurden endgültig verboten, und den oppositionellen Studenten wurde mit Berufsverboten für öffentliche Ämter gedroht (⇨ M 1). Das „Bundes-Pressgesetz“ richtete sich gegen die Presse- und Meinungsfreiheit (⇨ M 2), und das „Bundes-Untersuchungsgesetz“ schuf eine bundesweit arbeitende Ermittlungsbehörde, die alle politischen Bewegungen beobachtete und verfolgte. Kritische Professoren, Studenten, Verwaltungsbeamte, Schriftsteller und Publizisten wurden denunziert, verfolgt und auch inhaftiert *(Demagogen-Hetze)*. Die Burschenschaften und andere oppositionelle Gruppen lösten sich entweder auf oder wurden in den Untergrund gezwungen. Die erste Welle von Intellektuellen verließ Deutschland. Die freiheitliche Bewegung kam auf Jahre hinaus zum Erliegen.

Auswirkungen der französischen Juli-Revolution von 1830 auf Europa

Auch Frankreich erlebte nach 1815 eine Phase der Restauration. Sie erreichte 1830 ihren Höhepunkt, als der französische König *Karl X.*[1]) die Pressefreiheit faktisch aufhob und das Wahlrecht zu Gunsten der Großgrundbesitzer einschränkte. Die folgenden revolutionären Kämpfe (27.–29. Juli 1830) führten zu einem Thronwechsel, einer neuen Verfassung und einem neuen Wahlrecht. Der neue französische König *Louis Philippe*[2]) wurde nicht mehr, wie seine Vorgänger, zum „König von Frankreich“ geweiht, sondern vom Parlament gewählt und vor dem Parlament als „König der Franzosen“ vereidigt.
Die Juli-Revolution hatte Frankreich erneut zum „politischen Experimentierlabor der neueren europäischen Geschichte“ (Hans-Ulrich Wehler) gemacht. Die Auswirkungen erfassten den größten Teil Europas. In England wurden 1830/31 die Voraussetzungen für die Parlaments- und Wahlrechtsreform von 1832 geschaffen, Belgien löste sich von den erst 1815 geschaffenen Vereinigten Niederlanden und wurde 1831 ein unabhängiger neutraler Staat mit einer liberalen Verfassung. In Kongress-Polen wurden Befreiungsaufstände gegen die zaristische Herrschaft erst nach einem Jahr im Herbst 1831 niedergeschlagen. Aufstände in Mittelitalien konnten von der habsburgischen Regierung unterdrückt werden. Eine Teilung Europas in zwei unterschiedliche Herrschaftssysteme wurde deutlich. Russland, Österreich und Preußen beharrten auf traditionellen monarchischen Strukturen, während sich die politischen Systeme Englands und Frankreichs als anpassungsfähig erwiesen.

---

[1]) Karl X. (1757–1836) war der jüngere Bruder Ludwigs XVI. und Ludwigs XVIII. und als Führer der äußersten Rechten 1824 auf den Thron gekommen.

[2]) Herzog Louis Philippe von Orléans (1773–1850) regierte bis 1848 und wurde „Bürgerkönig“ genannt.

Auswirkungen der französischen Juli-Revolution auf Deutschland

Die Auswirkungen der europäischen Ereignisse auf die Länder des Deutschen Bundes waren abhängig von den unterschiedlichen sozialen, wirtschaftlichen und verfassungsmäßigen Verhältnissen:

- In Arbeiter- und Bauernunruhen wurde gegen Arbeitsbedingungen, Teuerungen, Hunger und Zölle protestiert.
- Aufruhr flammte auf gegen absolutistisch regierende Fürsten und Regierungen.
- Neue oder verbesserte Verfassungen wurden in den Ländern Kurhessen, Sachsen, Braunschweig und Hannover durchgesetzt.
- Die parlamentarische Opposition in den Landtagen nahm zu. In den süddeutschen Kammern wurden erneut Reformen verlangt, in Baden wurde ein liberales Presserecht durchgesetzt, die Ablösung der ländlichen Feudallasten vorangetrieben und eine liberale Gemeindeordnung verabschiedet.
- Die außerparlamentarische nationale, liberale und demokratische Bewegung erneuerte sich. Trotz der noch geltenden Karlsbader Beschlüsse wurden neue Zeitungen gegründet, entstanden zum Teil überregionale Vereinigungen, Petitions- und Unterschriftenbewegungen.

Die beiden verfassungslosen Großmächte, Preußen und Österreich, unterdrückten die lokalen Unruhen militärisch und blieben von ähnlichen Vorgängen weitgehend verschont.

Hambacher Fest und „Göttinger Sieben": Die Bürger protestieren

Höhepunkt der erstarkten Oppositionsbewegung wurde das *Hambacher Fest* vom 27. bis 30. Mai 1832 in der zu Bayern gehörenden Pfalz. Männer und Frauen „jedes Standes" und aus allen „deutschen Stämmen" waren durch die Presse zum „Nationalfest der Deutschen" eingeladen worden. 30 000 Bürger aller Schichten, der größte Teil aus der Umgebung von Neustadt an der Haardt, aber auch Delegationen aus anderen Ländern des Deutschen Bundes, dazu Exil-Polen und Franzosen, fanden sich an der Hambacher Schlossruine ein. Die meisten Redner wandten sich gegen die bestehenden europäischen Verhältnisse, gegen die Willkürherrschaft der Fürsten, gegen soziale Missstände und forderten Volkssouveränität, Pressefreiheit und einen freiheitlichen deutschen Einheitsstaat (⇨ M 3). Einige radikale Gruppen waren bereit, dieses Ziel sofort, auch mit Gewalt, durchzusetzen. Es überwog jedoch die Meinung, dass die „Wiedergeburt Deutschlands" nur auf reformerischen Wegen erreicht werden sollte. Nach dem Fest, das nicht die einzige Volksversammlung in diesen Tagen geblieben war, kam es in einigen Gebieten der Pfalz zu kleineren Unruhen.

Die bayerische Regierung reagierte mit der zeitweisen Ausrufung des Belagerungszustandes in der Pfalz und verhaftete die Hauptredner und Organisatoren des Festes. Für Metternich waren diese und ähnliche Ereignisse in Süd- und Mitteldeutschland nur eine erneute Aufforderung, noch radikaler gegen

Der Antizeitgeist ist gekennzeichnet durch Eselsgestalt, Staatsrock, Perücke, alte Rechte und Stammbaum. Er tritt die Mütze der Freiheit, die Waage der Gerechtigkeit und das Licht der Aufklärung mit Füßen. Die Radierung von J. M. Voltz stammt aus dem Jahr 1819.

die nationale und liberale Bewegung vorzugehen (⇨ M 4). Schon am 5. Juli folgten Bundesmaßnahmen zur „Erhaltung der Sicherheit und Ordnung" *(Die zehn Artikel)*, die Presse- und Versammlungsfreiheit weiter einschränkten. Außerdem unterlagen die Verfassungen der Länder künftig der Auslegung durch den Bund, und die Arbeit der Landtage wurde überwacht. Liberale Fortschritte in einem einzelnen Land sollten damit für die Zukunft verhindert werden.

Eine Untersuchungsbehörde führte bis 1842 über 2000 Ermittlungsverfahren durch. Preußen zeigte sich in der Verfolgung der Studenten besonders rigoros, über 200 Burschenschafter wurden 1836 wegen Hochverrats verurteilt. Allerdings gelang es nicht mehr, das politische Leben vollständig unter Kontrolle zu bringen, zumal vor allem die süddeutschen Regierungen sich nicht mehr in vollem Umfang an den Repressionen beteiligten. Auch als der neue König von Hannover, *Ernst August*[1]), die Verfassung seines Landes einseitig für nichtig erklärte, brach ein öffentlicher Sturm der Entrüstung los. Sieben auf ihrem Verfassungseid beharrende Professoren mussten das Königreich verlassen. Dennoch schien die liberale Bewegung gestärkt, als der preußische König *Friedrich Wilhelm IV.*[2]) drei der „Göttinger Sieben" nach Preußen berief.

---

[1]) Ernst August, Herzog von Cumberland (1771–1851), war der Bruder des 1837 verstorbenen Königs Wilhelm IV. von Großbritannien, der zugleich König von Hannover war. Mit dem Regierungsantritt von Ernst August endete die Personalunion Hannovers mit Großbritannien.

[2]) Friedrich Wilhelm IV. (1795–1861), ältester Sohn von Friedrich Wilhelm III., wurde nach dessen Tod am 7. 6. 1840 preußischer König.

[3]) Folgende Professoren waren beteiligt: der Staatsrechtler Wilhelm Albrecht (1800–1876), die Historiker Friedrich Christoph Dahlmann (1785–1863) und Georg Gottfried Gervinus (1805–1871), die Sprach- und Kulturforscher Jacob Grimm (1785–1863) und Wilhelm Grimm (1786-1859), der Orientalist Heinrich Ewald (1803–1875) und der Physiker Wilhelm Weber (1804–1891).

Karlsbader Beschlüsse

M 1

Die in Karlsbad auf Druck Österreichs und Preußens von zehn Regierungen gefassten Beschlüsse mussten erst vom Bundestag verabschiedet werden, um Gesetzeskraft zu erhalten. Sie hatten bis 1848 Bestand.

Bundes-Universitätsgesetz vom 20. 9. 1819

§ 2. Die Bundesregierungen verpflichten sich gegeneinander, Universitäts- und andere öffentliche Lehrer, die durch erweisliche Abweichung von ihrer Pflicht oder Überschreitung der Grenzen ihres Berufes, durch Missbrauch ihres rechtmäßigen Einflusses auf die Gemüter der Jugend, durch Verbreitung verderblicher, der öffentlichen Ordnung und Ruhe feindseliger oder die Grundlagen der bestehenden Staatseinrichtungen untergrabender Lehren, ihre Unfähigkeit zu Verwaltung des ihnen anvertrauten wichtigen Amtes unverkennbar an den Tag gelegt haben, von den Universitäten und sonstigen Lehranstalten zu entfernen.

§ 3. Die seit langer Zeit bestehenden Gesetze gegen geheime oder nicht autorisierte Verbindungen auf den Universitäten sollen in ihrer ganzen Kraft und Strenge aufrechterhalten, und insbesondere auf den seit einigen Jahren gestifteten, unter dem Namen der allgemeinen Burschenschaft bekannten Verein umso bestimmter ausgedehnt werden, als diesem Verein die schlechterdings unzulässige Voraussetzung einer fortdauernden Gemeinschaft und Korrespondenz zwischen den verschiedenen Universitäten zum Grunde liegt. Den Regierungs-Bevollmächtigten soll in Ansehung dieses Punktes eine vorzügliche Wachsamkeit zur Pflicht gemacht werden.

Ernst Rudolf Huber, Dokumente zur deutschen Verfassungsgeschichte, Band 1, Stuttgart, 3. Auflage 1978, S. 101

1. *Erörtern Sie die Auswirkungen der Karlsbader Beschlüsse auf das geistige Leben in Deutschland.*
2. *Gab es Möglichkeiten für die Betroffenen, diesen Gesetzen auszuweichen?*
3. *Vergleichen Sie die Regierungspolitik der Restaurationszeit mit totalitären Systemen wie dem NS-Regime oder der kommunistischen Herrschaft in der Sowjetunion. Versuchen Sie, Unterschiede zu benennen.*

Aus der Geschichte der Presse- und Meinungsfreiheit von 1815 bis 1835

M 2

Art. 18 d). Die Bundesversammlung wird sich bei ihrer ersten Zusammenkunft mit Abfassung gleichförmiger Verfügungen über die Pressfreiheit [. . .] beschäftigen.

Deutsche Bundesakte vom 8. 6. 1815

Das Recht, in freier Rede und Schrift seine Meinung über öffentliche Angelegenheiten zu äußern, ist ein unveräußerliches Recht jedes Staatsbürgers, das ihm unter allen Umständen zustehen muss. [. . .] Wo Rede und Schrift nicht frei sind, da ist überhaupt keine Freiheit, da herrscht nicht das Gesetz, sondern die Willkür. [. . .] Über den Missbrauch der Freiheit in Rede und Schrift kann kein Buchstabe entscheiden und kein gewöhnlicher Staatsdiener, sondern nur ein Geschworenengericht, das aus gelehrten, unabhängigen und vaterländisch gesinnten Männern besteht und öffentlich vor dem Volk seine Sitzungen hält, seine Gründe entwickelt, seinen Ausspruch tut.

Grundsätze der Burschenschaft vom Ende des Jahres 1817

§ 1. So lange als der gegenwärtige Beschluss in Kraft bleiben wird, dürfen Schriften, die in der Form täglicher Blätter oder heftweise erscheinen, desgleichen solche, die nicht über 20 Bogen[1]) im Druck stark sind, in keinem deutschen Bundesstaate ohne Vorwissen und vorgängige Genehmigung der Landesbehörden zum Druck befördert werden.

Bundes-Pressgesetz vom 20. 9. 1819 (Karlsbader Beschlüsse)

Art. 1. Keine in einem nicht zum Deutschen Bunde gehörigen Staate in Deutscher Sprache im Druck erscheinende Zeit- oder nicht über zwanzig Bogen betragende sonstige Druckschrift politischen Inhalts darf in einem Bundesstaate, ohne vorgängige Genehmhaltung der Regierung desselben, zugelassen und ausgegeben werden: Gegen die Übertreter dieses Verbots ist eben so, wie gegen die Verbreiter verbotener Druckschriften zu verfahren.

Bundesmaßnahme zur Erhaltung der Sicherheit und Ordnung vom 5. 7. 1832 (Die Zehn Artikel)

Art. 29. Von den Nachteilen einer übermäßigen Anzahl politischer Tagblätter überzeugt, werden die Regierungen auf eine allmählich herbeizuführende Verminderung solcher Blätter, soweit dies ohne Kränkung erworbener Rechte tunlich ist, Bedacht nehmen.
Art. 30. Kraft der ihnen zustehenden oberpolizeilichen Aufsicht werden die Regierungen die Herausgabe neuer politischer Tagblätter ohne die vorgängige Erwirkung einer diesfälligen Konzession nicht gestatten.

Die Geheimen Wiener Beschlüsse vom 12. 6. 1834 (Die Sechzig Artikel)

Nachdem sich in Deutschland in neuerer Zeit, und zuletzt unter der Benennung „das junge Deutschland"[2]) oder „die junge Literatur", eine literarische Schule gebildet hat, deren Bemühungen unverhohlen dahin gehen, in belletristischen, für alle Klassen von Lesern zugänglichen Schriften die christliche Religion auf die frechste Weise anzugreifen, die bestehenden sozialen Verhältnisse herabzuwürdigen und alle Zucht und Sittlichkeit zu zerstören: so hat die deutsche Bundesversammlung – in Erwägung, dass es dringend notwendig sei, diesen verderblichen, die Grundpfeiler aller gesetzlichen Ordnung untergrabenden Bestrebungen durch Zusammenwirken aller Bundesregierungen sofort Einhalt zu tun [. . .] sich zu nachstehenden Bestimmungen vereiniget.

Bundesbeschluss vom 10. 12. 1835 (Verbot der Schriften des Jungen Deutschland)

Herman Haupt (Hrsg.), Quellen und Darstellungen zur Geschichte der Burschenschaft und der deutschen Einheitsbewegung, Band IV, Heidelberg 1913, S. 124 f.
Ernst Rudolf Huber (Hrsg.), Dokumente zur deutschen Verfassungsgeschichte, a.a.O., S. 90, 102, 134, 142 und 151

1. Warum war gerade die Pressefreiheit Gegenstand besonders intensiver Konflikte?
2. Wie sind in unserem Grundgesetz Meinungs- und Pressefreiheit geregelt?

[1]) 320 Seiten
[2]) Die Bezeichnung stammt aus Ludwig Wienbargs „Ästhetischen Feldzügen" von 1834.

M 3

Wer vollendet das deutsche Vaterland?

Philipp Jacob Siebenpfeiffer (1789–1845) war ein zwangspensionierter bayerischer Verwaltungsbeamter. Nachstehende Rede hielt er auf dem Hambacher Fest. Da er die Zusammenkunft auch mitorganisiert hatte, wurde er 1833 zu zwei Jahren Gefängnis verurteilt. Er floh aus der Haft in die Schweiz und wurde Privatdozent an der Universität in Bern.

Wir widmen unser Leben der Wissenschaft und der Kunst, wir messen die Sterne, prüfen Mond und Sonne, wir stellen Gott und Mensch, Höll' und Himmel in poetischen Bildern dar, wir durchwühlen die Körper- und Geisterwelt: Aber die Regungen der Vaterlandsliebe sind uns unbekannt, die Erforschung dessen, was dem Vaterlande Not tut, ist Hochverrat, selbst der leise Wunsch, nur erst wieder ein Vaterland, eine frei-menschliche Heimat zu erstreben, ist Verbrechen. Wir helfen Griechenland befreien vom türkischen Joche, wir trinken auf Polens Wiedererstehung, wir zürnen wenn der Despotismus der Könige den Schwung der Völker in Spanien, in Italien, in Frankreich lähmt [. . .].

Und es wird kommen der Tag, der Tag des edelsten Siegstolzes, wo der Deutsche vom Alpengebirg und der Nordsee, vom Rhein, der Donau und Elbe den Bruder im Bruder umarmt, wo die Zollstöcke und die Schlagbäume, wo alle Hoheitszeichen der Trennung und Hemmung und Bedrückung verschwinden, samt den Konstitutiönchen, die man etlichen mürrischen Kindern der großen Familie als Spielzeug verlieh; wo freie Straßen und freie Ströme den freien Umschwung aller Nationalkräfte und Säfte bezeugen; wo die Fürsten die bunten Hermeline feudalistischer Gottstatthalterschaft mit der männlichen Toga deutscher Nationalwürde vertauschen, und der Beamte, der Krieger, statt mit der Bedientenjacke des Herrn und Meisters, mit der Volksbinde sich schmückt; wo nicht 34 Städte und Städtlein, von 34 Höfen das Almosen empfangend, um den Preis hündischer Unterwerfung, sondern wo alle Städte, frei emporblühend aus eigenem Saft, um den Preis patriotischer Gesinnung, patriotischer Tat ringen; wo jeder Stamm, im Innern frei und selbständig, zu bürgerlicher Freiheit sich entwickelt, und ein starkes, selbstgewobenes Bruderband alle umschließt zu politischer Einheit und Kraft; wo die deutsche Flagge, statt Tribut an Barbaren zu bringen, die Erzeugnisse unseres Gewerbfleißes in fremde Weltteile geleitet, und nicht mehr unschuldige Patrioten für das Henkerbeil auffängt, sondern allen freien Völkern den Bruderkuss bringt. [. . .]

Wir selbst wollen, wir selbst müssen vollenden das Werk, und, ich ahne, bald, bald muss es geschehen, soll die deutsche, soll die europäische Freiheit nicht erdrosselt werden von den Mörderhänden der Aristokraten.

J. G. A. Wirth, Das Nationalfest der Deutschen zu Hambach, Neustadt a./H. 1832, Nachdruck der Original-Ausgabe, Neustadt an der Weinstraße 1981, S. 34 ff.

1. *Wie sieht Siebenpfeiffer das Verhältnis der Deutschen zu anderen Nationen?*
2. *Wie beurteilt Siebenpfeiffer den „Deutschen Bund" und die Verfassungen in den Ländern? Welche politische Einstellung wird daraus deutlich?*
3. *Welche Aufgaben soll die politische Einheit seiner Auffassung nach vorrangig erfüllen?*
4. *Sagt Siebenpfeiffer, wie die nationale Entwicklung vorangetrieben werden kann?*

M 4 „So weit sind die Dinge in Deutschland gekommen!"

Der österreichische Staatskanzler Metternich schreibt über das Hambacher Fest in einem Brief vom 10. Juni 1832 an den konservativen Berater des preußischen Königs, Fürst Wilhelm Ludwig Georg von Wittgenstein (1770–1851)

Wir leben in einer Zeit, in der alles zur Umtriebs-Sache wird. [. . .] Parteien, welche bestimmte Zwecke verfolgen, erblinden über Pflicht und Klugheit. *Der Zweck heiligt die Mittel,* ist die deutsche Universitätslehre, und sie trägt heute ihre Früchte in den herangereiften Burschen der früheren Zeit. [. . .] Sie haben sicher Bericht über die Hambacher Geschichte en détail erhalten. *So weit sind die Dinge* in Deutschland gekommen!

Ich gestehe aufrichtig, dass ich mir aus dem Ergebnisse nichts mache, oder vielmehr, dass mir dasselbe manche gute Seite darbietet. Mir sind die Dinge, welche offen vorliegen, stets lieber als die verkappten. Was der Liberalismus will, was er ist, wohin er zielt, und wohin er die Staaten, die sich ihm hingeben, unaufhaltbar stößt, hieran kann wohl heute keiner, der Augen, Ohren und einen Sinn hat, mehr zweifeln. Vor solchen Beweisen muss die *Doktrine*[1]*) verstummen.*

Mit Volksrepräsentationen im modernen Sinne, mit der Pressfreiheit und politischen Vereinen muss jeder Staat zu Grunde gehen, der monarchische wie die Republik. Nur Anarchie ist möglich; dagegen mögen die *Gelehrten* am Schreibtische protestieren, soviel sie auch immer wollen. Am Ende der Gelehrsamkeit steht das Zuschlagen, und kommt es einmal hierzu, so ist der, der in geschlossenen Reihen zuschlägt, der Gelehrteste.

Wir werden in Deutschland zum Zuschlagen kommen, das Böseste im lieben Vaterlande sind die Regierungen: vortrefflich zum Betrogen werden, aber sehr schlecht, um sich und anderen zu helfen! Wenn man heute in Bayern noch glaubt, das Regieren zu verstehen, so sind die Leute incurabel[2]).

Veit Valentin, Das Hambacher Nationalfest, Berlin 1932, S. 144 f.

1. *Wie beurteilt Metternich Parteien im Allgemeinen und Liberalismus sowie liberale Forderungen im Besonderen? Kennzeichnen Sie die Haltung des österreichischen Kanzlers.*
2. *Messen Sie den Brief Metternichs (insbesondere Zeile 14 ff.) auch an der jüngsten Entwicklung der deutschen Geschichte. Worin liegen Ihrer Ansicht nach auf Dauer die Vorteile einer freiheitlichen Ordnung?*

---

[1]) Theorie, Lehre
[2]) unheilbar

Kultur zwischen Innerlichkeit und Aufbegehren

Seit der Aufklärung bildeten sich die Bürger ihre politische Meinung vielfach in Lesegesellschaften. Mit einem aus dem Jahr 1843 stammenden Bild stellt der Maler Johann Peter Hasenclever (1801–1853) eine gemütliche Leserunde dar. Er macht damit auf das Missverhältnis zwischen Leseeifer und politischem Engagement aufmerksam.

„Vormärz" und „Biedermeier"

Die politische Entwicklung zwischen dem Wiener Kongress (1815) und den Märzunruhen des Jahres 1848 wird von vielen Historikern als Vorgeschichte der deutschen Revolution gedeutet und als *Vormärz* bezeichnet. Der Begriff ist umstritten, da er die Epoche von ihrem Ende her definiert und zudem auf die Entwicklung zur Revolution verengt. Ebenfalls rückblickend – und ebenso umstritten – ist es, die Kultur dieser Zeit mit dem Begriff *Biedermeier*[1]) zu bezeichnen.

Der Begriff steht für eine romantische, nach innen gewandte, religiöse, heimatverbundene, häuslich-private, gemütliche und unpolitische Welt des Bürgertums. Die Zeit nach dem Wiener Kongress war aber nicht nur idyllisch und still, sondern wurde genauso geprägt von einem „Gewirr gleichzeitiger

[1]) Der Name „Biedermaier" fiel erstmals 1855 in den Münchener „Fliegenden Blättern". Dort erschien zwischen 1855 und 1857 eine Serie „Auserlesene Gedichte von Weiland Gottlieb Biedermaier, Schulmeister in Schwaben [. . .]". Hinter dem Pseudonym standen der Professor der Medizin Adolf Kussmaul (1822–1902) und der Dichter und Amtsrichter Ludwig Eichrodt (1827–1892), die in ironischer Absicht eine Reihe von harmlosen Gedichten aus der Provinzpoesie dieser Zeit veröffentlichten. Um die Jahrhundertwende wurde das Pseudonym der Verfasser als Sammelbegriff für eine ganze Epoche gewählt.

und dabei gegensätzlicher politischer Positionen, gesellschaftlichen Idealen und ästhetischen Stilen" (Hans Ottomeyer). In diesen Jahren löste sich langsam die traditionelle Gesellschaft mit ihren Korporationen, Ständen und Zünften auf, nahm die Industrialisierung in Deutschland ihren Anfang, wuchsen die Städte und beschleunigten die ersten Eisenbahnen das Tempo des Lebens.

Rückbesinnung und Bildungsstreben in der bürgerlichen Gesellschaft

Die am Beginn der Epoche stehende romantische Rückbesinnung auf das alte Reich, die alte Kirche und die alte Kultur, die während der Fremdherrschaft einen durchaus emanzipatorischen Anspruch hatte, verselbständigte sich und wurde zum Teil von den neuen restaurativen Vorstellungen umgeformt. Rückbesinnung sollte von den Problemen und Forderungen der Zeit ablenken. Und die Repressionspolitik der Regierenden „verordnete" den Bürgern geradezu einen Rückzug in die Häuslichkeit und Privatsphäre (⇨ M 1) – oder zwang sie gar ins Exil.

Grundlegend für diese spannungsreiche Epoche war ein bis dahin nicht gekanntes Bildungsstreben der bürgerlichen Kreise. Der Staat hatte die Bildungsaufgaben von der Kirche übernommen, die Schulpflicht wurde allmählich überall eingeführt. Die Schüler- und Studentenzahlen stiegen, und das Analphabetentum nahm langsam ab. An den Universitäten dozierte eine Reihe führender Gelehrter, die für die Entwicklung und Verbreitung der Geistes- und Naturwissenschaften sorgten.

Die gebildeter und mobiler gewordene Gesellschaft verlangte nach neuen Formen des Zusammenlebens. Die Salons und Lesegesellschaften des 18. Jahrhunderts wurden weitergeführt. Das neu einsetzende Vereinswesen knüpfte daran an und wurde zur Massenbewegung. Zahllose Gesangs-, Turn-, Schützen- und Wohltätigkeitsvereine, städtische Honoratiorengesellschaften sowie wissenschaftliche, kulturelle und wirtschaftliche Vereinigungen wurden gegründet. In diesen Vereinen fand, wenn auch zunächst nur indirekt, über die Wahl der Vorstände, die Selbstfinanzierung und die Übernahme von Verantwortung für bestimmte Aufgaben auch eine gewisse Politisierung statt.

Die Verbürgerlichung der Kultur

Parallel zu der Verbürgerlichung der Bildung und der Gesellschaft verlief eine Verbürgerlichung des Umgangs mit der Vergangenheit und der Kunst. Das selbstbewusst gewordene Bürgertum feierte sich zunehmend selbst und errichtete zu besonderen Jubiläen die ersten Denkmäler für *Gutenberg, Dürer* und *Luther.* Dazu wurden Kunst und Musik aus den Schlössern in die neu errichteten Museen, Theater und Konzertsäle gebracht. In München wurden die *Glyptothek*[1]) und die *Alte Pinakothek*[2]) errichtet, und in Berlin entstand das

[1]) Sammlung von antiken Skulpturen
[2]) Gemäldesammlung

Die Glyptothek in München, erbaut 1816–30 von Leo von Klenze. Der Baustil ist noch stark von Empire und Klassizismus beeinflusst. Allmählich wird jedoch eine stilreine Nachahmung antiker Vorbilder aufgegeben. An Stelle von abweisend glatten Wänden lockern nun plastische Elemente und Gesimse die Außenfassade auf. Die Tempelfront ist nicht mehr in den Bau integriert, sondern dominiert als schmückende Zutat.

(Alte) Museum. Universitäten, Schulen, Spitäler, Kasernen und Bahnhöfe zeugten von einem öffentlichen Bauboom. Der jetzt bevorzugte Baustil diente nicht so sehr der Machtrepräsentation der Fürsten. Würde, Schlichtheit und Überschaubarkeit waren die Attribute einer Architektur, die nicht mehr den Abstand zwischen Herrscher und Untertan betonte, sondern sich zweckmäßig und bürgerlich gab. Die Baumeister *Karl Friedrich Schinkel* (1781–1841) in Berlin und *Leo von Klenze* (1784–1864) in München bevorzugten den für die Zeit typischen – an antiken Vorbildern orientierten – Spätklassizismus. Andere Architekten orientierten sich an der deutschen Gotik oder der italienischen Renaissance.

Die Literatur als Ausdruck der Gegenwart

Sieht man einmal von der Musik ab, die vor allem von *Ludwig van Beethoven* (1770–1827) und *Franz Schubert* (1797–1828) beeinflusst wurde, so prägte die außerordentlich vielfältige Literatur – zu der auch die wachsende Zahl der Tageszeitungen und Zeitschriften zu zählen ist – den Geist der Menschen in dieser Epoche. In diesen Jahren wurden die Deutschen zu einem „Volk von Lesern".

Nach der Juli-Revolution von 1830 in Frankreich ließ sich die bis dahin vorherrschende romantische Rückbesinnung nicht mehr aufrechterhalten. In allen Bereichen der Kunst und Wissenschaft, besonders in der Literatur, meldete sich die Gegenwart zu Wort (siehe M 1, Seite 309 ff.). Alle politischen, religiösen, philosophischen und sozialen Themen der Zeit wurden – trotz Zensur – publizistisch diskutiert. Auch die Emanzipation der Frauen geriet in die öffentliche Diskussion (⇨ M 2).

Bürgertum: Die Anfänge des Bürgertums in Europa stehen im Zusammenhang mit den im 12. Jahrhundert einsetzenden Stadtgründungen. Die Einwohner der Städte grenzten sich rechtlich und sozial von der Landbevölkerung ab und entwickelten ein bürgerliches Bewusstsein. Im Verlauf der Neuzeit nahmen Bürger führende Stellungen in den immer wichtiger werdenden Bereichen Wirtschaft, Verwaltung und Wissenschaft ein. Die damit verbundene Bedeutung des Bürgertums mündete seit der Französischen Revolution in die Einführung der staatsbürgerlichen Gleichheit. Aus dem „bourgeois" wurde der „citoyen".
Diese Entwicklung führte dazu, dass das Bürgertum seit dem 19. Jahrhundert weder als Stand (durch besondere Rechtsstellung) noch als Klasse (durch die sozioökonomische Stellung) allein zu definieren ist, sondern mehr durch die gemeinsame Mentalität und Kultur. Selbständigkeit und Bildung kennzeichnen seitdem das bürgerliche Bewusstsein. Die allgemeine Angleichung der wirtschaftlichen und kulturellen Lebensverhältnisse hat im 20. Jahrhundert zu einer zunehmenden Verbürgerlichung der Gesellschaft geführt. Während in der Bundesrepublik Deutschland der Nivellierungsprozess von der nationalsozialistischen Herrschaft und den Folgen des Zweiten Weltkrieges beschleunigt worden zu sein scheint, verlief er in den übrigen westeuropäischen Staaten langsamer. In den ost- und mitteleuropäischen Staaten erzwangen kommunistische Gesellschaftsordnungen einen Verlust bürgerlicher Selbständigkeit. Die Veränderungen von 1989/90 werden hier möglicherweise zu einer besonderen Form der Verbürgerlichung führen.

Die Autoren des *Jungen Deutschland* lehnten jede Literatur ab, die nicht der Zeit diente. Ihre engagierten, oft ironisch und polemisch geführten Diskussionen trugen sie in den zahlreichen Zeitungen und Zeitschriften aus. Der anspruchsvolle Journalismus hatte in diesen Jahren seine Geburtsstunde und mit *Heinrich Heine* (1797–1856) und *Ludwig Börne* (1786–1837) – die beide nach Paris ins Exil gehen mussten – seine frühen und führenden Vertreter. Jungdeutsche und andere Literaten des Vormärz waren gezwungen, der Zensur durch Doppeldeutigkeiten ein Schnippchen zu schlagen, oder sie ließen ihre Arbeiten im Ausland drucken. Das „Lied der Deutschen" von *August Heinrich Hoffmann von Fallersleben* (1798–1874), der Text der heutigen Nationalhymne, wurde 1841 erstmals als Flugblatt veröffentlicht. Vor allem in ihrer Lyrik klagten die Schriftsteller das auf Ruhe und Ordnung bedachte Bürgertum an und kritisierten die bestehenden nationalen und sozialen Zustände in Deutschland (⇨ M 3). Die Intellektuellen verspürten sehr wohl den Mentalitätswandel, der nach dem Zusammenbruch der ständischen Wertevorstellungen die Gesellschaft erfasst hatte. Unklar blieb zunächst, wie die Brüche zwischen sozialökonomischem Wandel und dem Beharrungsvermögen des politischen Systems überwunden werden konnten.

Karl Begas (1794–1854), Die Familie Begas, 1821 (Ölgemälde).

Eine Bildbeschreibung

M 1

Alles auf diesem Familienbild ist wie zu einer Gruppenaufnahme arrangiert. Wenn auch keine der Personen ausgesprochen posiert, so gibt sich doch jeder „brav seiner Haltung und seinen Attributen hin" (F. Baumgart). Auffallend ist die vollkommene, stillebenhaft anmutende Ruhe, die die Gruppenkomposition ausstrahlt: Mit der Gitarre wird nicht gespielt, mit der Pfeife nicht geraucht, mit der Feder nicht geschrieben; es wird nicht genäht, nicht gesprochen; auch die Blickrichtung der Personen dient kaum dazu, Kontakt herzustellen, meist schauen die Augen ins Leere, sinnierend, grübelnd, fast meditativ. Solche „Leblosigkeit" wird noch unterstrichen durch die starre Symmetrie in der Komposition, die durch den Schrank und das Bildchen genau in der Mittelachse akzentuiert ist. Die „Aufgeräumtheit" des Zimmers, die schlichte, fast karge Hermetik des Interieurs umhegen eine ehrsame Bürgerfamilie, in der sicher auch etwas von treuherziger Biedermeierstimmung, von etwas gestellter Idyllik, von Weltabgeschiedenheit im Sinne „innerer Emigration" vor den Realitäten der Zeit zum Ausdruck kommt, mehr noch freilich eine eigentümliche Beseeltheit, menschliche Wärme im wortlosen Beisammensein der Familie. Der Ausblick durchs Fenster auf die Kirchenarchitektur indiziert so nicht nur den Wohnort Köln, er zeigt auch das, was jenen Menschen innerlich Halt und Haltung verleiht. Begas hat damit ein Sujet gestaltet, das sich den sog. Freundschaftsbildern der Nazarener[1]) ver-

[1]) 1809 gegründeter Künstlerbund, der eine Erneuerung der Kunst auf religiöser Grundlage anstrebte

gleichen lässt. Die Schärfe des Zeichnerischen, die an den Klassizismus erinnert, eine gewisse Sprödigkeit der Linienführung und Koloristik, zeigen nicht nur die vielen Einflüsse, die im Œuvre Begas' zusammenkamen, sondern umschreiben auch den Eklektizismus[1]), der typisch ist für das, was man dem Sammelbegriff „Malerei des Biedermeier“ zuordnet.

Lexikon der Kunst, Band 2, Freiburg-Basel-Wien 1987, S. 148

1. *Vergleichen Sie das Gemälde mit dem Bild von Hasenclever (siehe Seite 299). Stellen Sie stilistische und inhaltliche Unterschiede fest.*
2. *Überprüfen Sie die Bildbeschreibung anhand der Darstellung dieses Buchs. Inwieweit trifft Ihrer Ansicht nach die Interpretation des Gemäldes den Zeitgeist des Biedermeier/Vormärz? Ziehen Sie nach Möglichkeit noch weitere Informationsquellen zu Rate, um eine eigene Wertung vorzunehmen.*

M 2 „Das Recht ist von Männern erfunden“

Die Frauen-Romane der Gräfin Ida Hahn-Hahn (1805–1880) aus Mecklenburg waren für viele Frauen und Männer ihrer Zeit eine Provokation. Auch wenn ihre Romane fast ausschließlich in der aristokratischen Gesellschaft spielten, so lieferte sie doch den bürgerlichen Frauen erste Argumente für eigene Emanzipationsansprüche. Die Schriften der heute nahezu vergessenen Autorin wurden zwischen 1838 und 1848 aufmerksam gelesen. Der folgende Auszug stammt aus dem 1839 erstmals veröffentlichten Werk „Der Rechte“.

„Das Recht ist von Männern erfunden; man lehrt sie es deuten und anwenden; unwillkürlich kommt es ihrem Vorteil zugut. Männer dürfen ja alles tun, alles wissen, alles lernen. Sie sitzen zu Gericht und entscheiden, wie Gott selbst, über die Seelen und über Leben und Tod. Sie stehen auf der Kanzel zwischen der Menge, an Wiege und Grab bei dem Einzelnen und verteilen Himmel und Hölle. Sie verteidigen das Vaterland, sie umschiffen die Welt – und wir . . . wir sehen zu! Oh, ich hasse sie!“

„Weil sie Dinge tun, die den Frauen unmöglich sind? Wie ungerecht!“

„Unmöglich? – schickt die Mädchen auf die Universität und die Knaben in die Nähschule und Küche: Nach drei Generationen werdet ihr wissen, ob es unmöglich ist, und was es heißt, die Unterdrückten sein.“

„Also wenn ich zugeben könnte, dass eine solche Umwandlung der Natur durch Erziehung und Bildung hervorzubringen sei, so würden Sie zugeben, dass die Frauen ihre Oberherrschaft missbrauchen würden?“

„Ganz gewiss, Herr von Ohlen! Sie haben alle Fähigkeiten der Männer.“

Renate Möhrmann (Hrsg.), Frauenemanzipation im deutschen Vormärz. Texte und Dokumente, Stuttgart 1978, S. 104

1. *Ist das Problem der Emanzipation Ihrer Ansicht nach nur über die Erziehung und Ausbildung zu lösen?*
2. *Worin besteht das von Frau Hahn-Hahn angeschnittene Dilemma der „Oberherrschaft“? Welche Möglichkeiten bestanden damals (bestehen heute), dieses Problem zu überwinden?*

---

[1]) eklegein (griech.): auswählen; Auswahl aus verschiedensten kunstgeschichtlichen Epochen, in dem Bemühen, vorbildlich erscheinende Ausprägungen miteinander zu verbinden. Der Eklektizismus ist häufig ein Symptom für mangelnde schöpferische Originalität eines Künstlers oder einer künstlerischen Epoche.

M 3

„Herr Biedermeier"

Das Gedicht stammt von dem in Heilbronn geborenen Dichter Ludwig Pfau (1821–1894). Es bezieht sich in seiner Überschrift auf ein Mitglied der „besitzenden und gebildeten Klasse" des Jahres 1846. Pfau nahm 1848 aktiv an der Revolution teil und musste dafür bis 1863 ins Exil gehen.

[. . .]

Schau, dort spaziert Herr Biedermeier
Und seine Frau, den Sohn am Arm;
Sein Tritt ist sachte wie auf Eier,
Sein Wahlspruch: weder kalt noch warm.
Das ist ein Bürger hoch geachtet,
Der geistlich spricht und weltlich trachtet;
Er wohnt in jenem schönen Haus
Und – leiht sein Geld auf Wucher aus.

Regierlich stimmt er bei den Wahlen,
Denn er missbilligt allen Streit;
Obwohl kein Freund vom Steuerzahlen,
Verehrt er sehr die Obrigkeit.

Aufs Rathaus und vor Amt gerufen,
Zieht er den Hut schon auf den Stufen;
Dann aber geht er stolz nach Haus
Und – leiht sein Geld auf Wucher aus.

Am Sonntag in der Kirche fehlen,
Das wäre gegen Christenpflicht;
Da holt er Labung seiner Seelen –
Und schlummert, wenn der Pfarrer spricht.
Das führt ihn lieblich bis zum Segen,
Den nimmt der Wackre fromm entgegen.
Dann geht er ganz erbaut nach Haus
Und – leiht sein Geld auf Wucher aus.

Ach! Wandrer, die gen Westen streben!
Wie rühret ihre Not sein Herz!
Wohl sieht er sammeln, doch zu geben,
Vergisst er ganz in seinem Schmerz.
„Ihr Schicksal ruht in Gottes Händen!",
Spricht er – dann geht er auszupfänden,
Nimmt einem Schuldner Hof und Haus
Und – leiht sein Geld auf Wucher aus.
[. . .]

Bruno Kaiser (Hrsg.), Die Achtundvierziger. Ein Lesebuch für unsere Zeit, Berlin und Weimar 1973, S. 194 f.

1. *Welche Lebensbereiche spricht der Dichter an? Beschreiben Sie aus seiner Sicht die damit verbundenen Probleme.*
2. *Ludwig Pfau will das Bürgertum der Biedermeierzeit kritisch herausfordern. Unterscheiden Sie dabei zwischen Verhaltensweisen, die zeitbedingt sind, und solchen, die möglicherweise heute noch Gültigkeit haben.*

Das Ende des Zeitalters der bürgerlichen Revolutionen: 1848/49

Die Karikatur von Ernst Litfaß aus den Revolutionsmonaten vereint zwei Errungenschaften, auf die man in Deutschland in der Jahrhundertmitte stolz war: Dampfmaschine und Parlament. Der Präsident der Nationalversammlung Heinrich von Gagern sammelt alle politischen und wirtschaftlichen Bittschriften in Körben. Der demokratische Abgeordnete Robert Blum heizt die Dampfmaschine an.

Wirtschaftliche, gesellschaftliche und politische Ursachen der Revolution

Vorrevolutionäre Krisenerscheinungen

„Mir steigt seit einiger Zeit die wachsende Ahndung auf, dass das Leben in dem Striche, den es seither gehalten, nun nicht lange mehr fortgehen könne, sondern eine Wendung werde machen müssen. Unser ganzer Boden ist unterhöhlt, tausend Gänge sind hindurchgetrieben, endlich werden sie in ein großes Loch zusammenbrechen." Diese Sätze notierte der Diplomat und Schriftsteller *Karl August Varnhagen von Ense* (1785–1858) im September 1846, 18 Monate vor Ausbruch der Märzrevolution. Ähnliche Krisengefühle verspürten viele seiner Zeitgenossen. Tatsächlich wäre die breite, machtvolle Volksbewegung der Märztage des Jahres 1848 nicht vorstellbar gewesen, hätten nicht vielfältige wirtschaftliche, gesellschaftliche und politische Problemfelder langfristig „vorrevolutionäre" Bedingungen entstehen lassen.

Wirtschaftliche Nöte

Zweifelsohne waren Strukturprobleme der vor- und frühindustriellen Wirtschaft an der labilen Befindlichkeit der Gesellschaft im Vormärz beteiligt. Die im 18. Jahrhundert einsetzende rapide Bevölkerungsvermehrung hatte sich im 19. Jahrhundert fortgesetzt und bewirkte jetzt einen bedrohlichen Überschuss an Arbeitskräften. Die erst in ihren Anfängen steckende Industrialisierung konnte nicht annähernd genügend Arbeitsmöglichkeiten bereitstellen. Tagelöhner waren auf Gelegenheitsarbeit, etwa beim Eisenbahnbau, angewiesen. Im Lohn- und Heimgewerbe blieben die Arbeitsplätze zwar erhalten, aber erbrachte Leistungen wurden immer geringer entlohnt. Dadurch verlängerten sich die Arbeitszeiten, Frauen und Kinder mussten mitarbeiten, um das Existenzminimum der Familien zu sichern. Trotzdem wurde die Hungergrenze oft unterschritten. Die bis dahin nicht gekannte Massenarmut, der so genannte *Pauperismus*[1]), brachte eine krasse Verschärfung des sozialen Klimas. Im blutig niedergeschlagenen *Aufstand der schlesischen Weber* von 1844 manifestierte sich die vorindustrielle Krise des Heimgewerbes in Aufsehen erregender Weise.
Unter harter Konkurrenz litt auch ein großer Teil des überbesetzten Kleingewerbes, seit die Reformgesetzgebung die Zunftschranken beseitigt hatte. Mitte der 40er-Jahre fiel in Deutschland zudem die letzte große Wirtschaftskrise älteren Typs mit dem ersten, noch wenig gewichtigen industriellen Konjunktureinbruch zusammen. Extreme Teuerungen als Folge schlechter Getreide- und Kartoffelernten in den Jahren 1845 und 1846 verringerten die Nachfrage nach gewerblichen und industriellen Erzeugnissen. Millionen Menschen waren in Sorge um das tägliche Brot. Seuchen bedrohten ganze Regionen, allein 16 000 Männer, Frauen und Kinder wurden 1847 Opfer einer Hungerepidemie in Oberschlesien. Unmittelbare Existenznot oder zumindest Unzufriedenheit mit der ökonomischen Lage waren weit verbreitet (⇨ M 1).

Auswirkungen des gesellschaftlichen Wandels

Unzufriedenheit herrschte auch auf dem Lande, wo nach wie vor die Mehrheit der Beschäftigten arbeitete. Die preußische Bauernbefreiung hatte nur einer Minderheit zur rechtlichen wie ökonomischen Verbesserung geholfen. Viele Kleinbauern sanken dagegen zu freien Landarbeitern oder ins Tagelöhnerproletariat ab. Das Vordringen des Agrarkapitalismus, also der Kauf von Höfen durch zahlungskräftige Bürger oder Adelige, bedrohte kleine und mittlere Bauernstellen. Andere Ursachen hatte das sich ausbreitende ländliche Konfliktpotential in Süd- und Südwestdeutschland. Dort erduldeten die Bauern nur widerwillig die Fortexistenz feudalistischer Vorrechte und der damit verknüpften Leistungszwänge. Die unterbliebenen Reformen ließen Forderungen nach Abhilfe immer lauter werden.

---

[1]) pauper (lat.): arm

Bedroht vom beschleunigten Verfall der altständischen Sozialstruktur waren auch die Heimgewerbetreibenden und viele Kleinmeister in überbesetzten Handwerkszweigen. Ebenso drohte ihren Gesellen der Abstieg zum Lohnarbeiter. Mitbedingt durch ihre Wanderschaft und das dadurch erweiterte Blickfeld, waren diese oft überdurchschnittlich politisiert und zählten dann zu den auffallend aktiven Trägern der Märzrevolution.
Das sich zuspitzende Krisenbewusstsein hatte seinen Grund häufig in der Erfahrung gesellschaftlichen Abstiegs oder in der Angst davor. Soziale Degradierung machte wirtschaftliche Verarmung noch schwerer erträglich und stärkte die Bereitschaft zum sozialen Protest.

Legitimationskrise des politischen Systems

Da die sich in den 40er-Jahren bedrohlich häufenden Probleme von den fürstlich-aristokratischen Regierungen offensichtlich nicht bewältigt werden konnten, brach eine schwere, allgemeine Vertrauenskrise auf. Die von den wirtschaftlichen Strukturverschiebungen und gesellschaftlichen Modernisierungsprozessen Benachteiligten verloren die Hoffnung auf Hilfe durch die alten Herrschaftsträger. Auch das Bildungs- und Besitzbürgertum zweifelte zusehends an der Fähigkeit der Fürsten und ihrer Regierungen, die sozialen Erschütterungen abfangen oder entschärfen zu können.
Die liberale Opposition bezweifelte ohnehin längst die Legitimation eines politischen Systems, das mit den gesellschaftlichen Modernisierungen nicht Schritt hielt, neuen Ideen und Bewegungen mit Pressezensur und Verboten begegnete und sich dem immer populärer werdenden nationalen Gedanken verschloss. Symbolfigur des gehassten Repressionskurses blieb Fürst Metternich, der leitende Staatsmann Österreichs.
Aufklärerisch-rationale Überzeugung, zum Teil auch wachsendes Selbstbewusstsein im Gefolge wirtschaftlicher Erfolge und zunehmenden Wohlstandes verstärkten die Forderungen des Bürgertums nach erweiterter Teilhabe an der politischen Macht. In den frühkonstitutionellen Staaten Süddeutschlands wurde nachdrücklicher als bisher um die Ausweitung der Rechte des Landtages gerungen. Zur gleichen Zeit verweigerten jedoch die beiden deutschen Großmächte ihren Untertanen noch immer die ersehnte Verfassung. Die Enttäuschung war besonders groß, als der preußische König Friedrich Wilhelm IV. noch 1847, bei der Eröffnung des erstmals einberufenen „Vereinigten Landtags", dem konstitutionellen Gedanken eine scharfe Absage erteilte: Niemals werde er zulassen, „dass sich zwischen unsern Herr Gott im Himmel und dieses Land ein beschriebenes Blatt gleichsam als eine zweite Vorsehung eindränge, um uns mit seinen Paragraphen zu regieren und durch sie die alte heilige Treue zu ersetzen". Mit absolutistischer Starrheit ließ sich monarchische Herrschaft Mitte des 19. Jahrhunderts aber nicht mehr überzeugend rechtfertigen. So fielen am Vorabend der Revolution gesellschaftliche Krisenerscheinungen zusammen mit einer Legitimationskrise des politischen Systems, das sich von den Ansprüchen der neuen Zeit in die Defensive gedrängt sah (⇨ M 2).

M 1

Friede den Hütten! Krieg den Palästen!

Wie heftig die politische Diskussion im Verlauf des Vormärz verlief, belegt die folgende, aus dem Rahmen ihrer Zeit fallende Flugschrift. Sie stammt von dem Medizinstudenten Georg Büchner (1813–1837), der sie im Juli 1834 zusammen mit dem Pfarrer Friedrich Ludwig Weidig (1791–1837) im „Hessischen Landboten" veröffentlichte. Büchner gilt heute als einer der bedeutendsten deutschsprachigen Literaten; er floh nach Bekanntwerden der Schrift nach Straßburg und Zürich; Weidig wurde verhaftet und nahm sich während des Hochverratsprozesses das Leben.

Das Leben der *Vornehmen* ist ein langer Sonntag: Sie wohnen in schönen Häusern, sie tragen zierliche Kleider, sie haben feiste Gesichter und reden eine eigne Sprache; das Volk aber liegt vor ihnen wie Dünger auf dem Acker. Der Bauer geht hinter dem Pflug, der *Vornehme* aber geht hinter ihm und dem Pflug und treibt ihn mit den Ochsen am Pflug, er nimmt das Korn und lässt ihm die Stoppeln. Das Leben des Bauern ist ein langer Werktag; Fremde verzehren seine Äcker vor seinen Augen, sein Leib ist eine Schwiele, sein Schweiß ist das Salz auf dem Tische des *Vornehmen.* [. . .]

Im Großherzogtum Hessen sind 718 373 Einwohner, die geben an den Staat jährlich an 6 363 436 Gulden [. . .]. Dies Geld ist der Blutzehnte, der von dem Leib des Volkes genommen wird. An 700 000 Menschen schwitzen, stöhnen und hungern dafür. [. . .]

Das Gesetz ist das Eigentum einer unbedeutenden Klasse von *Vornehmen* und Gelehrten, die sich durch ihr eignes Machwerk die Herrschaft zuspricht. [. . .] Die Justiz ist in Deutschland seit Jahrhunderten die Hure der deutschen Fürsten. Jeden Schritt zu ihr müsst ihr mit Silber pflastern, und mit Armut und Erniedrigung erkauft ihr ihre Sprüche. [. . .]

Ihr dürft euern Nachbar verklagen, der euch eine Kartoffel stiehlt; aber klagt einmal über den Diebstahl, der von Staats wegen unter dem Namen von Abgabe und Steuern jeden Tag an eurem Eigentum begangen wird, damit eine Legion unnützer Beamter sich von eurem Schweiße mästen; klagt einmal, dass ihr der Willkür einiger Fettwänste überlassen seid und dass diese Willkür Gesetz heißt, klagt, dass ihr die Ackergäule des Staates seid, klagt über eure verlorne Menschenrechte: Wo sind die Gerichtshöfe, die eure Klage annehmen, wo die Richter, die Recht sprächen? [. . .]

Der Fürst ist der Kopf des Blutegels, der über euch hinkriecht, die Minister sind seine Zähne, und die Beamten sein Schwanz. Die hungrigen Mägen aller vornehmen Herren, denen er die hohe Stellen verteilt, sind Schröpfköpfe, die er dem Lande setzt. [. . .]

Geht einmal nach Darmstadt und seht, wie die Herren sich für euer Geld dort lustig machen, und erzählt dann euern hungernden Weibern und Kindern, dass ihr Brot an fremden Bäuchen herrlich angeschlagen sei, erzählt ihnen von den schönen Kleidern, die in ihrem Schweiß gefärbt, und von den zierlichen Bändern, die aus den Schwielen ihrer Hände geschnitten sind, erzählt von den stattlichen Häusern, die aus den Knochen des Volks gebaut sind; und dann kriecht in eure rauchigen Hütten und bückt euch auf euren steinichten Äckern [. . .].

Das alles duldet ihr, weil euch Schurken sagen, diese Regierung sei von Gott. Diese Regierung ist nicht von Gott, sondern vom Vater der Lügen. Diese deutschen Fürsten sind keine rechtmäßige Obrigkeit, sondern die rechtmäßige Obrigkeit, den deutschen Kaiser, der vormals vom Volke frei gewählt wurde, haben sie seit Jahrhunder-

Das Elend in Schlesien. Karikatur zum Weberaufstand aus der satirischen Zeitschrift „Fliegende Blätter" (1844). Gerhart Hauptmanns (1862–1946) naturalistisches Drama aus dem Jahr 1892 trug dazu bei, dass der Aufstand bis heute im historischen Bewusstsein erhalten blieb.

ten verachtet und endlich gar verraten. Aus Verrat und Meineid, und nicht aus der Wahl des Volkes, ist die Gewalt der deutschen Fürsten hervorgegangen, und darum ist ihr Wesen und Tun von Gott verflucht; [. . .] – Doch das Reich der Finsternis neiget sich zum Ende. Über ein kleines, und Deutschland, das jetzt die Fürsten schinden, wird als ein Freistaat mit einer vom Volk gewählten Obrigkeit wieder auferstehn. [. . .]

In Deutschland und ganz Europa aber war große Freude, als der zehnte Karl vom Thron gestürzt ward, und die unterdrückten deutschen Länder rüsteten sich zum Kampf für die Freiheit. Da ratschlagten die Fürsten, wie sie dem Grimm des Volkes entgehen sollten, und die listigen unter ihnen sagten: Lasst uns einen Teil unserer Gewalt abgeben, dass wir das Übrige behalten. Und sie traten vor das Volk und sprachen: Wir wollen euch die Freiheit schenken, um die ihr kämpfen wollt. Und zitternd vor Furcht warfen sie einige Brocken hin und sprachen von ihrer Gnade. Das Volk traute ihnen leider und legte sich zur Ruhe.

Denn was sind diese Verfassungen in Deutschland? Nichts als leeres Stroh, woraus die Fürsten die Körner für sich herausgeklopft haben. Was sind unsere Landtage? Nichts als langsame Fuhrwerke, die man einmal oder zweimal wohl der Raubgier der Fürsten und ihrer Minister in den Weg schieben, woraus man aber nimmermehr eine feste Burg für deutsche Freiheit bauen

kann. Was sind unsere Wahlgesetze? Nichts als Verletzungen der Bürger- und Menschenrechte der meisten Deutschen. Denkt an das Wahlgesetz im Großherzogtum, wonach keiner gewählt werden kann, der nicht hoch begütert ist, wie rechtschaffen und gut gesinnt er auch sei [. . .].
Die Stände dürfen keinen Gesetzesvorschlag machen, sondern sie müssen um das Gesetz bitten, und dem Gutdünken des Fürsten bleibt es unbedingt überlassen, es zu geben oder zu verweigern. Er bleibt im Besitz einer fast unumschränkten Gewalt, nur darf er keine neuen Gesetze machen und keine neuen Steuern ausschreiben ohne Zustimmung der Stände. Aber teils kehrt er sich nicht an diese Zustimmung, teils genügen ihm die alten Gesetze, die das Werk der Fürstengewalt sind, und er bedarf darum keiner neuen Gesetze. Eine solche Verfassung ist ein elend jämmerlich Ding.

Werner R. Lehmann (Hrsg.), Georg Büchner, Sämtliche Werke und Briefe, Band 2, Hamburg 1971, S. 34 ff.

1. *Wie stellt die Streitschrift die soziale Situation im Vormärz dar?*
2. *Welche Rolle spielen nach Ansicht von Büchner und Weidig die Fürsten angesichts der ökonomischen Lage?*
3. *Arbeiten Sie heraus, welche Einstellung zu Staat und Gesetzen sichtbar wird.*
4. *Untersuchen Sie die von den Autoren angewandten sprachlichen Mittel.*

Volksunruhen in Deutschland 1816–1847 (geordnet nach Typen) **M 2**

Der Sozial- und Wirtschaftshistoriker Richard Tilly beschäftigt sich mit Unruhen und Protesten in Deutschland im 19. Jahrhundert. Unter „Unruhen" versteht er „kollektive Ruhestörung mit physischer Gewaltanwendung"; als Quelle wurden ausgewählte Zeitungen benutzt, insbesondere die „Augsburger Zeitung".
Die Tabelle ist ein erster Versuch, einen Überblick zu liefern. Die Zahl der tatsächlichen Unruhen wird bedeutend höher liegen.

	Studenten[1]) Universität	*Religion[2])*	*Politik[3])*	*Sozioökonomisch[4])*	*Summe*
1816–1829	13	9	4	3	29
1830–1839	13	20	72	28	133
1840–1847	5	17	33	103	158
Summe	31	46	109	134	320

Richard Tilly, Kapital, Staat und sozialer Protest in der deutschen Industrialisierung, Göttingen 1980, S. 154 (gekürzt)

1. *Wie verändert sich das Protestverhalten?*
2. *Stellen Sie anhand des Darstellungsteils (Seite 287–294 und 306–308) Zusammenhänge her zu den Ereignissen zwischen 1816 und 1847.*

[1]) Studenten waren entweder Hauptakteure, oder Studenten- bzw. Universitätsangelegenheiten waren Hauptobjekte des Konflikts.

[2]) Religion war, zumindest vorgeblich, Hauptobjekt des Konflikts.

[3]) Der Protest war gegen den Staat mit seinen Organen gerichtet, um politische Änderungen durchzusetzen (Auswechseln eines bestimmten Staatsbeamten, Forderung nach einem neuen Gesetz).

[4]) Gewalttätige Streiks, Brotkrawalle, Maschinenstürmerei . . . massenhaftes gesetzwidriges Betreten von Wäldern und Feldern, Steueraufruhr und Tumulte, die deutlich mit einer bestimmten sozioökonomischen Gruppe verbunden waren, z. B. Angriffe von Armen gegen Reiche.

Die Märzereignisse und ihre Folgen

Am 19. März 1848 ließ Friedrich Wilhelm IV. seine Erklärung „An meine lieben Berliner!" verbreiten. Darin gab er den Rückzug seiner Truppen nach den Barrikadenkämpfen bekannt. Die Kariktur konfrontiert die Anrede „An meine lieben Berliner!" ironisch-sarkastisch mit dem Truppeneinsatz am Tage zuvor. Das Eichhörnchen auf der Schulter des Königs, der die Kanonenkugel auf die Untertanen abfeuert, ist eine Anspielung auf den besonders reaktionären preußischen Minister Eichhorn. Die Lithographie wurde 1848 unter der Überschrift „Das große Missverständnis" veröffentlicht.

25. 2. 1848	Sturz des Königs Louis Philippe und Ausrufung der Republik in Frankreich
Ende Februar/Anfang März	Volksversammlungen mit „Märzforderungen"; die ersten „Märzministerien" werden eingesetzt
13. 3. 1848	Revolution in Wien, Sturz und Flucht Metternichs
18. 3. 1848	Barrikadenkämpfe in Berlin
30. 3. 1848	Das Vorparlament tritt in Frankfurt zusammen
12. 4. 1848	Beginn des ersten republikanischen Umsturzversuchs in Baden
1. 5. 1848	Wahlen zur deutschen Nationalversammlung in Frankfurt und zur preußischen Nationalversammlung in Berlin
18. 5. 1848	Zusammentritt der deutschen Nationalversammlung in der Frankfurter Paulskirche
14. 6. 1848	Der erste Demokratenkongress beginnt in Frankfurt
22. 6. 1848	Anfang des Arbeiteraufstandes in Paris (gegen Schließung der Nationalwerkstätten)
Juni/Juli	Erste Erfolge Österreichs bei der Niederschlagung nationaler Erhebungen
30. 10. 1848	Sieg der Regierungstruppen bei der Rückeroberung des aufständischen Wien
12. 11. 1848	Ausrufung des Belagerungszustandes in Berlin
5. 12. 1848	Auflösung der preußischen Nationalversammlung; Oktroyierung der ersten preußischen Verfassung

Die „Februarrevolution" in Paris als Anstoß

Die Märzereignisse in Deutschland standen in einem größeren europäischen Zusammenhang. Seit Mitte der 40er-Jahre mehrten sich überall Zeichen der Unruhe und Instabilität. In Polen wurde eine nationale Erhebung 1846 niedergeschlagen. Dagegen konnte nach erfolgreichen Bürgerkriegen in der Schweiz (1847) und Italien (Anfang 1848) der Liberalismus wieder neues Selbstbewusstsein schöpfen. Direkte Aktionen in Deutschland wurden schließlich erst durch die „Februarrevolution" in Paris ausgelöst. Der gewaltsame Sturz eines Monarchen und die Errichtung der Zweiten Französischen Republik im Februar 1848 erregten ungeheures Aufsehen. In ganz Europa waren vor allem die „social-demokratischen" Tendenzen der neuen Provisorischen Regierung leidenschaftlich umstritten.

Die Fürsten der Mittel- und Kleinstaaten beugen sich den Märzforderungen

Die Nachrichten aus Paris ließen vielerorts längst aufgestaute Erbitterung frei werden. Der Protest gewann in der ersten Märzhälfte vor allem in den Mittel- und Kleinstaaten des Deutschen Bundes überraschend schnell an Boden. Anfangs trug die Volksbewegung stark sozialrevolutionären Charakter. Massen protestierender und plündernder Bauern bildeten zunächst im Süden und Westen die tragende Schicht. Sie bedrohten die adeligen Grundherren und trugen zur Verunsicherung der regierenden Kreise bei (⇨ M 1). Allerdings nahmen sie auf die weiteren Ereignisse keinen Einfluss, nachdem die Regierungen der Länder rasch Gesetze erließen, in denen die wichtigsten Anliegen der Bauern erfüllt wurden.
Fast gleichzeitig wurde die politische Stimmung auch in den Städten angeheizt. Tatkräftige Männer der Opposition beriefen Volksversammlungen ein, organisierten Demonstrationen, formulierten Resolutionen und Petitionen. Von Südwestdeutschland aus erfasste die bürgerliche Bewegung schnell die Staaten des Deutschen Bundes. In der Mannheimer Volksversammlung vom 27. Februar 1848 wurden politische Ansprüche angemeldet, die als *Märzforderungen* in ähnlicher Form bald überall übernommen wurden. Dazu zählten *Reformen des Wahlechts*, die *Presse- und Versammlungsfreiheit*, *Kompetenzerweiterungen der Landtage mit Ministerverantwortlichkeit*, *Volksbewaffnung* und *Einrichtung von Geschworenengerichten* zur Sicherheit vor willkürlichen, von der Obrigkeit beeinflussten Urteilen. Neben dem Ruf nach der Herstellung oder Verbesserung einzelstaatlicher Verfassungen wurde die Forderung nach baldiger Errichtung eines gesamtdeutschen National- und Verfassungsstaates laut.
Das Zurückweichen der alten Gewalten vor der bürgerlichen Protestbewegung wurde begeistert gefeiert. Vor den Thronen selbst machte die Revolution Halt. Die meisten Wortführer der Revolution wünschten ihre Ziele auf dem Weg der Verständigung zu erreichen. Sie begnügten sich damit, den Fürsten Zugeständnisse im Sinne der Märzforderungen abzuringen. Äußeres

Zeichen für diesen Erfolg war die Entlassung der alten Minister, an deren Stelle die Monarchen in die neuen „Märzregierungen" Männer liberaler Gesinnung beriefen. Erfolg oder Misserfolg der Revolution mussten jedoch davon abhängen, ob die Kräfte der Erneuerung sich auch in den beiden deutschen Großstaaten Österreich und Preußen durchsetzen würden.

Die Revolution siegt in Wien und Berlin

In Wien protestierten die politisch sehr aktiven Studenten zusammen mit Angehörigen des Bildungsbürgertums, Handwerkern und Bewohnern der überhastet gewachsenen Elendsquartiere in den Wiener Vorstädten seit dem 13. März gegen das vorkonstitutionelle, reformfeindliche Regierungssystem. Angesichts der Plünderungen und Straßenkämpfe wurde Metternich zum Rücktritt gedrängt und floh nach London. Trotz weiterer Zugeständnisse des Hofs radikalisierte sich die Bewegung im Mai und Juni. Zeitweise zog sich sogar der Kaiser aus der unruhigen Hauptstadt nach Innsbruck zurück. Wien blieb, geleitet von einem mit Radikalen besetzten „Sicherheitsausschuss", bis in den Herbst in den Händen der Aufständischen.
Neben den Ereignissen in Wien bedrohten gleichzeitig nationale Revolutionen in den Provinzen des Habsburger Vielvölkerstaats die Donaumonarchie in ihrer Existenz. Die Nationalbewegungen in Italien, Ungarn und Böhmen schienen auf dem besten Weg, ihre Forderungen durchzusetzen. Die Staatsmacht wirkte handlungsunfähig, das weitere Schicksal der Donaumonarchie war ungewiss.
Wie in Wien nahm auch die Revolution in Berlin gewaltsame Formen an. Am 18. März kam es – wahrscheinlich ausgelöst durch Missverständnisse – zu erbitterten Barrikadenkämpfen zwischen Bürgern und königlichem Heer. Als der preußische Herrscher seine Truppen aus Berlin zurückzog, waren über 230 Tote zu betrauern (⇨ M 2, M 3). Wie in Wien wurde nun eine Bürgerwehr aufgestellt, die Regierung ausgewechselt und nach dem allgemeinen und gleichen Stimmrecht eine Nationalversammlung gewählt. Sie sollte über eine neue Verfassung für das Land beraten, die der König 1847 noch brüsk abgelehnt hatte. Friedrich Wilhelm IV. bekannte sich zur deutschen Einheit und verkündete die Bereitschaft Preußens, die „Vereinigung der deutschen Fürsten und Völker" in die Hand zu nehmen.

Die deutsche Nationalversammlung wird gewählt

Schon bevor sich die Monarchen in Wien und Berlin der Revolution fügen mussten, waren erste Schritte zur Herstellung der deutschen Einheit in die Wege geleitet worden. Bereis am 5. März hatten sich 51 Abgeordnete süd- und westdeutscher Ständevertretungen in Heidelberg getroffen und zu einer „Versammlung von Vertrauensmännern aller deutschen Volksstämme" aufgerufen. Dieses 574 Männer zählende „Vorparlament" trat Ende März aus eigener Machtvollkommenheit in Frankfurt zusammen.
Die Mehrheit beschloss, dass eine vom Volk frei zu wählende *Nationalversammlung* über Staatsformen und Verfassung des künftigen deutschen Natio-

nalstaates beraten sollte. Die „Verrechtlichung" der Revolution wurde möglich, weil die inzwischen betont reformfreundlichen Regierungen im Bundestag sowohl der Einberufung der Nationalversammlung wie den vom Vorparlament ausgearbeiteten Wahlvorschriften zustimmten.
Die Wahlen zur Nationalversammlung wurden aufgrund gleichen Stimmrechts für alle „selbständigen" erwachsenen Männer durchgeführt. Als unselbständig galt in Preußen, wer Armenunterstützung bezog, in Österreich, wer in einem „Dienstverhältnis" stand, in Bayern alle Einwohner, die keinerlei direkte Staatssteuer zahlten. Im Durchschnitt waren etwa 80 % der Männer über 20 Jahre stimmberechtigt. Die Wahlbeteiligung lag zwischen 40 % (in Holstein, Sachsen) und 80 % (in Württemberg).
Bei den Wahlen vom 1. Mai 1848 gab es noch keine politischen Parteien. Gewählt wurden 585 Abgeordnete und 227 Stellvertreter, bevorzugt Angehörige des Bildungsbürgertums. Über die Hälfte der Gewählten waren Staatsdiener wie höhere Beamte, Richter und (Hochschul-)Lehrer; auch freie Berufe waren stark repräsentiert, während das Wirtschaftsbürgertum und selbständige Landwirte nur etwas über 10 % der Gewählten stellten (⇨ M 4). Arbeiter waren in der Nationalversammlung nicht vertreten. Die erste frei gewählte Volksvertretung des gesamten deutschen Volkes trat am 18. Mai in der Frankfurter *Paulskirche* zusammen.

Konservative und liberale Parteirichtungen in der Paulskirche

Die Anfänge des modernen Parteienwesens in Deutschland sind mit der Geschichte der Nationalversammlung eng verbunden. Abgeordnete ähnlicher Anschauungen fanden sich bald in *Fraktionen* zusammen, die nach den jeweiligen Tagungsorten, verschiedenen Frankfurter Gaststätten, benannt wurden. Schnell bildete sich in der Volksvertretung eine Rechte, eine Linke und ein breites mittleres Zentrum heraus. In den Debatten traten die unterschiedlichen Fronten dadurch deutlicher hervor, und die Arbeit des Parlaments konnte erheblich gestrafft werden.
Die Abgeordneten der konservativen Rechten („Caféhaus Milani") wünschten viele Elemente der alten Ordnung zu bewahren. In dem neuen Gesamtstaat wollten sie die Selbständigkeit der monarchisch regierten Einzelstaaten möglichst wenig eingeschränkt, das föderative Element besonders gesichert wissen.
Die liberale Mitte, das „Zentrum", dem sich die meisten Volksvertreter zugehörig fühlten, bestand aus verschiedenen Gruppierungen. Am stärksten und einflussreichsten waren die gemäßigten Liberalen. Die meisten gehörten der „Casino-Partei" an, welche die stärkste Fraktion des Parlaments bildete. Sie trat für einen Bundesstaat mit starken Kompetenzen der Zentralgewalt ein und plädierte für eine durch Verfassung in ihrer Macht beschränkte Monarchie. Die Volksvertretung sollte sich auf die Aufgaben der Gesetzgebung beschränken und nicht in die Exekutive eingreifen. Das Wahlrecht sollte Männern mit Bildung oder Besitz vorbehalten bleiben.

Hinter den Vorstellungen der rechten Liberalen verbargen sich auch gesellschaftspolitische Ängste. Sie kämpften zwar für Freiheit und Gleichheit vor dem Gesetz gegen staatliche Repression und Reaktion, befürchteten zugleich aber eine Gefährdung der bürgerlichen Gesellschaftsordnung durch eine revolutionäre Systemveränderung. Genährt wurden solche Ängste durch das erste selbständige Auftreten einer Sozialreformen fordernden Arbeiterbewegung. Vor allem die Erhebung der Pariser Arbeiterschaft vom Juni 1848 verstärkte im Bürgertum die Angst vor der „roten Gefahr". Unter dem Symbol der roten Fahne hatten sich Arbeiter gegen die von der bürgerlichen Mehrheit geforderte Schließung der unrentablen „Nationalwerkstätten" zur Beschäftigung von Arbeitslosen zur Wehr gesetzt. Dieser erste große, blutig unterdrückte Arbeiteraufstand Europas kostete Tausende von Menschenleben.

Demokratische Bewegungen

Ganz andere Vorstellungen über Mittel und Ziele der Revolutionsbewegung als die gemäßigten Liberalen hatten die Demokraten. Nach den – im Sturm der ersten Begeisterung häufig überschätzten – Erfolgen der Märzereignisse brach die bis dahin zusammenwirkende Oppositionsfront radikaler und gemäßigter Kräfte schnell auseinander. Während die Gemäßigten für das „Stehenbleiben der Revolution vor den Thronen" eintraten und die Revolution früh in legale, z. B. parlamentarische Bahnen lenken wollten, sahen die Radikalen in der Mobilisierung der Massen die Chance zu einer weitergehenden Systemveränderung: Nicht der begrenzte, sondern der grundsätzliche soziale und politische Wandel war ihr Ziel. So propagierten die demokratischen Abgeordneten im Frankfurter Parlament vorbehaltlos das Prinzip der Volkssouveränität, traten für das allgemeine Männerwahlrecht ein und bekannten sich zum republikanischen Verfassungsideal. Sie hatten auch weniger Scheu vor sozialpolitischen Reformen als die Liberalen.

Während die gemäßigten Demokraten („Deutscher Hof") den gesetzlichen Weg nicht verlassen wollten, obwohl sie im Parlament auf keine Mehrheit hoffen konnten, schien die im „Donnersberg" zusammengeschlossene äu-

Donnersberg	Deutscher Hof	Westendhall	Württemberger Hof	Augsburger Hof	Landsberg	Casino	Café Milani	bei keiner Fraktion
7 %	8 %	7 %	6 %	7 %	6 %	21 %	6 %	32 %
„Linke"							„Rechte"	
		„linkes Zentrum"			„rechtes Zentrum"			
demokratisch		parlamentarisch-liberal			konstitutionell-liberal		konservativ	

Die zahlenmäßige Stärke der Fraktionen in der Frankfurter Paulskirche (Stand Oktober 1848).

ßerste Linke nicht abgeneigt, ihre Ziele durch neuerliche revolutionäre Aktionen voranzutreiben. So versuchten die beiden Anwälte *Hecker* und *von Struve*[1]) noch im April 1848 in Baden, einen republikanischen Staat zu errichten. Die Aufständischen scheiterten aber an der Überlegenheit der Regierungstruppen. Ähnlich endeten auch andere vorschnell inszenierte militärische Unternehmungen der außerparlamentarischen Linken, die sich nur auf eine Minderheit in der deutschen Bevölkerung stützen konnte, ihren Rückhalt aber oft nicht realistisch einzuschätzen vermochte.
Zur Sammlung ihrer Kräfte entfalteten die Radikalen dennoch beachtliche Aktivitäten. Im Juni 1848 tagte in Frankfurt der erste Demokratenkongress. Mit dem von ihm eingesetzten Zentralausschuss erhob sich über den radikaldemokratischen Ortsvereinen erstmals eine Parteizentale. Später suchte der *Centralmärzverein* die Ziele der Linken in und außerhalb der Nationalversammlung zu bündeln und den erstarkenden reaktionären Kräften entgegenzustellen.

Politische Parteien: In England entstanden feste Gruppierungen im Parlament schon im 17./18. Jahrhundert (Tories/Königspartei und Whigs/Parlamentspartei), in Frankreich im Gefolge der Revolution von 1789. Entsprechend der gegenüber Westeuropa „verspäteten" Verfassungsentwicklung setzte die Parteibildung in Deutschland erst im 19. Jahrhundert ein. Vor 1848 dominierten in den noch halb ständisch eingerichteten Landtagen unter den Volksvertretern liberale Gruppen. Eine stärkere Differenzierung ergab sich in der Paulskirche, erst jetzt bildete sich eine gesamtdeutsche Parteienlandschaft heraus.
Nach einer neuerlichen Phase der Reaktion kam es seit den 1860er-Jahren zur Gründung von modernen Parteien, die eine feste vereinsmäßige Organisationsstruktur besaßen und nicht in erster Linie nur Parlamentsfraktionen waren: linksliberale *Fortschrittspartei* (1861), *Nationalliberale Partei* (1866), *Sozialdemokratie* (1863/1869), katholische *Zentrumspartei* (1871) und *Deutschkonservative Partei* (1876).
Im Verlaufe der Geschichte wuchs die Macht der politischen Parteien. Sie besitzen in der modernen „Parteiendemokratie" entscheidenden Einfluss auf die Formulierung von Gesetzentwürfen und die Besetzung aller wichtigen Staatsämter. Als Wahlvorbereitungsorganisationen ermöglichen sie dem Volk durch Präsentation von Programmen und Kandidaten die Ausübung der Staatsgewalt in Wahlen. Der auf Wettbewerb basierende politische Kampf mehrerer Parteien ist dabei unabdingbar. Im Gegensatz dazu stehen Einparteiensysteme, zum Beispiel in Deutschland während des „Dritten Reichs" oder in Ländern der Dritten Welt.

[1]) Friedrich Hecker (1811–1881) und Gustav von Struve (1805–1870) emigrierten nach der gescheiterten Revolution in die USA.

Die Erstürmung der äußeren Barrikade in der Jägerzeile in Wien am 28. Oktober 1848 durch kaiserliche Truppen.

Erfolge der Gegenrevolution im Jahre 1848

Der in weiten Bevölkerungskreisen als entschiedener Gegner der Revolution unbeliebte preußische Prinz *Wilhelm*[1]) hatte nach den Barrikadenkämpfen im März auf Befehl des Königs nach England fliehen müssen. Bereits Anfang Juni kehrte er wieder nach Berlin zurück. Das Ereignis zeigt deutlich, wie schnell die alten Machthaber sich inzwischen vom Schock der Märzereignisse erholt hatten. Seit dem Sommer 1848 verbuchte auch der habsburgische Vielvölkerstaat zunehmend Erfolge bei der Niederschlagung nationaler Erhebungen. Ende Oktober gelang der Regierung nach neuerlichen Unruhen und Ausschreitungen die militärische Rückeroberung Wiens – um den Preis von mehreren tausend Toten. Die Gegenrevolution in den deutschen Bundesstaaten erhielt durch diesen Erfolg deutlichen Aufschwung (⇨ M 5).
In Berlin wurde Anfang November ein neues, streng konservatives Ministerium eingesetzt, der Ausnahmezustand verhängt und Anfang Dezember die mit der Ausarbeitung einer Landesverfassung beschäftigte preußische Nationalversammlung aufgelöst. Friedrich Wilhelm IV. selbst oktroyierte eine Konstitution. Damit war Preußen zwar eine konstitutionelle Monarchie geworden, doch die Verfassung beruhte nicht auf einer Vereinbarung des Königs mit der Volksvertretung, sondern allein auf monarchischer Machtvollkommenheit. Umso stärker richteten sich die Hoffnungen aller Bürger, die an den Idealen der Märztage festhielten, auf die Frankfurter Paulskirche.

---

[1]) Wilhelm von Preußen (1797–1888) übernahm ab 1857 nach und nach die Regentschaft für seinen geistig erkrankten Bruder, König seit 1861. Nach erfolgreichen Kriegen gegen Österreich und Frankreich wurde Wilhelm I. 1871 deutscher Kaiser.

M 1

Agrarunruhen in Baden

In vielen Gebieten Süd- und Westdeutschlands kam es in der Anfangsphase der Revolution zu Bauernunruhen. Nachdem die bäuerlichen Anliegen durch Reformgesetze befriedigt worden waren, schied die Landbevölkerung aus der revolutionären Volksbewegung aus.

Aus den standesherrlichen Gemeinden hatten sich Hunderte von Bauern des Schüpfer- und Taubergrundes zusammengerottet. Zuerst ging der Zug zum Rentamte im Tauberbischoffsheim, wo sie die geforderten Akten und Gült- und Zinsbücher ausgeliefert erhielten, und, nach sonstigen Zerstörungen in dem Rentamts-Gebäude und dem Amtsrevisorat, außerhalb der Stadt alles verbrannten. Von da wandte sich der Zug nach Unterschüpf. Die geforderten Bücher und Schriften händigte ihnen der Rentamtmann Bechler gutwillig ein. Ohne weitere Gewalttätigkeiten gegen die Person und das Eigentum dieses grundherrlichen Rechners zogen sie nach Zernichtung der Bücher am 7. März bei hellem Tage wieder ab. Nachts gegen 8 Uhr [. . .] rückte der helle Haufen nach Boxberg. Das Vorspiel bildete ein gegen die Fenster der Rentamts-Wohnung gerichteter Steinregen. [. . .] Der Haufe drängte sich an die Kellerei, erbrach die Türen, stürmte das Haus, drang in das Geschäftszimmer und warf sämtliche Bücher und Papiere zu den Fenstern hinaus. [. . .] Die in Bewegung gesetzte Zerstörungssucht und Plünderungswut blieb nicht bei ihrem ersten Ziele stehen, und nun wendete sich die Schar gegen das Privateigentum des 75-jährigen Rentamtmanns Herrmann, welcher in friedlicher Zurückgezogenheit 30 Jahre lang dem Rentamte zu Boxberg, vielleicht mit zu großem Eifer für seinen Dienstherrn, vorgestanden hatte. Hier blieb nichts, gar nichts verschont, Fenster und Türen, Schreinwerk, Bilder etc. wurden zerbrochen und fanden mit den Betten, den Kleidern, dem Weißzeug ihren Weg durch die Fenster auf die Straße, in die raubgierigen Hände, welche alles fortschleppten. [. . .] Die wehrlosen Bürger Boxbergs waren außer Stand, Widerstand zu leisten, und mussten ruhig zusehen. Durch Drohung und Gewalt verschafften sich die Plünderer Wägen zum Aufladen der in Säcke gepackten Akten und brachten sie auf die fürstliche Schafwiese zum Verbrennen. Die ganze Nacht hindurch und bis zum anderen Mittag loderte in drei haushohen Säulen das Feuer empor. [. . .] Der im ganzen Amt beliebte und bürgerfreundliche Bezirksamtmann wurde mit aller Artigkeit und unter sicherm Geleite während des Sturmes auf die Seite gebracht, weiter aber gegen seine Person nichts verübt. [. . .] Gegen Mitternacht erzwang die Rotte auf dem Rathaus unter dem Gesange: „Heil unserm Großherzog!", die Trommel und zog unter den Schlägen des Generalmarsches noch einmal nach Unterschüpf zur Plünderung der Juden, welche aber mit ihren wertvollern Habseligkeiten bereits nach Mergentheim geflüchtet waren. Mehrere Judenwohnungen wurden im Innern vollkommen zerstört.

Karlsruher Zeitung, Nr. 75 vom 16. März 1848

1. *Welcher Mittel bedienten sich die Bauern, um sich von feudalistischen Bindungen, Diensten und Lasten zu lösen?*
2. *Vergleichen Sie die Ziele der Landbevölkerung mit den Märzforderungen des städtischen Bürgertums.*
3. *Zeigen Sie auf, wie die Agrarunruhen zu einem Prestigeverlust der konservativen Autoritäten führen konnten.*

M 2 Die März-Gefallenen in Berlin

Im Laufe des Monats März 1848 kamen in Auseinandersetzungen mit dem Militär insgesamt 303 Einwohner ums Leben.

„Arbeitsleute und Proletarier": (Arbeitsmänner, Buchdrucker, Eisenbahnarbeiter, Färber, Kattundrucker, Maschinenarbeiter, Seidenwirker, Weber, Wollsortierer)	52	*„Gebildete Stände":* (1 Regierungsreferendar, 1 Künstler, 1 Kaufmann, 1 Fabrikant, 1 Privatsekretär, 2 Subalternbeamte, 2 Studenten, 1 Rentier, 5 Übrige)	15
Lehrlinge:	13	*Berufslose Frauen:* (Es wurden insgesamt 11 Frauen getötet: 2 Arbeitsfrauen, 2 Dienstmägde, 1 Handarbeiterin, 1 Korbmacher-Ehefrau, 1 Schneiderin, 1 Seidenwirkers-Ehefrau, 1 Tischlergesellenwitwe, 1 Webermeister-Ehefrau, 1 Obersteuerinspektorstochter als Unbeteiligte)	7
Gesellen: (davon 27 Tischler, 15 Schneider, 11 Schuhmacher, 10 Schlosser, 8 Schmiede, 8 Seidenwirker, 7 Buchbinder, 5 Zimmerleute, 4 Maurer, 20 Übrige)	115		
Meister:	29	*Berufslose Knaben:*	4
Diener, Kleinhändler: (Hausknecht, Briefträger, Reitknecht, Handlungsdiener, Kellner, Viktualienhändler)	34	*Nicht Identifizierte:*	33
		Identifizierte ohne Berufsangabe:	1
			303

Wolfram Siemann, Die deutsche Revolution von 1848/49. Frankfurt 1985, S. 69

1. *Aus welchen Schichten und Lebensbereichen stammten die Hauptträger des Kampfes gegen das Militär?*
2. *Welche politische Bedeutung ist der Tatsache zuzumessen, dass sich auf Seiten der Revolutionäre keine Soldaten befanden?*

M 3 Die Atmosphäre in Berlin nach den Barrikadenkämpfen

Die in Ostpreußen geborene Schriftstellerin Fanny Lewald (1811–1889) wurde durch eine Reihe vielgelesener Unterhaltungsromane bekannt. In ihren Veröffentlichungen wurde ihre emanzipatorische, liberale Einstellung deutlich. Unter dem Datum vom 11. April 1848 berichtet sie in ihren Erinnerungen:

Es sind nun fast vierzehn Tage her, dass ich, von Paris zurückgekehrt, hier in Berlin lebe, und noch immer ist mir die veränderte Physiognomie[1]) Berlins eine auffallende Erscheinung. Als wir, in der Nacht zum ersten April durch das Potsdamer Tor einfahrend, an dem Kriegsministerium in der Leipziger Straße vorüberkamen, vor dem, statt des militärischen Ehrenpostens, zwei Studenten mit roten Mützen Wache hielten, die ihre Zigarren rauchten, glaubte ich wirklich zu träumen. Aber wie stieg erst meine Verwunderung, als ich in den nächsten Tagen die Straßen Berlins ohne Militär sah; als keine Gardeoffiziere, bei Kranzler Eis essend, ihre Füße über das Eisengitter des Balkons

[1]) äußere Erscheinung

streckten; als mir alle die Schilder fehlten, welche vor wenig Wochen so stolz mit dem Titel „Hoflieferant" geprangt hatten, und als an allen Ecken unzensierte Zeitungsblätter und Plakate, ja selbst Zigarren verkauft wurden, während sonst das Rauchen auf der Straße bei 2 Taler Strafe verboten und sogar die Inschriften der Leichensteine zensurpflichtig waren.
Verwüstungen durch die Revolution bin ich in der Stadt nicht gewahr worden, soweit sie vom Volke ausgegangen sind, denn die Spuren der Kartätschenkugeln an den Häusern sind nur zu sichtbar. Nur in der Nähe des neuen Tores sind die Artillerievorratshäuser niedergebrannt, und dadurch ist ein sehr beklagenswerter Verlust an Kriegsgerät herbeigeführt worden. Aber nirgends hat sich das Volk gegen die Paläste des Königs oder der Prinzen gewendet, nirgends das Eigentum angetastet; und es ist mir eine Genugtuung, dass sich keine Spur von Rohheit im Volke gezeigt, dass selbst der König in allen Proklamationen den Edelmut und die Mäßigung der Kämpfenden lobpreisend anerkannt hat. Was mir aber, im Hinblick auf Paris, schmerzlich auffiel, das ist der Mangel an Freudigkeit über den Sieg, der fehlende Schwung des Enthusiasmus, die mich in Paris so sehr überraschten. Keine begeisternden Lieder, keine jener siegestrunkenen Zurufe, welche dort von Mund zu Mund gingen und so elektrisch wirkten. [...] Wir haben keinen deutschen Volksgesang, und „es lebe der überwundene Absolutismus" (denn weiter halten wir ja noch nicht) kann man eben nicht rufen. Das aber ist noch nicht das Schlimmste. Was mich beängstigt, ist das Gefühl der Unsicherheit, das ich hier an so vielen Menschen wahrnehme und von dem in Paris keine Spur vorhanden war. [...]
Es ist wahr, die Bürokratie ist höflich geworden, der alte Minister Kamptz, der vieljährige Verfolger der deutschen Burschenschaft, geht mit der dreifarbigen Kokarde am Hute unter den Linden spazieren. Vor dem Palais des Prinzen von Preußen, das als ein Nationaleigentum erklärt ist, halten Studenten Wache, im königlichen Schlosse das Künstlerkorps, die Bürgerwehr hat die übrigen Posten besetzt, und die Sicherheit der Straßen ist vollkommen, auch ohne die Aufsicht der Gendarmerie. Wir haben auch Volksversammlungen, Klubs, an denen sich tüchtige Männer beteiligen, in denen vortreffliche Reden gehalten werden sollen. Männer und Frauen der arbeitenden Stände stehen an den Straßenecken, an den Brunnen, um die angehefteten Plakate zu lesen, fordern Erklärungen und verstehen alles, was man ihnen sagen kann, auf halbem Wege. Die Handwerker, die Gesellen sollen vollkommen in der Zeit, vollkommen auf der Höhe der Ereignisse sein; ein großer und edler Teil der Bevölkerung sieht mit opferfreudiger Begeisterung in die Zukunft – aber der Untertänigkeitsgeist eines absolutistisch regierten Volkes, die Angst vieler Besitzenden vor möglichen Verlusten und der weit verzweigte bürokratische Kastengeist sind damit noch lange nicht überwunden.

Fanny Lewald, Erinnerungen aus dem Jahr 1848, Frankfurt 1969, S. 74 ff.

1. *Welche Auswirkungen der erfolgreichen Revolution sind im Alltagsleben Berlins spürbar? Welche Personengruppen scheinen politisch besonders aktiv gewesen zu sein?*
2. *Welche positiven Verhaltensweisen erblickt Fanny Lewald bei den Anhängern der Revolution? Was veranlasst sie zu Befürchtungen über die weitere Entwicklung?*

M 4 Berufliche Zusammensetzung der Frankfurter Nationalversammlung

Da neben den Abgeordneten auch Stellvertreter gewählt wurden, die teilweise einberufen wurden, ergab sich insgesamt eine Abgeordnetenzahl von circa 812 Männern. In der Regel beteiligten sich zwischen 400 und 540 Volksvertretern an den Abstimmungen.

Höhere Beamte, Landräte	115	
Mittlere Beamte	37	
Bürgermeister, Kommunalbeamte	21	
Richter, Staatsanwälte	110	
Offiziere	18	
Diplomaten	11	
Hochschullehrer (49), Gymnasiallehrer	94	
Sonstige Lehrer	30	
atsdiener insgesamt:		*436*
Geistliche		*39*
Rechtsanwälte, Advokaten	106	
Ärzte	23	
Schriftsteller, Journalisten	20	
Freiberufliche Intelligenz insgesamt:		*149*
Großkaufleute, Kaufleute	35	
Fabrikanten	14	
Verleger, Buchhändler	7	
Wirtschaftsbürgertum insgesamt:		*56*
Landwirte (Großgrundbesitzer u. 3 Bauern):		*46*
Handwerker insgesamt:		*4*
Promovierte ohne Berufsangabe		*35*
Sonstige Berufe		*3*
Nicht ermittelt		*44*
		812

Die Fraktionen wiesen in ihrer sozialen Zusammensetzung gewisse Regelmäßigkeiten auf, die – von rechts bis links besehen – eine wachsende Distanz zu den bestehenden Verfassungen in Deutschland und zum Staatsdienst anzeigten. Auf der Rechten und im rechten Zentrum – bei den Mehrheitsfraktionen – häuften sich höhere Staatsbeamte, Richter und Hochschullehrer; hinzu kamen adelige Grundbesitzer und Großkaufleute; freie Berufe fanden sich hier seltener, im „Casino" etwa nur zu 10 %. Im linken Zentrum („Württemberger Hof" bis „Westendhall") hielten sich freie Berufe und Angehörige der Mittelschichten einerseits, Grundbesitzer, Großkaufleute und höhere Beamte andererseits die Waage. Auf der Linken dominierte mit 40 % im „Deutschen Hof" und 50 % im „Donnersberg" die freiberufliche Intelligenz; zudem fand sich hier mit 30 % ein beträchtlicher Anteil von Abgeordneten der unteren Mittelklasse.

Wolfram Siemann, Die deutsche Revolution von 1848/49, Frankfurt 1985, S. 126 und 130

1. *Die Paulskirche wurde früher gerne als „Professorenparlament" charakterisiert, neuerdings spricht man meist von einem „Beamten"- oder einem „Juristenparlament". Vergleichen Sie die tabellarische Übersicht mit diesen Bezeichnungen. Welche Auffälligkeiten ergeben sich bei einer Analyse einzelner politischer Richtungen der Paulskirche (siehe Seiten 315 ff.)?*
2. *Welche Berufsgruppen oder großen Lebensbereiche scheinen Ihnen unterrepräsentiert? Welche Erklärungen könnte es dafür geben? Vergleichen Sie auch mit der Liste der Märzgefallenen (M 2, Seite 320).*
3. *Halten Sie die Forderung, eine Volksvertretung solle im Großen und Ganzen ein Abbild der tatsächlich vorhandenen gesellschaftlichen Gruppen und Schichten sein, für berechtigt oder für „naiv"?*

Niederlage der Revolution in Wien

M 5

Die Fraktionen der politischen Linken in der Paulskirche entsandten 1848 nach Beginn der Oktoberunruhen in Wien eine vierköpfige Delegation als Zeichen der Solidarität. Darunter war der Abgeordnete Robert Blum, der sich an der Verteidigung der Hauptstadt beteiligte.

Er war, was man zu seiner Zeit einen Volksmann nannte – „der erste Deutsche seit dem Bauernkriege, der sich aus der untersten Schicht nur durch persönliche Begabung emporarbeitete" [. . .]. Er endete, trotz seiner Immunität als Abgeordneter der Frankfurter Nationalversammlung, in Wien unter den Kugeln eines Standgerichts der Gegenrevolution. [. . .] Eine bewegende Szene aus diesen Tagen ist überliefert: Als sich kurz vor der Eroberung des aufständischen Wien durch Soldaten des Fürsten Windisch-Graetz Ende Oktober die Einwohner der Stadt in die Keller geflüchtet hatten, zog ein alter Arbeiter, die Trommel schlagend, über den menschenleeren Hohenmarkt, vor ihm her ein Junge mit der schwarz-rot-goldenen Fahne. Moritz Hartmann, einer der drei Abgeordneten, die Robert Blum nach Wien begleitet hatten, sprach ihn an: „Lieber Freund! Lassen Sie das, es ist alles aus." Der Alte schüttelte den Kopf: „Es darf nicht aus sein, sie müssen noch einmal heraus." Trommelnd zog er dem Jungen nach, aber die beiden blieben allein. [. . .]
Blums rechtswidrige Hinrichtung führte zu Protesten, die nichts bewirkten. [. . .] Gegenrevolution und Reaktion begannen nun in den deutschen Landen ihren Siegeszug, zuerst in Preußen. Der Grundrechts-Katalog, von der Paulskirche im Monat nach Blums Tod verabschiedet, blieb ebenso wie die Verfassung von 1849 Wiedervorlage der Hoffnung auf künftige Zeiten.

Bernhard Wördehoff, Der vergessene Volksmann, in: Die Zeit, Nr. 46, 6. 11. 1987, S. 81

Aus Briefen Blums an seine Frau Jenny:

17. Oktober:
Liebe Jenny! Unter dem ersten Eindruck dieser ungeheuren Stadt kann ich dir nur anzeigen, dass wir ohne oder doch mit sehr geringer Gefahr hier angelangt sind. Wien ist prächtig, herrlich, die liebenswürdigste Stadt,die ich je gesehen; dabei revolutionär in Fleisch und Blut. Die Leute treiben die Revolution gemütlich, aber gründlich.

20. Oktober: Wir haben hier jetzt etwa 100 000 Bewaffnete, gegen uns stehen etwa 72 000, aber freilich dort geübte Soldaten, hier Bürger. Nun, dafür auch dort nur Sold, hier Begeisterung und Bewusstsein des Kampfes. Besonders die Arbeiter sind bewunderungswert; für die Bourgeoisie, die ihnen nie etwas gab oder gönnte, stehen sie bereit, in den Tod zu gehen. Nein, es ist doch für etwas Höheres, denn in Wien entscheidet sich das Schicksal Deutschlands, vielleicht Europas. Siegt die Revolution hier, so beginnt sie von neuem ihren Kreislauf; erliegt sie, dann ist wenigstens für eine Zeit lang Kirchhofsruhe in Deutschland.

Hans Jessen, Die Deutsche Revolution von 1848/49 in Augenzeugenberichten, Düsseldorf 1968, S. 242 ff.

1. *Wieso wurde die Bedeutung eines Sieges der Revolution oder Gegenrevolution in Wien so hoch eingeschätzt?*
2. *Erläutern Sie den Satz des Historikers Peter Lahnstein: „Seine [Blums] Hinrichtung war eine blutige Provokation des Paulskirchenparlaments durch die schwarzgelbe Reaktion."*

Ergebnisse der Paulskirchenversammlung

29. 6. 1848	Wahl Erzherzog Johanns zum „Reichsverweser" (vorläufiges Staatsoberhaupt)
5. 7. 1848	Beginn der Debatte über die Grundrechte des deutschen Volkes
12. 7. 1848	Der Bundestag des Deutschen Bundes überträgt seine Befugnisse auf die provisorische Zentralgewalt
27. 3. 1849	Mehrheitsbeschluss für das Erbkaisertum
28. 3. 1849	Wahl des preußischen Königs Friedrich Wilhelm IV. zum Erbkaiser
3. 4. 1849	Der preußische König weist das Angebot der Kaiserkrone zurück
4. 5. 1849	Aufforderung der Nationalversammlung zur Durchsetzung der Reichsverfassung
31. 5. 1849	Beschluss der Nationalversammlung, ihren Sitz nach Stuttgart zu verlegen
18. 6. 1849	Sprengung des Rumpfparlaments durch württembergische Truppen

Die Abgeordneten der deutschen Nationalversammlung in der Frankfurter Paulskirche.

Eine provisorische Regierung wird eingesetzt

Das Vorhaben, die nationale Einheit auf parlamentarischem Wege zu schaffen und eine freiheitliche Verfassung auszuarbeiten, kostete notwendigerweise viel wertvolle Zeit, die dem Wiedererstarken der alten Mächte zugute kam. Angesichts divergierender Ziele war die Mehrheitsbildung in der Paulskirche oft schwierig. Umso mehr Anerkennung verdienen die dennoch erbrachten Ergebnisse und die dabei zu Tage tretende Kompromissfähigkeit des Parlaments.

In einem „kühnen Griff" setzte die Nationalversammlung ohne vorausgehende Vereinbarung mit den Landesfürsten eine provisorische Zentralgewalt ein. Zum vorläufigen Reichsoberhaupt wurde der mit einer Posthalterstochter verheiratete bürgernahe *Erzherzog Johann von Österreich*[1]) gewählt. Der Bundestag übertrug ihm seine Kompetenzen und stellte seine Tätigkeit ein. Jedoch führte die neue Zentralregierung eher ein Schattendasein, da ihr ein eigener Verwaltungsapparat und eigene Einnahmen fehlten. Vor allem blieb sie auf die Truppen der Bundesländer angewiesen.

Die Grundrechte des deutschen Volkes

Nach dem Zusammentritt der Nationalversammlung standen zunächst die Grundrechte im Mittelpunkt der Beratungen – eine Konsequenz aus den Erfahrungen der Rechtsunsicherheit in der Epoche des Vormärz. Trotz aller sonstigen Meinungsunterschiede herrschte hier weitgehend Einigkeit. Festgelegt wurden die Freiheit der Person und damit das Ende von Untertänigkeit und Hörigkeit, der Zugang zu allen Ämtern, gleiche Wehrpflicht, die Freiheit der Vereinsbildung und der politischen Versammlung, die Freiheit von Lehre und Forschung, die Freiheit der Presse, das Beschwerderecht jedes Staatsbürgers, der Schutz vor willkürlicher Enteignung usw. Die Kirche verlor die bisher ausgeübte Schulaufsicht, diese wurde auf den Religionsunterricht beschränkt. Der Grundrechtskatalog der Paulskirche diente auch späteren deutschen Verfassungen als Vorbild.

Wo sollen Deutschlands Grenzen verlaufen?

Die Entscheidung über die Grenzen des neu zu gründenden Staates war zugleich eine Entscheidung über die Zukunft Österreichs und stellte die deutsche Einheitsbewegung vor außerordentlich schwer lösbare Probleme. Drei Modelle fanden nacheinander die Sympathie der meisten Volksvertreter in Frankfurt.

Im Herbst 1848 beschloss die Paulskirche die *„großdeutsche Lösung"*. Danach sollten die vorher zum Deutschen Bund gehörigen deutschen und böhmischen Länder Österreichs in den neuen Staat aufgenommen werden, nicht aber der riesige Restteil des Vielvölkerstaates. Damit war sichergestellt, dass

[1]) Johann von Österreich (1782–1859), Sohn Kaiser Leopolds II., trat im Dezember 1849 als Reichsverweser zurück.

die im Habsburger Reich lebenden Deutschen in den künftigen Nationalstaat aufgenommen würden. Österreich wäre aber staatsrechtlich zerfallen. Die zu Deutschland und die nicht zu Deutschland gehörenden Gebiete der Donaumonarchie wären nur noch im Rahmen einer Personalunion miteinander verbunden geblieben. Wie zu erwarten war, lehnte das nach den ersten Erfolgen der Gegenrevolution überraschend schnell wieder zur handlungsfähigen Großmacht aufgestiegene Österreich diesen Plan ab, der die bisherige Existenzgrundlage und das Selbstverständnis des Habsburger Reiches so radikal infrage stellte.

Deshalb erwog das Frankfurter Parlament die Bildung eines (klein-)deutschen Bundesstaats ohne Einschluss österreichischer Gebiete *(„engerer Bund")*, der in einem Staatenbund völkerrechtlich mit der österreichischen Gesamtmonarchie verbunden sein sollte *(„weiterer Bund")*. Österreich jedoch wollte weder sein Reich teilen noch auf seine Stellung als führende deutsche Bundesmacht verzichten. Es verlangte im Frühjahr 1849 die uneingeschränkte Zugehörigkeit des gesamten Habsburger Reiches zu einem föderativ organisierten deutschen Staatenbund, der 70 Millionen Einwohner umfasst hätte, davon 38 Millionen Angehörige der Donaumonarchie.

Daraufhin stimmte eine Mehrheit der Abgeordneten der *„kleindeutschen"* Nationalstaatsbildung zu und nahm damit – überwiegend widerwillig – die Trennung von den Deutsch-Österreichern und die nunmehr unausbleibliche Führungsrolle Preußens im neuen Staat hin (⇨ M 1).

Die Entscheidung über das Reichsoberhaupt

Die Mehrheit in der Nationalversammlung und in der Bevölkerung wollte für das künftige deutsche Reich die monarchische Staatsform erhalten wissen. Ein „Kaiser der Deutschen" sollte Staatsoberhaupt werden. Diese Würde sollte einem regierenden Fürsten – damit war der preußische Hohenzollernkönig gemeint – zufallen. Mit nur vier Stimmen Mehrheit wurde schließlich auch beschlossen, die Kaiserwürde erblich zu machen, d. h. auf ein „Wahlkaisertum" und damit einen künftigen Wechsel im Herrscherhaus zu verzichten. Die Verfassungsbeschlüsse der Paulskirche und die anschließend vollzogene Wahl des Preußenkönigs Friedrich Wilhelm zum ersten Kaiser am 28. März 1849 machten deutlich, dass das vorgesehene hohenzollernsche Erbkaisertum seine Legitimation und seinen Ursprung einer Entscheidung der souveränen Nation verdankte.

Ein Tauschgeschäft beendet den Streit um das Wahlrecht

Die vehement geführte Diskussion um das Wahlrecht galt der Frage nach dem demokratischen Charakter der künftigen Reichsverfassung (⇨ M 2). Die liberale Mehrheit der Paulskirche wollte ursprünglich alle wirtschaftlich Unselbständigen, also Gesellen, Knechte, Arbeiter und Tagelöhner, vom Wahlrecht ausschließen. Neben der in erster Linie wirksamen Angst vor der

„roten Gefahr" spielte hierbei auch die Sorge eine Rolle, die zahlenmäßig ungeheuer starken unterbäuerlichen Schichten könnten insbesondere in den Gebieten östlich der Elbe von den monarchisch-reaktionär eingestellten Gutsherren zur Unterstützung konservativer Kandidaten veranlasst werden. Um genügend Stimmen für das Erbkaisertum aus den Reihen der Linken zu erhalten, waren die gemäßigten Liberalen des rechten Zentrums jedoch zu einem Tauschgeschäft bereit und stimmten mit den Demokraten für die allgemeine, gleiche und geheime Wahl der künftigen gesamtdeutschen Volksvertretung.

Unitarische und föderative Elemente der Reichsverfassung

Während im Deutschen Bund die Souveränität der Einzelländer weitgehend erhalten geblieben war, sollte im neu zu gründenden Bundesstaat der „unitarische" Charakter besonders betont werden, das heißt, der Gesamtstaat sollte starke Kompetenzen erhalten.
Das Reich allein war zuständig für die Außenpolitik, ihm sollten Gesetzgebung und Organisation von Heer und Marine, Schifffahrt, Post, Eisenbahn, Zoll, Münze, Maß- und Gewichtswesen zustehen. Den Ländern verblieben die übrigen, nicht vom Reich beanspruchten Gesetzgebungsgegenstände.
Nach dem Vorbild des Kongresses der USA sollte das föderalistische Element zudem durch ein Zweikammersystem in der Legislative mitberücksichtigt werden. Der Reichstag bestand aus zwei Kammern, dem *Staatenhaus* und dem *Volkshaus*. Im Staatenhaus konnten die Einzelstaaten ihre föderalistischen Interessen vertreten. 168 Mitglieder wurden je zur Hälfte von den Regierungen und den Länderparlamenten bestimmt. Politisch wichtiger als diese Länderkammer war das Volkshaus, das die Gesamtnation repräsentierte.

Das konstitutionelle Regierungssystem im Verfassungsentwurf von 1849

Der Verfassungsentwurf der Paulskirche sah die konstitutionelle Monarchie vor. Der Kaiser stand an der Spitze der Exekutive. Er ernannte die Reichsregierung. Politische Entscheidungen des Kaisers bedurften allerdings der Gegenzeichnung durch ein Regierungsmitglied, das der Volksvertretung gegenüber die Verantwortung übernahm und bei einem Gesetzesverstoß angeklagt werden konnte.
Der Reichstag besaß das Gesetzgebungs- und das für die Kontrolle der Exekutive wichtige Budgetrecht. Staatshaushalt und alle Gesetze kamen nur dann zustande, wenn eine Mehrheit in beiden Kammern zustimmte. Die Gesetzesinitiative besaßen Volkshaus, Staatenhaus und Kaiser. Dieser hatte gegenüber Reichstagsbeschlüssen nur ein *suspensives (aufschiebendes) Veto;* in zwei neuen Sitzungsperioden konnte der Reichstag allerdings seinen Beschluss wiederholen und rechtskräftig machen. Mit dem Recht, das Volkshaus vorzeitig aufzulösen, hielt der Kaiser aber ein politisches Druckmittel gegenüber dem Parlament in der Hand.

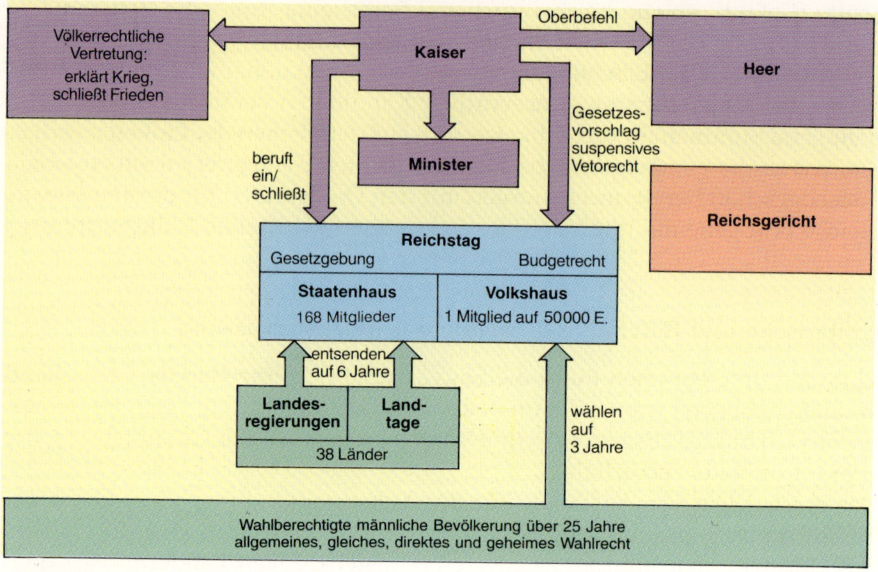

Geplante Verfassung der Paulskirche.
Ursprünglich waren für das Staatenhaus 192 Mitglieder vorgesehen. Wegen des Rückzugs der österreichischen Abgeordneten verringerte sich die Zahl auf 168 Mitglieder.

Das Werk der Paulskirche ging aus einem Kompromiss unterschiedlicher politischer Interessen, unitarischer und föderalistischer, monarchischer und demokratischer Bestrebungen hervor, wirkte aber doch in sich genügend geschlossen und praktikabel. Der auf dem freien Volkswillen begründete und für seine Zeit fortschrittliche Entwurf steht am Beginn der schwarz-rot-goldenen Verfassungstradition des deutschen Volkes.

Das Verfassungswerk der Paulskirche scheitert

Als das Frankfurter Parlament seine Verfassung verabschiedete, hatten sich die alten Mächte wieder konsolidiert. Die wichtigsten deutschen Staaten (Österreich, Preußen, Bayern und Sachsen) beharrten darauf, dass nur eine mit den fürstlichen Regierungen vereinbarte Verfassung Gültigkeit beanspruchen könne, und erkannten die Paulskirchenbeschlüsse nicht an. So überraschte es nicht, als der preußische König die Annahme der deutschen Kaiserkrone aus den Händen des Volkes zurückwies (3. April 1849). Der deutsche Nationalstaat, den die gewählten Vertreter des deutschen Volkes nach mühseligen Debatten und Abstimmungskompromissen geschaffen hatten, war gescheitert (⇨ M 3).
Noch einmal flammte Empörung auf. Am 4. Mai 1849 appellierte die Nationalversammlung an Regierungen, Parlamente, Gemeinden und „das gesamte Volk“, endlich die Verfassung „zur Anerkennung und Geltung zu bringen“. In öffentlichen Versammlungen legten Bürger demonstrativ den Eid auf die Verfassung ab. Widerstand leisteten vor allem die Demokraten. In mehreren

revolutionären Zentren (Sachsen, Pfalz, Baden) brachen Volkserhebungen aus, in denen sich politische mit sozialen Zielen mischten. In Baden stellten sich sogar fast die ganze Armee und Verwaltung auf die Seite der Revolutionsregierung. Aber noch im Juni und Juli wurde dieser letzte, vor allem von der Linken getragene Aufstand mit Hilfe preußischer Truppen niedergeschlagen. Die Aufständischen fielen Massenerschießungen oder Standgerichten zum Opfer, mussten sich vor Gericht verantworten oder ins Exil gehen. Inzwischen hatte auch die Nationalversammlung zu bestehen aufgehört. Viele Regierungen hatten die Abgeordneten zurückbeordert, nur noch ein „Rumpfparlament“ aus fast durchweg linken Abgeordneten tagte zunächst noch in Stuttgart weiter, wurde aber am 18. Juni 1849 durch Militär auseinandergejagt.

Ursachen des Scheiterns der Revolution

Die Historiker sind sich einig, dass das Zusammenwirken mehrerer Ursachen die Revolution scheitern ließ. Unterschiedlich wird allerdings das Gewicht der einzelnen Faktoren bewertet.

1. Ein besonderes Problem bedeutete die *deutsche Vielstaaterei.* Anders als in Frankreich, wo die Metropole Paris zentraler Ort des revolutionären Geschehens war, fehlte eine Hauptstadt, in der ein schneller Sieg die Revolution entscheiden konnte. Der staatlichen Vielfalt des Deutschen Bundes entsprach eine Vielzahl von Schauplätzen mit oft sehr unterschiedlichem Entwicklungsstand.

2. Die *Festsetzung der Grenzen eines Nationalstaats* stellte die deutsche Einheitsbewegung vor kaum lösbare Probleme. Der Plan eines „kleindeutschen“ Reichs scheiterte schließlich sowohl am monarchistischen Legitimitätsdenken des preußischen Königs als auch an der mangelnden Bereitschaft Österreichs, seinen führenden Einfluss in Deutschland aufzugeben.

3. Nach ersten Erfolgen brach die bis dahin zusammenwirkende Oppositionsfront bald auseinander. Die einzelnen gesellschaftlichen Gruppen (Bauern, Arbeiter und Gesellen, Bürger und Kleinbürgertum) hatten *gänzlich verschiedene Interessen* und ließen sich auf Dauer nicht zu einer gemeinsamen „Allianz“ zusammenschließen. Zudem spalteten die unterschiedlichen Ziele der gemäßigten Liberalen und der Demokraten das Lager der aktivsten Bewegungskräfte.

4. Verschiedene, *gänzlich unterschiedliche Modernisierungsvorhaben überforderten* die Revolutionsbewegung. Das Vorhaben, (1.) die nationale Einheit auf parlamentarischem Weg zu schaffen, (2.) eine freiheitliche Verfassung auszuarbeiten und (3.) die gesellschaftliche Ordnung neu zu gestalten, kostete wertvolle Zeit, die der Gegenrevolution zur Sammlung ihrer Kräfte zugute kam.

5. Es gelang nicht, die *Dynastien in den Ländern entscheidend zu schwächen,* weil das Gros der Beamten in Verwaltung und Justiz sich loyal verhielt und vor allem die Armeen ein ganz entscheidendes Instrument in den Händen ihrer Landesherren blieben. Auch stemmten sich die Vertreter des konservativen Lagers keineswegs prinzipiell gegen alle Modernisierungswünsche und kamen mit zum Teil weitgehenden Reformen den Forderungen der Revolution entgegen.

War alles umsonst?

Anstelle der vom Volk gewünschten deutschen Volksvertretung und einer neuen Zentralregierung trat schließlich im September 1850 wieder der Gesandtenkongress des Deutschen Bundes zusammen. Es konnte so scheinen, „als sei nichts geschehen". Es begann die Zeit der Reaktion mit schikanösen Unterdrückungsmaßnahmen. In den Bundesstaaten wurden viele „Märzzugeständnisse" rückgängig gemacht, fast alle politischen Vereine wurden verboten. 1851 hob der Bundestag die von der Paulskirche verabschiedeten Grundrechte wieder auf.
Dennoch hatten zahlreiche Errungenschaften der Jahre 1848/49 Bestand. Abgesehen von Österreich wurde der überall durchgesetzte Verfassungsstaat in keinem Land des Deutschen Bundes wieder beseitigt. Die Zensur, ein für den Vormärz typisches Mittel der Unterdrückung, blieb aufgehoben. Nicht mehr infrage gestellt wurden auch entscheidende gesellschaftspolitische Weichenstellungen. Dazu gehörten die Bauernbefreiung, das Ende der adeligen Patrimonialgerichtsbarkeit, überhaupt das Ende des Adels als rechtlicher Sonderstand. Im Obrigkeitsstaat wuchs das Bewusstsein von der Notwendigkeit sozialer Reformen. Neuerungen in der Gewerbeordnung überdauerten die Zeit der Reaktion; in der Rechtspflege gab es wichtige Fortschritte. Auf lange Sicht bedeutsam blieb, dass 1848 das politische Bewusstsein breiter Bevölkerungskreise geweckt worden war.

M 1 **Welche Gebiete soll der neue Staat umfassen?**

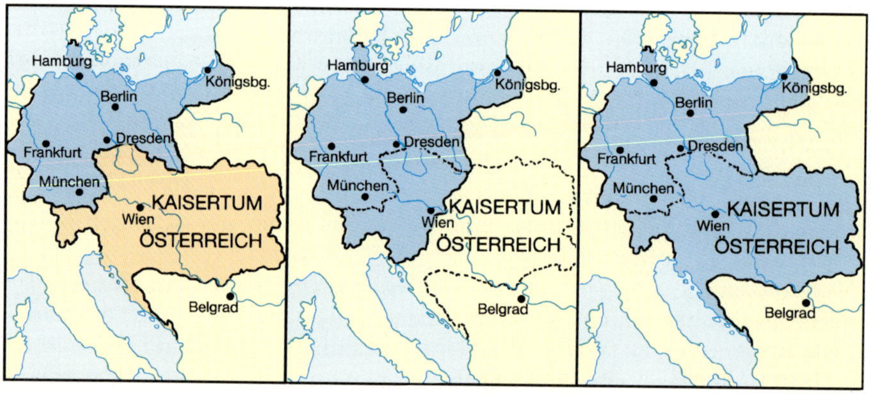

Kleindeutsche Lösung

Großdeutsche Lösung

Großösterreichische Lösung („70-Millionen-Reich")

Erörtern Sie die Vor- und Nachteile der drei zur Diskussion stehenden Lösungen. Denken Sie dabei sowohl an das Ziel der Paulskirche als auch an die Interessen Österreichs.

M 2

Aus der Wahlrechtsdebatte der Paulskirche vom Februar 1849

Zu den wichtigsten Debatten in der Paulskirche gehörten die Auseinandersetzungen um die Art des Wahlrechts. Die politischen Vorstellungen der Abgeordneten wurden hier besonders deutlich. Die Abgeordneten der äußersten Rechten (Café Milani) beteiligten sich nicht an der Debatte.

Der Regierungsrat Dr. August Hermann Ziegert (1810–1882) gehörte der Fraktion des „Württemberger Hofs" an.

Und wir, die von der Nation ernannten Gesetzgeber, sollten [. . .] das wichtigste politische Recht an den Besitz, an eine Zufälligkeit knüpfen, statt an den Menschen, an das heilige und geweihte Ebenbild Gottes? Das hieße die deutsche Revolution von 1848 verleugnen, das wäre ein Verrat an unseren Kommittenten[1]), die uns in unbeschränkter Wahl hierher entsandt haben! [. . .] Meine Herren! Kommen Sie uns nicht mit der Behauptung der politischen Unreife, welche auf den früheren Satz des alten Polizeistaates vom beschränkten Untertanenverstande hinausläuft. Ich meine die sogenannten unteren Klassen, welche die Bewegungen des vorigen Jahres mit durchgemacht haben, die zur Verbesserung der jetzigen Zustände mit Hand angelegt und auch in dieser Zeit ebenso den Lockungen der Demagogen als den Verführungen der Reaktion Widerstand geleistet haben, welche in dem Versammlungsrecht, in der freien Presse, im freien Gemeinwesen und in der Öffentlichkeit des Staatslebens die Mittel zur weiteren Ausbildung besitzen, sind nicht mehr politisch unreif zu nennen. [. . .] Ich glaube endlich auch, dass die einzelnen Staaten kein Anerkenntnis dieser politischen Unreife abgeben, wenn sie Fabrikarbeiter und Handwerksgehilfen zu Konferenzen und Beratungen über neue Gewerbegesetze herbeiziehen und den untern Volksklassen sonst die wichtigsten Rechte und Pflichten, ja sogar die Verteidigung des Vaterlandes, anvertrauen.

Stenographischer Bericht über die Verhandlungen der deutschen constituierenden Nationalversammlung zu Frankfurt a. M., 1849, Band VII, S. 5234 f.

[1]) Auftraggebern

Der Buchhändler Friedrich Daniel Bassermann (1811–1855) gehörte der rechtsliberalen „Casino"-Fraktion an. Vom August 1848 bis zum Mai 1849 war er Staatssekretär im Reichsinnenministerium.

Wer sich aber ein Besitztum durch Fleiß errungen, und es seinen Kindern erhalten wissen will, der hat ein Interesse daran, dass die Zukunft seines Vaterlandes durch weise Gesetze gesichert sei. Wenn Sie aber in die Volksvertretung diejenigen Klassen rufen, welche ohne alles Besitztum kein Interesse der Familienfortdauer, kein Interesse an der Zukunft haben, vielmehr sich den sozialistischen Lehren des bloß tierischen, augenblicklichen Genießens hingeben, dann, meine Herren, stürzen Sie auch den Staat um, der ja alleine auf dem Begriffe der Zukunft beruht. (Bravo auf der Rechten, Gelächter auf der Linken.) [. . .]
Meine Herren! Wenn Sie das Wahlrecht an irgendeinen Besitz, und sei es ein kleiner nur, binden, dann erst werden Sie am besten beruhigend auf die Arbeiterklassen wirken, indem diese dann, wenn sie wirklich einen Wert auf ein politisches Recht legen, durch Fleiß und Tätigkeit einen Besitz zu erlangen suchen werden, der sie zur Ausübung des Stimmrechts befähigt.

Stenographischer Bericht, a. a. O., S. 5252

Professor Bruno Hildebrand (1812–1878), ein bedeutender Nationalökonom, gehörte der linken Mitte an (Fraktion „Westendhall").

Meine Herren, ich komme noch auf einen andern Punkt, auf die Furcht vor den Stürmen der Zukunft, vor den politischen Schwankungen, welche unserer Staatswelt aus der Wahlberechtigung der unteren Schichten erwachsen sollen. Man hat hierbei getan, als ob es sich darum handle, dass die niederen Arbeiterklassen die herrschenden im Staate werden sollten; es handelt sich aber hier lediglich um den Mitgenuss eines politischen Rechts, darum, dass sie vor dem Stimmrecht bei der Wahl nicht ausgeschlossen sind, sondern dadurch ebenso viel Recht haben, als die besitzenden und sogenannten höheren intelligenten Klassen der Gesellschaft. Aber, meine Herren, was schützt wohl mehr das Bestehen eines Staates als das allseitige Interesse für denselben? Gerade dadurch, dass Sie die niederen Volksschichten zur Wahl zulassen, dadurch erziehen Sie in ihnen die Liebe zum Staate, dadurch wecken Sie in ihnen ein lebendiges Interesse für das Gemeinwesen [. . .]. Schließen Sie die unteren Klassen der Gesellschaft aus, so schaffen Sie ebenso viel Feinde des Staates, als Sie Personen ausschließen, zumal da Sie ihnen nicht etwa ein neues Recht vorenthalten, sondern ein bereits erworbenes entziehen. [. . .]

Der absolute Staat, an dem das Volk keinen Teil hatte, hat seine Entwicklung bisher unmöglich gemacht. Bewirken Sie, meine Herren, dass in unserem Vaterlande die große Masse des Volkes an der Verfassung Teil behält, dann wird das Wahlrecht eine politische und sittliche Schule auch für die unteren Volksklassen werden, in der sie zu tüchtigen Staatsbürgern heranreifen.

Stenographischer Bericht, a.a.O., S. 5286 f.

Professor Johann Ludwig Tellkampf (1808–1876) wurde zum liberalen „Württemberger Hof" gezählt.

Das Wahlgesetz, meine Herren, die eigentliche *Machtfrage* oder die Frage, wer soll *herrschen* unter der neuen Verfassung? Sie ist mithin ebenso inhaltsschwer, ja fast wichtiger als die Oberhauptfrage. Denn das Oberhaupt eines konstitutionellen Staates übt bekanntlich weniger Gewalt als die Volksvertretung. Die Majorität der Volksvertretung *herrscht,* und diese Majorität hängt ab von dem Wesen und Ergebnissen des Wahlgesetzes. Es ist nun zu berücksichtigen, dass, wie in jedem Lande, so auch in Deutschland, die Mehrzahl der Bevölkerung aus den ärmeren Klassen besteht. [. . .]

Wird die Vertretung allein nach dem Zahlenverhältnis bestimmt, so ist es klar, dass die Interessen der Minderzahl aller übrigen Staatsbürger ausschließlich von der größeren Zahl der ärmeren Klassen abhängen würden. Keine andere Klasse von Personen würde, wenigstens in bewegten Zeiten, Einfluss bei den parlamentarischen Verhandlungen haben. Die Mehrzahl der ärmeren Klasse könnte dann auf Unkosten der Reichen alle Arten von öffentlichen Arbeiten beschließen und sich Beschäftigung votieren. Eine so eingerichtete Vertretung würde dieselben praktischen Folgen haben, als wenn man bestimmte, dass jeder Mann, dessen Einkommen eine gewisse Höhe überschritte, von der Wahlberechtigung ausgeschlossen sein sollte. Es könnte den Wohlhabenderen dann gleichgültig sein, ob ihnen das Wahlrecht gänzlich entzogen wäre, oder ob sie bestimmt wären, bei jeder Wahl eine hoffnungslose Minorität zu bilden.

Stenographischer Bericht, a.a.O., S. 5304

1. *Welche Argumente werden für bzw. gegen das allgemeine Wahlrecht in die Debatte eingebracht?*
2. *Welche der vorgetragenen Argumente schätzen Sie als besonders wirksam ein?*
3. *Erörtern Sie die These Tellkampfs, dass die Volksvertretung in einem konstitutionellen Staat mehr Macht besitze als das Oberhaupt!*

Die Ablehnung der Kaiserkrone durch den preußischen König

M 3

Erklärung des preußischen Königs Friedrich Wilhelm IV. gegenüber der Abordnung des Paulskirchen-Parlaments, die ihm, entsprechend der von der Paulskirche verabschiedeten Reichsverfassung, die Kaiserwürde anbot (3. 4. 1849):

Ich bin bereit, durch die Tat zu beweisen, dass die Männer sich nicht geirrt haben, welche ihre Zuversicht auf Meine Hingebung, auf Meine Treue, auf Meine Liebe zum gemeinsamen deutschen Vaterlande stützen.

Aber, Meine Herren, Ich würde Ihr Vertrauen nicht rechtfertigen, Ich würde dem Sinne des deutschen Volkes nicht entsprechen, Ich würde Deutschlands Einheit nicht aufrichten, wollte Ich, mit Verletzung heiliger Rechte und Meiner früheren ausdrücklichen und feierlichen Versicherungen, ohne das freie Einverständnis der gekrönten Häupter, der Fürsten und freien Städte Deutschlands, eine Entschließung fassen, welche für sie und für die von ihnen regierten deutschen Stämme die entschiedensten Folgen haben muss.

An den Regierungen der einzelnen deutschen Staaten wird es daher jetzt sein, in gemeinsamer Beratung zu prüfen, ob die Verfassung dem Einzelnen, wie dem Ganzen frommt, ob die Mir zugedachten Rechte Mich in den Stand setzen würden, mit starker Hand, wie ein solcher Beruf es von Mir fordert, die Geschicke des großen deutschen Vaterlandes zu leiten und die Hoffnungen seiner Völker zu erfüllen.

Dessen möge Deutschland aber gewiss sein, und das, Meine Herren, verkündigen Sie in allen seinen Gauen: Bedarf es des preußischen Schildes und Schwertes gegen äußere oder innere Feinde, so werde Ich auch ohne Ruf nicht fehlen. Ich werde dann getrost den Weg Meines Hauses und Meines Volkes gehen, den Weg der deutschen Ehre und Treue!

Ernst Rudolf Huber (Hrsg.), Dokumente zur deutschen Verfassungsgeschichte, Band 1, Stuttgart, 3. Auflage 1978, S. 405 f.

1. *Dem preußischen Gesandten in London, Karl Josias Bunsen, gab Friedrich Wilhelm IV. in einem vertraulichen Schreiben folgende Deutung seiner Ansprache: „Des Bescheides Sinn ist: Ich kann Euch weder ja noch nein antworten. Man nimmt nur an und schlägt nur aus eine Sache, die geboten werden kann, – und Ihr da, habt gar nichts zu bieten: Das mach' ich mit meinesgleichen ab; jedoch zum Abschied die Wahrheit: Gegen Demokraten helfen nur Soldaten; adieu!" Verdeutlichen Sie mit Hilfe dieser „Kurzinterpretation" die hintergründige Bedeutung mancher Formulierungen aus der offiziellen Erklärung des Königs.*
2. *Welche Bestimmungen der Reichsverfassung von 1849 könnten Ihrer Ansicht nach dem preußischen König Anlass zu der Frage gegeben haben, „ob die Mir zugedachten Rechte Mich in den Stand setzen würden, mit starker Hand ... die Geschicke des großen deutschen Vaterlandes zu leiten" (siehe Seite 326 ff.)?*

Literaturverzeichnis

Die attische Polis zur Zeit des Perikles

Bayer Erich: Griechische Geschichte in Grundzügen, Darmstadt, 6. Auflage 1988

Bengtson Hermann: Griechische Geschichte, München, 7. Auflage 1986

Bleicken Jochen: Die athenische Demokratie, Paderborn, 2. Auflage 1988

Dahlheim Werner: Die griechisch-römische Antike, Band 1: Griechenland, Paderborn – München – Wien – Zürich 1992 (UTB 1646)

Davies John K.: Das klassische Griechenland und die Demokratie, München, 3. Auflage 1986

Hoepfner Wolfram und Schwandner Ernst Ludwig: Haus und Stadt im klassischen Griechenland, München 1986

Meier Christian: Die politische Kunst der griechischen Tragödie, München 1988

Pomeroy Sarah B.: Frauenleben im klassischen Altertum, Stuttgart 1985

Ruschenbusch Eberhard: Untersuchungen zu Staat und Politik in Griechenland vom 7.–4. Jahrhundert v. Chr., Bamberg 1978

Schuller Wolfgang: Griechische Geschichte, München, 3. Auflage 1990

Rom zur Zeit des Prinzipats

Bleicken Jochen: Verfassungs- und Sozialgeschichte des Römischen Kaiserreichs, Paderborn – München – Wien – Zürich, Band 1, 3. verbesserte Auflage 1989 (UTB Nr. 838), Band 2, 2. verbesserte Auflage 1981 (UTB Nr. 839)

Bleicken Jochen: Die Verfassung der Römischen Republik, Paderborn – München – Wien – Zürich, 5. verbesserte Auflage 1989 (UTB Nr. 460)

Christ Karl: Die Römer. Eine Einführung in ihre Geschichte und Zivilisation, 2. überarbeitete Auflage 1984

Christ Karl: Geschichte der römischen Kaiserzeit, München, 2. Auflage 1992

Dahlheim Werner: Geschichte der Römischen Kaiserzeit, München, 2. überarbeitete Auflage 1989

Heuß Alfred: Römische Geschichte, Braunschweig, 6. Auflage 1987

Kienast Dietmar: Augustus. Prinzeps und Monarch, Darmstadt 1982

Meyer Ernst: Römischer Staat und Staatsgedanke, Zürich – Stuttgart, 4. Auflage 1975

Pleticha Heinrich und Schönberger Otto (Hrsg.): Die Römer. Ein enzyklopädisches Sachbuch zur frühen Geschichte Europas, Gütersloh 1980

Wells Collin: Das Römische Reich, München 1985 (dtv Nr. 4405)

Reich und Reichsidee in der Stauferzeit

Beumann Helmut (Hrsg.): Kaisergestalten des Mittelalters, München 1984

Boockmann Hartmut: Das Mittelalter. Ein Lesebuch aus Texten und Zeugnissen des 6. bis 16. Jahrhunderts, München 1988

Boockmann Hartmut: Stauferzeit und spätes Mittelalter. Deutschland 1125–1517, Berlin 1987

Duby Georges: Die Zeit der Kathedralen, Frankfurt, 3. Auflage 1984

Duby Georges: Der Sonntag von Bouvines. 27. Juli 1214, Berlin 1988

Goetz Hans-Werner, Leben im Mittelalter, München 1986

Haverkamp Alfred: Aufbruch und Gestaltung. Deutschland 1056–1273, München 1984

Jakobs Hermann: Kirchenreform und Hochmittelalter 1046–1215, München, 2. Auflage 1988

Le Goff Jacques (Hrsg.): Der Mensch des Mittelalters, Frankfurt – New York – Paris 1989

Der Absolutismus

Hansmann Wilfried: Baukunst des Barock. Form, Funktion, Sinngehalt, Köln, 2. Auflage 1983

Hinrichs Ernst (Hrsg.): Absolutismus, Frankfurt 1986

Mager Wolfgang: Frankreich vom Ancien Régime zur Moderne. Wirtschafts-, Gesellschafts- und politische Institutionengeschichte, Stuttgart – Berlin – Köln – Mainz 1980

Mandrou Robert: Staatsräson und Vernunft. 1649–1775, Frankfurt – Berlin – Wien, 3. Auflage 1981

Meyer Jean: Frankreich im Zeitalter des Absolutismus (1515–1789), Stuttgart 1990

Mittenzwei Ingrid, Herzfeld Erika: Brandenburg-Preußen 1648–1789. Das Zeitalter des Absolutismus in Text und Bild, Köln 1987

Schilling Heinz, Höfe und Allianzen. Deutschland 1648–1763, Berlin 1989

Schwesig Bernd-Rüdiger: Ludwig XIV., Reinbek 1986

Vierhaus Rudolf: Staaten und Stände. 1648–1763, Frankfurt – Berlin – Wien 1984

Von der Aufklärung zur Französischen Revolution

Furet Françis/Richet Denis: Die Französische Revolution, Frankfurt a. M. 1968

Hunt Lynn: Symbole der Macht – Macht der Symbole. Die Französische Revolution und der Entwurf einer politischen Kultur, Frankfurt a. M. 1989

Lautemann Wolfgang: Geschichte in Quellen. Amerikanische und Französische Revolution, München 1981

Lefebvre Georges: 1789. Das Jahr der Revolution, München 1989

Reichardt Rolf (Hrsg.): Ploetz – Die Französische Revolution, Würzburg 1988

Schama Simon: Der zaudernde Citoyen. Rückschritt und Fortschritt in der Französischen Revolution, München 1989

Schieder Theodor: Friedrich der Große. Ein König der Widersprüche, Berlin 1983

Schulin Ernst: Die Französische Revolution, München 1988

Schulze Wilfried: Der 14. Juli 1789. Biographie eines Tages, Stuttgart 1989

Soboul Albert: Die Große Französische Revolution. Ein Abriss ihrer Geschichte (1789–1799), Frankfurt a. M., 5. durchgesehene Auflage 1988

Starobinski Jean: Rousseau. Eine Welt von Widerständen, München 1988

„Revolution von oben“ und Restauration

Aretin Karl Otmar Freiherr von: Vom Deutschen Reich zum Deutschen Bund, Göttingen 1980 (VR 1455)

Botzenhart Manfred: Reform, Restauration, Krise. Deutschland 1789–1847 (edition suhrkamp 1252), Frankfurt 1985

Burg Peter: Der Wiener Kongress. Der Deutsche Bund im europäischen Staatensystem (dtv 4501), München 1984

Craig Gordon A.: Geschichte Europas im 19. und 20. Jahrhundert, Band I. Vom Wiener Kongress bis zum Ausbruch des Ersten Weltkrieges 1815–1914, München 1978

Fehrenbach Elisabeth: Vom Ancien Régime zum Wiener Kongress, München, 2. überarbeitete Auflage 1986

Grundmann Herbert (Hrsg.): Gebhardt, Handbuch der deutschen Geschichte, Band 3. Von der Französischen Revolution bis zum Ersten Weltkrieg, Stuttgart 1973

Hardtwig Wolfgang: Vormärz – Der monarchische Staat und das Bürgertum, München 1985 (dtv 4502)

Langewiesche Dieter: Europa zwischen Restauration und Revolution 1815–1849, München, 2. Auflage 1989

Lutz Heinrich: Zwischen Habsburg und Preußen. Deutschland 1815–1866, Berlin 1985

Möller Horst: Fürstenstaat oder Bürgernation. Deutschland 1763–1815, Berlin 1989

Nipperdey Thomas: Deutsche Geschichte 1800–1866, 2. Auflage 1984

Schönbrunn Günter: Geschichte in Quellen. Das bürgerliche Zeitalter 1815–1914, München 1980

Wehler Hans-Ulrich: Deutsche Sozialgeschichte. Erster und Zweiter Band, München 1987

Das Ende des Zeitalters der bürgerlichen Revolutionen: 1848/49

Grab Walter (Hrsg.): Die Revolution von 1848/49. Eine Dokumentation, München 1980

Jessen Hans (Hrsg.): Die Deutsche Revolution 1848/49 in Augenzeugenberichten, München 1973 (dtv 927)

Siemann Wolfram: Die deutsche Revolution von 1848/49, Frankfurt 1985 (edition suhrkamp 1266)

Wollstein Günter: Deutsche Geschichte 1848/49. Gescheiterte Revolution in Mitteleuropa, Stuttgart — Berlin – Köln – Mainz 1986

Personenregister

Register historischer Begriffe und Namen